2016

China Internet Insurance Development Report

2016 中国互联网保险行业发展报告

中国保险行业协会 INSURANCE ASSOCIATION OF CHINA 编著

支持单位：招商信诺人寿保险有限公司

中国财经出版传媒集团

中国财政经济出版社

图书在版编目（CIP）数据

中国互联网保险行业发展报告.2016／中国保险行业协会编著. —北京：中国财政经济出版社，2016.10
ISBN 978－7－5095－7035－7

Ⅰ.①中… Ⅱ.①中… Ⅲ.①保险业－网上销售－经济发展－研究报告－中国－2016 Ⅳ.①F842

中国版本图书馆 CIP 数据核字（2016）第 253755 号

责任编辑：翁晓红 胡 懿　　责任校对：刘 靖
版式设计：北京诚智博天文化有限公司　　封面设计：春天设计

中国财政经济出版社 出版
URL：http：//www.cfeph.cn

社址：北京市海淀区阜成路甲 28 号 邮政编码：100142
营销中心电话：010－88190406 北京财经书店电话：010－64033436 84041336
北京时捷印刷有限公司印刷
787×1092 毫米 16 开 25 印张 377 000 字
2016 年 10 月第 1 版 2016 年 10 月北京第 1 次印刷
定价：108.00 元
ISBN 978－7－5095－7035－7/F·5632
（图书出现印装问题，本社负责调换）
本社质量投诉电话：010－88190744
打击盗版举报热线：010－88190492 QQ：634579818

编委会名单

序　　言

当前，“十三五”顺利开局，供给侧结构性改革全面发力，中国保险业面临着巨大挑战与机遇，互联网是中国经济和中国保险业转型发展不可替代的重要驱动力。2015 年 12 月，习近平总书记在世界互联网大会上指出，要坚持创新驱动发展，推进“数字中国”建设，支持基于互联网的各类创新，提高发展质量和效益。2016 年 5 月，党中央、国务院印发《国家创新驱动发展战略纲要》，明确提出要大力发展新一代信息网络技术，加强类人智能、自然交互与虚拟现实等技术研究，推动移动互联、云计算、物联网、大数据、高性能计算、移动智能终端等技术研发和综合应用。

近年来，中国保险业积极顺应新形势、加快运用新技术、大胆探索新模式，互联网保险已经走上迅猛发展的快车道。一是互联网保险业务规模迅速扩张。整个“十二五”期间，互联网保费规模从 2011 年的 32 亿元飙升至 2015 年的 2 234 亿元，增长约 69 倍，在保险业总保费中的比重从 0.2% 攀升至 9.2%。二是专业互联网保险公司试点不断增多。在继续支持保险公司开展针对互联网的渠道、产品、服务和管理创新基础上，中国保监会于 2015 年 6 月批准成立易安财产保险股份有限公司、泰康在线财产保险股份有限公司和安心财产保险股份有限公司，连同 2013 年批准成立的众安在线财产保险股份有限公司，目前中国市场上共有四家全国性互联网保险公司。

三是互联网保险监管制度率先建立。2015 年 7 月，中国保监会印发《互联网保险业务监管暂行办法》，在坚持“保险姓保”原则基础上，在信息披露、服务质量、信息安全等各方面明确了互联网保险业务发展的各项规范。

在互联网保险快速发展的今天，我们很有必要对其既往发展实践进行总结回顾，对其面临的现实问题进行分析研究，对其未来的发展趋势进行前瞻瞭望。中国保险行业协会整合业内外研究力量，历经半年编撰完成这本《中国互联网保险行业发展报告 2016》，较为系统地研究了我国互联网保险的历史、现实与未来。本报告数据资料翔实，内容全面丰富，汇集了业内外高水平研究团队的智慧，对于我国互联网保险的持续快速健康发展、对于我国由保险大国迈向保险强国具有较高的理论价值和实践意义。

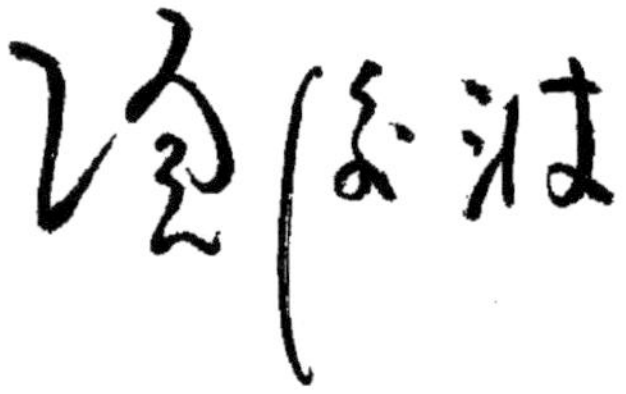

2016 年 9 月

前　言

当前，我国宏观经济进入新常态，供给侧改革成为保险业改革创新的主攻方向，而互联网保险成为保险业供给侧改革的重要内容。随着我国互联网渗透率持续提升，互联网经济新模式不断涌现，发展数字普惠金融渐成全球共识，区块链、物联网、人工智能、基因诊疗等新技术不断涌现，互联网保险的发展进入新纪元。

2015年，我国互联网保险业的发展突飞猛进：经营主体迅速增加，行业参与率稳步提升；收入规模急剧扩张，行业集中度保持高位；产品结构显著变化，人身险占比首超财产险；渠道结构深刻变革，第三方平台占比领先。互联网保险的快速发展引来各路资本积极参与、竞相布局，这在极大丰富行业生态的同时，也由于缺失行业规则而滋生了一定的风险隐患。

中国保险行业协会紧密围绕行业所需，充分汇集行业力量，共同研究互联网保险行业发展态势，于2014年、2015年连续两年发布的“互联网保险行业发展报告”，已成为我国互联网保险行业研究领域的权威研究成果，受到社会各界的广泛关注和高度评价。2015年8月10日，中国保险行业协会率先成立互联网分会，整合行业内外多方资源，历时半年完成了《中国互联网保险行业发展报告2016》（以下简称报告）。报告的完成也成为我国互联网保险行业梳理创新发展思路、总结行业发展经验的有益探索。

报告共分六章，主要内容包括：第一章通过对行业环境、发展概况、创新实践以及发展路径的研究，展现我国互联网保险2015年的基本发展轨迹。第二章、第三章分别从经营成果、创新实践、问题和挑战以及趋势展望四个角度对我国互联网财产险和互联网人身险进行深入分析。第四章针对国际互联网保险的创新实践和监管经验进行梳理总结和比较分析。第五章聚焦大数据在互联网保险中的应用，从产品创新、服务创新、营销创新以及风险控制与反欺诈等诸多角度进行深入探讨，最后对大数据背景下保险公司面临的风险和挑战进行总结，并提出相关建议。第六章围绕泛保险类的第三方平台，从类型分类、业务模式、问题风险和趋势展望等角度进行分析。报告还针对与行业创新实践关联度较高的热点问题设立了三个专题，分别是：基于大数据的财产险客户画像研究、车联网与UBI、互联网人身险业务发展评价体系，以期对行业热点问题开展更加深入的研究。

报告力求客观反映行业实践，立足现实前瞻思考，集中展示诸多独家研究成果和重要论断，主要呈现如下特点：

一、立足全局、突出创新

不谋全局者，不足以谋一隅。报告着眼于我国互联网保险行业的整体发展，力求从行业环境、经营成果、现存问题以及趋势展望等多维度全面展示行业经营成果，总结发展经验，并通过建立统一的数据收集口径，对我国互联网保险的参与主体、保费收入、市场集中度、产品结构、渠道结构首次进行了整体分析。

在互联网保险发展的全局中，创新是一个关系全局的重大命题。报告重点关注行业创新实践，不仅从产品创新、渠道创新和服务创新的角度分别进行了梳理，还将上述创新实践的经验归纳上升到商业模式升级的层面进行分析，通过模式提炼为行业创新提供借鉴。

此外，报告书还专门针对国际互联网保险创新实践和创新监管经验进行分析，通过比较分析和案例展示为国内行业提供参考。

二、立足现实、适度前瞻

不谋未来者，不足以谋一时。本书在客观反映我国互联网保险行业取得成绩的同时，更加关注行业实践前沿中暴露出来的最新问题，既在宏观上针对整个行业的阶段性问题进行归纳，也按照财产险和人身险的不同类别问题进行深入分析，同时针对性分析了行业创新发展为行业监管带来的全新命题，并提出了相应建议。

三、立足行业、关注生态圈

不谋生态圈，不足以谋长久。互联网保险的可持续发展离不开行业生态圈的优化与完善。报告秉承“跳出保险看保险”的思路，将研究范围进行了适度延伸：政策层面，国家互联网战略为互联网金融创新发展提供了战略机遇，供给侧改革赋予了互联网保险重要使命，这是我国互联网保险长期发展的有利大环境；技术层面，技术变革对互联网商业模式产生了颠覆性影响，大数据与互联网保险正在探索深度融合之道，数字化运营大力提升公司经营效率，这是我国互联网保险跨越发展的有力武器；行业层面，第三方机构已经成为我国互联网保险创新发展的重要参与力量，其业务模式、经营现状、主要特征深刻影响着行业的风险与收益，这是我国互联网保险长期发展的广阔平台。

在报告编写过程中，我们得到了中国保监会的大力支持，项俊波主席亲自为本书作序，体现了监管最高层对互联网保险发展的亲切关怀和高度关注。

在编写过程中，各会员单位积极参与，全书的主要观点、立意主旨、结构框架及大量案例均来源于行业一线。各单位凝智聚力、集思广益，推动互联网保险行业研究迈上新台阶，使得报告内容更加丰富、视野更加广阔、观点更为深入。

在报告编写过程中，我们十分感谢课题组参与机构和相关人员。主要参与单位包括中关村互联网金融研究院、阳光产险、人保财险、太保产险、平安产险、国寿财险、华夏人寿、泰康人寿、阳光人寿、国华人寿、国寿电商、百融金服、波士顿咨询公司、蚂蚁金服，其他参与单位有大地保险、中华财险、华泰财险、永诚保险、安盛天平、众安保险、招商信诺人寿、安永、韦莱韬悦、慧择网、万丈金数、复星集团、京东金融。上述各单位参与课题的人员在课题的分析、讨论、案例选取、观点提炼方面精益求精，在编写过程中不辞辛劳，付出了大量的时间和精力。

由于我们水平有限，加之时间仓促，报告难免存在不妥、疏漏之处，恳请各方专家不吝赐教。

编委会

2016 年 9 月

目 录

第一章

中国互联网保险行业发展研究

第一节
中国互联网保险行业环境分析

一、互联网成为经济社会发展变革的重要动力

（一）国家“互联网 +”战略持续发力

近年来，随着互联网技术的不断突破，互联网对大众生活的方方面面都产生了巨大影响，互联网正在成为推动经济发展和社会进步的重要基础设施。2015 年 3 月，李克强总理在《政府工作报告》中提出“制定‘互联网 +’行动计划，推动移动互联网、云计算、大数据、物联网等与现代制造业结合，促进电子商务、工业互联网和互联网金融健康发展，引导互联网企业拓展国际市场”。2015 年 7 月，国务院印发《关于积极推进“互联网 +”行动的指导意见》并提出推进我国“互联网 +”行动的总体思路是，“顺应世界‘互联网 +’发展趋势，充分发挥我国互联网的规模优势和应用优势，推动互联网由消费领域向生产领域拓展，加速提升产业发展水平，增强各行业创新能力，构筑经济社会发展新优势和新动能”。我国“互联网 +”战略逐渐清晰并上升至国家层面。

“互联网 +”就是“互联网 + 传统行业”，强调依托互联网信息技术通过优化生产要素、更新业务体系、重构商业模式等途径推动互联网与传统产业的联合，进而实现经济转型和升级。“互联网 +”战略旨在充分发挥互联网的优势，将互联网与传统产业深入融合，以产业升级提升经济生产力。“互联网 +”代表一种新的社会形态，即充分发挥互联网在社会资源配置中的优化和集成作用，将互联网的创新成果深度融合于经济、社会各领域之中，提升全社会的创新力和生产力，形成更广泛的以互联网为基础设施和实现工具的经济发展新形态。

在中国互联网发展的历程中，互联网与广告、零售、银行、通信等传统行业的结合造就了百度、阿里巴巴、京东、支付宝、腾讯等互联网优秀企业，也

为中国经济转型升级提供了新路径和宝贵经验。“十二五”期间，中国互联网对经济增长的贡献率明显提升，互联网经济在国内生产总值（GDP）中的占比持续攀升。艾瑞咨询数据显示，2015 年中国网络经济营收规模首次突破 1.1 万亿元，市场规模及增长率都达到新的历史高度①。“互联网 +”正深刻变革着国民经济中的各个领域、各个行业，颠覆旧的格局并催生新的业态，成为我国经济转型升级的新支点。“互联网 +”战略持续发力，成为提高我国社会生产力和综合国力的战略支撑。

（二） 我国互联网渗透率持续提升

2016 年 1 月，中国互联网信息中心（CNNIC）发布的《第 37 次中国互联网络发展状况统计报告》显示，截至 2015 年 12 月，中国网民规模达 6.88 亿人，全年新增网民 3 951 万人，互联网普及率为 50.3%，较 2014 年底提升了 2.4 个百分点；中国手机网民规模达 6.20 亿人，全年新增网民 6 303 万人（见图 1－1）。该报告进一步显示，在我国网民中，10—39 岁年龄段占比达到 75.1%，10 岁以下低龄群体和 40 岁以上中高龄群体的占比与 2014 年底相比均有所提升。可见，网民已不再作为一个单独的群体存在，而是已经和消费者群体融合在一起。互联网时代，对于保险行业而言，网民即客户。

2015 年，互联网高速发展的一个重要特征是移动互联网迅猛发展（见图 1－2）。网民中使用手机上网人群占比由 2014 年的 85.80% 提升至 90.10%；新增网民中使用手机上网的比率为 71.50%，台式电脑、笔记本电脑、平板电脑的使用率均下降。我国的网络基础设施建设逐渐完善成为推动移动互联网发展的直接原因，而智慧城市的建设也同时推动了公共区域无线网络的使用，网民通过 Wi－Fi 无线网络接入互联网的比例达 91.80%。

① 《中国网络经济年度监测报告 2015》http：//report.iresearch.cn/content/2016/05/260962.shtml。

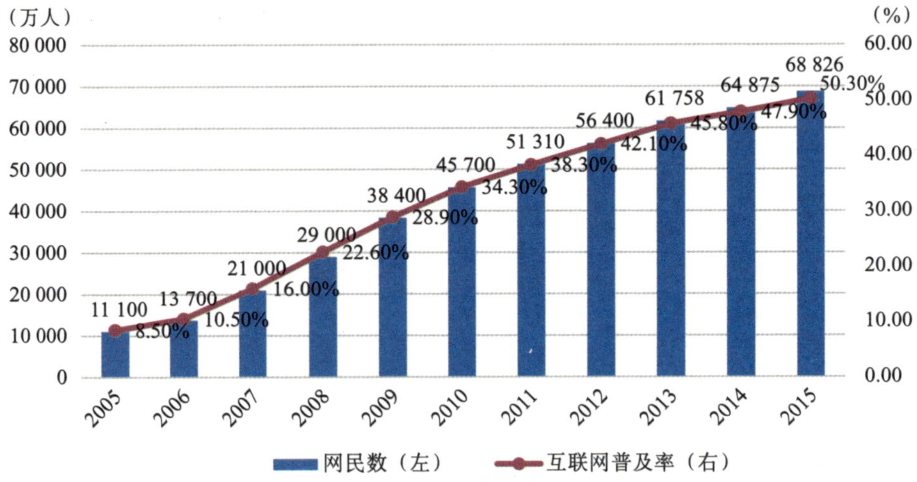

图 1－1　中国网民规模和互联网普及率

资料来源：中国互联网络发展状况统计调查。

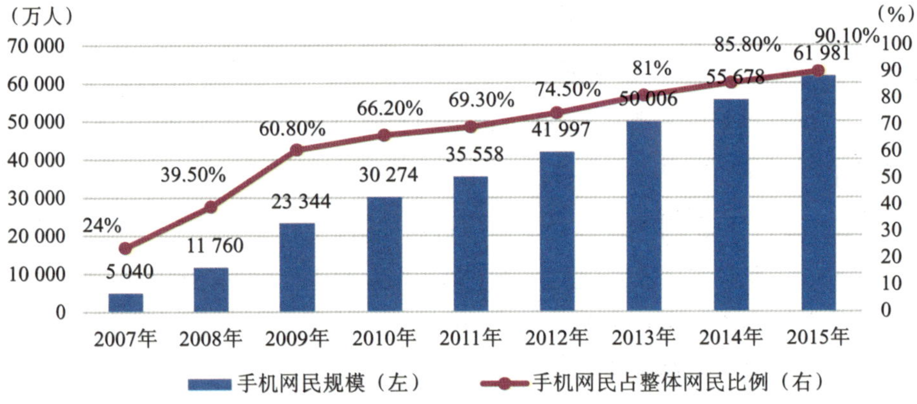

图 1－2　中国手机网民规模和互联网普及率

资料来源：中国互联网络发展状况统计调查。

此外，互联网金融的普及和发展在观念和习惯上对广大群众产生了很大影响。作为金融体系基础技术手段的第三方支付，尤其是移动支付技术的发展为各式线上、线下金融场景的联动提供了更多可能。截至 2015 年 12 月，网上支付用户规模达 4.16 亿户，增长率为 36.80%，其中手机网上支付用户规模达 3.58 亿户，增长率为 64.50%。随着网络环境的日益完善、移动互联网技术的不断发展，各类移动互联网应用的需求逐渐被开发。移动端可以随时随地对消费者的消费需求产生回应，这种贴近消费者逻辑和视角、以快速易用的功能设置完成消费需求转换的特质称为场景化，移动互联网的发展直接推动了客户行为的场景化。

（三）互联网经济新模式不断涌现

互联网的发展同时推动了共享经济模式的发展壮大。众所周知，共享经济的发展体现的是去中介化和再中介化的过程。去中介化指的是共享经济的出现打破了劳动者对商业组织的依附，可以直接向最终用户提供服务或产品；再中介化指的是服务提供者虽然脱离商业组织，但为了更广泛的接触需求方，需要建立一个新的组织实现这种新的联系。互联网的社交网络、移动支付都为共享经济的发展提供了基本的实现途径。共享经济的发展将对金融服务特别是保险业产生激活效应。相互保险体现了保险最原始的互助功能，在互联网背景下，相互保险有望获得更大的发展。一方面，互联网为相互保险参与人创造了更为高效的沟通方式，互联网社交媒体可以和相互保险很好地结合；另一方面，去中介化的保险机构显著提升用户在保险事务中的自主权和管理权，和互联网的商业模式具有天然的契合度。

（四）发展数字普惠金融渐成社会共识

2016 年 1 月，国务院印发《推进普惠金融发展规划（2016—2020 年）》，并明确提出“到 2020 年要建立与全面建成小康社会相适应的普惠金融服务和保障体系，使我国普惠金融发展水平居国际中上游水平”。2016 年 3 月，李克强总理在《政府工作报告》中再次强调，“规范发展互联网金融，大力发展普惠金融和绿色金融”。

多年来，尽管我国普惠金融体系发展收效显著，但从金融服务覆盖面、弱势群体金融服务满足度以及金融消费者保护等几个维度来看，我国普惠金融发展依然面临诸多问题。央行 2015 年第四季度《中国货币政策执行报告》显示，我国虽然实现了基础金融体系的覆盖，但传统金融机构维持单个网点的费用超过每年百万元人民币，单笔信贷成本在 1 000 元以上。随着互联网、大数据技术的引入，金融服务的基础设施发生了重大改变，互联网金融创新业态通过数据技术的运用，消除了物理网点和营业时间的限制，降低了金融服务的门槛和成本，互联网金融成为普惠金融最好的展现方式和助力工具，互联网对普惠金融具有重要推动作用正在成为世界共识。2016 年 9 月，杭州 G20 峰会正式通过了《G20 数字普惠金融高级原则》，这是互联网金融领域的第一份国际性指引文件，已成为 G20 乃至全世界推广普惠金融的行动纲领。

二、保险业供给侧改革赋予互联网保险重要使命

2015 年是我国宏观经济结构分化、微观变异、动荡加剧的一年。2015 年，我国国内生产总值达67.7 万亿元，同比增长6.9%，增幅在世界主要经济体中位居前列；同时，第三产业占比首次占据“半壁江山”，消费对经济增长的贡献率不断提升，达到66.40%①。但是，我国宏观经济下行压力显著增大，经济增长依然面临严峻和复杂的挑战。我国政府提出的供给侧结构性改革是适应和引领经济发展新常态的重大创新，为供给侧改革大局服务是金融业在经济新常态下的一个重大课题，也是保险业改革创新的主攻方向。

当前，中国经济发展正在从要素驱动、投资驱动转向消费驱动、创新驱动，从粗放式增长转向集约式增长，在此经济提质增效、换挡爬坡的关键时期，不仅要求保险业自身要告别粗放式增长，还要求保险业要给整体经济的转型升级提供恰当的动力。《2015 年政府工作报告》中有 14 次提及保险，涉及养老、医疗、就业等多个方面，可谓近年来政府工作报告提到保险最多的一次，保险业在诸如“如何通过保险的方式满足人民群众日益提高的对健康和养老的要求”，“如何通过保险保障人民群众对财产安全的要求”，以及“在国家鼓励创业创新的大环境下，如何帮助创业创新者规避经营风险、解决其融资

① 《2016 年政府工作报告》新华网 http：//news. xinhuanet. com/fortune/2016 －03/05/c_ 128775704. htm。

难的需求”等方面不仅大有可为，也责无旁贷。

按照保费收入增速平均2倍于经济增速的统计规律，保险市场理论上也会从高速增长的状态转向中高速增长的新常态①。保险业“新国十条”以及《互联网保险监管暂行办法》等已经开始从顶层设计、制度安排和行动纲领的角度为保险行业迎接新的发展机遇做出制度安排。在2015年全国保险监管工作会议上，中国保险监督管理委员会（以下简称中国保监会）主席项俊波强调，“经济进入新常态，保险业必须要有新状态”，“保险监管的思想理念、制度机制、方式方法，都要做出改变”，“抓住我国保险业发展的黄金机遇期，用于推进改革创新，加快转变发展方式，切实转换发展动力，推动我国从保险大国向保险强国转变”。保险业供给侧改革赋予互联网保险如下使命：

（一）丰富产品供给是主攻方向

保险产品的丰富程度是衡量保险业供给水平的重要指标。随着互联网经济规模的不断扩大，出现了很多新经济形态下的新型风险保障需求。比如，随着货币交易的电子化以及各种互联网账户的普及，人们产生了越来越多的对于资金账户安全的保障需求；再比如，电子商务的快速发展对于退货等环节的费用承担成为影响消费者消费信心的重要因素，也成为作为电子商务卖家的中小企业面临的一项重要经营风险。这些需求经过挖掘、产品化，就可以创造出保险业发展当中新的增量。现实中，很多保险公司针对此类需求推出账户安全险和退货险就是通过产品创新扩大保险覆盖范围，丰富保险供给的典型例证。因此，主动减少无效和低端供给，积极扩大有效和中高端供给能力，增强供给结构变化对需求变化的适应性和灵活性成为丰富互联网保险产品供给的重要内容。

（二）提升服务能力是关键环节

保险行业的服务能力受保险产业链中各个参与环节的服务能力和协作效率

① 杜亮：2015保险业需放眼八大“新常态”，《中国保险报》。

影响。互联网技术的运用提升了保险产业链在需求挖掘、风险识别以及覆盖范围方面的服务能力。互联网技术使得更多的生活场景数据化，为保险机构运用大数据技术进行风险识别、风险管理提供了新的工具；互联网技术使得保险机构能够对处于长尾区域用户的个性化、碎片化需求进行低成本的分析，并通过互联网低成本的展示、分销体系将产品提供给他们，从这个角度看，互联网保险扩大了客户服务的范围。此外，基于互联网技术对原有保险产品的优化极大地提升了保险行业的服务能力，而其中更重要的是在互联网保险行业内形成服务闭环将对保险产业链条整体效率实现有效提升。

（三） 优化客户体验是根本宗旨

供给侧改革的主要目的就是通过对需求特性的把握和供给方的调整促进供需对接，其中来自客户的反馈以及客户体验至关重要。互联网和保险的结合对整个保险行业的服务起到重要的优化作用。互联网商业模式强调客户体验的重要性，一般互联网公司往往设立专门的客户体验设计部门，对产品设计中涉及客户互动、参与的流程拥有关键建议权。互联网保险的出现也从服务渠道上优化了保险业的体验，消费者可以在线上随时购买保险，同时可以通过微信和其他方式获得线上理赔，基于区块链技术智能合约的应用，自动理赔也不再仅仅是想象。围绕客户体验开展服务创新将有效促进保险行业中理赔难、条款复杂痼疾的解决，让保险真正融入广大人民群众的生活。

（四） 提升运营效率是必由之路

保险业供给能力的提升最终反映在企业层面就是保险公司运营效率的提升。保险公司的运营效率体现在保险公司对客户需求的洞察上，体现在获取客户的规模和成本上，也体现在对客户服务的时效和质量上。由于互联网具有便于结合数据进行分析的特性，保险公司的数字化运营大大促进了保险业运营效率的提高。传统保险业务对于市场变化的反应只能通过高层管理人员的业务经验做出判断，这种经验式的管理在快速变化的背景下往往是失效的，因为原有的业务系统无法为这种变化提供充分的数据支撑，对市场的反应也就无法形成共识。互联网保险通过业务的数据化，以及对外围数据的采集，可以为市场环境、客户行为的变化提供直接证据，数据化运营为保险公司适应市场的变化创造基本条件。

综上所述，经济新常态下，通过互联网技术对新的风险、新的需求挖掘更加便利，同时互联网也成为保险公司自身提高运营效率、适应市场变化的有力工具，互联网保险的发展对于保险业供给能力的提升具有显著的现实意义。

三、技术变革成为保险业商业模式创新的关键因素

传统保险主要基于保险公司精算能力以及客户数据进行保险产品开发和运营分析，而借助新兴技术比如区块链、人工智能、物联网、基因诊疗等，能够极大程度改变传统保险公司的成本结构，进而在为客户提供服务方面具有某种明显的优势，比如价格、服务质量、体验等方面，这种成本优势可以直接转化为保险公司的竞争优势。基于技术创新建立的商业模式将在长期内发挥效应，反之技术上的落后对于保险公司的影响也是长期性的、根本性的。

（一）区块链：传递信任的主干网络

区块链是基于点对点通信技术和密码学技术产生的一种分布式总账，通过构建点对点自组织网络、时间有序且不可篡改的加密账本形成一种全新的分布式共识机制。相对于互联网信息传递的主要功能，区块链去中心化和不可篡改的特性为价值的传递提供了基础，成为未来传递信任的主干网络。区块链技术为世人所关注，直接的原因在于比特币的出现。比特币通过全网参与记账、工作量证明等机制，基于算法建立共识机制创造了一种全新的数字货币。

正如梅兰妮·斯万在《区块链：新经济蓝图及导读》中指出的那样，比特币包括三个层次的内容：区块链底层技术、协议和加密数字货币。区块链技术是比特币的底层技术，在这个数据库的基础上可以开发出数目繁多的应用，这些应用通过协议层面建立共识机制实现各种功能，最后在应用层面，客户可

以实现不需中间权威仲裁的点对点交互。有人用“组织形式上的去中心化和逻辑上实现完美一致性的技术”来形容区块链技术，也有人用“下一代全球信用认证和价值互联网的基础协议之一”来形容区块链，都体现了区块链独特的技术特点。总体而言，区块链技术的应用主要包括如下内容：

1. 金融产品创新。由于金融产品基础结构的主要内容就是关于参与各方权利义务的约定，货币、债券、股权等各类金融产品都可以通过协议层建立共识机制形成与传统金融产品类别相对应的创新金融产品。区块链可以基于程序形成独立存在的共识机制，因此区块链技术具有自动执行协议的功能，人们将此类功能称为智能合约。基于智能合约运行的创新金融产品具有高透明度、高安全性、高效率的显著特征。

2. 金融基础设施的变革。区块链本身就是一个数据库，在区块链技术的基础上，每个数据节点都可以参与体现验证账本内容的真实性，每项数据都可以通过一定的关联关系追溯来源，相当于通过提高系统的可追溯性降低系统的信任风险，这一特性使得区块链在征信、审计、资产确权等方面具有显著优势，从而间接提高金融体系的运行效率。

3. 智能物联网。由于区块链形成了独立运行的共识机制，区块链技术可以应用于物联网的数据处理和系统维护领域。比如，已经有机构提出要使用区块链技术管理上百亿个物联网设备的身份、支付和维护任务。利用区块链技术，物联网设备生产商能够极大地延长产品的生命周期和降低物联网维护的成本，使物联网成为智能物联网。

4. 共享经济的技术基础。区块链去中心化的共识机制使得计算服务的应用范围大大延伸，有公司正在开发一种基于区块链的微支付技术，为每个人的电脑利用闲置计算能力从事挖矿、存储等工作提供计量工具。这种计量服务正是多种共享经济的前提，将大大拓宽共享经济的深度和广度。

综上所述，区块链技术的主要优势在于基于分布式网络形成的共识机制。分布式网络使得基于区块链的应用具有明显的开放性和可拓展性，这样会使一些商业模式的门槛可以降得很低，甚至产生全新的商业模式；共识机制的独立存在使合约的执行成本降到最低，执行效率大大提升，计算服务的范围也大大提升。

区块链在保险行业的重要应用之一在于智能合约的引入。智能合约由代码定义并完全自动强制执行，无法进行中途干预。当保险事件发生并满足保险赔付的触发条款时，智能合约即自动执行，启动理赔程序，实现自动划款赔付，经济高效且无法作伪。另外，区块链与大数据技术相结合可实现大数据预测分析与可自动执行的智能合约的完美对接。作为一种有效的量化管理工具，区块链将预测转变为行动，可建立一整套“反应—预测—执行”的自动化管理体系①。

区块链在保险行业的另外一个应用是和相互保险的结合。依赖于可靠、不可篡改的数据库，区块链将彻底改变人们身份、资产等相关信息的登记与验证方式，各类数据信息和社会活动将不再依靠第三方个人或机构来获得信任或建立信用，全网的多方验证形成了数据信息的“自证明”模式。区块链的上述特性可以在降低相互保险各参与主体的道德风险方面具有明显的应用优势。在相互保险业务中，不论是发起方还是参与方，其道德风险都可能对各方利益形成影响。基于区块链技术，保险公司可以实现对个人身份信息、健康医疗记录、资产信息、权属信息、交易记录等客户交易信息的全面验证与管理，数据真实性和准确性不容置疑，为相互保险业务开展提供了坚实可靠的安全基础和透明可信的网络环境。

（二） 物联网：物物相息的技术基础

物联网是物物相连的互联网。物联网的概念最早可追溯到20世纪90年代，物联网技术发展的目的就是把所有物品通过信息传感设备与互联网连接起来，进行信息交换，即物物相息，以实现智能化识别和管理。物联网技术的问世，可以将传统分离的物理世界与信息世界联系起来，利用网关技术实现异构网络之间的互联互通，最终通过海量存储和搜索引擎为各种上层应用提供智能

① 王和：“区块链——互联网保险新动力”，2016年5月25日，微信公众号王和课堂。

化支持。因此，物联网是继互联网、移动互联网之后全球重大的科技革命，也是影响人类生产和生活的历史趋势之一。

物联网有望成为保险行业在精准定价方面颠覆传统的技术依托。保险精算最大的困难是无法获得准确全面的风险数据，特别是细分人群的风险数据，因而难以做到精准定价，而在物联网技术下，传感器技术可以获取客户的历史数据并实时观察客户行为，保险公司收集的大量客户数据，从驾驶习惯到病史均有记录，车上装载行车记录仪就可能实现车辆保险一车一价，在物联网的基础上，这些都不再是梦想。

物联网将在财产险方面有很多应用，比如市场上已经有多种类型的 UBI 车险产品可供选择。不仅车险将被物联网颠覆，借助新技术其他财产险也将发生根本性变革。比如，通过在保险用户家里安装检测煤气泄露的传感器，做到早发现、早预防，也可大大降低火灾发生概率，财产险保费也能够随之下调，类似此类的智慧城市、智慧家居方案将为财产险带来显著变革。

在人身险方面，物联网能够通过动态健康管理为慢性病患者养成有助于身体康复的良好习惯创造条件。比如，包括可穿戴设备在内的健康管理设备已经逐步被人们接受，这些健康管理设备包括无线室内环境定位系统、蓝牙、Wi - Fi、ZigBee 传感网、红外线定位和超声波定位等技术。定位技术的应用可以为老人、小孩和不健全人士的碰撞、摔倒、走失和各种意外提供解决方案。保险机构还可基于物联网建立核心数据库，实现对投保人健康状况的实时监测，通过数据分析对保费定价以及赔付问题给予支持。比如，投保人只要每天将血糖监测仪量出的数据上传微信，保险公司可以随时监测病人健康状况，可以根据情况赠送部分保额或减免保费。可以说，物联网技术的应用为保险服务精细化提供了重要支持。

（三）人工智能：大数据时代的思维利器

人工智能（AI）是指用计算机来模拟人的意识和思维，可以实现让机器像人类一样进行智能活动。人工智能的应用是大数据时代海量数据处理、分析的需求，对于保险行业而言，从较容易入手的销售、客服等工作开始，到后续多个环节的层层深入，人工智能在精准定价、精准营销、风险控制、保险欺诈识别等领域为保险公司提供了诸多帮助。

美国马萨诸塞州的保险科技创业公司 Insurify 已经用人工智能替代了人工客服。公司发布的人工智能虚拟保险代理人 EVIA（Expert Virtual Insurance Agent，虚拟保险代理专家）可以通过一张车牌照片为用户提供汽车保险服务。EVIA 在收到车牌的照片后，将在互联网上搜索成千上万条车主的个人记录，通过这些记录可以判断个人信息和驾驶记录，并针对用户特征将经过筛选的保险计划报价和保险产品信息反馈给用户，实现精准推荐和量身定制。

人工智能的开发可以在很大程度上提升保险公司的运营效率。举例来讲，农业保险的一个关键环节就是查勘定损，目前很多定损工作已经由无人机拍摄替代传统的人工实地查勘，其核心技术就是图像的拍摄和分析。随着人工智能的发展，数据的纵深处理会越来越高效，其最终输出的定损结果也将越来越精确。

人工智能的开发也可以优化产品定价模式。以 UBI 车险为例，37 度保是一家国内的保险创业公司，其开发的“人工智能保险顾问”可通过智能算法帮助用户制订更适合、更省钱的综合保险计划，最高可帮助用户节省 50% 的保费支出，并为用户提供保障风险评估、保险咨询、保险方案设计、承保后的风险防范和管理、保险年检与调整、理赔支持等保险增值服务。人工智能的发展还可以预测风险事件的发生，通过主动风险管理降低风险事件发生的概率。

（四）基因诊疗：大健康产业的深度延伸

人类基因组蕴涵着人类生、老、病、死的绝大多数遗传信息，破译它将为疾病的诊断、新药物的研制和新疗法的探索带来一场革命。筛检技术的进步将使医学可以消除一些致命的遗传性疾病，有可能使得人类能够决定自己的进化过程，从而建立一个“更健康”的物种。

基因诊疗技术在保险行业中的应用在国际上早有实践。美国一些商业健康险产品已将基因检测的相关费用和治疗药物纳入报销范围。2014 年，美国保险公司 Priority Health 和基因测序公司 Foundation Medicine，Inc 合作，将后者的基因测序产品纳入医保范围，成为美国首个将基因诊断类产品纳入医保的保险公司。但是，基因检测在医疗保险中应用也有一些特殊的规则，譬如基因检测不能作为是否给予投保的标准，譬如保险公司不能使用基因检测结果提高客户的投保费用等。

在国内，继多家险企推出“买保险送基因检测”增值服务之后，泰康人寿和众安保险也以共同研发产品的形式联合全球最大的基因测序机构深圳华大基因科技服务有限公司（华大基因）深层次挖掘生命健康产业链。2015 年 6 月，众安保险宣布与华大基因合作，打造国内首款互联网基因检测保险计划“知因保”。“知因保”是国内保险业与基因界首次真正意义上的“联姻”，旨在利用最新的互联网保险与基因检测技术，为用户提供全新的从前端风险预防、中端风险管理到后端风险处置的闭环式、全流程健康管理方案，实现“互联网保险 + 基因”1 +1 >2 的效果。这种创新性产品已经超出了以往消费者对于保险的认识——不再是被动、冷冰冰的风险弥补，而是一整套积极、温暖的保障服务。可以说，这种结合新兴技术的“保险”是保险业转型至“保障服务”的一次标杆型探索，与基因诊疗技术的融合模式可以把健康管理和基因科技更好地连接在一起，依托互联网技术在互联网保险行业中形成完整的保障闭环，它的杠杆效应也可以更好地降低成本。

上述探索告诉我们，在技术高速发展的时代，大数据、物联网、移动互联、基因诊疗等技术将深刻改变保险业态。让保险用户更受益的精确定价和主动式风险管理的保险产品时代已经开启。

四、各路资本参与成为影响行业发展的双面利刃

（一）多元资本丰富行业生态

2015 年是互联网保险迅猛发展的一年。这一年，专业互联网保险公司的数量增加到 4 家，经营互联网保险业务的保险公司数量达到 110 家，大型互联网公司凭借数据优势和渠道优势积极参与互联网保险发展。截至 2015 年末，

阿里与太平洋健康保险公司战略合作，开发商业保险健康服务新模式；腾讯参股众安后，拟联手中信国安设立互联网寿险公司；百度先是联手安联保险组建百安保险，随后又和太保产险发起设立一家股份制财产保险公司；京东在四川设立京东互联网财产保险公司。此外，大量社会资本看好互联网保险的商业模式，积极参设互联网保险创业公司，采取从某一环节切入保险产业链的形式，利用各种商业模式积极探索提升行业整体效率。中关村互联网金融研究院数据显示，截至2016年7月，已有35家互联网保险领域的公司获得融资（见表1－1）。多元资本的参与极大丰富了保险行业生态。

表1－1　　　　互联网保险概念公司融资信息表

序号	获得融资时间	公司名称	公司所在地	融资轮次	投资方	融资金额
1	2016年7月6日	大特保	北京市朝阳区	B＋轮	中华开发，复星集团	数千万美元
	2016年3月25日			B轮	开发金控 CDIB Ventures Capital，联创策源，复兴昆仲	2 000万美元
	2015年7月7日			A轮	联创策源，中国平安（平安创新投），复兴昆仲	1.8亿元人民币
	2014年8月29日			天使轮	险峰华兴、德沃基金	数百万元人民币
2	2016年7月1日	最惠保	上海市浦东新区	A＋轮	亚夏汽车	8 600万元人民币
	2015年6月30日			A轮	暂无数据	数百万美元
3	2016年6月13日	17互助	浙江杭州	天使轮	经纬创投、晨兴资本、阿米巴资本、个人天使李治国	数千万元人民币
4	2016年6月15日	腾保保险（奥福保险）	浙江杭州	Pre－A轮	盛山资产、治平资本	数千万元人民币
	2015年10月19日			天使轮	Pre Angel	数百万元人民币
5	2016年5月26日	悟空保	北京市朝阳区	Pre－A轮	凤凰祥瑞资本领投、风云资本跟投	1亿元人民币
	2015年10月18日			天使轮	梅花天使创投，青山资本	1 500万元人民币
6	2016年5月9日	斑马社	北京市朝阳区	天使轮	陶石资本、峰谷资本	500万元人民币

续表

序号	获得融资时间	公司名称	公司所在地	融资轮次	投资方	融资金额
7	2016年5月9日	水滴互助	北京市朝阳区	天使轮	IDG、高榕资本、腾讯、新美大、点亮基金、真格基金	5 000 万元人民币
8	2016年3月21日	慧择网（慧择保险）	广东深圳	B轮	万融时代资本、创东方、拉卡拉联合投资	2亿元人民币
	2015年2月1日			A轮	赛富基金	1 000 万美元
9	2016年3月15日	保险极客	北京市东城区	A轮	复兴昆仲、联想之星、博思投资	数千万元人民币
	2015年7月24日			天使轮	和才基金	数百万元人民币
10	2016年2月14日	和金在线	北京市朝阳区	A+轮	晨兴资本、红点投资 Redpoint Ventures	数百万美元
	2015年10月10日			A轮	红点投资 Redpoint Ventures	600万美元
11	2015年12月28日	小雨伞保险	广东深圳	A轮	红杉资本中国，信天创投	数千万元人民币
	2015年2月1日			天使轮	信天创投	数百万元人民币
12	2015年12月25日	车爱保	北京市海淀区	天使轮	德沃基金，梅花天使创投，小饭桌	数百万元人民币
13	2015年12月22日	保保集	上海市徐汇区	Pre-A轮	顺为基金，杉杉创投	1 000 万元人民币
14	2015年10月12日	保神先网络	北京市朝阳区	天使轮	德沃基金	数百万元人民币
15	2015年9月31日	超级圆桌	深圳市	天使轮	曲速资本	1 000 万元人民币
16	2015年9月30日	车险无忧	江苏南京	A轮	通鼎互联	3 000 万元人民币
	2014年4月23日			天使轮	真格基金	数百万元人民币
17	2015年9月12日	OK车险	上海市静安区	A轮	艾想投资、云启资本	数千万元人民币
	2014年10月14日			天使轮	IDG、云启创投	数百万美元
18	2015年9月7日	豆包网	北京市朝阳区	天使轮	汇财私人资本，首业君京投资	数百万元人民币
19	2015年9月2日	海绵保险	上海市徐汇区	天使轮	暂无数据	数百万元人民币

续表

序号	获得融资时间	公司名称	公司所在地	融资轮次	投资方	融资金额
20	2015 年 8 月 31 日	全民保镖	上海市浦东新区	天使轮	曲速资本	数千万元人民币
21	2015 年 8 月 31 日	保险袋袋	上海市浦东新区	天使轮	曲速资本	数百万元人民币
22	2015 年 7 月 15 日	医加壹	北京市朝阳区	A 轮	景林投资	6 000 万元人民币
	2014 年 9 月 29 日			天使轮	险峰华兴、德沃基金	数百万元人民币
23	2015 年 7 月 8 日	保保快险	北京市海淀区	天使轮	天使投资人王刚	数百万元人民币
24	2015 年 7 月 3 日	宜保通	广东深圳	A 轮	DFJ 德丰杰中国基金	数千万元人民币
25	2015 年 6 月 19 日	众安保险－众安在线	上海市黄浦区	A 轮	摩根士丹利，鼎晖投资，赛富基金	9.34 亿美元
26	2015 年 5 月 30 日	灵犀金融－喂小宝	浙江杭州	A 轮	分享投资	1 000 万美元
	2014 年 9 月 9 日			天使轮	投资方未透露	数百万元人民币
27	2015 年 5 月 27 日	里程保	上海市徐汇区	天使轮	暂无数据	数百万元人民币
28	2015 年 4 月 20 日	赔付保	上海市浦东新区	Pre－A 轮	暂无数据	1 000 万元人民币
29	2015 年 3 月 1 日	人人保险	上海市杨浦区	天使轮	陶石资本	数百万元人民币
30	2015 年 1 月 21 日	保险岛	河南郑州	天使轮	暂无数据	数百万元人民币
31	2015 年 1 月 19 日	意时网	上海市宝山区	A 轮	同创伟业，力鼎资本	5 亿元人民币
	2014 年 3 月			天使轮	力鼎资本、国泰君安	2 400 万元人民币
32	2014 年 10 月 7 日	抗癌公社	北京市西城区	天使轮	联创策源	100 万美元
33	2014 年 1 月	行家保险	上海市徐汇区	战略投资	盛大资本	数千万元人民币
34	2013 年 10 月 25 日	大家保	上海市虹口区	A 轮	启明创投	数百万美元
35	2012 年 3 月 19 日	向日葵保险网	广东省广州市	天使轮	德迅投资	数百万元人民币

（二）缺乏规范滋生风险隐患

大量社会资本的参与推动了互联网保险的迅猛发展，但监管边界模糊和监管规则缺失导致发生大量风险事件。在产品设计方面，部分平台热衷推出“奇葩”的险种，和保险行业“风险管理”的精神实质形成冲突。2015 年 3 月，中国保监会发文指出“贴条险”是打着保险旗号的“李鬼”，不属于保险概念范畴。该产品的经营主体为一家网络科技公司，并不具备经营保险业务的资质。同时，“贴条险”存在较大的个人信息泄露风险，消费纠纷隐患多，消费维权难度大。2015 年 4 月，投资社交平台雪球宣布进军保险业，并推出首只产品“跌停险”，但随即被中国保监会叫停。中国保监会指出，股票跌停并未体现对客观事件的风险管理功能，同时通过不具备保险经营资质的网站预约投保有违法嫌疑。在运营模式方面，由于大量第三方平台并未取得保险业经营资质，其推出的产品是否遵循保险精算原则，资金运用是否满足保险机构关于赔付能力的监管要求，都对保险市场的秩序形成潜在冲击。在渠道业务方面，中国保监会在 2016 年 6 月下发的《关于协助排查非法经营互联网保险业务风险线索的通知》中指出，重点排查机构或个人通过互联网渠道利用保险公司名义或假借保险公司产品进行虚假宣传销售、非法集资的行为。大量类保险机构涌现的同时，业务规则的缺失为保险行业带来一定的风险隐患。

第二节
中国互联网保险发展概况

2015 年，互联网保险行业顺势而为、积极创新，行业经营成效显著，保费实现跨越式发展。本节基于中国保险行业协会（以下简称中保协）数据，聚焦 2015 年互联网保险市场经营成果，立足行业整体，全面呈现我国互联网保险行业发展的整体现状和特点。

一、经营主体持续增加，行业参与率稳步提升

截至2015年底，我国共有110家保险公司经营互联网保险业务，比2014年（85家）增加了25家，同比增长29.41%。其中，有61家保险公司经营互联网人身险业务，比2014年（52家）增加了9家；有49家保险公司经营互联网财产险业务，比2014年（33家）增加了16家。

截至2015年底，全国保险行业已经有超过74.83%的保险公司通过自建网站、与第三方平台合作等不同的经营模式开展了互联网保险业务。2012—2015年，我国经营互联网保险业务的公司数量持续增加。2015年，我国互联网保险经营主体是2012年（28家）的3.92倍（见图1－3）。

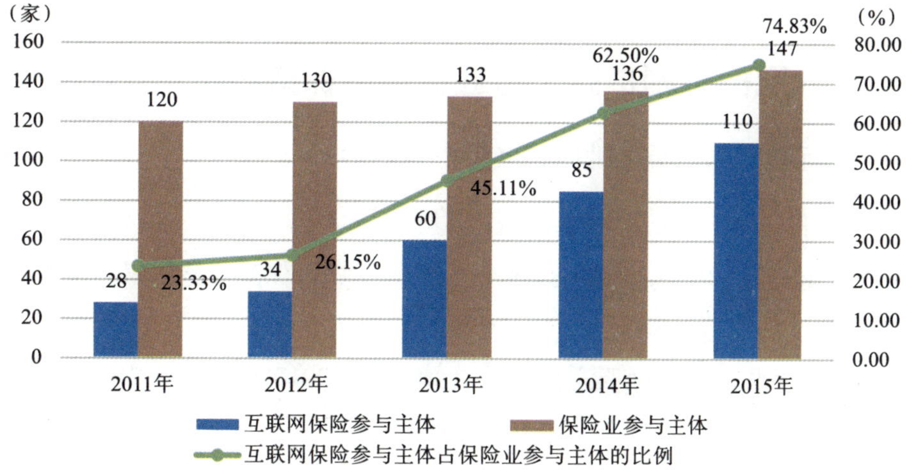

图1－3　2012—2015年互联网保险经营主体发展情况

2015年我国新设保险公司11家，其中有3家是获得中国保监会互联网保险牌照的公司，互联网保险公司在新设保险公司中占比为27.2%。3家互联网保险公司基本情况见表1－2。

表 1－2　2015 年获得互联网保险牌照的 3 家互联网保险公司基本情况

互联网保险公司	获得中国保监会批准筹建时间	开业时间	经营范围
泰康在线	2015 年下半年	2015 年 11 月 18 日	网上直销投连险、养老保险、女性保险、少儿保险、健康医疗保险、定期寿险、旅游签证保险、意外险等多种保险产品
安心保险	2015 年 6 月	2016 年 1 月中旬	在线车险、人身意外险、旅游险、家财险、商务出行险等
易安保险	2015 年 6 月	2016 年 2 月 6 日	与互联网交易直接相关的企业/家庭财产保险、货运保险、责任保险、信用保证保险

二、收入规模急剧扩张，行业集中度保持高位

（一）互联网保险保费收入持续增长

2015 年，中国互联网保险保费收入达到 2 234 亿元①，比 2014 年（859 亿元）增长了 1 375 亿元，增幅达 160%。2015 年中国保险业整体累计实现保费收入 24 282.52 亿元，比 2014 年（20 234.81 亿元）增长了 4 047.71 亿元，增幅为 20%。我国互联网保险渗透率②持续上升，2015 年达到 9.2%，比 2014 年（4.25%）增加了 4.95%（见图 1－4）。

2012—2015 年，中国互联网保险保费总收入 4 年复合增长率为 212%，远高于同期中国保险行业保费总收入的复合增长率 11.8%。互联网保险的高增长符合成长型新兴业务的特征（见图 1－5）。2012—2015 年互联网保险保费增量占保险行业保费总增量的比率（即互联网保险保费增长贡献率）从 11.97% 增加到 33.97%，互联网保险业务增长对整个保险行业业务发展发挥着越来越重要的作用。

① 资料来源：中国保险行业协会的统计资料。

② 互联网保险渗透率即互联网保险保费收入占整体保险业保费收入的份额。

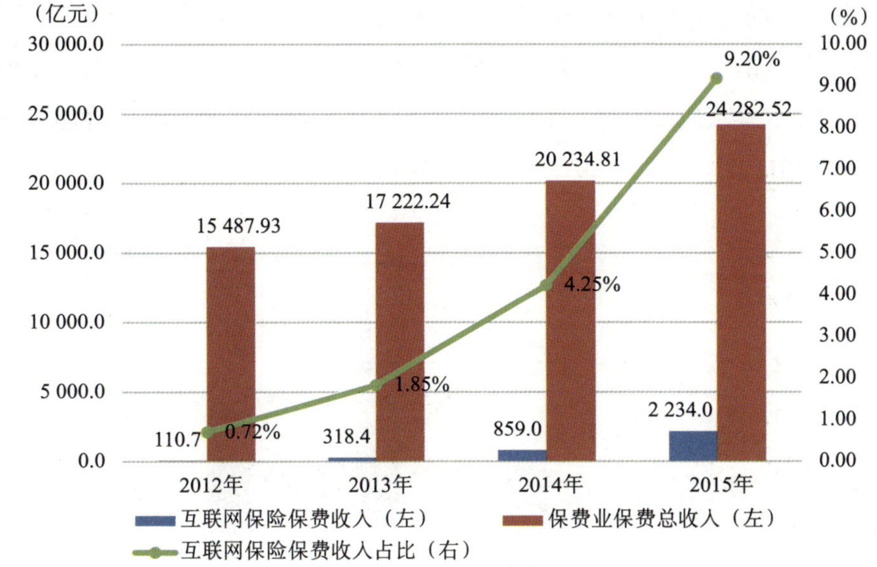

图 1－4　2012—2015 年中国互联网保险增长情况

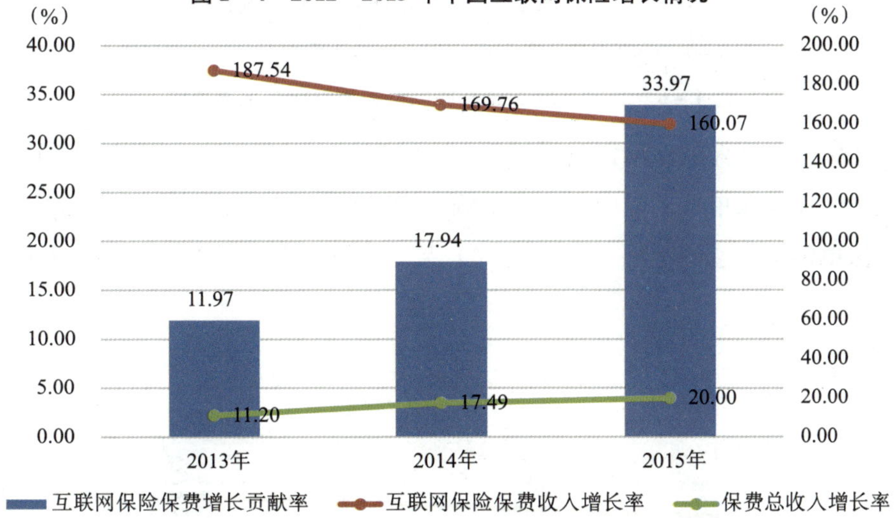

图 1－5　2012—2015 年互联网保险和保险行业保费收入增长对比

（二）保单销售量增长率下降

互联网技术降低了保险消费的交易成本，互联网保险具有购买便捷、处理及时、理赔快等优点，很受消费者欢迎。2015 年我国互联网保险共销售保单

28.32 亿单，同比增加了 35.94%。其中，互联网财产险销售 26.2 亿单保单，互联网人身险销售 2.12 亿单保单。2012—2015 年，互联网保险年销售保单从 3.72 亿单增长至 28.32 亿单，4 年增长了 6.6 倍，但同比增速呈下降趋势，从 2013 年的 201.98% 下降至 2015 年的 35.94%（见图 1-6）。

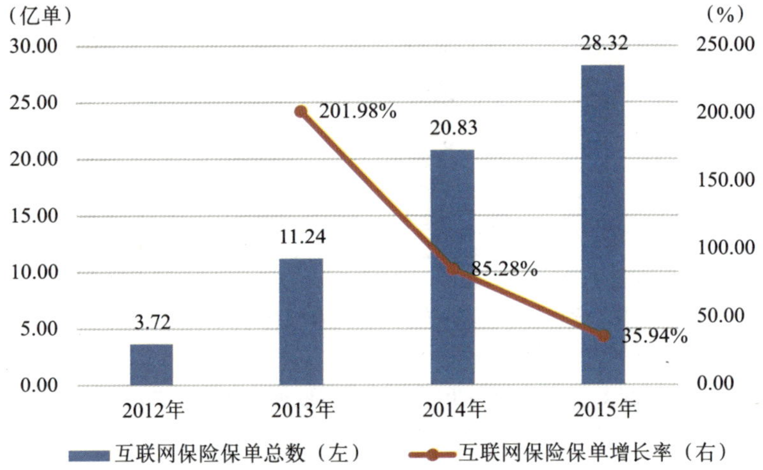

图 1-6　2012—2015 年互联网保险公司销售保单总数

导致互联网保险保单销量增长率下降的主要原因是互联网财产险保单销量在互联网保险保单总销量中占较高份额，达 90% 以上（见图 1-7）。互联网财产险保单销量增速的下降（见图 1-8）导致互联网保险保单总销量增速下降。

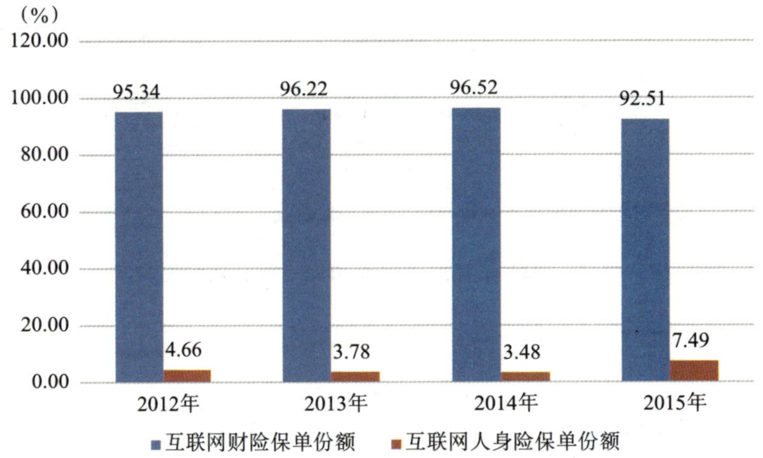

图 1-7　2012—2015 年互联网财产险和互联网人身险保单份额

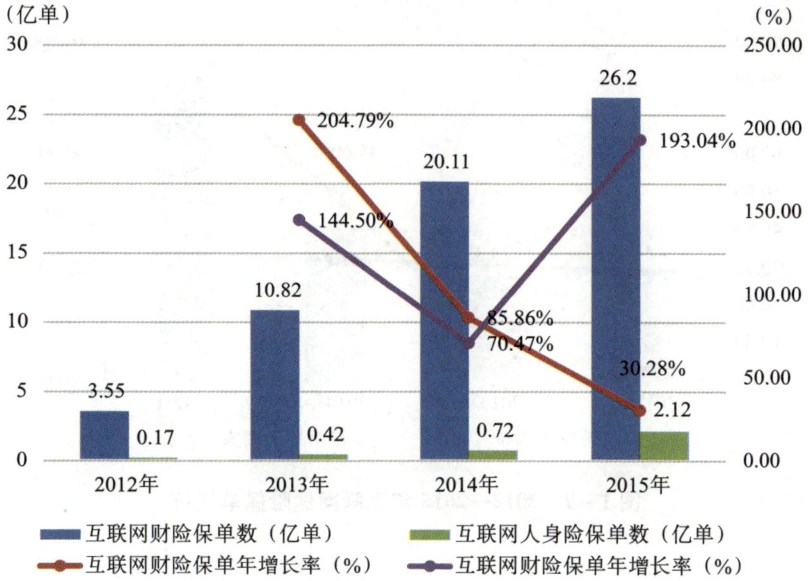

图 1－8　2012—2015 年互联网财产险和互联网人身险保单数及增长率

（三）保单均价增长率逐年递增

2015 年互联网保险平均每份保单的价格是 78.88 元/份，比 2014 年（41.23 元/份）增长了 91.32%。其中，互联网财产险保单均价为 29.33 元/单，互联网人身险保单均价为 690.8 元/单，互联网人身险在互联网保险中占比的上升成为互联网保险保单均价增长的直接原因。2012—2015 年互联网保险保单均价增长趋势明显，2015 年保单均价达 2012 年的 2.65 倍，且保单均价增长率逐年递增。这表明，随着互联网保险业务成熟发展，保民们对互联网保险的信任程度在加深，越来越多的保民愿意购买价格高的互联网保险产品（见图 1－9）。

（四）互联网保险行业集中度高

行业集中度是对整个行业的市场结构集中程度的测量，集中体现了市场的竞争和垄断程度。CRn 指数是指某行业内前 N 家最大企业占市场份额（产值、

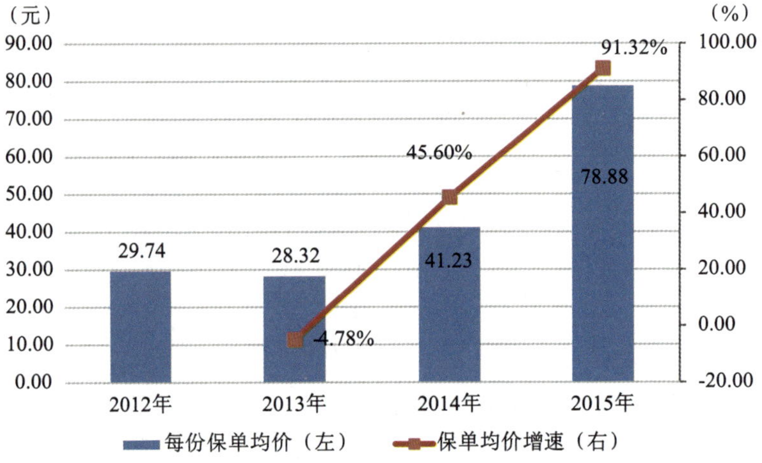

图 1－9　2012—2015 年互联网保险保单均价

产量、销售额、销售量、职工人数、资产总额等）的总和。CRn 越大，说明这一行业的集中度越高，市场竞争越趋向垄断；反之，集中度越低，市场竞争越趋向于竞争。

2015 年互联网保费收入排名前十的保险公司互联网保险保费收入合计为 1 725.47 亿元，占当年全国互联网保费总收入的 77.25%，即互联网保险行业的 CRn 为 77.25%，市场集中度较高。在互联网保费收入排名前十的保险公司中，不论公司数量还是收入金额，人身险占比均超过财产险。

与此对应，2015 年保险行业保费收入排名前十的保险公司保费收入合计为 18 379.4 亿元，占当年全国保险行业保费总收入（24 282 亿元）的 75.69%，即保险行业的 CR10 为 75.69%（见表 1－3，表 1－4）。互联网保险行业集中度略高于整个保险行业集中度。

三、产品结构显著变化，人身险占比首超财产险

按照产品结构划分，互联网保险包括互联网财产险和互联网人身险两种。2015 年，互联网财产险和互联网人身险分别实现保费收入 768.36 亿元和 1 465.60 亿元，在互联网保险保费总收入中占比分别是 34.39% 和 65.61%。2015

表 1-3　　互联网保险行业集中度

排名	互联网保险公司	互联网保费收入（亿元）	占互联网保费总收入比例（%）
1	人保财险	336.39	15.06
2	富德生命	332.81	14.90
3	平安产险	235.89	10.56
4	国华人寿	173.95	7.79
5	弘康人寿	134.54	6.02
6	光大永明	125.02	5.60
7	前海人寿	99.08	4.44
8	工银安盛	97.87	4.38
9	珠江人寿	95.57	4.28
10	阳光人寿	94.35	4.22
合计		1 725.47	77.25

表 1-4　　保险业行业集中度

排名	公司	保费收入合计（亿元）	保费收入占总保费收入的比例（%）
1	中国平安	3 720.88	15.32
2	人保保险	3 704.40	15.26
3	中国人寿	3 641.00	14.99
4	太平洋保险	2 021.83	8.33
5	新华保险	1 118.58	4.61
6	安邦保险	1 011.00	4.16
7	中国太平	988.37	4.07
8	泰康人寿	814.70	3.36
9	生命寿险	789.98	3.25
10	阳光保险	568.66	2.34
合计		18 379.40	75.69

年，互联网人身险保费收入首次超过互联网财产险保费收入。2015 年保险行业财产险和人身险业务分别实现保费收入 7 994.97 亿元和 16 287.55 亿元，分别占保险业保费总收入(24 282.52 亿元）的 32.92% 和 67.08% （见表 1-5）。2015 年互联网保险按保费收入计算的产品结构和整体保险业产品结构基本相同。

表 1－5　　2012—2015 年互联网保费收入和保险行业保费总收入

项目		2012 年	2013 年	2014 年	2015 年
保险行业汇总情况	财产险保费收入（亿元）	5 330. 93	6 212. 26	7 203. 38	7 994. 97
	财产险保费收入占比（%）	34. 42	36. 07	35. 60	32. 92
	人身险保费收入（亿元）	10 157. 00	11 009. 98	13 031. 43	16 287. 55
	人身险保费收入占比（%）	65. 58	63. 93	64. 40	67. 08
	保费总收入（亿元）	15 487. 93	17 222. 24	20 234. 81	24 282. 52
互联网保险业务情况	互联网财产保险保费收入（亿元）	100. 94	263. 92	505. 77	768. 36
	互联网财产险保费收入占比（%）	91. 15	82. 88	58. 88	34. 39
	互联网人身保险公司保费收入（亿元）	9. 80	54. 50	353. 20	1 465. 60
	互联网人身险保费收入占比（%）	8. 85	17. 12	41. 12	65. 61
	互联网保险保费总收入（亿元）	110. 74	318. 42	858. 97	2 233. 96

2012—2015 年保险行业人身险保费总收入和财产险保费总收入占保险总收入的比例基本保持在 65% 和 35% 的水平（见图 1－10）。在互联网保险业务方面，互联网财产险保费收入占互联网保险整体保费收入的份额，从 2012 年的 91. 15% 下降至 2015 年的 34. 39%；与此相对应，互联网人身险保费收入占互联网保险整体保费收入的份额，从 2012 年的 8. 85% 上升至 2015 年的 65. 61%（见图 1－11）。

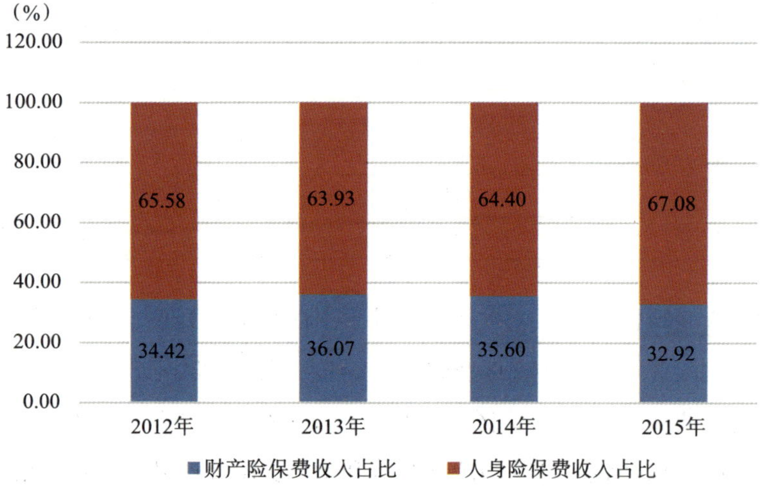

图 1－10　2012—2015 年财产险和人身险收入结构比较

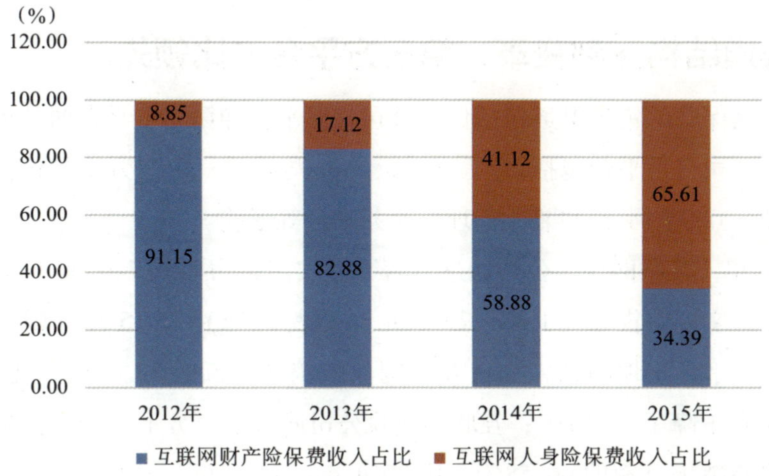

图 1－11　2012—2015 年互联网财产险和互联网人身险收入结构比较

2012—2015 年间互联网保险和保险行业增量保费收入的产品结构分布如图1－12 所示。无论是互联网保险，还是整个保险行业，人身险业务保费收入增量占行业保费总收入增量的比例（即保费增量贡献率）都是逐年增加，与之对应，财产险的保费增量贡献率则逐年下降。

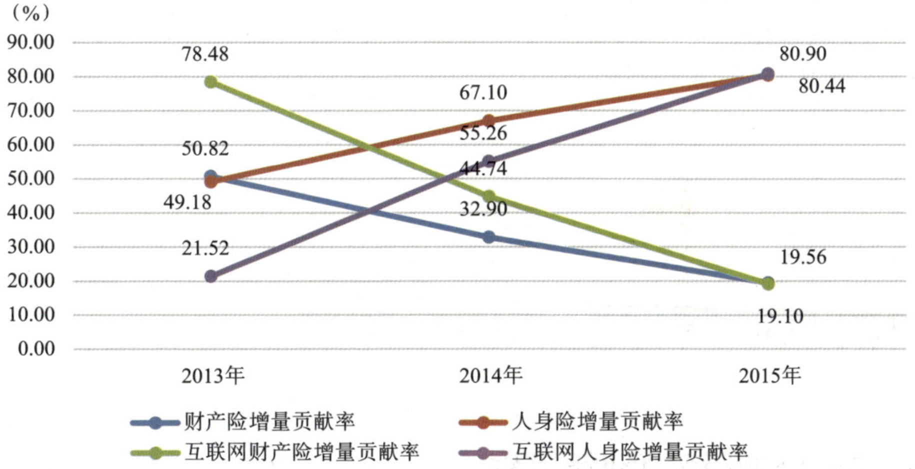

图 1－12　2012—2015 年互联网保险和保险业增量保费收入的产品结构分析

四、渠道结构深刻变革，第三方平台占比领先

互联网保险的销售渠道包括保险公司自营平台和第三方平台两种形式。其中，保险公司自营平台包括官网、微信、App 等形式；第三方平台包括专业中介类网站、互联网平台和兼业代理类业务平台等形式。

2015 年，互联网保险公司通过自营平台实现销售收入 746.66 亿元，通过第三方平台实现销售收入 1 487.29 亿元（见表 1 - 6）。2015 年互联网保险公司通过自营平台实现的销售额占互联网保险销售总额的 33.42%，比 2014 年（57.73%）下降了 24.31%；互联网保险公司通过第三方平台实现的销售额占互联网保险销售总额的 66.58%，比 2014 年（42.27%）增加了 24.31%。这表明，第三方平台在互联网保险销售业务中发挥着越来越重要的平台媒介作用。

表 1 - 6　　2012—2015 年互联网保险销售渠道收入

模式	2014 年	2015 年
自营平台销售收入（亿元）	495.86	746.66
自营平台销售收入占总收入份额（%）	57.73	33.42
第三方平台销售收入（亿元）	363.11	1 487.29
第三方平台销售收入占总收入份额（%）	42.27	66.58

第三节
中国互联网保险的创新实践

一、模式创新统领创新流程

2011 年以来，互联网保险在我国得到了快速发展。从 2011 年到 2015 年，我国开展互联网保险业务的保险公司由 28 家增长到 110 家，互联网保险业务

的年保费收入由32亿元增长到2 234亿元，互联网保险保费在总保费中所占的比重由不到1%增长到9.2%，互联网保险代表了保险行业创新发展的重要内容①。互联网保险的创新特色反映在产品、渠道和服务等多个方面，上述创新内容的多元组合产生新的互联网保险商业模式。

互联网保险商业模式的创新源于参与主体的多元化。互联网保险参与主体的多元化不仅反映为持牌保险公司数量的增长，也反映为从保险业务客服、销售、购买、理赔等各个环节切入保险产业链条的第三方创业公司的不断涌现，还反映为互联网保险公司股东背景的多元化。截止到2015年底，包括获得互联网保险牌照的众安在线、泰康在线、易安财险、安心财险4家互联网保险公司，经营互联网保险业务的保险公司达到110家；保险公司自身搭建的销售平台逐步成型，比如人保车险网销平台、平安保险的电商中心等在车险市场占据主要份额；BATJ布局互联网保险行业，成为互联网保险公司重要力量；各类互助保险平台如雨后春笋般出现，从最初的抗癌公社、e互助，到如今的水滴互助、夸客联盟等。上述互联网保险参与主体给传统的保险行业生态带来了电商、支付以及社交平台和用户等资源，互联网保险的商业模式因此而更加丰富多元。

尽管股东背景的不同和战略定位的差异导致互联网保险衍生出众多的商业模式，但互联网保险的业务模式基本上可以归纳为平台保险和场景保险。平台保险是以“保险+互联网”的形式出现，保险为主，互联网是工具，目前主要解决保险选择问题；场景保险则更多体现的是“互联网+保险”的概念，互联网为主，保险从之，主要解决特定场景下的风险管理问题。

（一）基于平台类的模式创新

从现有的业务内容来看，平台保险主要是为用户提供从售前咨询、售中投保到售后保全的一站式保险服务。平台保险以保险公司自营平台和第三方销售

① 资料来源：中保协提供数据。

平台为主，保险公司自营销售平台仅针对本公司产品，中介机构平台提供的产品和服务则更加多元化，为投保人提供更大的选择空间。保险公司自身搭建成立的销售平台已逐步成型，从最早期的太保、泰康、平安等建立自营电子商务平台，到人保车险网销平台、中国人寿的电商中心等，特别是中国人保和平安保险的官网已成为互联网车险的重要销售渠道，第三方平台作为互联网保险销售渠道的重要性已成为行业共识。阿里、京东等综合电商凭借流量优势实现巨量保费销售，诸多保险中介机构建立的网络平台也成为保险产品销售的重要渠道。慧择网作为最早被中国保监会批准成立的专业第三方保险网销平台，截至 2015 年底已对接超过 80 家公司的上千款产品，现已形成慧择网、聚米代理人平台、保运通以及 PCS/API 渠道四大平台，做到互联网保险销售全流程服务。平台保险的显著优势是流量比较精准，都具有真实而直接的保险需求，而且主动购买保险的人群保险意识也相对较强。平台保险面临的主要问题是流量积累，因为保险需求相对来说属于低频需求，投保人不太会经常到保险公司官网或者第三方平台的网站访问，虽然有真实的保险需求，但不太容易建立和保险公司品牌之间的黏性，所以流量和客户黏性是平台保险追求的重要目标。

（二） 基于场景类的模式创新

场景保险的出现源于互联网、物联网对社会、生活各领域的持续渗透，线上应用的不断丰富导致越来越多的日常行为可以在线上实现，如网购、网络聊天、互联网理财、使用搜索引擎、通过网络买房租房等。虽然人们的行为从线下转移到了线上，但活动本身面临的风险并没有消失。风险转嫁的需求是场景保险存在的前提，业务数据的挖掘和利用是场景保险开发的主要手段。

目前，场景保险产品主要集中于网络购物和出行两大场景。基于这两大场景衍生出退运保险、航班延误保险和航空意外保险三类产品，此外还有碎屏险、信用保证保险以及健康险和车险等产品。众安在线是场景保险的代表，旗下的退货运费险是场景保险的典型。场景保险的主要优点在于将保险需求和其他的高频行为结合，与特定场景伴生的具体需求刺激了客户的风险管理需求，场景的线上化为获取用户数据提供了技术基础，因此场景保险可以通过提高精准性提升保险公司的获客效率。但是，由于场景保险的需求高度依赖场景而存在，保险公司需要获得外部资源的协调才可提供场景化产品，碎片化的场景造成不同保险需求之间无法打通，特定保险需求的市场规模容量有限。此外，场景保险的发展还对创新技术的应用以及互联网化的进程形成依赖，现阶段在健康管理、养老等方面的探索尚处于起步阶段。

（三）基于两类模式的发展趋势

场景保险和平台保险分别代表了互联网保险多元化的参与主体选择的不同发展路径。以众安为代表，互联网保险公司由于天然的互联网基因往往倾向于从场景保险切入；而传统保险公司和第三方电商平台多从平台保险起步。但是，这种分类更适用于互联网保险发展的初期。2015 年，两类模式交叉融合的趋势越来越明显，如人保财险在 2015 年针对账户安全风险推出的银行账户安全险就大获成功，而蚂蚁金服一直以来作为平台保险的龙头，也成立保险公司，并明确提出做大场景保险和平台保险。下一阶段，在互联网对社会的渗透持续推进、不断深入的背景下，保险行业整个产业链包括产品、定价、推广、销售、理赔、服务等各个环节都需要与互联网时代消费者的需求实现对接，如果仅仅通过互联网作比价、撮合，那么并没有充分展现出互联网保险的核心价值。美国第三方网络保险平台 Ins Web 曾是世界最早、最大的第三方网络保险平台之一，雅虎曾把其评为世界 50 个最值得信赖的网站之一，但其在经历早期高速增长之后，遭遇了衰落的困境。究其原因主要就是仅提供比价服务，无法从更大程度上提升客户体验，为客户创造价值有限，商业模式可持续性不足。从社会职能的角度分析，互联网保险与传统保险之间并无本质差别，消费者需要的是风险管理的工具，保险业提供的是风险对冲的手段，在这个供需关系之后是投保人对物美价廉、服务到位、操作方便的诉求以及保险公司对效率优化的持续突破。

不论是场景保险还是平台保险，通过打造完整的服务闭环、提升服务效率，为客户创造更大价值应该成为其商业模式优化的路径选择。针对用户的完整服务闭环不仅包括一个完整业务周期的全部要素即产品设计、定价承保、渠道分销、理赔服务等环节，还包括平台主动挖掘新的社会需求，丰富保险场景和通过对用户行为的数据追踪，优化组合平台上的产品进行个性化推荐，以及通过各种新兴技术的应用，将互联网保险由被动的风险转移向主动的风险降低过程转换，通过对用户行为的影响和改变，降低风险发生率，降低消费者索赔率，降低理赔成本率等。在上述目标下，针对产业链的深入挖掘，通过完善特定行业的基础设施进行布局成为判断未来商业模式格局的重要标准。平安集团打造的“智慧医保信息管理平台”可以实施医保实时监控、智能分析审核与预警稽核、实时医保结算等功能，2015 年已在厦门 481 家定点医疗机构开通①，与 99.06% 的医生工作站实现了无缝对接，全年平台累计向医生弹出 99.13 万次预警或提醒，防范 79.01 万人次意图超量取药，厦门全市 2015 年医疗总费用增幅同比减少 3%，医保费用增幅同比减少 4%。截至 2015 年 12 月，全国共有 96 个地市（包含 4 个省级平台，60 个市级平台）使用了智慧医保信息管理平台，该平台的打造为平安集团在健康、医疗保险领域的布局奠定了坚实的基础②。

二、产品创新开辟行业空间

互联网保险产品创新更多地体现在场景保险中，且产品的种类随着场景的增加而不断丰富。线上场景具有方便沉淀数据的天然优势，便于保险公司借助大数据、云计算等先进技术开发产品，加速产品开发效率。短期来看，互联网作为保险产品的销售渠道可以直接为保险公司带来收入，但从长久来看，只有能够体现保险业风险管理特性的产品创新，才是互联网保险持续生命力所在。

---

① 和讯保险，http://insurance.hexun.com/2016-01-05/181595134.html。

② 厦门网信息服务，厦门智慧医保创新成全国范本 http://xxfw.xmnn.cn/zxbb/201601/t20160105_4802608.htm。

（一）优化流程，实现产品极简化

传统保险产品作为一种专业性、复杂性较强的金融产品，普通消费者往往需要借助专业销售人员的协助才能完成投保、理赔等环节。在互联网保险领域，满足简单、便捷、标准化的特征才能获得消费者的认可，想要抓住用户，就必定要在上述特征方面做到极致。现阶段，适合互联网销售的保险，比如银行卡盗刷资金损失险、运输运营交通工具意外伤害险、航班延误保险等体现的都是责任单一、易于理赔的特点。针对已有产品通过流程优化体现简单、便捷、标准化的特点是互联网保险产品创新的重要内容；将功能明确的保险产品嵌入特定的互联网场景，结合特定场景下用户产生的风险管理需求提供保险服务成为场景保险的基本形式。这一领域也不乏案例。比如，一般的航班延误险都要提前 24 小时购买，但蚂蚁金服联合中国人寿财险推出的一款叫作“晚点乐”的保险产品在航班计划起飞时间（票面显示的时间）前 4 小时至后 2 小时都能购买。赔付方式以预测起飞时间为标准，每晚 1 分钟赔付 2 元，最高可赔付 120 元，保费仅需 8.8 元。

（二）丰富场景，扩大产品覆盖面

依托互联网场景进行互联网保险产品创新很大程度上取决于场景的丰富程度，互联网对社会各个领域的持续渗透为丰富场景提供了基础。比如，电子商务的多个环节都可以为互联网保险提供场景支持，进而开发不同的产品。在消费者权益保护环节，首先是账户安全险。截至 2015 年底，投保支付宝账户安全险的消费者已经超过 1.2 亿人，可见账户安全险在“移动支付”时代已成刚需。其次，天猫联合蚂蚁金服与中国人保、平安产险等保险公司推出“天猫正品保证险”，即在消费者在天猫购买到假冒商品的情况下，不仅可以得到无条件退货退款的支持，还能够得到来自合作保险机构按照实际支付价格的 4 倍的赔偿。不论交易处在“售中”还是“售后”环节，如果消费者对商品真伪存在疑问，可通过在线页面提交维权申请，并同时在线上传品牌方的鉴定报告或者其他相关材料予以佐证①。此外，不仅针对电商消费者，互联网保险也可为电商机构和从业人员提供针对性服务。蚂蚁金服推出的“乐业保”针对的是数百万电商创业者在意外伤害、医疗、养老等方面的需求，为他们提供价格相对低廉的保险保障产品；而“众乐宝”瞄准的是日益凸显的互联网商业信用问题，它为淘宝平台加入消费者保障服务协议（消保协议）的卖家的履约能力提供保险，既确保买家获得良好购物保障，又帮助卖家减轻负担，是典型的履约保证保险。互联网保险产品定位于服务互联网时代，通过保险的保障功能化解互联网经济中的风险，凸显了保险的风险保障和风险管理功能。

（三）革新技术，提升产品精准性

创新技术加速更新，保险公司可以在产品创新中应用最先进的技术，比如物联网、车联网、基因诊疗、人工智能及区块链等实现产品升级。首先，新兴技术的发展有助于保险公司进行精细化风险管理以及精准定价。比如，随着商业车险费改市场的推进，很多保险公司选择联手第三方引入 UBI 技术，通过汽车传感器监控驾驶人驾驶习惯，参考驾驶习惯进行精准定价，通过差异定价的方式提升客户体验。2015 年，都邦保险和南京人人保网开发的“里程宝”通过车载 OBD 设备采集数据，记录车主的具体用车时间、行驶距离和行驶轨迹，加上驾驶习惯等逻辑计算，核对出车主实际需要支付的保费，解决了现有保费收取中行驶里程低的低风险车主补贴行驶里程高的高风险车主的“逆向补贴”问题，实现了车险“开多少付多少，不开车不用付”的业务模式。另外，技术创新有助于保险公司提供主动风险管理和精准服务。比如，在人寿险和健康险领域应用可穿戴设备，可及时监测到被保险人的生理数据，尽可能早地提示被保险人防范疾病风险，降低理赔率。通过大数据达成客户画像，能够更好地针对目标客户进行精准营销。技术创新在互联网保险产品创新中的地位举足轻重。

---

① 新浪财经：“支付宝账户安全险投保用户接近 1.2 亿”，http：//finance. sina. com. cn/roll/2016 – 02 – 29/doc – ifxpvutf3660319. shtml。

三、渠道创新重塑营销逻辑

2015 年，互联网保险业务收入超过 2 234 亿元，其中 33% 的保费通过保险公司自营平台实现，其余 67% 由淘宝网（含天猫、支付宝、招财宝）和网易为代表的第三方电子商务平台贡献。随着移动互联网的迅猛普及、互联网各业态的加速融合，互联网保险可以借助社交媒体、O2O 等模式丰富渠道创新内容。

（一）借力新型社交平台，开展口碑营销

在互联网、移动互联网急速普及的时代，新型社交媒体正以惊人的速度发展并得到广泛应用。2004 年才建立的脸谱网（Facebook）现有活跃用户已达 8.25 亿户（包括 4.25 亿户使用移动设备的活跃用户）①。社交平台的普及对客户行为产生重要影响。埃森哲对全球人寿险和财产险客户的研究表明，80% 的受访客户会参考社交媒体的建议来选择新的保险提供商，其中 30% 的受访客户表明，这些建议会成为他们的主要选择标准，而年轻客户把这些推荐视作首选标准的可能性是其他群体的两倍②。

基于社交媒体的生态圈营销模式能够为保险业带来数据运营方面的很多优势，比如社交媒体庞大的用户数据数量和不断改进的数据分析精确性，使得保险能够从社交媒体的大数据中获得用户的精准需求。这让保险的个性化服务、定制服务成为可能，并很好地解决保险产品同质化严重的问题。社交关系中的信任基础将给予产品或品牌更强的传播效力。以“微信”为例，因为有信任关系做基础，通过共享传播，更能扩大口碑营销的影响力，从而创造出广泛的客户接触点。社交关系也可以为保险带来新的精算和定价模型，如利用熟人间

---

① “社交媒体时代保险公司的机会与挑战”，中保网，http：//chsh.sinoins.com/2015－08/10/content_ 165383.htm。

② “社交媒体时代保险公司的机会与挑战”，中保网，http：//chsh.sinoins.com/2015－08/10/content_ 165383.htm。

的互相了解可取代保险公司的部分风险管理工作。目前，保险公司已采取多种方式对社交平台进行充分利用，比如利用企业内社交媒体创建专供独立代理人交流想法、经验的平台；捕捉客户的反馈和建议，以帮助产品设计；利用社交媒体来协助客服中心减少呼入电话数量，而且这在实际上还可以鼓励客户解答其他客户的问题。

（二） 引进第三方平台，丰富渠道服务

在保险业产销分离、专业化分工发展的趋势下，专业第三方互联网保险机构平台基于流量优势，将多家保险公司的同类产品展示于同一网络平台，便于消费者比较与选择。这种模式为保险需求方提供便利的同时，也使保险供给方在价格、保障范围及售前售后服务等各环节面临更为直接透明的竞争。拥有综合电商场景和流量优势的淘宝、京东等互联网平台开始兼业代理，销量惊人；慧择、中民保险网等保险超市凭借定制化产品和精细化服务也形成了一定的优势；OK 车险、最惠保等专注车险等某一领域的平台，重度垂直，形成小而美的态势。总而言之，无论是小而美还是大而全的第三方平台都为互联网保险渠道创新增添了新的内容。

（三） 发展 O2O 模式，实现渠道融合

尽管互联网保险以线上开展业务为主要方式，但线下渠道的作用不可能完全消失。实体经济中的产业链孕育着丰富的保险产品消费场景，也提供了客户对接的入口，所以线下仍然是互联网保险的重要环节。互联网保险的 O2O 模式就是将传统保险销售模式和互联网保险的直销模式进行嫁接，形成线上线下相互融合的新型保险业务模式。一方面，利用大数据等技术，保险公司线上平台能够更精准地为客户推荐相关保险产品，客户在网上了解到相关保险产品或者寻求保险服务后，线下人员可以及时跟进，满足客户的产品或服务需求。另一方面，业务人员也可以针对线上产品对客户提供服务，并将客户的网上交易或自助服务与推荐人进行利益挂钩，从而充分发挥线下人员的客户资源优势，

加大互联网保险业务的推动力度，也能相应减少成本，简化流程，让投保人有更优质的投保体验。因此，在利用大数据、云计算等技术优化互联网保险营销渠道的基础上，推进线上线下深度融合是互联网保险丰富渠道的重要形式。

四、服务创新拓展行业外延

在渠道线上化的背景下，互联网保险的服务创新是建立业务闭环、提升客户体验的重要内容。在服务创新方面，平台保险主要是将传统服务进行线上化，通过服务流程再造，建立闭环，提高效率；场景保险主要针对特定产品延伸服务内容，拓展保险产业链。

（一）简化业务流程，优化用户体验

在场景保险中，用户的保险需求高度依赖于特定场景，结合场景的具体特点，通过一定的技术手段提供自动理赔可以整体提升用户体验，获得用户的认同。比如，在众安保险的微信公众账号中，只需 25 元就可以买一份航班延误险，如飞机延误 2 小时以上，航班延误的赔付会自动打入微信红包中。这种自动化理赔大大提升了用户体验度，对于获得用户的认可发挥了重要作用。作为国内大型电子商务网站，开心保也构建了类似的微信自助理赔平台，在它的“快捷服务”体系里还有“保险快选”、“7×24 小时保险咨询”、“2 小时保单极速变更”、“快速保全”等内容，这样设置菜单的目的是完善服务和建立客户信任。

（二）搭建交互平台，便捷服务供给

微信公众号不仅可以作为保险公司的宣传渠道，也可以成为保险公司为消费者提供服务的另一途径。比如，微信公众号提供了回访功能，可以通过扫描保单二维码或输入投保单号，再输入发送到手机的“校验码”，核对微信中展示的保单信息，并根据回访保单进行答题。这种回访功能最大的优势在于能够让客户不受时间和地点的限制，非常方便地了解保单信息，为客户利用碎片化时间获

得保险服务提供了现实的渠道，节省了客户的时间成本，提升了客户体验度。

（三） 拓展服务范围，延伸保险产业链

互联网商业模式强调以客户为中心，提升客户体验是互联网产品设计中需要考虑的一个重要维度。基于提升客户体验的目的，互联网保险在服务内容和服务方式上都有全新的突破。从个性化角度分析，货币不再是互联网保险产品唯一的赔付方式。赔付内容的价值在于更方便地解决用户需求，尤其是在个人难以便捷获取的服务方面，可能比小额赔偿金更有吸引力。

2015 年 11 月，华安财险推出一款“扶老人险”。与其他同类产品不同的是，赔偿内容变成了限额 2 万元的法律诉讼费用，并向投保人赠送全年的法律咨询服务。这款保险产品推出 5 天内，投保人数已经超过 5 万人①。相对于经济赔偿，许多人认为遇到被讹问题当即获得法律咨询服务更切实际。此外，针对客户的服务实际上已经超出了传统保险的业务范畴，利用保险入口整合需求实现和其他产业的对接成为一种全新的思路。以意时网为例，针对手机碎屏险理赔服务的需求成立专门机构开展手机换屏业务，通过换屏业务获取利润反哺保险业务，成为一种全新的商业模式。互联网保险服务范围的拓展使得保险业产业链得以延伸。

五、组织架构创新激发内生活力

不论是产品层面、服务层面、渠道层面的创新，还是最终上升到商业模式的创新，在长期内都将依赖于保险公司现有组织架构的适应能力。组织架构的创新是互联网保险各项创新的制度保证。

（一） 相互保险组织推动保险公司由单一走向多元

相互保险就是由被保险人以互助合作方式为自身提供保险的一种互助组

① “3 元‘扶老人险’推出 5 天逾 5 万人投保”，网易新闻，http：//news.163.com/15/1026/06/B6R5ACI300014AEE.html。

织。在世界保险业历史上，相互保险是不可或缺的重要力量，现在也仍然属于国际主流的保险组织形式之一。首先，相互保险相对于股份制保险公司有一定程度的价格优势，这种价格优势首先来自管理费用和营销费用上的缩减；其次，也在于相互保险前期对于客户信息的掌握，这实际上也完成了对于客户的优选。互联网时代下，社交网站的广泛使用使人与人之间更容易形成联系，通过各种社交平台、社交软件，也更容易聚集起有一定联系或共同需求的人群。由于互联网和相互保险的天然契合，相互保险在互联网时代迎来了新的发展机遇。2016 年 6 月，信美人寿相互保险社、众惠财产相互保险社和汇友建工财产相互保险社已经获批筹建，还有众托帮等创业公司正在探索基于区块链技术的新型相互保险商业模式。相互保险的兴起推动我国保险公司的组织形式由单一走向多元。

（二） 产品快速迭代推动公司管理架构由高耸走向扁平

互联网保险公司的数字化运营对保险公司的组织架构变革提出新的要求，这些要求包括对客户需求变化的快速反应以及组织架构的适度灵活性。众安保险以扁平化的组织架构和蜂巢式的运行机制为显著特点，在互联网保险公司组织架构重塑方面做出了有益的探索。众安保险以产品经理为核心，围绕产品经理来搭建团队，以便高效地开展产品研发及后续环节各项工作。具体而言，就是围绕产品经理建立一个类似于蜂窝的组织，从公司内外协调资源，多个部门人员参与，多条线灵活运作，切实精准地完成产品经理的各种设想并能结合各个部门的人员意见，整体落实产品开发任务。组织架构的创新实现了互联网保险的“快”与“准”。

（三） 全流程数字化运营推动 IT 部门由后台走向前台

大数据对于保险行业的影响已经形成共识，但是如何在保险公司内部建立适应大数据时代需求的组织架构和外部环境同步成为更为具体、现实的目标。互联网保险为技术平台支持开展业务提出更高要求，服务长尾客户、运用海量数据进行分析以及对客户意见的快速反馈都需要基于更高技术标准的系统提供运算支持。以往，保险公司信息技术部门都是基于业务支持的职能而设置的，但目前其职能已经由强调支持逐渐向业务驱动层面过渡，IT 部门、技术类部门将更多承担起带动业务发展的职责。中国平安设置了平安科技、平安数据科技、平安渠道发展和平安金融科技 4 家共享平台；泰康人寿北京中关村数据中心融合了 IT、电销、创新事业部、运营等部门，使得该数据中心成为泰康整个数据系统的“枢纽”和“心脏”。通过实施数字化运营，在保险产品的设计机制上，交互设计部门、数据整合部门将获得更大的发挥空间，基于数据挖掘明确需求、开发产品将成为产品设计的基本规则；通过客户画像，精准获取客户，进行个性化推荐，将使得营销部门对于数据分析变得更为依赖；在保险产品的服务机制上，人工服务将逐渐淡化，客服机器人有望出现，人工智能的开发因此而变得更加迫切。可以预见，技术类、数据分析类部门将更加融入业务、产品部门，从业务支持到业务带动，真正做到“以科技引领金融”。数字化运营将助推保险公司效率显著提升。

第四节
中国互联网保险政策研究

伴随人民银行等十部委《关于促进互联网金融发展的指导意见》的出台，2015 年被称为互联网金融规范元年。伴随中国保监会《互联网保险业务监管暂行办法》出台，2015 年也成为互联网保险规范元年。

中国保监会在坚持鼓励互联网保险健康发展的前提下严控风险，在局部风险隐患领域陆续出台有关监管制度，后又针对互助类保险、信用保证保险等多措并举，适时明确了基本监管思路。至此，中国保监会针对互联网保险监管体系基本构建完成，形成了以《互联网保险业务监管暂行办法》为主体，其他监管制度为补充，促进互联网健康发展，有效防范风险的监管体系。

一、总体监管原则

中国保监会一直坚持鼓励创新、防范风险、保护消费者权益的基本原则，并以线上和线下业务一致性原则加强互联网保险业务监管。

（一）鼓励健康发展

互联网保险是信息化时代的新生事物。移动互联和大数据的广泛应用有利于保险业转型升级，提速增效。中国保监会鼓励互联网保险业务健康发展。从机构准入看，在2013年批准首家众安在线专业互联网保险公司设立后，2015年又先后批设泰康在线、安心、易安3家专业互联网财产保险公司设立，专业互联网保险机构主体更为丰富。目前，2015年新批设的3家专业互联网保险公司已开业。从业务范围看，中国保监会鼓励专业互联网保险公司在现有业务经营有序的前提下逐步拓展业务范围，积极探索新业务发展模式。2015年，继批准众安在线增加短期意外和健康险外，又批准其增加互联网车险和信息服务的业务范围，同时陆续批复泰康在线等增加业务范围。从产品管理看，中国保监会鼓励保险机构利用新技术创新产品和服务，服务实体经济和小微企业，并明确放开了部分险种的经营区域限制。

（二）强化风险管控

中国保监会坚持有效防范风险，聚焦互联网保险业务特点，明晰监管规则。在防范销售误导上，互联网保险业务主要是通过消费者自主交易完成，与传统交易方式相比，缺乏面对面的交流沟通，而网络销售强调吸引眼球、夸张演示的营销方式，与保险产品严谨审慎、明示风险的销售要求存在较大差异，全面、充分地信息披露和风险提示就显得尤为重要。在确保信息安全上，信息系统是互联网保险的技术基础。目前，支撑互联网金融的大数据、云计算等新技术发展还不成熟，安全机制尚不完善，安全管理水平有待提升。互联网保险的业务数据和客户个人信息全部电子化，信息安全若得不到有效保障，将有可能酿成业务数据和客户信息灭失、泄露的重大风险。上述内容重点明确了监管规则，有效防范风险。在风险排查整治上，针对前期互联网金融中经营不规范问题，为防范其风险向保险业传导，同时为及时整治互联网保险中存在的风险隐患，中国保监会适时在行业内部署了互联网保险整治方案，明确了整治重点，规范互联网保险健康发展。

（三）保护消费者权益

互联网保险对消费者保护提出更高要求，保护保险消费者合法权益是互联网保险监管工作的主旨。互联网保险监管结合互联网保险自主交易的特点，坚持保护消费者合法权益这一基本原则，强化信息披露、客户落地服务，重点保护了保险消费者的知情权、选择权以及个人信息安全等。

（四）坚持监管一致性

互联网保险没有改变保险的根本属性，互联网保险业务监管应与传统保险业务监管具有一致性，以确保监管标准不因线上、线下销售而不同，消费者的合法权益不因交易方式不同而受损，保险主体的经营规则也不因此而改变。因此，互联网保险监管在坚持现有监管方向和原则的前提下，根据互联网保险的特性，对现有监管规则进行了适当延伸和细化。

二、现有监管政策

（一）《互联网保险业务监管暂行办法》

《互联网保险业务监管暂行办法》共 6 个部分、30 条，主要内容包括：

1. 定义与经营原则，主要明确了互联网保险业务、保险机构、自营网络平台、第三方网络平台等概念的界定，以及保险机构经营互联网保险业务的基本原则要求。

2. 经营条件与经营区域，主要规定了保险机构经营互联网保险业务的集中管理要求、自营网络平台和第三方网络平台的经营条件，以及可扩展经营区域进行异地经营的险种范围等。

3. 信息披露，主要明确了保险产品、保险机构分别在信息披露方面的具体内容和要求。

4. 经营规则，主要规定了参与互联网保险业务相关机构的职责定位，产品管理，保费收取，交易记录，客户服务，信息获取及安全、异常处理，反洗钱以及相关费用结算与支付方面的具体监管要求。

5. 监督管理，主要规定了保险机构、第三方网络平台的禁止性行为及退出管理要求，明确了中国保监会、保监局的监管职责分工与监管方式。

6. 附则，主要明确了专业互联网保险公司的监管要求，再保险业务的除外情形，保险机构通过即时通信工具等方式销售保险产品的管理要求，保险集团下设电商子公司的管理，以及《互联网保险业务监管暂行办法》的解释权、修订权及实施时间、期限等。

（二） 其他相关监管制度及措施

1.《中国保监会关于加强互联网平台保证保险业务管理的通知》（保监发［2016］6 号）。该通知针对财产保险公司与互联网信贷平台合作，提出了有关规范性要求。要求保险公司严格选择互联网平台、审核投保人资质、明确合作互联网合同的信息披露义务，要求保险公司加强互联网平台的信息披露义务，并要求保险公司加强互联网平台保证保险管理、建立严格的风险管控机制和内控机制，定期开展互联网平台保证保险风险排查。

2. 及时向社会公众发布风险提示消息，提示风险，明确监管导向。2015 年，中国保监会首次在官方网站公开发布风险提示，向广大消费者提示互联网保险存在的风险。2015 年以来，中国保监会先后针对“贴条险”、“跌停险”、“互助计划”等发布风险提示。

3. 监管政策对互联网保险的影响分析。中国保监会一系列监管政策的出台对促进互联网保险业务健康发展起到了积极促进作用，明晰了互联网保险发展中的基本业务规则和边界。尤其针对保险机构在信息系统安全、业务经营等方面，细化了基本规范。同时，监管政策及时对互联网保险业务风险隐患进行风险提示，有效防范了风险。

三、未来政策思考

2015 年，中国保监会已经出台了《互联网保险业务监管暂行办法》，对促进互联网保险新业务发展，规范市场秩序发挥重要作用。但互联网保险发展在参与主体、风险防范等方面又出现了新情况、新问题，亟待进一步加强研究。

（一）关于类保险机构和类保险产品的监管思路亟待研究

目前，互联网保险在保费规模和参与主体上依然以传统保险机构为主，但在部分产品中，已经出现了类保险机构参与。所谓类保险机构，是指未取得保险机构资质而参与保险产品或者类保险产品开发的机构。

类保险机构参与互联网保险业务某一环节，参与度深浅不一。有的已经深度参与保险产品开发，应取得相应保险资质；有的只是参与保险业务链条中某一技术环节，提升了运营效率；还有部分类保险产品，模糊保险与服务界限，明显是依照保险原理开发销售，但在销售名称中将“保险产品”称为“服务”。

互联网保险发展模糊了传统保险的行为边界，也对传统保险监管的机构监管提出挑战。如何判断哪些行为、哪些机构应受到监管部门监管，如何对类保险机构或行为进行界定，在鼓励互联网保险创新发展的同时，又规范市场秩序，确保市场公平健康运行，还需明确监管思路和边界，明确市场导向。

（二）关于互助保险平台的监管思路亟待研究

2015 年初，中国保监会发布了《相互保险组织监管试行办法》。2016 年又批复 3 家相互保险组织筹建。相互保险受到了社会广泛关注。当前，一些互助保险平台呈现多样化趋势。这些互助平台不同于监管办法的相互保险组织，也尚未达到资质要求。互助平台，有的以类似重疾保险互助计划形式出现，有的以类似意外保险计划形式出现，并普遍规定 180 天左右的观察期，要求加入会员缴纳会费。

上述互助平台的兴起在某方面弥补了传统保险的不足，满足了消费者多层次的保障需求，但同时也存在鱼龙混杂的情况，已经出现个别互助平台欺骗消费者的恶意行为。

互助平台在发展中有的选择在民政部门申请设立公益基金，有的选择走慈善发展道路，还有的以成立互助组织为目标。目前，尚未明确对互助平台的监管责任部门。

考虑到互助平台短时间内积聚社会公众资金，已经形成资金池，如何确保社会公众利益，确保资金安全，确保不发生风险性事件，值得有关部门研究明确。

第五节
中国互联网保险发展路径研究

2016 年，中国互联网保险继续保持迅猛发展态势，在业务规模、产品创新等方面均有良好表现，但在发展理念、商业模式、局部领域风险管控等方面仍有待深入思考，进一步形成明晰的发展路径。

一、加快探索行业顶层设计

据统计分析，2015 年开展互联网保险业务的保险公司已超百家，即超过 2/3 的保险公司已经开展了互联网保险业务。目前，大部分保险机构的做法是简单将线下业务线上化，产品简单搬家。行业虽然普遍认识到互联网将对保险业带来深刻变革，但对如何在保险全产业链深层次应用大数据、云计算、物联网技术，尚未探索出成熟路径。

此外，互联网保险创新发展需遵循“底线原则”。2015 年 7 月，中国保监会在央行等十部委发布《互联网金融健康发展指导意见》之后率先发布《互联网保险业务监管暂行办法》，即从经营条件、经营区域、信息披露、监督管理等方面明确了互联网保险业务的基本经营规则，但互联网保险行业高速发展的同时也不断面临新的问题和挑战，为行业预留创新空间的同时也需进一步从制度层面明确规则，降低试错风险。

“新国十条”的发布为互联网保险的创新发展指明了方向。“新国十条”明确提出“支持保险公司积极运用网络、云计算、大数据、移动互联网等新技术促进保险业销售渠道和服务模式创新；大力推进条款通俗化和服务标准化，鼓励保险公司提供个性化、定制化产品服务，减少同质低效竞争；推动保险公司转变发展方式，提高服务质量，努力降低经营成本，提供质优价廉、诚信规范的保险产品和服务”。上述具体措施非常契合互联网保险的本质和精神，结合“新国十条”进行战略定位将为互联网保险企业带来广阔的发展空间。

二、超前谋划产业链条布局

《互联网保险业务监管暂行办法》提出我国互联网保险存在的 4 种经营模式，即保险公司自建网络平台、保险中介自建网络平台、第三方互联网保险平台和专业的互联网保险公司。这 4 种模式在互联网保险的发展形势下分别存在不同的优势和不足：保险公司虽然具备产品设计能力和牌照优势，但自建网络平台缺乏流量优势；专业第三方网络保险销售平台虽然具备流量优势，但缺乏保险产品的专业设计能力；专业互联网保险公司虽然同时具备流量和牌照优势，但由于经营范围有限，产品品种较少并且产品设计能力相对保险公司并没有较大优势。结合产业环境，合理开展产业链布局成为互联网保险参与主体适应发展需求的重要内容。

受传统保险发展理念影响，保险主要定位于风险保障和损失补偿，已逐渐成为促进经济发展的新引擎。互联网保险在为互联网经济和互联网金融提供风险保障的同时，已经嵌入新经济、新金融发展大局，已具备产业链布局的基础。下一步，行业应积极应对新形势，思考在新经济发展中充分发挥保险特性，逐步形成全新的产业链布局。

三、切实强化产品保障属性

现有互联网保险产品以车险、简单的人寿险和理财类保险等标准化产品为主，具有高频、低价的特点，虽然满足了一部分互联网用户风险管理碎片化、场景化的需求，但对于关系客户重大利益的领域如健康、医疗等内容风险管理方面的价值体现不足。造成这种现象的原因一方面在于线上场景尚未足够丰富，互联网保险尚不具备单独创造场景的能力；另一方面在于部分第三方平台把流量经营作为阶段性的重要目标，主要精力放在通过扩大流量获得融资而非针对客户进行风险管理上。目前互联网保险较多依赖车险和理财类产品的现象对互联网保费的长期增长形成制约。

现阶段，互联网保险产品创新应紧密结合消费者需求，围绕“深度”和“广度”二维目标的提升开展，包括利用互联网、移动互联不断渗透的契机，拓展场景范围，实现市场增量；也包括主动向更接近消费者需求的方向演进，通过打通保险和不同产业如医疗、养老、环保、食品安全等领域实现存量保险的优化。

四、深入研究新兴技术应用

金融科技已经成为促进金融发展的重要因素。互联网技术、移动互联技术的高速普及以及人工智能、基因诊疗、区块链等新兴技术的快速发展都将为互联网保险创新发展提供契机。比如，车联网接入车险、保险公司联手第三方引入 UBI 技术等已经成为车险创新的热点；可穿戴式医疗设备接入医疗保险，用户佩戴设备的各项数据反馈给保险公司，保险公司能够针对不同个体精确定价等都是技术革新为保险行业带来的新机遇。新兴技术向经济社会各方面的渗透进一步推进了保险形态的演变，很可能催生新的互联网保险商业模式，变革保险业的格局。

目前，互联网保险行业对于新技术应用的前瞻性不足，产业链布局尚未体现对于新兴技术应用趋势的把握。保险业应加大对上述新技术的研究，并对如何应用于保险经营各环节进行深入探讨，提前布局，把握技术创新推动保险业务模式升级带来的历史机遇。

五、大力夯实基础设施建设

保险业基础设施既包括社会保险意识、保险信用体系和保险专业人才体系等宏观任务，也包括数据整合、征信技术等具体服务。基础设施是保险行业生态系统的重要组成部分。从发达保险市场的运作经验来看，保险行业基础设施的完善既是保险业健康发展的重要支撑，也是现代保险业的重要标志。互联网保险作为保险业创新发展的重要内容，对于保险行业基础设施建设提出新的更为具体的要求。

互联网保险以数据技术的应用为重要特征，但现实中保险公司对于数据资源的积累普遍欠缺，现有业务数据在维度和更新速度方面不足以支撑数据分析的要求，对于和保险产品定价、风险控制、理赔相关联的外部数据也缺乏深度的运用和分析。相对于大型互联网公司拥有的数据优势，保险公司在建立数据驱动的业务模式方面存在障碍。

加快推进中国保信公司等保险风险管理专业机构的发展对于推动我国互联网保险基础设施建设具有重要意义。中国保信公司以“服务发展、支持监管、保护消费者利益”为目标定位，是我国保险业第一家系统性整合数据资源、服务行业创新发展的专业保险服务机构。中国保信已经建成和正在规划建设机动车辆保险、农业保险、健康保险、保险中介平台和保单登记等平台，其中车险平台基本实现了全国范围内机动车辆保险数据信息的汇集利用和交互共享，可在车险保费定价、车船税联网征收、代位求偿、反欺诈等方面发挥重要作用。中国保信通过制定前瞻性的总体规划，围绕行业集中关注的问题确保重点项目尽快推进，将对行业发展提供更多助力。此外，通过市场化的机制在相关专业领域引入第三方专业公司也会对专业领域扩大供给产生积极效应。

互联网保险短时间内迅猛发展导致人才需求迅速增长，而互联网保险基于互联网提供保险服务，从业人员既需要具备基本的保险专业知识，又需要对互联网思维和互联网技术有深入理解，复合型人才的稀缺性和人才需求的快速增长使得我国互联网保险人才缺口在今后一段时期内长期存在。互联网保险的长期发展需要发挥包括高校、职业教育机构等各方资源积极探索建立适应互联网保险发展需求的人才培养体系，为行业发展建立长效动力机制。

第二章

中国互联网财产保险发展研究

2015 年是互联网财产保险保费规模持续增长的一年。在市场环境中，互联网的迅速普及、网民数量的急剧增加，网民年龄分布与互联网保险主要客户群体的高度吻合都极大地推动互联网保险的发展；在监管方向上，中国保监会 69 号文件《互联网保险业务监管暂行办法》的出台，对互联网保险业务健康发展起到了积极促进作用，进一步明晰了互联网保险发展中的基本业务规则和边界，尤其针对保险公司在信息系统安全、业务经营等方面，细化了基本规范。各财产保险公司顺势发力、开拓创新，加速互联网市场布局，通过稳步增加专业化试点，日益丰富互联网产品，在加速发展互联网保险上取得了可喜的成绩。

第一节
中国互联网财产保险经营形势分析

一、行业主体布局加速，参与形式更加丰富

（一） 主体数量情况

伴随财产保险行业与互联网市场的进一步融合，越来越多的传统财产保险公司开始意识到互联网业务的巨大发展潜力，纷纷加速布局，借助互联网技术创新发展。2015 年，我国共有 110 家保险公司经营互联网保险业务，其中财产保险公司有 49 家①，占总数量的 44.55%，包括中资公司 36 家，外资公司 13 家，较 2014 年增加了 16 家②，增幅达 48%（见表 2－1）。同时，中国保监会积极推进专业互联网保险公司试点工作，批准众安保险新增车险和保险信息服务业务范围，同时批复筹建泰康在线、安心保险、易安保险三家专业互联网

① 统计数据由各财产保险公司提供。

② 增加的 16 家公司为丘博保险、浙商保险、鼎和保险、日本财险（中国）、中意财险、安信农保、苏黎世保险（中国）、合众财险、都邦财险、渤海财险、华海财险、三井住友海上（中国）、众诚保险、泰山保险、东京海上日动（中国）、泰康在线。

保险公司，其中泰康在线和安心保险已于2015年11月18日获准开业。

表2－1　　财产险公司互联网业务参与主体

主体性质	2012年	2013年	2014年	2015年	2015年比2014年增幅
中资保险	14家	18家	26家	36家	38%
外资保险	3家	7家	7家	13家	86%
合计	17家	25家	33家	49家	48%

（二）主体布局情况

各财产保险公司运用电商平台开展互联网保险业务，形式多样。与2014年相比，PC官网和微信公众号均是主流形式（见表2－2）。

表2－2　　财产保险公司参与电商平台形式

年份	电商平台	PC端	移动网端	App	微信公众号
2015年	运用主体（家）	36	14	9	34
	互联网参与主体（家）	49			
	占比（%）	73	29	18	69
2014年	运用主体（家）	31	12	8	21
	互联网参与主体（家）	33			
	占比（%）	93	36	24	63

从财产保险公司上报数据分析，平安产险与安盛天平最早开展网销PC端互联网业务，国寿财险于2012年6月最早开展手机移动端互联网业务。2015年，共有38家财产保险公司通过手机移动端、移动官网手机App以及微信公众号的形式开展移动互联网业务（见表2－3）。

表2－3　　各主体互联网业务启动时间表

公司	互联网业务启动时间			
	网销PC端	手机移动端	移动官网手机App	微信公众号
人保财险	2012年10月	2013年8月	2013年8月	2013年8月
太保产险	2012年8月	2013年4月	2013年4月	2015年7月

续表

公司	互联网业务启动时间			
	网销 PC 端	手机移动端	移动官网手机 App	微信公众号
平安产险	2009 年 12 月	2013 年 5 月	2013 年 5 月	2013 年 9 月
国寿财险	2012 年 6 月	2012 年 6 月	2014 年 4 月	2014 年 4 月
大地保险	2012 年 6 月	2016 年 3 月	—	2014 年 9 月
华安保险	2016 年 1 月	—	—	2014 年 7 月
太平财险	2013 年 7 月	2014 年 10 月	—	2013 年 9 月
中国信保	2010 年 5 月	2015 年 11 月	—	2014 年 11 月
中华财险	2012 年 7 月	2014 年 8 月	2014 年 8 月	2013 年 12 月
阳光产险	2010 年 7 月	2014 年 8 月	2014 年 8 月	2014 年 1 月
华泰财险	2011 年 6 月	2013 年 11 月	—	2014 年 3 月
天安财险	2014 年 2 月	—	—	2014 年 3 月
史带财险	2012 年	—	—	2013 年
永安保险	2014 年 3 月	—	—	2014 年 4 月
永诚保险	2010 年 6 月	2013 年 12 月	—	2014 年 5 月
安邦财险	2011 年 4 月	2016 年 5 月	2014 年 1 月	2015 年 9 月
中银保险	2010 年 8 月	—	—	2016 年 1 月
英大财险	2013 年 1 月	—	—	2014 年 5 月
安盛天平	2009 年 4 月	—	2014 年 5 月	2014 年 5 月
亚太财险	2012 年 7 月	—	—	2015 年 8 月
利宝保险	2012 年 3 月	2015 年 11 月	2012 年 3 月	2015 年 4 月
渤海财险	—	—	—	2015 年 9 月
都邦财险	—	—	—	2015 年 5 月
安诚保险	2014 年 11 月	—	—	2014 年 1 月
鼎和保险	2015 年 1 月	—	—	—
紫金保险	2014 年 10 月	—	2015 年 9 月	2014 年 9 月
浙商保险	2015 年 4 月	—	—	2014 年 6 月
信达财险	2014 年 7 月	—	—	—
美亚财险	2013 年 6 月	—	2013 年 12 月	2016 年 1 月
三星财险	2013 年	2013 年 5 月	2013 年 5 月	2013 年 10 月
日本财险（中国）	2015 年 5 月	—	—	2016 年 4 月
安信农保	—	—	—	—

续表

公司	互联网业务启动时间			
	网销 PC 端	手机移动端	移动官网手机 App	微信公众号
长安责任	2014 年 2 月	2015 年 7 月	—	2015 年 2 月
东京海上	2015 年 12 月	—	—	—
瑞再企商	2013 年 1 月	—	—	—
丘博保险	—	—	—	—
三井住友海上(中国)	—	—	—	2015 年 11 月
安联财险	2015 年 5 月	—	—	2015 年 9 月
中意财险	2014 年 10 月	—	—	2015 年 6 月
泰山保险	2015 年 9 月	—	—	2015 年 9 月
锦泰保险	2014 年 7 月	—	2015 年 8 月	2014 年 4 月
众诚保险	2013 年 6 月	—	—	2015 年 7 月
长江财险	2012 年 8 月	—	—	2016 年 3 月
众安保险	2013 年 11 月	2014 年 5 月	2015 年 10 月	2013 年 11 月
富德产险	2013 年 12 月	—	—	2015 年 6 月
合众财险	2015 年 6 月	—	—	2015 年 5 月
苏黎世保险(中国)	2015 年 8 月	—	—	—
华海财险	2016 年 3 月	—	—	—
泰康在线	2000 年 8 月	2014 年 8 月	2014 年 8 月	2013 年 11 月

二、保费收入持续增长，社会服务效益显著

（一）保费增长

2015 年，互联网保险业务总体呈现稳健发展态势，年度实现互联网财产险保费收入约 768.36 亿元，占各财产保险公司累计原保险保费收入 8 423.26 亿元①的 9.12%，同比 2014 年增加 2.42 个百分点，占经营互联网保险业务的各财产保险公司累计原保险保费收入 8 241.64 亿元的 9.32%。从连续 4 年的数据看：互联网财产险发展速度快，保费收入从 2012 年的 100.94 亿元，到

① 资料来源：中国保监会网站数据。

2015 年的 768.36 亿元，年均复合增长率为 96.71%。同时，互联网财产险业务规模占财产险业务的比重不断增加，从 2012 年的 1.83% 增加到 2015 年的 9.12%，提高了 7.29 个百分点（见图 2－1）。

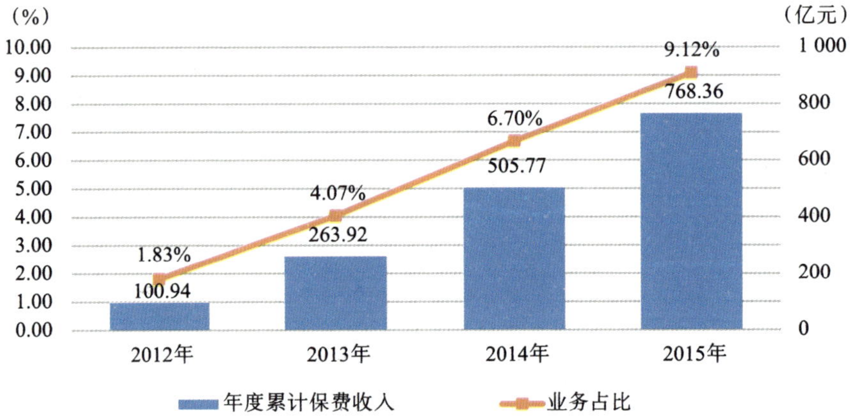

图 2－1　2012—2015 年互联网财产险保费及占整体业务比重

（二）保单数量

2015 年度累计互联网财产险保单 26.01 亿单，客户 15 亿人次。2012—2015 年，随着互联网业务快速发展，越来越多的消费者选择通过互联网来购买保险产品，保单数及客户数明显上升，由 2012 年的 3.55 亿单、3.54 亿人次增至 2015 年的 26.01 亿单、15 亿人次，保单数量增加了 7 倍多，客户人次增加了 4.24 倍。互联网业务保单数量和客户数占开展互联网业务公司整体保单和客户数比重接近 60%（见图 2－2）。

（三）客户补偿

互联网保险相比于传统保险，具有经营成本低、服务效率高、创新活跃等优势，不仅扩大了保险业对社会民众生活中风险保障和风险管理的覆盖面，而且通过领先的互联网技术积极地服务社会。对比 2014—2015 年互联网保险客户补偿情况，车险和非车险的补偿客户数和补偿款均呈现明显上升趋势，互联

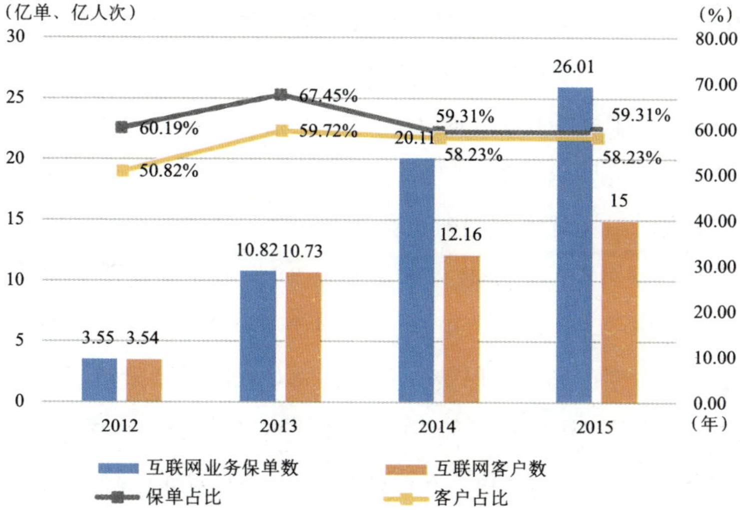

图 2－2　2012—2015 年互联网财产险保单和客户占比情况

网保险保障补偿服务社会成效显著。

车险方面，2015 年补偿比例①由 2014 年的 67.24% 下降至 62.76%，下降了 4.48 个百分点；补偿客户数由近 503 万人次上涨至近 564 万人次，同比上涨 12.05 个百分点；补偿款由 206.49 亿元大幅上涨至 340.57 亿元，同比上涨 64.93%（见表 2－4）。非车险补偿款由 7.24 亿元上涨至 11.64 亿元，同比增长了 60.77%。

表 2－4　　2014—2015 年互联网车险补偿统计

车险	2014 年	2015 年
补偿客户数（人）	5 029 989	5 636 066
补偿款（万元）	2 064 870	3 405 745
补偿比例（%）	67.24	62.76

三、市场集中度高，区域差异显著

（一）市场集中度保持高位，领先企业优势扩大

行业集中度是对整个行业的市场结构集中程度的测量，集中体现了特定市

① 补偿比例为统计期间内补偿的款项与原保险保费收入的比值。

场的竞争和垄断程度。通常使用的行业集中度计量指标有：行业集中率（CRn指数）、赫尔芬达尔—赫希曼指数（HHI）、洛仑兹曲线等。本文选用 CRn 指数作为衡量市场集中度的指标。例如，CR8 是指 8 个最大的企业占有该市场的份额。CR8 越大，说明这一行业的集中度越高，市场竞争越趋向于垄断；反之，集中度越低，市场竞争越趋向于竞争①。

1. 基于互联网财产险保费收入的分析。2015 年互联网财产保险保费收入 768.36 亿元，CR8 为 94.16%，虽然比 2014 年的 98.7% 下降 4.54 个百分点，但仍属于极高寡占型市场。按保费收入计算的互联网财产险市场中，人保财险和平安产险分别占比 43.78% 和 30.70%，领先于全行业。市场份额超过 1% 的公司共计 10 家，除人保财险和平安产险外，分别为太保产险、大地保险、阳光产险、众安保险、天安财险、国寿财险、中华财险和太平财险，合计保费收入 740.89 亿元，市场份额达 96.42%，其他 39 家公司仅为 3.58%（见图 2－3）。

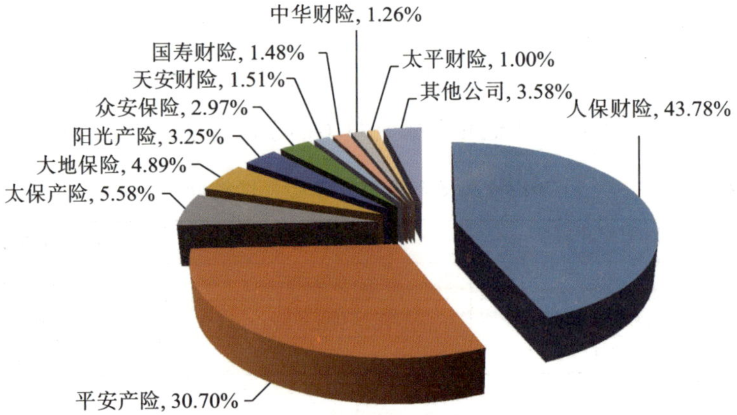

图 2－3　2015 年互联网财产险市场份额

① 根据美国经济学家贝恩和日本通产省对产业集中度的划分标准，产业市场结构粗分为寡占型（CR8 ≥ 40%）和竞争型（CR8 < 40%）两类。其中，寡占型又细分为极高寡占型（CR8 ≥ 70%）和低集中寡占型（40% ≤ CR8 < 70%）；竞争型又细分为低集中竞争型（20% ≤ CR8 < 40%）和分散竞争型（CR8 < 20%）。

2015年互联网财产险全行业原保险保费收入前三家公司市场份额为65.42%，其中人保财险为34.10%，平安产险为19.86%，太保产险为11.46%。排名前十的财产保险公司原保险保费共计726.43亿元，市场份额为88.14%（见图2-4）。

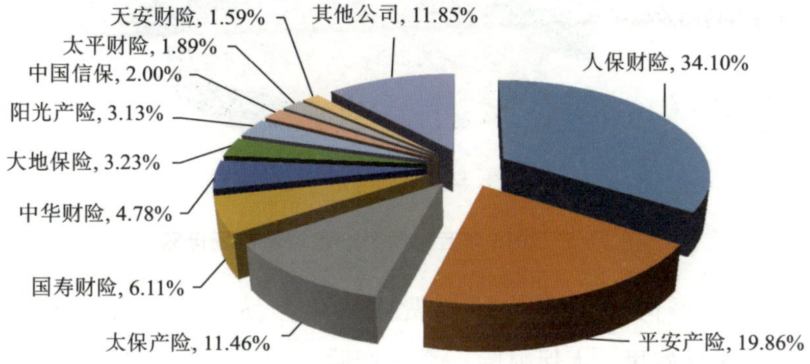

图2-4　2015年财产险整体市场原保费收入分布情况

2015年，互联网财产险累计保费收入前三家公司市场份额为80.06%，比2014年12月下降5.16个百分点，比2015年6月下降2.84个百分点，但是相比财产险整体市场累计保费收入前三家公司市场份额高出16.06个百分点（2015年财产险市场累计保费收入前三家公司市场份额为64.00%①）。与财产险整体市场行业集中度（CR8=84.66%）相比，互联网业务集中度高出近10个百分点，说明互联网财产险竞争激烈程度并没有财产险整体市场高，资源和客户更集中在前几家大公司手中，同时也说明互联网保险领域属于初创期，具有很大发展空间。

2. 基于互联网财产险增量保费收入的分析。2014年互联网财产保险保费收入505.77亿元②，2015年增量保费262.59亿元，增幅达到51.92%，平安产险略超人保财险，居首位（见图2-5）。2015年，原保险保费收入增量情况与整体格局有较大差异。

---

① 资料来源：根据中国保监会网站数据整理。
② 资料来源：《2014互联网保险行业发展报告》。

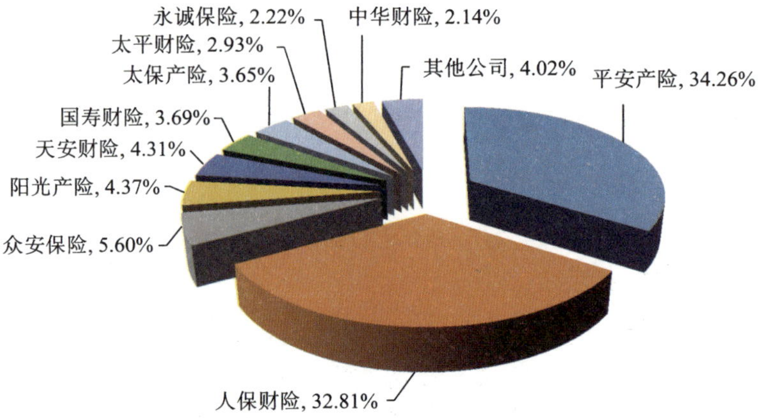

图 2－5　2015 年互联网财产险增量市场份额

2015 年财产险市场整体原保费收入增量为 851.09 亿元①，增幅达 12.08%。增量保费里，人保财险、平安产险、国寿财险共占比 69.73%（见图 2－6），相比互联网保险市场，人保财险、平安产险两家公司在整体市场增量方面仍保持绝对领先优势。

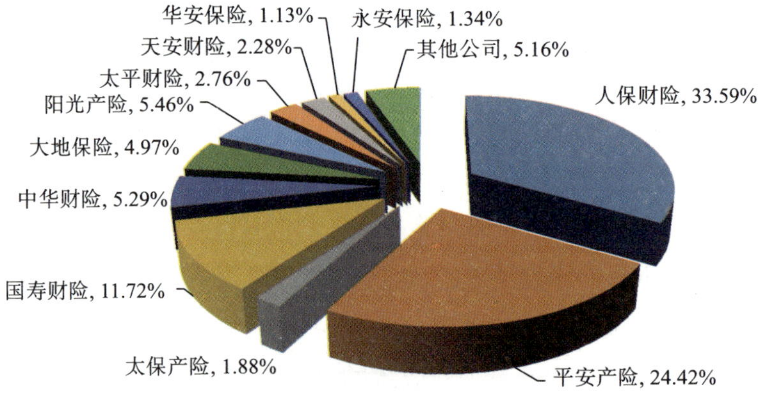

图 2－6　2015 年原保险保费收入全年增量分布情况

（二）保费规模东部领先，发展速度西部占优

互联网财产险以互联网网络状况为基础，以网民数量为基石，依托于互联

① 该数据剔除 2014 年无保费收入财产险主体。

网市场环境而发展。截至 2015 年 12 月，中国大陆 31 个省、自治区、直辖市中，网民数量超过千万人规模的达 26 个，互联网普及率超过全国平均水平的省份达 14 个①，大多集中在东部区域。由于各地经济发展水平、互联网基础设施建设存在差异，各省、市、自治区的互联网普及率参差不齐，数字鸿沟依然存在，互联网财产险发展呈现“东强西弱”的局面。

1. 区域业务分布②。在 2015 年互联网保险业务区域分布中③，在财产险整体业务方面，63.91% 的业务集中在东部区域，远高于中、西部区域（见图 2－7）。东部区域的保费收入和保单数量均大于中西部区域之和，且东部区域的互联网保费收入在当地财产险原保费中占比也高于中、西部区域。在保费收入同比增速方面，三个区域基本相同，都维持在 50% 以上水平（见表 2－5）。鉴于不同区域的互联网保险发展状况不同，东部与中部区域的互联网财产险保费收入占当地财产险原保费收入的比例高于西部区域。

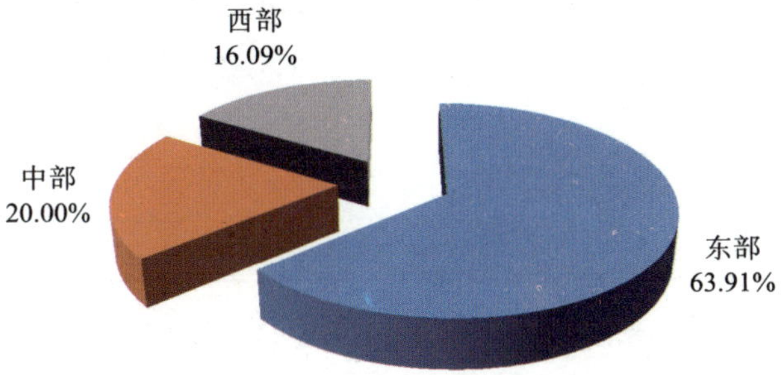

图 2－7　2015 年区域保费收入占比情况

① 资料来源：《中国互联网络发展状况统计报告》2016 年 1 月版。

② 按照保险公司注册地归属分析。

③ 东部区域包括北京、天津、河北、辽宁（含大连）、上海、江苏、浙江（含宁波）、福建（含厦门）、山东（含青岛）、广东（含深圳）和海南 11 个省市；中部区域包括山西、吉林、黑龙江、安徽、江西、河南、湖北和湖南 8 个省；西部区域包括四川、重庆、贵州、云南、西藏、陕西、甘肃、青海、宁夏、新疆、广西和内蒙古 12 个省、自治区和直辖市。

表 2－5　　　　2015 年互联网保险数据区域分布

区域	2015 年互联网保费收入（万元）	2015 年保单数量（单）	较 2014 年互联网保费收入同比增速（%）	占当地财产险原保费收入比（%）
东部	4 910 239.59	2 607 736 590	52.01	12.08
中部	1 537 230.04	316 595 366	51.86	10.96
西部	1 236 146.19	155 791 864	54.88	8.36

在互联网车险业务方面，互联网车险保费收入与互联网保险整体保费收入区域分布特征大体相同，东部地区互联网车险保费收入和保单数量均大于中、西部之和，互联网车险保费西部地区增长最高，2015 年互联网车险保费与原保费占比方面，东部与中部均比西部高约 3 个百分点（见表 2－6）。

表 2－6　　　　2015 年互联网车险数据区域分布

区域	2015 年互联网保费收入（万元）	2015 年保单数量（单）	较 2014 年互联网保费收入同比增速（%）	占当地财产险原保费收入比（%）
东部	4 352 688.45	21 013 344	44.98	13.79
中部	1 482 410.49	7 914 558	48.78	13.02
西部	1 192 168.09	6 670 519	51.96	10.54

在互联网非车险业务方面，东部地区无论是保费收入、保单数量还是互联网保费与原保费占比，均远远高于中西部地区，东部地区保费收入几乎为中西部之和的 5 倍，但相比 2014 年，中西部地区互联网非车险保费收入均增长迅猛（见表 2－7）。

表 2－7　　　　2015 年互联网非车险数据区域分布

区域	2015 年互联网保费收入（万元）	2015 年保单数量（单）	较 2014 年互联网保费收入同比增速（%）	占当地财产险原保费收入比（%）
东部	557 551.15	2 586 723 245	144.60	6.15
中部	54 819.55	308 680 808	245.06	2.08
西部	43 978.10	149 121 345	222.75	1.26

2. 地区业务分布。2015 年互联网财产险业务数据地区分布图中，无论是保费收入还是保单件数，东部沿海地区均排名靠前，中部地区次之，西部地区及大连、海南相对处于低位。保费收入排名前三的地区，浙江和江苏保费收入达到百亿元以上，上海达到 40 亿元以上。

2015 年，互联网财产险整体保费收入的同比增速，排名前三的地区分别为河南、山西和上海，且同比增速均超过 100%（全国平均增速 51.94%）。西部地区的同比增速普遍较快，也带动了全国平均增速水平。

互联网财产险整体保费收入同比增速排行前十的地区，东部占了四席，中部占了两席，西部占了四席（见图 2－8）。

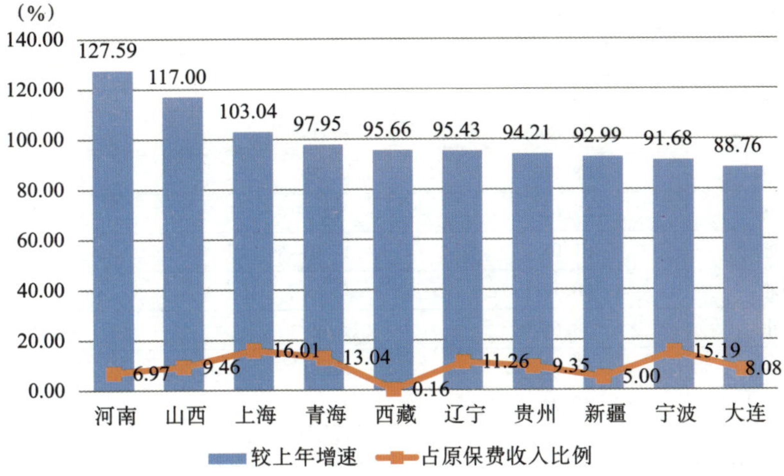

图 2－8　2015 年互联网财产险地区保费收入同比增速前 10 位排名

如表 2－8 所示，在互联网整体保费收入同比增速方面，排名前三位的河南、山西、上海比全国平均增速高 50% 以上（全国平均增速为 51.94%）。

表 2－8　　2015 年互联网整体保费收入地区同比增速分布　　（单位：%）

地区	较 2014 年互联网保费收入同比增速	占当地财产险原保费收入比	与全国平均增速比较
河南	127.59	6.97	+75.65
山西	117.00	9.46	+65.06
上海	103.04	16.01	+51.10

续表

地区	较 2014 年互联网保费收入同比增速	占当地财产险原保费收入比	与全国平均增速比较
青海	97.95	13.04	+46.01
西藏	95.66	0.16	+43.72
辽宁	95.43	11.26	+43.49
贵州	94.21	9.35	+42.27
新疆	92.99	5.00	+41.05
宁波	91.68	15.19	+39.74
大连	88.76	8.08	+36.82
甘肃	85.60	8.04	+33.66
厦门	84.74	11.85	+32.80
宁夏	78.03	12.15	+26.09
云南	76.01	10.33	+24.07
内蒙古	73.62	16.40	+21.68
深圳	69.69	12.18	+17.75
黑龙江	68.90	8.78	+16.96
海南	67.63	5.96	+15.69
江苏	61.08	17.01	+9.14
河北	60.11	7.75	+8.17
北京	58.68	5.49	+6.74
浙江	58.15	25.21	+6.21
四川	49.73	8.51	-2.21
湖北	44.89	11.57	-7.05
安徽	43.04	10.61	-8.90
湖南	41.83	16.09	-10.11
广东	39.01	5.42	-12.93
天津	29.91	7.57	-22.03
吉林	28.53	9.49	-23.41
江西	27.11	14.20	-24.83
福建	21.07	12.88	-30.87
陕西	15.99	5.70	-35.95
广西	12.84	3.67	-39.10
重庆	11.31	6.92	-40.63
山东	-17.19	6.68	-69.13
青岛	-25.44	5.66	-77.38

如表 2－9 所示，在互联网车险保费收入同比增速方面，排名前 3 位的河南、山西、青海比全国平均同比增速高 50% 以上（互联网车险全国平均保费收入同比增速为 47.01%）。

表 2－9　2015 年互联网车险保费收入地区同比增速分布　（单位：%）

地区	较 2014 年互联网保费收入同比增速	占当地财产险原保费收入比	与全国平均增速比较
河南	127.11	7.71	+80.10
山西	112.37	11.24	+65.36
青海	97.65	17.47	+50.64
辽宁	95.49	13.62	+48.47
新疆	91.10	7.46	+44.09
贵州	89.70	11.32	+42.69
宁波	89.20	19.68	+42.19
大连	87.75	10.45	+40.74
上海	86.08	15.90	+39.07
厦门	82.86	14.20	+35.85
甘肃	80.69	10.32	+33.68
宁夏	77.77	15.53	+30.75
云南	73.43	13.16	+26.42
海南	72.22	8.76	+25.21
内蒙古	70.76	22.85	+23.74
西藏	70.52	0.12	+23.50
黑龙江	64.85	10.60	+17.83
河北	57.60	9.02	+10.59
江苏	56.71	20.78	+9.70
浙江	53.82	27.15	+6.81
四川	47.11	10.23	+0.10
湖北	42.39	14.67	-4.63
北京	42.34	5.49	-4.68
安徽	39.10	11.80	-7.91
湖南	38.55	20.59	-8.47

续表

地区	较 2014 年互联网保费收入同比增速	占当地财产险原保费收入比	与全国平均增速比较
广东	33.00	6.02	-14.02
深圳	32.59	11.88	-14.43
天津	29.89	9.38	-17.12
吉林	27.30	11.92	-19.71
江西	24.57	16.95	-22.44
福建	17.39	15.73	-29.63
陕西	10.93	6.33	-36.09
重庆	8.90	8.86	-38.12
广西	8.52	4.63	-38.49
山东	-19.15	7.96	-66.16
青岛	-27.07	6.71	-74.08

如表 2-10 所示，在互联网非车险保费收入同比增速方面，排名前五位的贵州、深圳、甘肃、安徽、内蒙古比全国平均同比增速高 200% 以上（互联网非车险保费全国平均增速为 157.45%）。

表 2-10　2015 年互联网非车险保费收入地区同比增速分布　（单位：%）

地区	较 2014 年互联网保费收入同比增速	占当地财产险原保费收入比	与全国平均增速比较
贵州	489.95	1.58	+332.50
深圳	419.05	12.98	+261.60
甘肃	393.32	1.32	+235.88
安徽	373.17	3.05	+215.73
内蒙古	364.65	1.42	+207.21
江苏	347.37	3.29	+189.93
山西	331.75	2.05	+174.31
湖南	310.80	2.28	+153.35
云南	310.09	1.12	+152.64
江西	270.83	2.28	+113.39
陕西	228.89	2.35	+71.44

续表

地区	较2014年互联网保费收入同比增速	占当地财产险原保费收入比	与全国平均增速比较
黑龙江	227. 06	2. 01	+69. 62
宁波	220. 88	1. 90	+63. 43
湖北	205. 96	1. 58	+48. 51
四川	181. 33	1. 57	+23. 89
广西	179. 68	0. 89	+22. 24
河北	176. 88	1. 65	+19. 44
福建	173. 78	3. 05	+16. 34
新疆	160. 01	0. 52	+2. 56
上海	147. 53	16. 24	-9. 91
河南	140. 83	2. 01	-16. 62
大连	133. 97	0. 88	-23. 47
厦门	130. 55	2. 83	-26. 89
重庆	128. 16	1. 14	-29. 28
山东	125. 87	1. 29	-31. 57
北京	123. 75	5. 48	-33. 69
青海	121. 01	0. 69	-36. 44
西藏	116. 99	0. 20	-40. 46
吉林	98. 75	1. 12	-58. 69
广东	98. 50	3. 25	-58. 94
浙江	97. 54	16. 71	-59. 91
宁夏	97. 35	0. 79	-60. 10
辽宁	93. 40	1. 52	-64. 04
青岛	54. 84	1. 23	-102. 60
天津	30. 40	1. 14	-127. 05
海南	6. 75	0. 76	-150. 69

未来，移动上网设备的不断普及、“宽带中国”战略的不断推进、大型互联网企业的战略部署不断完善，将引导互联网市场的格局与分布日趋平衡，使互联网财产险发展的地域差异进一步缩小。

四、车险产品仍占主流，非车险产品加速发展

（一）业务险种结构

2015 年，在互联网财产险业务险种结构中，互联网车险业务占比同比有所下降，但仍占绝对优势，占比 93.20%（见图 2－9）。互联网非车险业务占比为 6.80%，依托各保险主体对非车险产品的不断创新，非车险业务稳步上升，较 2014 年提升了 2.61 个百分点。对比 2015 年度，财产保险公司车险原保费收入6 194.15 亿元，占比 73.68%，非车险原保费收入 2 212.14 亿元，占比 26.32%①，互联网财产险非车险业务还有较大增长空间。互联网非车险业务中，排名前三位的险种分别为财产险②、意外健康险、信用保证保险（见图 2－10）。

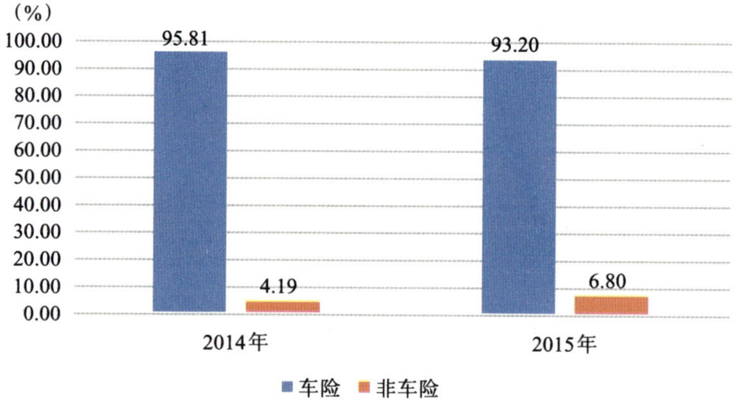

图 2－9　互联网财产险车险与非车险保费收入占比

1. 互联网财产险车险经营情况。2015 年，互联网财产险车险业务保费收入累计 716.08 亿元，占财产保险公司车险原保费收入 6 194.15 亿元③的 11.56%。2012—2015 年，互联网车险保费收入由 95.26 亿元增加至 716.08 亿

① 该数据来自中国保险统计监测系统。

② 含退货运费险、航班延误险、酒店退订险。

③ 该数据来源中国保险统计监测系统。

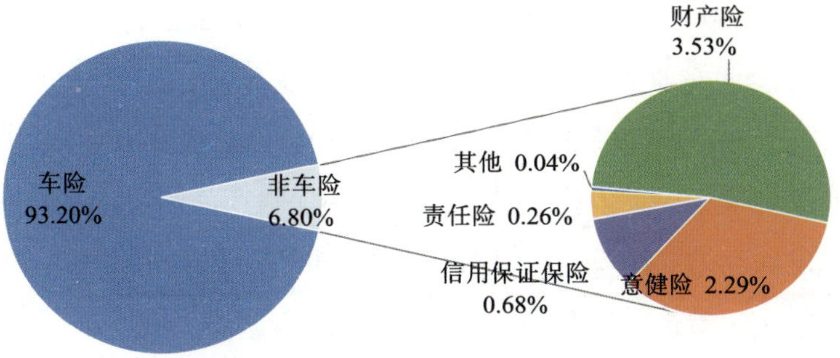

图 2－10　2015 年互联网财产险业务险种结构

元，年均增长率为 95.89%，互联网车险在整体互联网业务中的占比 2012—2014 年逐年提升，但在 2015 年有所下降。2015 年车险业务占比较 2014 年下降了 2.61 个百分点（见图 2－11）。

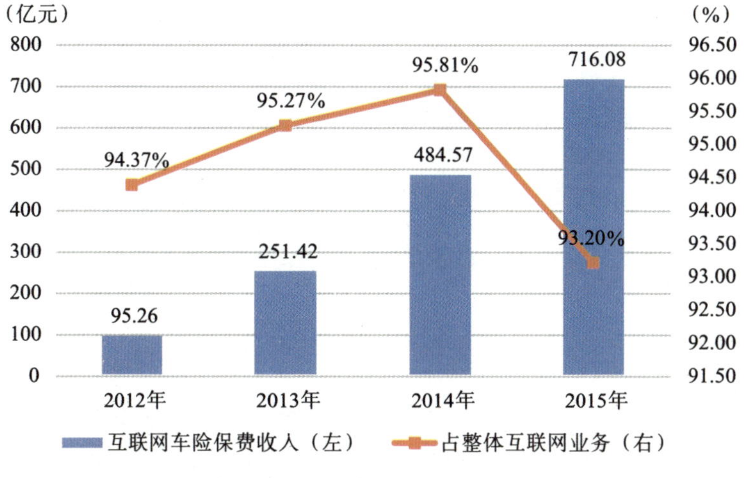

图 2－11　2012—2015 年互联网车险保费收入及占比

虽然互联网车险业务 2015 年占比相对下降，由 2014 年的 95.81% 下降到了 93.20%，但是互联网车险业务保费收入在 2015 年达到 716.08 亿元，同比增加了 47.78%，增速环比有所下降，但整体仍保持较快发展速度。2015 年非车业务占比是 6.80%，较 2014 年提升了 2.61 个百分点（2014 年非车业务占比 4.19%，见图 2－12）。

2. 互联网财产险非车险经营情况。2015 年互联网非车险业务保费收入累计52.28亿元，占财产保险公司非车险原保费收入2 212.14亿元[1]的2.36%。2012—2014年，非车业务在互联网财产险中的业务占比逐年降低，但在2015年大转折上升，2015年非车险业务占比为6.80%，首次突破6%。非车险业务相比车险业务规模不大，但是凭借跨界合作和保险产品创新，互联网非车险存在足够大的发展动力。2012—2015年，互联网非车险保费收入由5.68亿元增加至52.28亿元，增长了近10倍（见图2－12）。

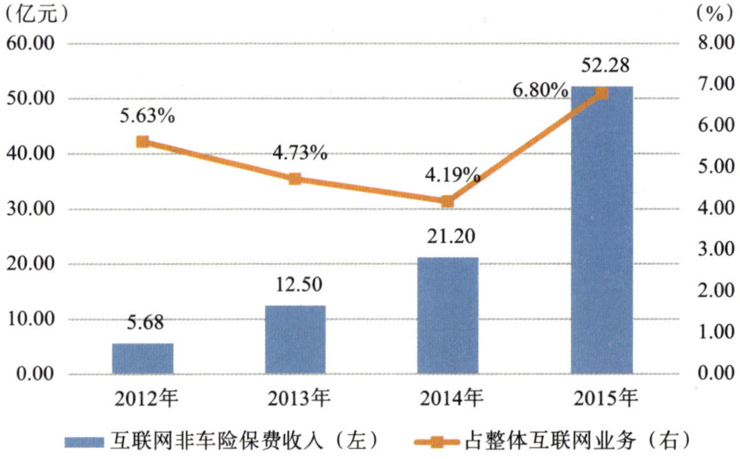

图2－12　2012—2015年互联网非车险保费收入及占比

（二）分险种市场集中度分析

1. 车险市场情况。2015年，互联网车险保费收入为716.08亿元，占互联网财产险业务总体的93.20%。32家经营互联网车险的公司中，人保财险和平安产险分别贡献了46.58%、32.56%，合计79.14%（见图2－13）。互联网车险保费规模超过亿元的公司共13家，占行业车险互联网保费的99.58%；互联网车险保费规模超过10亿元的公司为人保财险、平安产险、太保产险、大地保险、阳光产险、天安财险和国寿财险7家公司，占行业车险互联网保费的96.19%，互联网车险市场CR8系数高达97.54%，属于极高寡占型市场，互

① 资料来源：中国保险统计监测系统。

联网车险市场集中度高于互联网财产险总体的集中度（互联网财产险总体的CR8为94.16%）。

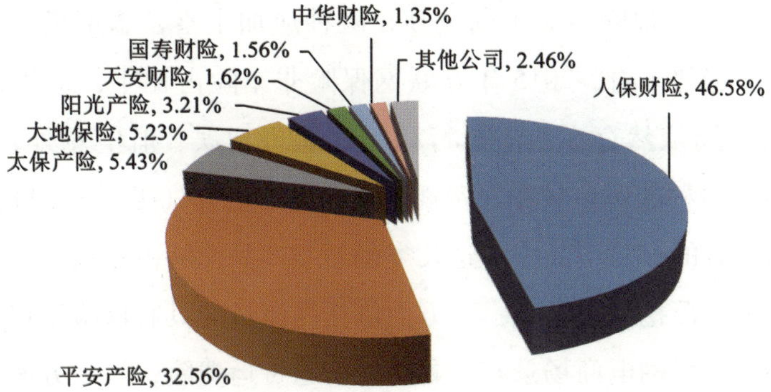

图 2-13 2015 年互联网车险业务市场份额

2. 非车险市场情况。2015 年，互联网非车险保费收入为 52.28 亿元，占互联网保险业务总体的 6.80%。45 家经营互联网非车险业务的公司中，以众安保险为首，贡献了 43.67% 的互联网非车险保费，其次为华泰财险，贡献了 12.68% 的互联网非车险保费（见图 2-14）。其中，互联网非车险保费收入超亿元的公司共 9 家，占行业财产险互联网保费的 93.54%。互联网非车保险市场 CR8 系数高达 91.28%，属于极高寡占型市场，互联网非车险市场集中度低于互联网保险总体的集中度。

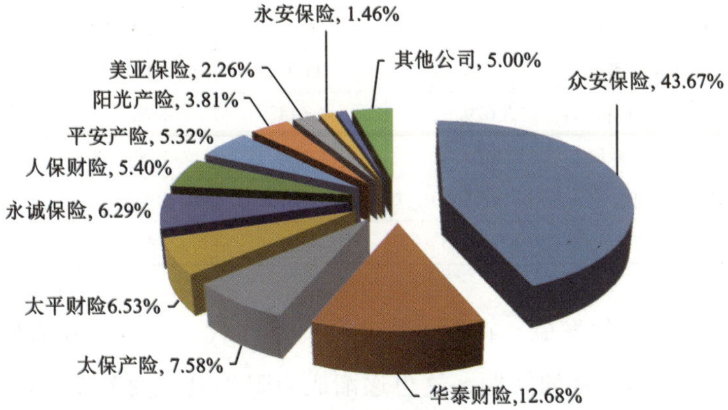

图 2-14 2015 年互联网非车险业务市场份额

（三）非车热销产品整体情况分析

2015 年，非车保险产品不断创新，险种愈加丰富，签单量大，单均保费额小。从产品趋势来看，2015 年互联网保险非车险占比中，退货运费险“一险独大”的格局依然存在，但出行相关（航班延误、航空意外、个人意外、短期意外等）险种的保单量和保费规模正在迅速上升（见表 2 – 11）。

在层出不穷的保险产品中，这几类创新型产品能够占领高地主要原因是遵循了吻合场景和深挖需求两点：一方面依托高流量的具有保险销售场景的电商平台，比如与互联网电商场景有高黏合度的退货运费险；另一方面，寻找客户的“痛点”，以满足客户实际需求为目标，比如满足客户飞机出行相关需求的航班延误、航空意外保险等。

表 2 – 11　　互联网非车险热销产品

编号	产品名称	2014 年		2015 年	
		保费收入（万元）	保单数量（单）	保费收入（万元）	保单数量（单）
1	退货运费险	110 677.44	1 947 747 912	178 459.60	2 937 883 443
2	航班延误保险	15 845.60	7 145 634	64 061.92	31 182 223
3	航空意外险	15 134.46	5 935 758	40 238.05	11 457 969
4	个人意外伤害保险	14 262.01	2 374 063	30 428.94	7 969 756
5	短期综合意外险	6 784.05	246 422	6 292.00	227 271
6	出境人员意外伤害保险	4 720.59	198 024	5 172.77	226 846
7	团体意外保险	3 679.61	5 614	4 767.25	7 693
8	借款合同信用保险	150.79	1 206	3 964.81	100 492
9	旅行意外险	2 605.00	379 013	3 842.73	460 630
10	酒店退订险	636.13	124 830	3 602.64	894 332

1. 退货运费险的发展。在网上购物盛行的时代，一直存在着网络购物发生退货时谁来承担运费的问题，这也逐渐成为阻碍电子商务发展的一大瓶颈。针对“互联网 +”时代的电子商务商品退货纠纷等问题，保险行业围绕淘宝网

推出网络购物退货运费损失保险，根据买卖双方退货记录、交易笔数和产品类目等大数据分析，进行保费分类定价，赔偿相应退货运费损失，平均每单保费约为 0.6 元。该险种经过几年的发展日趋成熟，承保数量自 2010 年的 10.5 万单跃升至 2015 年的 29.4 亿单，提供保险保障自 2010 年的 104 万元跃升至 2015 年的 280.6 亿元，赔款金额自 2011 年的 1 949 万元跃升至 2015 年的 12.6 亿元，赔款金额年均增长率高达 130.20%。

2015 年，互联网财产保险公司已经与互联网电商、快递业实现无缝对接，在传统的货物运输保险、物流责任保险基础上创新推出物流破损险、网购生鲜货物送达延迟险、网购生鲜货物拒收险等新型险种，建立起“生产经营企业 + 快递物流企业 + 消费者”三位一体的保险保障体系。特别是在 2015 年“双十一”期间，保险行业为互联网购物节提供了全方位的风险保障，力保在“双十一”期间，客户能够得到安全、舒心的购物体验。整个“双十一”期间，行业总计承保保单超过 3 亿单，保费收入逾 2 亿元。

2. 航班延误险的升级。随着人们生活水平日益提高，越来越多的消费者搭乘飞机出行。根据统计，2015 年航空旅客运输量为 4.4 亿人次，年均增长 10.4%，旅客通过第三方商务网站、在线旅行社购票的占到 70% 左右。“互联网 + 交通”给互联网保险带来巨大的商机和市场空间。各家保险公司通过深入挖掘市场需求，优化相关保险产品，对原有的航班延误保险进行了迭代升级，并取得了辉煌的成绩。2015 年，航班延误保险共承保 3 118.22 万单，实现保费收入 6.4 亿元，保单数量同比 2014 年增长 336.39%，保费收入增长 304.30%。

有别于传统航班延误险，2015 年迭代升级的航班延误险具有如下几个明显特征：一是投保门槛降低。新升级的航班延误险无须提前激活保单，甚至一些产品在航班延误后也能购买。二是定价科学。保险公司通过与第三方机构合作，基于天气、流控、机场、航班等大数据，进行科学定价。三是理赔服务自助完成。客户无须提出理赔申请，不用提供任何索赔材料，系统自动判定航班状态，满足补偿条件，客户即可实时收到补偿款。

五、自营平台仍占主流，第三方平台份额增加

（一）渠道整体介绍

随着客户数字化的行为发展和体验需求日益增长，保险企业不断拓展互联网保险产品销售渠道，目前互联网财产险渠道主要分为保险公司自营网络平台和第三方网络平台两大类。

2015 年，自营网络平台实现保费收入 704.86 亿元，第三方网络平台保费收入 63.49 亿元。同比 2014 年，自营网络平台保费收入增速为 47.4%（2014 年自营平台保费收入 478.11 亿元），第三方平台保费收入增速为 129.2%（2014 年第三方平台保费收入 27.68 亿元），互联网财产险通过第三方平台实现份额大幅增长。

2014 年自营网络平台业务占比 94.53%，第三方平台业务占比 5.47%；2015 年自营网络平台业务占比 91.74%，第三方网络平台业务占比上升到 8.26%，市场份额提升明显（见图 2－15）。

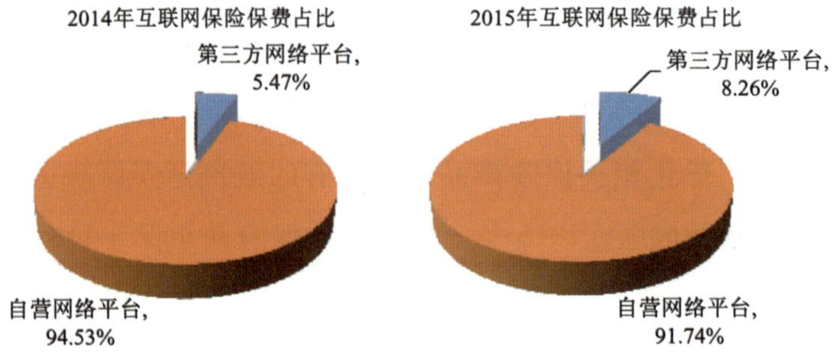

图 2－15　业务对比

1. 自营网络平台。自营网络平台主要是由保险公司自主开发和运营的互联网保险产品销售平台。自营网络平台串联起承保、移动支付、交叉销售推送和社交互动等多个环节，依托智能化工具提供的分析，提高了业务运营、管理的效率。根据自营操作方式不同，自营网络平台区分为 PC 端和移动端，PC 端操作主要通过 PC 官网，移动端操作包括移动官网、移动 App、公众微信号。

PC 端：PC 官网信息展示能力较强，能较好地展示公司的品牌、产品和增值服务等信息，内容丰富，展现多样化。目前各大保险公司均已开展 SEM①推广和 SEO② 优化，目标客户对 PC 官网的信任度较高。但是，PC 端机动性不高，购买体验愈显烦琐。

移动端：基于移动设备及宽带无线接入技术和移动数据网络技术，客户可以不受地域、时间的限制，随时随地了解、咨询保险产品，体验度得以提升。但是，开发移动保险 App 需投入较大成本，其产出比有待评估。

2. 第三方网络平台。第三方网络平台依托互联网技术为保险公司引流业务，或者通过接口对接保险公司自营网络平台直接售卖产品，提升了自营网络平台流量，一定程度上节约了保险公司自主开发和运营的成本。目前市场上存在 100 多家第三方网络平台合作商，为保险公司网销产品提供了更丰富的获客渠道和营销方式。

（二）自营网络平台

2015 年自营网络平台的财产险保费收入是 704.86 亿元，其中人保财险和平安产险保费收入最为突出，合计保费收入 580 亿元，占比达 82.30%。2015 年，保费收入过亿元的共有 12 家公司，除人保财险和平安产险之外，分别为大地保险、太保产险、阳光产险、天安财险、太平财险、中华财险、永诚保险、安盛天平、永安保险和英大财险，前 12 家公司合计保费收入 623 亿元，业务占比

① SEM：即搜索引擎营销，英文 Search Engine Marketing 的缩写，就是根据用户使用搜索引擎的方式利用用户检索信息的机会尽可能将营销信息传递给目标用户。简单来说，搜索引擎营销就是基于搜索引擎平台的网络营销，利用人们对搜索引擎的依赖和使用习惯，在人们检索信息的时候将信息传递给目标客户。搜索引擎营销的基本思想是让用户发现信息，并通过点击进入网站或网页，进一步了解需要的信息。

② SEO：英文 Search Engine Optimization 的缩写，中文意译为“搜索引擎优化”。SEO 是指通过站内优化比如网站结构调整、网站内容建设、网站代码优化等，以及站外优化，比如网站站外推广、网站品牌建设等，使网站满足搜索引擎收录排名需求，在搜索引擎中提高关键词排名，从而把精准用户带到网站，获得免费流量，产生直接销售或进行品牌推广。

为 88.39%①。

2015 年全年通过移动终端（App、WAP 和微信等方式）共实现互联网财产险保费收入 74 亿元，业务占比达到 10.50%，较 2014 年提升了 6.48 个百分点（2014 年 12 月业务占比为 4.02%）。从总体数据看，在移动互联蓬勃发展的阶段，通过移动端开展互联网保险也将得到快速发展②。

1. PC 官网。2015 年，自营网络平台中 39 家保险公司 PC 官网的访问量累计 1 207 139 395 次，较 2014 年访问量（957 879 294 次）同比增加 26.02%（见表 2－12）。访问量达到千万级别的保险公司有 7 家，合计访问量 1 192 653 722 次，占市场总访问量比例上升至 98.8%，较 2014 年同比增加 0.8%。

PC 官网主要承接的是搜索引擎获客模式。随着移动互联网的发展，PC 端搜索受到了一定程度的冲击，但是 PC 官网投放获客模式依然是互联网保险重点关注的业务模式，其中各个环节的效率提升和流程优化是做好这个业务模式的关键。

表 2－12　　PC 官网客户访问数据统计

统计平台	统计区间	2014 年累计量（次）	2015 年累计量（次）	2015 年同比增长（%）
PC 官网	网站访问量（PV）	957 879 294	1 207 139 395	26.02
	独立访客数（UV）	164 569 566	1 881 775 92	14.35
	注册客户数	13 459 343	28 617 199	112.62
	投保客户数	13 212 660	19 231 586	45.55

2. 移动端。截至 2015 年 12 月，共计 11 家财产保险公司开展 App/WAP 业务，累计保费收入 53 亿元，较 2014 年 12 月同比增长 446.24%。从经营险种看，车险累计保费收入 52.6 亿元，占比 99.95%，非车险累计保费收入 289.73 万元，占比为 0.04%；从经营公司看，累计保费收入过亿元的共有 3 家，分别为人保财险、平安产险和中华财险，合计保费收入 51 亿元，占比

① 数据摘自保险监管参考《2015 年互联网财产保险市场运行情况分析》。
② 数据摘自保险监管参考《2015 年互联网财产保险市场运行情况分析》。

97.45%①。其中，2015 年 App 端的访问量较 2014 年同比增长 1 010.37%，访客数增长 240.79%，2015 年移动官网的访问量较 2014 年同比增长 88.06%，访客数增长 45.39%（见表 2－13）。

截至 2015 年 12 月，39 家保险公司 2015 年微信关注数合计 14 828 206 户，较 2014 年同比增长 223%。共计 24 家财产保险公司通过微信开展互联网保险业务，累计保费收入 221 792.89 万元。从经营险种看，累计车险保费收入为 220 119.24 万元，占比达 99.25%；累计非车险保费收入为 1 673.65 万元，占比仅 0.75%。从经营公司看，保费规模位居前五位的分别是人保财险、平安产险、国寿财险、大地保险、永诚保险，合计市场份额为 93.67%②。

表 2－13　　App/WAP 渠道详细数据及介绍

统计平台	数据维度	2014 年累计数量（次）	2015 年累计数量（次）	2015 年同比增速（%）
移动端	App 访问量（PV）	1 802 903	20 018 877	1 010.37
	App 独立访客数（UV）	1 063 019	3 622 655	240.79
	移动官网访问量（PV）	99 665 334	187 425 882	88.06
	移动官网独立访客数（UV）	41 209 876	59 914 743	45.39
	微博关注数	1 798 030	19 592 912	989.69
	微信关注数	2 879 636	23 236 210	706.91

移动官网是官网搜索引擎获客模式在移动端的补充。移动官网从产品形态上更加靠近手机 App，操作模式和用户行为都和 PC 端有较大差异。因此，各公司移动端的业务重点还是集中在利用微信、淘宝等渠道搭建的自营网络平台③。

以往保险公司与消费者双向沟通困难，但随着智能手机的不断推广和微信用户的不断扩大，其功能与传统的短信沟通方式相比更为灵活、智能。除了实现销售功能外，微信对客户个人需求的搜寻更加准确，作为客户关系管理工具

① 数据摘自保险监管参考《2015 年互联网财产保险市场运行情况分析》。
② 数据摘自保险监管参考《2015 年互联网财产保险市场运行情况分析》。
③ 数据摘自保险监管参考《2015 年互联网财产保险市场运行情况分析》。

能够增强客户黏性，增强客户体验。

（三） 第三方网络平台

近年来，随着互联网、大数据、云计算、移动终端的兴起和广泛运用，互联网保险蓬勃发展，特别是第三方网络平台对财产险保费贡献也不容小觑。如图 2－16 所示，2015 年，第三方网络平台实现保费收入 63.5 亿元，同比增长 129.2%（2014 年第三方平台的保费收入是 27.7 亿元）。

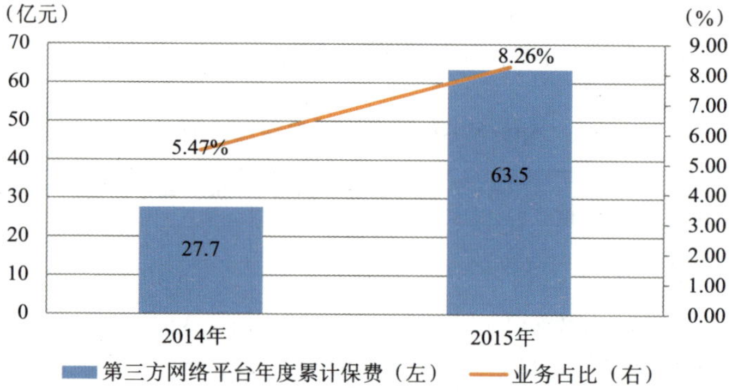

图 2－16　2014—2015 年第三方网络平台保费情况

从第三方网络平台合作商来看，全年平台保费（包含财产保险及人身保险）突破 1 000 万元的合作商，由 2014 年的 20 家上升到 2015 年的 31 家，发展迅猛。其中，蚂蚁金服涵盖淘宝、天猫、聚划算、招财宝、支付宝等平台与互联网保险业务合作，在 2015 年开展的第三方网络平台业务排名中名列前茅（见图 2－17）。

六、客户群体特征显著，客户黏性有待提高

（一） 投保人特征分析

随着“互联网＋”浪潮的兴起，保险与消费展现出相互促进的“共生效应”。一方面，保险嵌入消费场景，激发了互联网消费活力，用户需求进一步释放；另一方面，互联网消费又反过来刺激保险需求，带来增量，吸引更多的

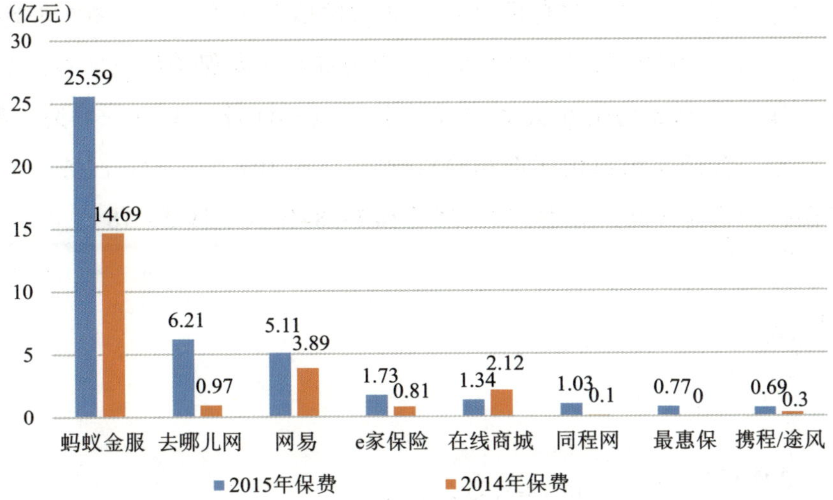

图 2－17　2015 年第三方网络平台保费排名

互联网消费用户，并将其转化成保险客户。面对这一庞大的金融群体，准确的客户画像分析是精准定价、产品设计、流程改造、客制化服务等的有效依据。根据行业数据统计，从互联网客户区域、性别、年龄等多维数据分析，互联网车险及非车险业务展现出不同的客户特征。

互联网车险客户：2015 年，互联网车险客户数量达 11 133 700 人，较 2014 年的 6 885 133 人同比增长 61.7%。互联网客户主要集中于江、浙、沪地区，客户数量达 3 340 110 人，占比超过 30.0%；25—45 岁男性消费者是目前互联网保险的主力消费客群，45 岁以上的客户对互联网车险的接受度在提高，2015 年 45 岁以上的客户数量达 2 580 746 人，占比从 2014 年的 21.7% 增长到 23.0%；10 万元以下车价对应的车辆是目前互联网车险的主要投保车型，客户数量达 10 754 160 人，占比超过 50.0%。

互联网非车险客户：2015 年客户数量达 40 850 041 人，较 2014 年的 23 340 363 人同比增长 75%。互联网客户主要集中于一线城市及江、浙、沪地区，客户占比超过 60.0%。从性别来看，男女占比相对均衡，女性客户占比有所增加，2015 年女性客户数达 18 148 857 人，占比从 2014 年的 42.4% 增长到 44.4%；非车险客户年龄分布较均衡，且呈现年轻化的发展趋势。

1. 区域特征。从互联网保险区域业务占比情况来看，江、浙、沪地区的客户对互联网渠道的接受程度相对较高。从互联网车险保费情况来看，全国省份中车险保费占比最高的 6 大省（市）依次为：江苏、浙江、上海、湖南、四川、广东，合计保费占比接近车险总保费的 50.0%。其中，江苏、浙江互联网车险保费占比最高，分别为 15.50% 和 14.84%（见图 2－18）。

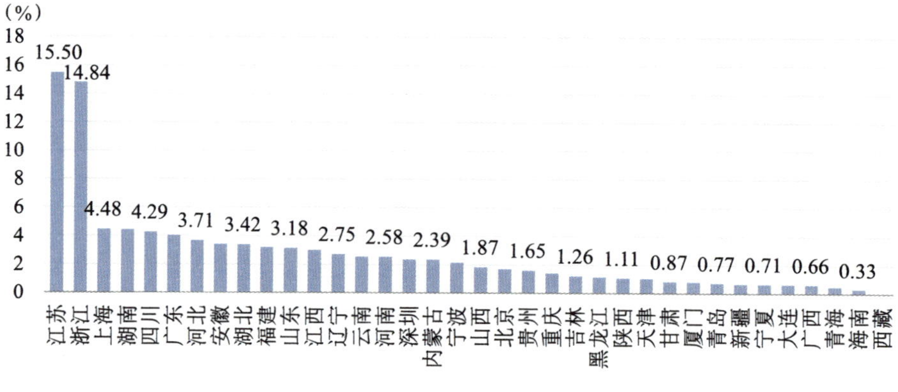

图 2－18　2015 年互联网车险保费地区占比

从互联网非车险保费情况来看，呈现地区集中度高、一线城市及江、浙、沪地区为主的特征。在全国省份中，非车险保费占比最高的 6 大省份为：上海、浙江、深圳、江苏、北京、广东，保费总占比超过 75.0%。其中，上海、浙江互联网非车险保费占比最高，分别为 22.99% 和 22.68%（见图 2－19）。

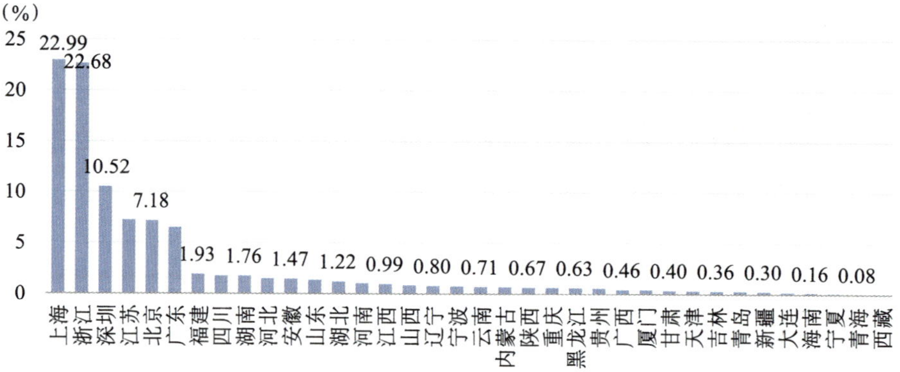

图 2－19　2015 年互联网非车险保费地区占比

2. 性别特征。互联网车险及非车险的不同性别客户对互联网产品的敏感度差异较大。相对互联网车险产品，女性对于互联网非车险产品的响应程度更高，这与车险产品相对复杂有一定关系。

互联网车险客户以男性为主，投保 8 382 007 人次①，车险女客户投保 2 746 539 人次②，男女客户数比例为75.3∶24.7。相对2014 年（见图2－20），男性客户同比增长61.2%，女性客户同比增长55.5%。2014 年车险男客户投保5 199 756 人次，车险女客户投保1 766 263 人次。

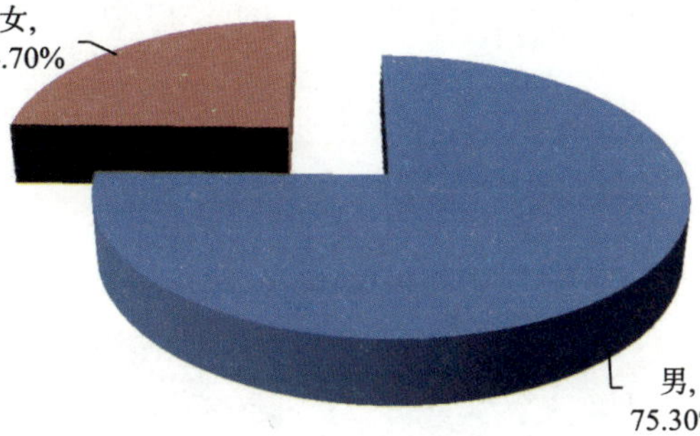

图 2－20 2014 年互联网车险客户性别分布

互联网非车险客户男女占比相对均衡，男客户投保 22 059 069 人次③，女客户投保18 148 857 人次④，男女比例为54.9∶45.1（见图2－21）。相对2014 年，男性客户同比增长135.1%，女性客户同比增长155.7%。2014 年非车险男客户投保9 382 845 人次，非车险女客户投保7 097 714 人次。

3. 年龄特征。在互联网保险客户年龄分布上，车险及非车险客户差异特征亦比较明显。

互联网车险客户主要集中于25—45 岁，其中，25—35 岁客户4 043 878 人，占比36.3%，35—45 岁客户3 924 617 人，占比35.2%（见图2－22）。

① 互联网车险客户上报数据，有5 154 人次的性别数据为空值。
② 互联网车险客户上报数据，有5 154 人次的性别数据为空值。
③ 互联网非车险客户上报数据，有642 115 人次的性别数据为空值。
④ 互联网非车险客户上报数据，有642 115 人次的性别数据为空值。

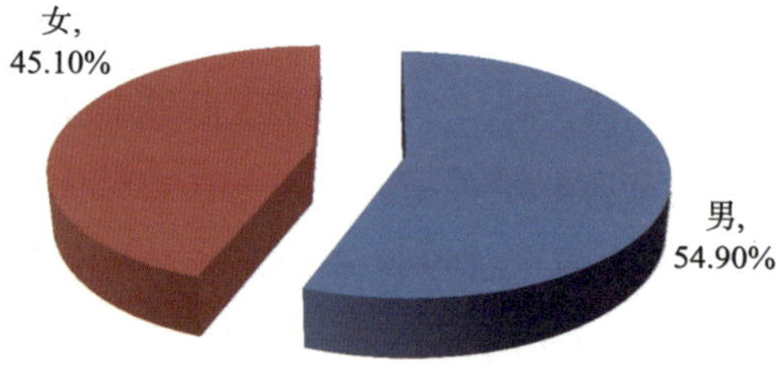

图 2－21　2015 年互联网非车险客户性别分布

从各年龄段客户增长情况看，45 岁以上的客户数量增长最快，同比增长 70.9%（见图 2－23）。

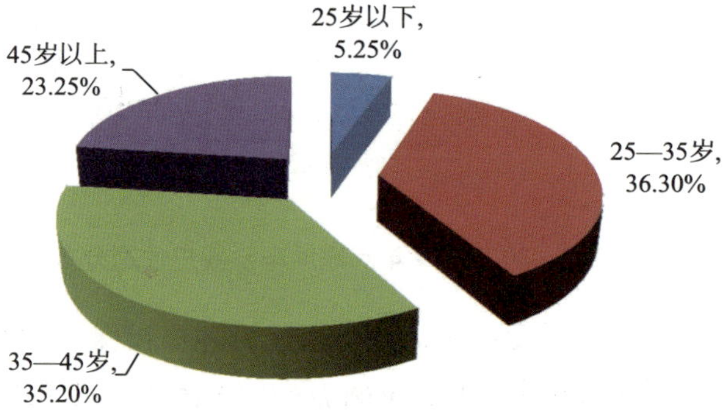

图 2－22　2015 年互联网车险客户年龄分布

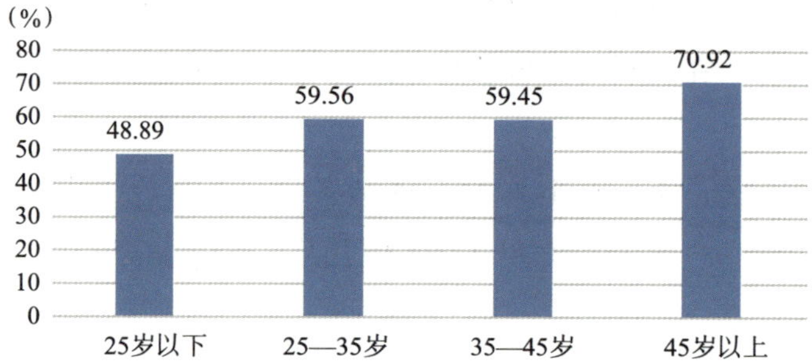

图 2－23　2015 年互联网车险各年龄段客户同比增速

非车险客户年龄分布较为均衡，且呈现年轻化的发展趋势。其中，25—35 岁客户数量为 14 217 328 人，占比 33.27%，25 岁以下客户数为 11 503 998

人，占比 25.59%（见图 2－24）。从各年龄段客户同比增速来看，25—35 岁客户同比增速最为明显，同比增加 164.1%，25 岁以下客户同比增加 153.3%，35—45 岁客户同比增加 128.5%，45 岁以上客户同比增加 133.2%（见图 2－25）。

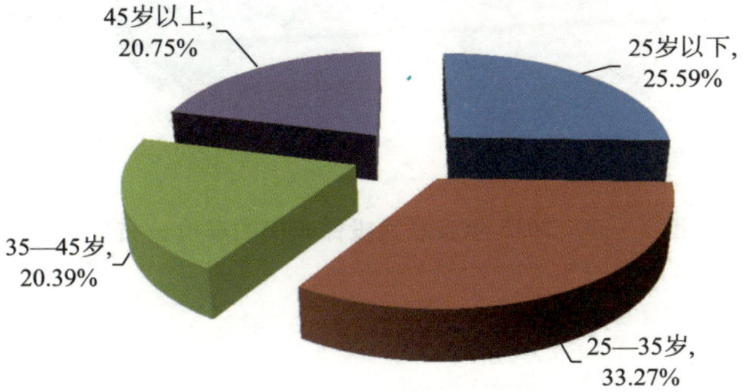

图 2－24　2015 年互联网非车险客户年龄分布

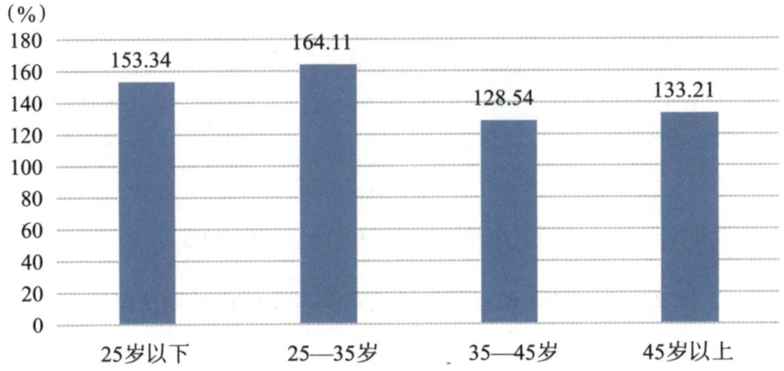

图 2－25　2015 年互联网非车险各年龄段客户同比增速

4. 车价特征。互联网投保车辆不同车价的分布也呈现一定的集中度趋势。20 万元以下车型的投保数量占比为 86.29%。其中，10 万元以下的车辆通过互联网投保的数量为 10 754 160 台，占比 52.52%，10 万—20 万元的车辆为 6 914 978 台，占比 33.77%（见图 2－26）。10 万元以下车辆的同比增长率为 64.8%，明显高于其他车价段增长率（见图 2－27）。

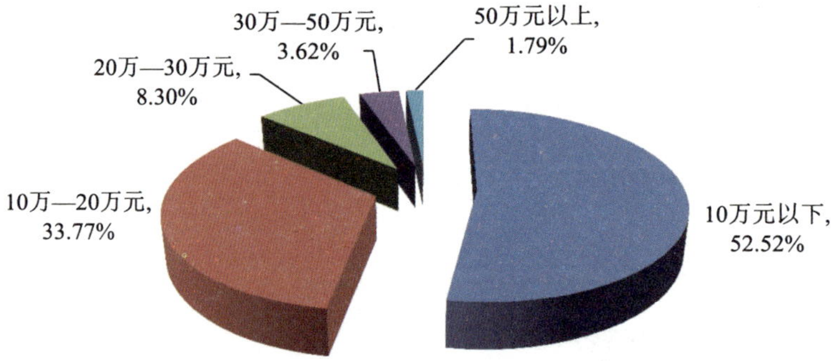

图 2－26　2015 年互联网投保车辆的车价分布

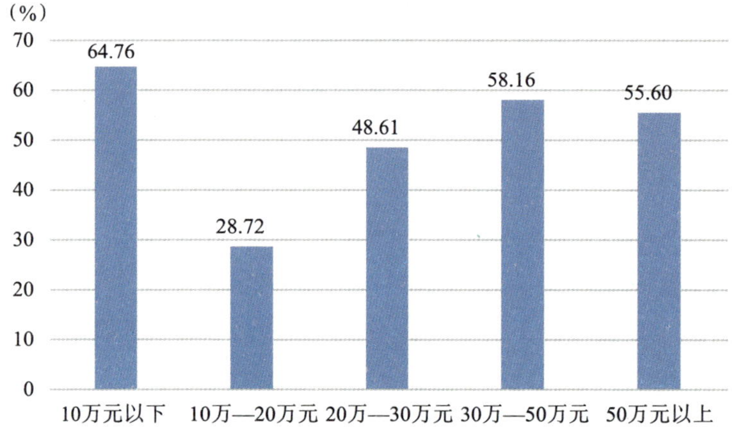

图 2－27　2015 年互联网投保车辆各车价段的同比增速

（二）客户黏性分析

客户黏性，本意是指客户在消费和体验某个品牌或产品的过程中形成的依赖感或再次消费的心理期望。在保险行业中，客户黏性是指客户重复购买保险产品的意愿，该意愿一方面与险种特征有关，另一方面与保险公司提供的服务相连。

在互联网浪潮下，科技的发展为互联网保险公司提供了客户分析和客户互动的研究基础和平台，使得保险公司能够更多地增加客户互动频率、优化客户交互体验。例如，互联网保险 App、微信平台的逐步成熟使得客户和公司互动更为方便，这在提升客户黏性的同时也有利于客户对公司品牌和忠诚度的肯定。

行业中对于客户黏性的衡量方式多种多样，不同平台、不同险种都有特定的客户黏性衡量和分析标准。较为普适的指标有三种：客均件数、续保率及投诉量。

客均件数可以通过一年内平均每个客户在同一保险公司购买财产保险产品的数量来计算，该指标和客户黏性正相关。客均产品数量越高，意味着客户黏性越高。

续保率，表达的是客户在同一保险公司再投保某险种的比率。续保率的概念常用于车险。车险具有存在一年保险期限的特质，第二年再投保的车辆所占的比率即车险续保率。续保率和客户黏性存在正相关关系。

投诉量，即发生投诉的保单量。投诉量是保险监管十分关注的指标，投诉量超过监管标准的公司会受到处罚。

综上所述，以上三个指标都可以用来分析或者描述互联网保险的黏性情况。通过对三个指标进行共性分析，我们可以了解，客户黏性是与客户体验息息相关的。提升客户黏性，重要的方向便是以客户为中心，提升客户体验。

1. 客均件数。目前互联网平台热卖的保险产品品种丰富。从签单数量看，截至 2015 年 12 月，互联网非车险签单数量占整体互联网财产险签单数量的 99%，互联网车险仅占 1%（见图 2 – 28）；从保费规模上看，互联网非车险保费占 7%，互联网车险保费占 93%（见图 2 – 29）。车险单均保费优势使得其占据了互联网保费的很大份额，而互联网非车险的需求较大，非车险在签单的数量占比上具有绝对优势。

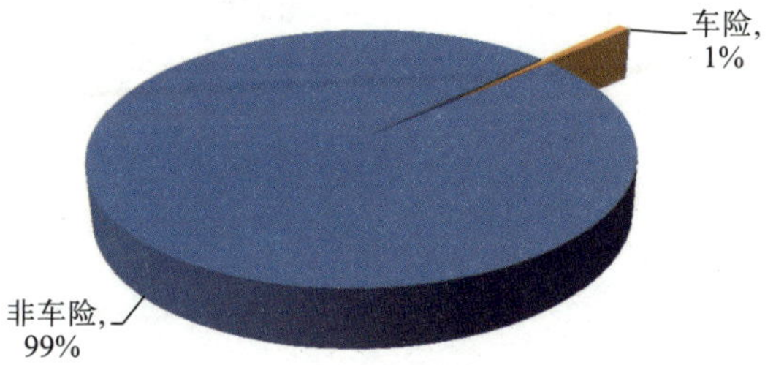

图 2 – 28　2015 年互联网财产险累计签单数量

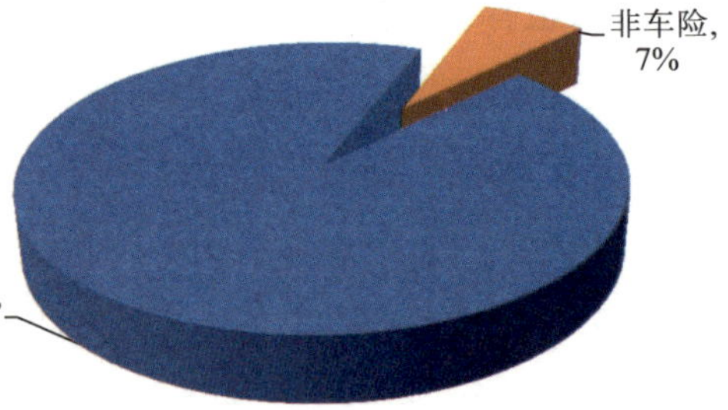

图 2－29　2015 年互联网财险累计保费

车险与非车险产品在保费收入占比和保单数量占比上的明显差异也会反映在客均件数的区别上。非车险产品的单均保费低，会拉动客均件数的提升，如众安保险 2015 年客均件数达到了 8.21 件。非车险客均件数较高，一方面因为非车险产品类别丰富，如旅行险和退货险，客户可在一年当中多次购买；另一方面因为非车险产品创新节奏快，如退运险、航班延误险、酒店退订险等险种创新能够借助技术和平台优势不断进行产品的迭代、推送。车险产品的单均保费高，没有非车险产品的高频特征，属于一年期产品，购买频次较低，因此车险产品客均件数相对较低。

2015 年，互联网保险客户数达到 51 359 065 人次①，客户数量同比增长 71.1%，全险种互联网客均件数为 3.74 件（2014 年互联网保险客户数是 30 019 294 人次）。在车险客均件数方面，从全行业情况看，2015 年车险客户数达到了 11 133 700 人次，较 2014 年同比增长 61.7%。行业平均客均件数为 1.38 件。从保险公司各主体情况看，人保财险、平安产险、天安财险、大地保险和阳光产险 5 家保险公司占据了 94.72% 的车险客户数额。在非车险客均件数方面，从全行业情况看，2015 年非车险客户数达到 40 850 041 人次，较 2014 年同比增长 75%。行业平均客均件数为 4.24 件。从保险公司各主体情况看，众安财险、平安产险、永城保险、太保产险及天安财险 5 家保险公司占据了 90.91% 的非车险客户数额，其余 27 家经营互联网非车险业务的公司客户量

① 互联网保险客户数包括了互联网车险客户和非车险客户数量，该数据为对同一客户去重计算而得。

仅占9.09%。如何提升客均件数是保险公司关于客户忠诚度和客户黏性的重要话题。客均件数的提升需要依赖丰富的产品种类，有效的互联网平台及合理的产品叠加。同时，客均件数的提升需要保险公司的品牌和口碑作为背书，一个公司只有真正做好客户服务，才能得到客户的认可。

2. 车险续保率。续保与客户黏性呈正相关关系，也是互联网保险公司商业经营中的重要因素。车险行业对客户的续保率尤为关注，续保获客成本更低。如果互联网保险公司的车险业务能够将续保率维持在较高水平，说明该公司客户维系能力和品牌忠诚度建设能力相对更强。

根据中保协统计的数据，2015年行业内互联网财产保险公司整体车险保费续保率①达63.0%。互联网车险续保渠道主要包括PC官网（自营）、移动App（自营）、移动官网手机WAP（自营）、微信公众号（自营）和第三方合作。

3. 投诉量。根据中国保监会发布2015年保险消费投诉情况的通报数据，2015年涉及互联网销售保险的投诉1 441件，占总投诉量的4.79%。反映比较突出的投诉问题有理赔流程长、理赔手续烦琐、拒赔认定不合理、退保申请处理不及时、捆绑销售保险产品、未经同意自动续保、以理财产品名义销售新型人寿险产品等。投诉较多的险种为退货运费险、航班延误险、旅行意外险、车险、新型寿险等，2015年车险投诉保单数占互联网财产险投诉保单数的91%（见图2－30）。

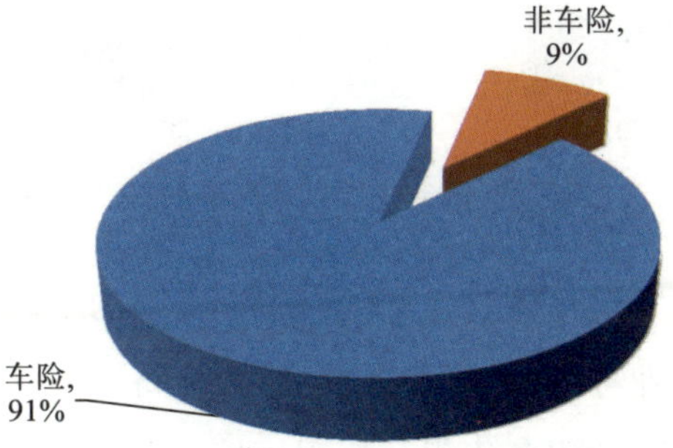

图2－30　2015年互联网财产险投诉保单数

① 续保率＝已续保单的保费收入/应续保单的保费收入。

2015 年，互联网车险亿元保费投诉件数是 4.22 件，同比 2014 年下降 28.35%（见图 2－31）。2015 年，非车险万张保单投诉件数是 0.001 件，同比 2014 年下降 66.67%（见图 2－32）。

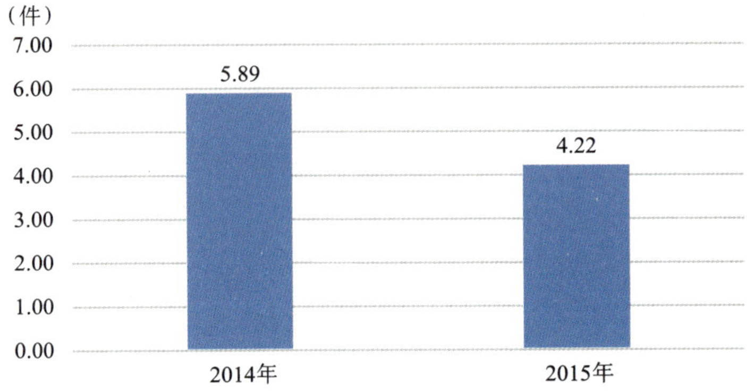

图 2－31　财产保险互联网车险业务亿元保费投诉量①

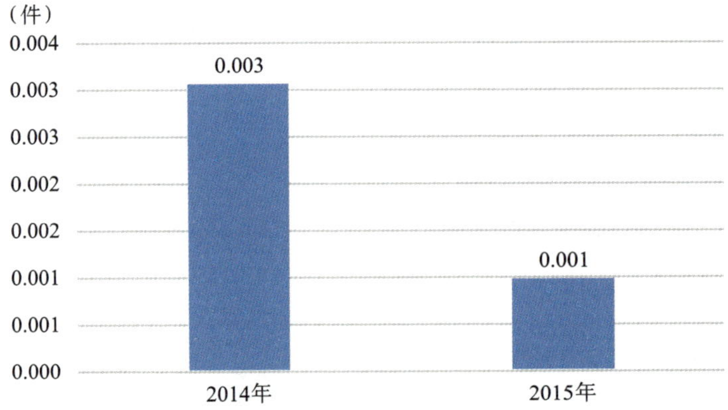

图 2－32　财产保险互联网非车险业务万张保单投诉量②

为提高用户黏性，提升客户体验，减少互联网保险的投诉量，保险公司各主体也加强了互联网保险业务的服务管理，建立了支持咨询、投保、退保、理赔、查询和投诉的一体化在线服务流程，探索短信、即时通讯等多种客户互动方式的创新实践，确保客户服务的高效和便捷。

---

① 亿元保费投诉量 = 投诉件数/保费。

② 万张保单投诉量 = 投诉件数/保单量。

第二节
中国互联网财产保险创新研究

一、商业模式创新

传统保险行业在互联网快速发展的浪潮中不可避免地发生变革，借助互联网的力量扩展传统销售渠道，大力推进保险销售模式的多样化，新渠道、新技术为整个行业迎来新的机遇。消费者对保险的感知也从传统的购买、理赔变得更加多元和贴近生活，越来越多的互联网保险主体通过不同的商业模式经营，为消费者带来更多的体验。纵观整个互联网保险行业，现阶段共有 4 种典型的互联网保险商业模式，包括传统保险公司的互联网化、中小型保险公司专注细分业务的互联网化、纯粹的互联网保险公司以及各类非保险主体的商业模式。

（一）传统保险公司的互联网化

大型传统保险公司通常具有产品覆盖面广、线下服务网络丰富、服务客群较大、有一定的品牌知名度等特点，因此选择以客户需求为出发点，集中优势发展线上业务是其商业模式的主要思路。以平安产险为代表的传统保险公司已经探索出一种线上化的商业模式。

平安产险推出移动互联平台“平安好车主”App，围绕车主出行生活，打造从“车保险”到“车服务、车生活、车娱乐”的全方位生态圈，为车主提供一站式金融生活消费体验。

平安产险将“互联网 + 车生活”的发展模式向全行业开放，联合平安集团内外部合作伙伴，从线下客户线上迁移、大数据应用于风险筛选和精准定价、科技提升用户体验三方面入手，打造更加强大的开放式互联网车生活平台。“平安好车主”App 开启车主线上线下新生活的“3.0 时代”，涵盖保险、服务、生活，依托平安集团内外合作伙伴的金融产品及用车服务，借助大数据等科技和移动科技手段，为车主提供一站式用车生活消费服务，并可实现在线自助理赔。

（二）中小型公司细分领域互联网化

在互联网行业竞争日益激烈的环境下，中小型保险公司专注于互联网细分业务，探索出差异化的竞争路线，挖掘其自身优势，典型的公司代表有阳光信保、华泰财险。

阳光信保定位为中国首家基于大数据和互联网的平台型专业化商业信用保证保险公司。阳光信保主要通过互联网，将投资人、融资人、征信机构等各类应用场景进行联结，构建集借贷、投资、生活消费为一体的开放平台，打造以信用为基础的支付与财富增值体系。阳光信保主要商业模式是打造为个人、企业、金融机构等提供信用信息、信用管理和投融资服务的开放式聚合平台。在运营模式上，充分借助互联网和电子商务平台开拓市场、服务客户，并以此提高公司运营效率。同时，阳光信保以大数据为基础，通过领先的大数据采集、挖掘与应用能力，构建风险控制、产品开发、市场营销、客户服务、运营管理等体系，提高风控质量与效率、实现精准营销与个性化服务、提高运营效率。

华泰财险发展网上航空意外险产品之初，借助自身对产品的集中运营能力、创新渠道的开拓能力及经营电子商务业务的基础能力，依托电子化系统，集约化、专业化销售保障型个人保险产品，开启了华泰财险电商业务发展道路的探索。华泰财险在经营传统保险产品时就意识到意健险有保费额度小、投保简便、赔付率适中等特点，较适合电子商务渠道销售。华泰财险以该类产品为出发点，不断开拓合作伙伴，逐步壮大了电子商务销售渠道。保险电子商务是跨区域的经营模式，突破了传统销售模式中的地域限制，极大地扩充了客户资源，使一些以前无法触及的群体成为公司的客户。

B2B2C 模式是华泰财险的重点业务模式，也是开展最早的业务模式，各类 B 端网络平台能够为互联网保险产品提供流量和场景等丰富的资源。2009 年以来，华泰财险与蒙迪艾尔救援公司、春秋航空合作电子化航意险、旅行险。5 年间，其先后与各大电商网站、国内多家知名在线旅行网站、航空公司等众多B端网络平台开展个人保险等业务，依靠嵌入式解决方案实现真正的电子商务。

从架构角度看，华泰事业部的组织模式能够给予销售活动、产品研发、理赔运营服务相对独立的自主权利，更为专业、独立和灵活，也更利于集中调动公司内部资源，使得公司能够快速响应互联网保险市场的需求，并能顺应互联网的快速发展而进行迅速调整。

（三）互联网保险公司商业模式

众安保险作为全国首家互联网保险公司，其销售、承保及理赔等业务流程基本都在线进行，完全实现互联网化。众安保险本着“服务互联网、保障互联网”的经营思路，以“科技金融、普惠金融”为战略定位，着力将大数据、云计算、移动互联网等新科技与保险业融合，持续推动互联网保险与其他行业的跨界合作，拓宽互联网保险的内涵和服务范围。

众安保险的主要商业模式是根据互联网各类场景下产生的保险需求，为其定制化地设计开发保险产品提供风险保障，致力于做与互联网风险相关的保险、直达用户的保险以及弥补市场空白领域的保险产品。在运营模式上，众安保险采用了管理层级较少的扁平化组织结构，确保对市场需求的敏锐反应，以及高效的产品研发与运营。同时，众安保险率先采用云技术并自主研发了具备数据挖掘、处理以及存储能力的核心系统。依靠系统对前端数据进行处理和建模分析，使客户信用评级、个性化定价、精准营销、产品创新等建立在大数据分析的基础之上，更加高效地研发和推广互联网保险产品，提高运营效率和服务针对性。

（四）非保险主体商业模式

除传统保险公司以外，互联网保险市场还涌现出各类不同的经营主体，为用户带来多元化的互联网保险体验。其中，最慧保、泛华保险、慧择网等各具特色。

最惠保致力于打造多对多的保险交易支持平台，采用去中间化的模式，大幅减少保险销售渠道层级，为一线保险营销员打造一流的移动在线聚合交易平台，支持一线业务员随时随地完成保险交易，零距离接触保险公司，获得更好收益。其目标是将最惠保打造成中国保险业领先的创新交易服务平台，成为保险公司、一线业务员和终端客户之间的连接器。

泛华保险作为大型保险中介机构，搭建了专业的第三方保险交易与服务支持平台"保网"，实现了产品销售比价、便捷自主投保和网上商城等功能；同时，打造展业利器，自主开发泛华"掌中保"，改变代理人作业模式；推出"车童网"整合行业生态圈，建设理赔公估平台，拓展汽车后市场服务；从追求渠道利润到追求平台交易规模，不再只是关注每一笔保单交易的佣金，而是关注如何改变消费者的消费习惯，致力于打造中国领先的 O2O 保险销售与服务平台运营商。

慧择旗下拥有慧择网、聚米网、开放平台和保运通四大业务平台，全方位覆盖了个人、家庭及企业用户，各平台均处于所属细分市场的领先地位。其倡导的全流程闭环服务模式，区别于一般平台的简单比价模式和卖保单的平台定位，从用户需求出发，建构了从咨询、对比、购买，到保全、理赔的全流程服务模式，建设了一站式服务平台，尤其是打造强有力的后端支持，得到用户的广泛认可。

二、产品创新

互联网保险产品创新是互联网保险发展的重要环节，各家保险公司在互联网保险产品创新发展上进行了多种形式的尝试。

（一）可保性的产品创新

随着电子商务的飞速发展，"选择利用互联网或移动客户端进行支付"几乎成为现代人的生活习惯，但"网上交易"带来的个人账户安全问题也越来越引人关注，网络安全漏洞、账户盗用盗刷事件层出不穷，银行卡、网银账户被盗窃风险也随之逐渐升高。

互联网交易安全生态链主要分为三个环节：最前端的互联网账户，中间环节交易支付通道，最底层的银行卡。2015 年，众安、人保、阳光等公司分别围绕着各类互联网场景，分析研究商品质量、售后服务、资金安全等各环节中的风险，并针对性地开发出盗刷险、网络支付交易损失险、账户安全险等互联网交易保障产品。此类互联网安全险相当于网络交易的第二道保护盾，主要承保责任为由于不法分子盗取身份证、银行卡、账户密码、安全工具等，支付账户被盗用发生的损失，或不法分子利用所盗取身份、银行卡信息在支付平台上注册使用造成的被盗用户资金的损失。投保该险种后，一旦因个人账户信息泄露或被第三方非法获得导致账户资金受到损失，保险将给予相应补偿。

众所周知，互联网技术的优势在于能够极大地解放人力，提升效率和服务体验，并打破时间、地域、空间等各个方面的限制，为以前不可解决或难以控制的风险提供支持和解决方案，这便为保险公司进行产品的开发提供了解决方案和技术支持，使得不可保风险变得可保，并为客户带来全新的服务体验。平安、众安等公司推出的手机碎屏保险便是利用互联网技术支持产品创新并提升承保能力的典型代表。利用互联网新技术，客户在产品购买过程中拍摄手机屏幕的一张照片便可以通过后台的验机系统识别屏幕状况以评估手机是否可保，有效解决了手机“带病投保”的难题，将曾经“不可保的”碎屏风险变得可保。

（二）极简化的流程创新

随着互联网在经营管理上提质增效作用的日益凸显，越来越多的传统保险公司进一步拥抱互联网技术，在业务操作流程上追求简约化，实现了自动报价、自动核保、自动承保、自动交易，并加强了线上与线下渠道客户服务、理赔工作的融合。传统的保险产品在投保和理赔时往往涉及填报较多信息的烦琐手续，极大影响了投保和理赔的操作时效，也使得客户对保险公司常规流程印象较差。

互联网的普及使得极简、极优的产品设计成为可能。例如，人保、阳光、华泰、众安等公司的退货运费险，在电商平台上购买商品时与货物同时付款，只增加了一个勾选框，消费者即可简单完成投保。理赔操作同样简单，当客户购买的商品在送达时发生拒签或退货请求，保险公司借助物流信息，无须客户提供证明或材料信息填报，就能自动理赔到客户网上账户。此类退货运费险的产生给电子商务平台良性发展提供了保障，完善了交易流程，促进了网络消费市场的生态发展。对于商家而言，解决了退货过程中买卖双方在运费支出方面的纠纷，节省了退货的沟通成本和经济成本，提升了对消费者的售后服务质量。消费者则增强了网络购物的信心，解除了交易中的后顾之忧，提升了消费体验，交易平台交易额的上升也得到了促进。又如，多家公司开发的航空延误险，同样是投保与飞机票搭车销售，一键投保，理赔则根据航班延误信息自动完成，往往飞机未落地，赔款已进入客户账户，极大优化了产品流程。

（三） 多样化的技术创新

1. 大数据技术的应用。随着互联网时代到来，各项技术的提升，数据的收集和信息的捕捉变得更加容易，可以对数据进行实时收集并有效存储和应用。数据资源的丰富使得保险产品定价越来越具科学性，通过对互联网海量客户的数据分析，可以有针对性地进行产品开发、定价、销售，且大大提升销售转换率。另外，网络业务为个人客户提供了更强大的保险服务支持系统，让客户的生活更加方便、快捷。保险产品本身提供的是一种风险服务保障，所以最终满足客户需求才是留住客户的根本。大数据时代互联网保险在产品设计创新、产品精准定价、大数据营销、风险控制、客户服务等方面都有红利体现。

目前，网络购物退货运费险就是标准的互联网创新保险产品，基于互联网积累大数据进行定价。在产品定价过程中可能产生较大的定价不准确风险，因此产品推出初期，保险公司通常采用相对保守的定价策略。运营一段时间后，保险公司对大数据进行充分挖掘和分析，建立数据模型，根据实践反馈不断调整保险定价，迭代升级产品。目前市场上人保、阳光、华泰、众安等保险公司提供退货运费险产品，各家公司都以符合监管要求的方式，利用大数据进行系统自动核算精准定价。

2. 可穿戴设备的应用。长期以来，由于缺乏基础数据支持和技术实现手段，传统的保险产品只能根据性别和年龄等静态维度定价，使得优质客户人群与非优质客户人群实际承担同样的费率，造成优质客户人群对产品的性价比不满意，制约了保险产品的推广。

近几年，随着互联网的应用、基因工程的突破和大数据挖掘技术的成熟，基因检测、可穿戴设备、移动医疗产业得到快速发展，全方位、全天候的监控人体生理指标和行为模式成为可能，DNA 序列、职业、区域、环境、运动、习惯、疾病、死亡原因以及保额、核保要素等诸多维度数据的可获性和可靠性均大幅提升，这为人身保险产品的精准定价、创新定价机制以及保险服务深度介入健康管理提供有力的技术支撑。随着健康走和跑步在国内盛行，2015 年 8 月众安保险推出了为爱好运动的人群量身定制的“步步保”产品。通过与小米运动 App、微信运动、乐动力等合作，“步步保”与可穿戴设备高度融合，将用户的运动数据纳入产品定价动态维度。用户投保时，系统会根据用户的历史运动步数以及预期目标推荐不同保额挡位的重疾险保障，不同运动量级的人群可获得不同保额的保险保障。保单生效后，用户运动步数每达到设定目标一天，下月保费就多免费一天，鼓励用户多运动少缴费，让优质健康人群感知“步步保”的高性价比。

通过接入可穿戴设备，“步步保”将用户动态运动数据纳入定价维度，按照用户的风险分散程度进行个性化的精准定价，优质体的费率水平下降，保险定价更加公平、合理，打破了“非优质体投保—费率上升—优质体投保意愿下降”的恶性循环。这为今后保险业，特别是健康保险产品领域的产品创新、费率厘定、差异化经营、满足客户多重需求提供了成功范例。

3. 车联网技术的应用。随着科技的进步，互联网、移动互联网和物联网的边界和应用范围逐步延伸和扩展，使得物品之间及人与物品之间的信息交互变得越来越顺畅，极大地改变了人们的生活方式。

在物联网智能化发展过程中，汽车作为人们日常出行与运输的最普遍工具，扮演着核心角色，车联网已成为汽车生产与相关服务的重要探索方向。从智能车载平台到智能交通，车联网技术正在不断完善驾车体验，使出行与运输更加智能、安全和便利。汽车保险作为驾车服务的重要环节，正面临一个极大的革新机遇——从更加灵活化的产品形式、更为优质的客户体验，到引导改善驾驶习惯、降低车祸风险，车联网在保险行业的应用前景非常广阔。目前，中国车联网保险尚未正式推出，但是人保财险、平安财险、太保财险、阳光财险、安盛天平等多家公司都在用不同的方式探索基于车联网的车险产品。车联网技术若成功引入车险行业，势必产生很多优于传统车险的创新产品，包括定价模式、服务模式、投保模式和销售模式等创新。

AXA Drive“安盛驾驶”App 是安盛集团在全球范围内推出的行车应用软件。2015 年，安盛天平将其引入并完成本地化工作，希望借助此 App 中的各项辅助功能，帮助公司更好地识别客户风险。“安盛驾驶”能帮客户更好地了解并改善自己的驾驶习惯。“安盛驾驶”App 应用程序使用了远程信息处理技术以及运动传感器，能够捕捉到汽车在加速、制动以及转向等多方面的运行数据，通过这些数据，可以评估用户的驾驶分数并监督用户的驾驶表现。同时，该应用程序也会提供一些提高车主驾驶水平的技巧。在驾驶过程中，“安盛驾驶”会分析驾驶者的加速、刹车和转弯，对防范未知的道路风险、安全出行意义重大。在服务有车族的同时，“安盛驾驶”App 更可以收集行车大数据，为政府的道路规划提供数据支持，减少伤亡，为道路安全出力。

4. 反欺诈技术的应用。网络欺诈越来越多样化，包括常见的制假售假，开设虚假网店，通过微博、论坛等发布诈骗信息，通过第三方支付工具骗取钱财，虚假报案向保险公司诈骗等形式。网络欺诈还呈现出团伙化、有组织化的趋势，因此防范网络欺诈风险对保险公司具有重要意义。

防范网络欺诈要基于高时效性的自动数据交互。高效响应是互联网的基本特征之一，所有的互联网用户对服务的时效性要求越来越高，传统的反欺诈分析在时效上已经无法满足互联网业务的需求。针对互联网业务的反欺诈应当基于更实时的数据交互能力，通过对大数据进行分析，可以对欺诈者的模式进行提前甄别，从而更加主动地防范网络欺诈，而不是如传统的安全防御那样只能对已知的欺诈模式进行防范。比如，对于诈骗者开设虚假网店，与虚假买家串通进行虚假交易，诈骗保险公司赔款的场景，可以利用海量的互联网数据，通过对用户的 IP 地址、MAC 地址、cookies、收货地址、发货地址的监控，辨别诈骗卖家是否通过开设虚假网店或更换店铺等方式进行诈骗，降低保险公司受到网络欺诈的风险。同时，我们更需要集行业之力，广泛借助社会和法律的力量来积极应对互联网保险欺诈，维护行业生态环境的健康性和可持续性。

三、渠道创新

2015 年，随着各家公司积极投身于互联网保险业务，基于保险公司自身的互联网平台以及互联网生态、场景、技术的销售模式创新层出不穷、百花齐放，更使互联网保险的发展精彩纷呈。总体上看，2015 年互联网保险在销售模式创新方面体现出两大特征：一是多家传统财产保险公司在原有官方直销平台的基础上，充分利用移动互联平台和社交媒体操作便捷和易传播的特点，提升了对外宣传和服务效率，同时整合线下销售人员资源，推动传统销售模式转型；二是各家公司在关注自身平台建设和销售模式转型的同时，加大了与互联网生态的融合，保险与互联网的合作在广度与深度上都有重大突破。

（一）加大官方平台建设，提升营销效率

1. 移动互联技术的应用。自 2013 年社交媒体快速发展以来，随着以微信为代表的社交媒体用户爆炸式增长，各家保险公司争相进驻微信、微博等平台，借助社会化、社交化的营销和服务手段，提高公司公信力，延伸企业品牌价值，有效建立与客户的沟通渠道，提升营销的效率。

以人保财险为例，作为国内最大的财产保险公司，总公司各部门和各级分支机构充分借助微信、微博等社交媒体平台打造品牌，为客户提供个性化、差异化的保险金融服务。同时，为保证宣传的统一性与建设的安全性，人保财险建立了统一、标准、满足差异化功能的 PICC 社交媒体服务平台，实现社交媒体应用的集中接入、业务逻辑功能统一搭建以及人工座席在线服务等功能，支

持对多样化账号（如微信公众账号等）的维护管理。

平安产险的微信公众号也体现了这一特点，客户可以通过微信公众号绑定账户，直接与专属座席沟通，包括车险服务、朋友推荐、理赔协助、综合金融咨询等各方面的需求，都可以利用碎片化的时间得到最及时的反馈和服务。

2. 传统模式向O2O模式的转型。2014年以前，各家保险公司的互联网保险销售主要还是依托PC端的官方网站。2014年以后，移动互联网技术逐步引起了保险主体的关注并被投入应用，目前已有34家保险公司开通了微信公众号，其中17家是2015年之后开通的。各家保险公司都在积极探索基于移动互联技术的新型营销模式，借助移动互联平台，推动形成全员营销的意识，支持销售人员尝试线上线下（O2O）结合的销售模式，以提高销售效率，进一步促进传统销售模式的互联网转型。例如，太保财险根据非车险分散型业务碎片化和便捷化的特性，在微信平台推出"码上保"，结合二维码、移动支付、电子保单等创新技术工具，实现在中介、车商、交叉销售等渠道打造简单易操作的展业工具，方便分公司多渠道展业。该平台的特点在于：

（1）通过定制化的二维码为入口，实现即扫即保、无须下载App、无须绑定微信，实时生效和生成电子保单。

（2）实现移动端二维码的自助配置、业务员对渠道的管理，同时结合保险微店建设进一步拓宽了应用范围，提供便捷、高效的展业工具。

（3）根据分公司实际业务需求快速制订产品方案，配套研发与产品相适应的投保流程，包括手机碎屏保障服务责任险、儿童预防接种意外险、学生幼儿意外伤害综合保险等创新型产品。

（二）依托互联网生态，深化第三方合作

随着保险行业竞争的日趋激烈和互联网电子商务领域的不断发展，保险公司亟待突破传统模式，开拓新的基于互联网渠道的多元化销售模式。因保险产品的自身特点，保险公司官网、官方微信与大型电商网站、门户网站、社交媒体相比存在着获客能力的客观局限，通过强化与第三方平台的商务合作，借助

平台流量优势，提升获客量成为保险公司解决客户流量获取通道和快速拓展互联网保险业务的重要手段。因此，2015 年保险行业各主体积极开拓、不断寻找互联网生态结合点，与第三方互联网平台合作的深度与广度都有很大创新和突破。

1. 传统互联网场景的拓展和延伸。旅游出行板块是保险公司最早介入的互联网场景之一，2015 年各家保险公司积极迎合互联网业态和人们的生活方式，结合消费者生活消费场景需求，深耕细作产品和服务，为消费者提供出行、旅游保障的整体解决方案。其中，华泰、众安、人保、平安、太保、永诚、阳光等公司最为典型，合作渠道涵盖携程、艺龙、去哪儿、同程、途牛、芒果网等在线旅行网站和春秋航空、首都航空、祥鹏航空、吉祥航空等航空公司平台。合作场景也从原来的航空领域延展到机票预订、酒店预订、车辆预订、旅行预订等，催生出更多的保险与互联网结合产品。

从退货运费险开始，网络购物板块也一直是保险公司重点关注的互联网生态。随着保险公司与各大知名电商平台深度合作，针对电商平台交易中出现的难点、痛点，保险公司量身打造出一批符合互联网特色的保险产品，推出的大众服务产品包括退货运费险、跨境交易损失险、个人账户资金保险等众多创新产品，服务平台包括阿里电商生态圈、京东、1 号店等。

2. 新型互联网保险场景的开发和突破。除了相对比较传统的互联网场景，各大保险公司也都在积极研究一些创新的互联网生态和客户“痛点”。例如，自 2014 年底开始，随着“天天用车”、“爱拼车”、“滴答拼车”等搭车平台的萌芽发展，搭车出行不仅成为可能，而且市场需求越来越大，拼车出行正在大中城市成为热门，可是拼车时遇到的意外事故、物品丢失以及因乘客造成的第三方损失等风险也在凸显。在这种背景下，不少公司推出了基于该场景的创新产品，如安盛天平联合国内知名 App“天天用车”推出“搭车险”，乘客只需要在“天天用车”App 下单，即可获得保障，享受到真正的出行无忧。

“搭车险”的推出不仅规范了搭车市场的秩序，还通过保险转嫁了车主与乘客之间的纠纷风险，提升了客户的乘车体验，也让车主更为安心，让搭车出行无后顾之忧，体现了保险承担社会责任的属性。因此，“搭车险”刚刚上市不久，就获得了市场、车主与乘客的热烈欢迎。“搭车险”因能紧跟市场热点，捕捉互联网时代客户的保险需求，在中国保险报、中保网、新浪财经共同主办的“2015 年度保险产品”评选中荣获“2015 年度最佳意外保险产品”称号。

2015 年，永诚保险关注到国内涌现出的关爱儿童的互联网平台——贝聊。该平台以解决幼儿园与儿童家庭沟通难题为切入点，推出老师端和家长端 App，核心为幼儿园和家长解决家校沟通、幼儿园管理、安全接送、安全守护、家园共育、育儿交流等方面的需求和难点。

贝聊 2015 年联合网易、高德地图、儿童安全基金等知名互联网企业共同发起“小黄鸡守护计划”——中国互联网版的“AMBER Alert”平台。该平台利用移动社交媒体的资源和技术，重点为超过 8 000 所幼儿园、150 万户家庭提供儿童安全守护支持，每当确认发生儿童绑架案件时，平台就会利用移动社交媒体技术，让更多民众第一时间获知消息，甚至提供破案线索。永诚保险也根据这个特定的场景定制设计了一款儿童走失保险，用于补贴孩子丢失后亲朋好友为寻找所支出的巨大费用。

2015 年，场景化的保险产品创新趋势正在进一步蔓延，各家保险公司都在电商、O2O、农业、出行和旅游等领域尝试各类“保险 + 行业场景”的解决方案。

四、服务创新

近年，移动互联网的快速发展改变了保险行业的服务方式，各家保险公司基于“以客户为中心”的核心基础，借助互联网平台搭建客户与保险公司间沟通的桥梁，整合保险服务产业链，在报价、投保、查勘、理赔各环节提供极简体验给客户，采取多种创新举措持续提升客户服务水准，为客户带来多样便捷的服务，大大提升了服务效率和客户体验。

（一）利用互联网思维打通保险服务产业链

在互联网大时代下，客户进行网上消费时，“方便”、“快捷”、“可视化”

等成为服务体验的关键词。因此，各保险公司在发展互联网保险过程中，积极融入互联网思维，各保险公司致力于向车主提供全流程的服务体验，客户可以在保险公司官网或移动端实现自助投保理赔等服务。

为更好地关联车主从车保险到车服务再到车生活等多个方面，平安产险推出好车主 App－3.0 版，致力于解决用户在投保、理赔、服务等方面的多项不便。在车保险方面，车主使用好车主 App 可在几分钟内完成在线自助投保，已投保客户甚至可实现一键续保；车服务方面，好车主平台已聚合 2.5 万家核心合作 4S 店及修理厂，覆盖所有一二线城市和 80% 以上的乡镇，未来可支持车主实时咨询各种用车问题并找到最优解决方案，违章查询模块则已支持 280 多个城市，最快可实现 24 小时内完成违章代办；车生活方面，好车主 App 还创新推出“平安行”功能，结合传统的车辆参数，通过记录行驶里程和驾驶行为对客户行为特征进行精准评估，最终实现一人一车一价的 UBI 产品落地，并鼓励车主养成良好的驾驶习惯。

人保财险也正在积极推进车保险端的电子化建设，包括电子保单、电子发票及电子支付等内容。首先是完成电子保单功能，该电子保单可以在互联网端直接发送给客户，让客户更迅速、更便捷地接受保单，同时也可以有效地节约公司运营成本，提高公司总体竞争力；其次是完成电子发票功能，进一步推进公司电子化投保流程的简约化；最后是完成多渠道电子支付功能，用户在电话、网络、移动端各种渠道投保完成后可任意选择自身最方便的支付渠道及方式，在官网和移动端均实现微信支付和支付宝支付，有效提升客户体验，提高客户转化率。

太保产险基于“以客户需求为导向”的战略实施，重点进行车服务端的建设，构建“云端管理 移动互联 过程透明 资源共享”的救援服务管理新模式，完成“E 救援—车主服务平台”建设。通过技术创新，客户可通过中国太保 App、太平洋产险微信、95500 电话等多种渠道申请道路救援服务，支持车主实时获取服务轨迹并追踪、评价服务质量，“E 救援”实现了车主、95500、救援平台商、落地服务人员之间全过程的移动互联和信息共享，持续改善客户体验。

（二）利用移动互联网技术提供更加方便快捷的服务

随着移动互联网的蓬勃快速发展和技术的普及，面向终端客户的移动应用不断完善，各大公司纷纷利用移动互联技术为客户提供实时实地的便捷服务，增强客户体验，提升客户黏度。

在移动应用开发方面，太保产险主动适应互联网背景下的业务发展模式变化，推进微信、App 等面向终端客户的移动应用建设，建立“一个服务号 + 一个企业号 + 微信支付”的微信新应用框架体系。公司在“太平洋产险”微信端开发多种功能，开通卡券抵扣、赠券购买等多样化的保费支付功能，实现分公司礼品在总公司平台自主配置、在线配送等功能。公司从用户体验出发，在门店、车商、交叉销售、电网销等主要渠道推广电子保单，并通过多平台数据对接共享、OCR – 证照识别等新技术的应用，实现了商车险承保全流程电子化，简化移动端车险投保步骤，优化客户使用体验。

人保财险基于移动互联网技术推出移动查勘定损系统，以手机作为移动的操作平台，为车险理赔提供短信通知、流程监控、人员定位、信息录入、照片及影音上传、案件处理等功能，通过实时移动通信网络实现对理赔工作人员定位、现场拍照、后台审核等事故现场任务处理。移动化的查勘定损系统能够实现现场赔案的一站式处理，将原有 6—7 个环节处理的业务综合在一个客户界面进行处理，有效缩短客户等待时间，提高客户服务水平。

平安产险引入国际先进的 NPS 客户服务提升管理体系，充分利用移动互联新科技，推出“小安移动智能指引”服务，打造以客户体验为中心的车险理赔服务。小安移动智能指引通过对理赔流程的重新梳理，在报案完成、查勘结束、定损完成、交单提醒和结案支付 5 个理赔节点推送“小安指引”服务短信，客户通过点击短信中的 H5 链接进入“小安指引”界面。目前指引已实现理赔进度指引、查勘员位置可视化、查勘服务点评、查询损失明细、在线交单、一键注销、查询保单信息、趣味语音催单 8 大功能。

阳光保险则以“减环节”、“减单证”为目标，为车险客户精心打造“一键赔”App，实现一对一视频、音频沟通。客户只需下载“一键赔”App，就可一键登录自助理赔专区，“一键报案”、“视频理赔”让客户即刻得知案件的定损、处理情况，帮助客户在最短时间内轻松搞定理赔。“我的案件”可将理赔进度一网打尽，实时掌握，其客户体验度及响应速度均比当下流行的微信理赔更胜一筹。客户下载使用“一键赔”，无须焦急地等待查勘员查勘现场，无须疲惫地奔赴定损中心定损，更无须跑腿递交材料，一环节、零单证，即可轻松实现理赔。

（三）基于客户核心需求提供增值服务

互联网保险的发展空间巨大，无论是“互联网+”还是“+互联网”，客户都是最核心的基础。以客户为中心了解客户需求，才能实现互联网与保险的最优融合。应基于客户切身利益需求，寻找切入点，提供高频、高附加值的服务，增加客户黏性，建立保险公司与客户间的良性循环。

2015年，太保产险推出为期两个月的人伤理赔“心”年行动，提供四项专业服务和六项关爱服务，以“暖心、放心、称心”的理赔服务提升客户体验，加强客户关怀。四项专业服务：一是快速赔付，轻微损伤的，在事故现场或第一时间协商调解，快速核损赔付；二是免鉴赔付，伤情明确的，在保证公平公正前提下，通过协议定残方式确定伤残等级，并支付伤残赔偿金；三是打包赔付，针对尚在治疗的，且责任和损失明确，在客户和伤者自愿前提下，通过一次性协议，对人伤损失进行赔付；四是协议赔付，治疗结束的，在公平、公正前提下，帮助客户和伤者共同协商调解，争取三方共赢。六项关爱服务：一是专业咨询，为客户和伤者安排专业人员一对一全程提供咨询服务；二是探视慰问，安排专人至医院或家里慰问并送上关爱；三是上门服务，安排专人上门开展调解、收单等服务；四是免费接送，安排专车接送参与调解、鉴定、理赔等服务；五是优先审核，优先审核人伤等损失，优先理算赔付；六是即时划款，在损失优先审核通过后，即时划款。

国寿财协同电商公司与蚂蚁金服合作开展春节关怀营销活动，以“春节”

为切入点，开发“春节合家欢”、“返乡保障”、“出行保障”三款与春节场景密切结合的责任险和意外险组合产品，并在广东、贵州等摩托车返乡大军主要途经地设立统一服务站点，提供返乡保障、摩托车救援等服务，为摩托车返乡骑行大军提供热水热饭、充电休息等关爱服务。

此外，美亚财产保险公司（以下简称美亚）认为过度的互联网营销已经无法满足客户的需要，甚至让客户厌倦。基于目前社交媒体的崛起赋予网民更多的主动权，利用互联网技术建立完善的社交 CRM 系统，通过系统化的方式对用户进行招募、激活与管理，使用户从智能化的体验中提高对美亚保险的品牌黏性。同时从消费者的角度出发，优化内部流程，直接积极地响应消费者售前或售后的体验需求，把服务从线下搬到线上，根据用户不同阶段需求提供个性化的内容服务，激发用户自我展示与互动。

在对细分人群的保障需求方面，众安在线 2015 年底推出“怕怕”移动 App，主要针对公众尤其是女性群体在独自出行过程中对人身安全的保障需求，针对打车、约见陌生人、走夜路、夜跑等场景。其功能主要包括：（1）GPS 位置共享，能让家人或朋友实时同步用户的出行动态，并可以用微信、短信或 QQ 发送个人的实时位置给家人；（2）一键报警，预设报警内容、精准位置等信息，在危急情况下能实现一键微信、短信报警；（3）7×24 小时监护，配备 24 小时应急客服处理团队，对发出求助用户的录音进行分析并做出协助报警等快速反应。

第三节
中国互联网财产保险行业面临的问题和挑战

互联网保险的发展，其核心驱动力是以客户为中心，实现交易成本的降低和交易效率的提高，进而为客户创造更大的价值，为客户带来最好的体验。

互联网保险作为行业战略发展领域，不仅为传统保险公司转型发展带来机遇，也吸引了众多互联网企业和跨界行业，随着跨界主体的增多，互联网保险市场竞争加剧。2015 年开展互联网保险业务的财产保险公司达到 49 家，在财产险行业主体中的占比为 67%，较 2014 年末增加了 16 家，占比提升了 16 个百分点①。互联网保险参与主体增多，除传统保险公司外，互联网保险的兴起促使保险公司从经营保险向经营客户转变，为保险业的发展带来新的机遇，也为保险业带来风险和挑战。

一、互联网保险服务线上线下融合度不够

（一）前端销售环节线上化有待提高

目前，绝大多数标准化程度较高的险种，已经可以实现包括产品信息浏览、咨询比价、提交保单等全流程的线上化操作。电子签名、电子回执、电子发票等技术手段的发明已经使得电子保单替代纸质保单成为可能。但是，“三电”技术在全社会、全行业运用及推广尚处于初级阶段，距离电子保单全面替代纸质保单、保险销售环节“完全”电子商务化，还有优化和完善的空间。

（二）后端核保理赔线上化程度不足

保险公司在线核保、在线核赔技术尚不成熟。绝大多数保险公司的在线核保仅局限在部分特定的保险产品范围内，例如标准化程度高的航延险、退货运费险等创新性产品领域。随着互联网保险的深入发展，保险公司也在不断尝试车险理赔的线上化服务创新，例如移动端的远程定损系统的运用，通过手机拍摄出险现场图片，与保险公司定损平台系统对接，从而实现快速自动理赔，免去线下查勘定损的等待时间。但是，现阶段的线上理赔、远程定损技术并未全面铺开，大部分车险报案理赔方式还是基于线下。

① 资料来源：中国保险行业协会。

二、互联网保险创新发展能力面临挑战

伴随着互联网保险的快速发展，如何深度挖掘保险客户的个性化需求、如何满足保险客户在互联网经济下激发出的新需求、如何更有效地利用互联网特点服务客户，对保险企业的产品创新研发能力提出了新的挑战，对新技术的应用提出了更高的要求。

（一）产品创新能力有待提升

1. 以客户为导向的产品创新力度不足。互联网客户保险需求的个性化特点，对保险企业的产品创新研发能力提出了挑战。从目前状况看，大量互联网保险都是传统产品线上化的结果，真正的由客户风险需求催生的创新产品并不多，份额占比也较低。从产品场景化创新看，一是产品同质化严重，如旅游场景的产品创新，主要与 OTA 网站合作，提供航意险、航延险、酒店预定取消类等同质化保险产品，消费者在不同的 OTA 类网站上获得的保险产品类似，不能较好地满足客户个性化需求；二是互联网保险产品保障范围尚未实现无缝式交易场景嵌入；三是保障人群尚未将保险保障从个人延展至中小微企业。从对互联网经济活动的衍生风险保障需求来看，目前行业对衍生保险需求的保障较为集中，主要覆盖了账户资金安全、理财平台信用保证、电商平台消费保障等需求，如个人账户资金安全险、互联网平台保证保险、退货运费险等，尚未全面涵盖互联网经济活动领域衍生出的各类新兴风险保障需求，例如针对快车或专车的业务运营过程风险保障需求。

2. 噱头型保险产品偏离了保险本质。在互联网保险产品百花齐放的同时，部分保险主体为吸引眼球和片面追求规模而盲目创新，混淆了创新边界，如“跌停险”、“贴条险”等产品，并未体现出保险对客观风险导致损失的补偿功能。噱头型产品过多，对于产品创新无实质帮助，只有回归保障本质，进一步挖掘潜在保险需求，才是互联网保险产品创新的可持续发展之路。

3. 大数据应用对现有产品定价提出了更高要求。由于大数据、云计算等技术的运用，互联网交易行为逐步变得可记录、可分析、可预测，数据信息将变得更加丰富，这将改变保险产品的定价方式。对财产险而言，其定价的假设主要是事故发生率。该事故发生率在传统保险业中呈现单一化和同一化特征，年龄和性别是主要维度。虽然保险业内已经积累了大量的历史经验性定价数据，但是对实时数据和可供预测判断数据的获取有限。互联网保险面临的难题在于如何获取与人们生活、工作、娱乐相关的数据，并对数据进行适当的处理和应用。对于保险公司而言，数据获取存在瓶颈。在数据获取方面，保险公司和电商平台合作的过程中，既希望共享数据，又由于商业秘密、信息安全等原因，致使数据的共享较少，无法及时有效地利用数据从而帮助产品更精准定价。

（二） 新兴技术创新应用不足

1. 基础投入不够。随着互联网的高速发展，数据量呈指数级增长，这就对数据的存储能力提出了更高的要求。鉴于这种快速增长和当前的成本限制，应如何选择在可扩展性和存储速度上最具成本效益的硬件成为保险公司面临的一项挑战。保险公司需要寻找能够提升存储性且能控制成本的硬件满足其不断增长的存储需求。云计算平台也是保险公司的选择之一，云端储存容量大、成本相对低，然而这种将数据存储在防火墙之外带来的信息安全风险是保险公司需要考虑的问题。此外，信息技术的快速发展要求行业加快构建面向大规模实时数据处理的保险基础设施。目前，基础建设投入不够导致信息处理的效率明显落后于已有数据量和不断产生的新数据。

2. 处理大数据的能力相对薄弱。处理大数据的能力是保险公司面临的另一大挑战，处理数据能力的提高除了需要基础设施的大量投入外，还面临专业人才匮乏、新技术应用能力不足等短板因素。当前传统保险企业 IT 系统及信息处理机制普遍面临市场动态快速响应、技术创新日新月异的直接挑战，无法应对日趋严峻的信息处理要求。目前的数据处理能力无法响应市场的快速发展，这就需要保险公司开发提升性能和有效控制成本的硬件，来满足不断增长的数据量。

三、第三方合作业务模式面临挑战

近年来，第三方合作类保险业务异军突起，保费增速达 129.2%，份额由 2014 年的 5.47% 猛增至 2015 年的 8.26%①，成为互联网保险发展的重要形态之一，其潜在的原因在于保险的低频、风险需求场景化特性，与互联网公司的巨大流量、入口和场景特征的天然结合催生出巨大的市场空间。第三方合作类业务的发展是跨界的竞争和融合，也是保险业在新的市场环境下要面临的新课题。

（一）保险公司的议价能力下降

第三方电商平台具有流量大、黏性强等天然优势，能够为保险公司发展互联网业务提供客户资源、交易场景、优质体验等必要条件。但是，第三方平台的寡占型结构和保险公司之间的激烈竞争导致保险公司的议价能力大大减弱。

（二）客户信息真实性亟待提升

互联网信息碎片化、交易场景虚拟的特点导致部分客户信息存在失真情况，为保险公司开展后续承保、理赔、投诉、续保等系列服务增加了难度，影响客户体验和保险公司的后端服务保障能力。

（三）信息风险管理难度加大

开放性是互联网的最大特点，大量的客户个人信息和数据存储于第三方平台，客户信息外泄风险不断增加。为此，在大力推动互联网保险发展的同时，需高度重视互联网保险信息安全工作，采取必要的安全措施，保障数据和支付安全。

---

① 资料来源：中保协发布的《互联网和电话销售财产保险月览》。

（四） 资本涌入加剧行业竞争

目前，互联网保险创业公司已经超过 100 家①，国内除众安保险、安心、易安接连拿到互联网保险牌照外，百度、京东、乐视等巨头纷纷布局互联网保险，泰康人寿、银之杰、奥马电器、银江股份等各类机构也纷纷进驻互联网保险行业。在大量资本进入保险业之时，正确引导有利于保险业抓住时机做大做强，更好服务经济社会；反之，则可能破坏来之不易的相对健康的市场竞争格局。

四、互联网保险风险保障功能仍显不足

（一） 互联网保险深度亟待加强

2015 年 6 月 24 日，李克强总理主持召开国务院常务会议，部署推进“互联网 +”行动，促进形成经济发展新动能。会议指出，推动互联网与各行业深度融合，对促进大众创业、万众创新和加快形成经济发展新动能意义重大。根据商务部的数据，2015 年全国电子商务交易总额达 18 万亿元②，位居世界第一，对于国内生产总值贡献度达 26.6%，从网络交易额规模看，中国已发展成为世界第一大网络零售市场。与之相比较，虽然近年来互联网保险持续保持较快的年复合增速，但截至目前中国互联网保险市场份额仍较低。2015 年，全国保险业实现保费收入 2.43③ 万亿元，其中互联网保险保费收入 2 233.96 亿元，互联网保险整体渗透率仅为 9.19%；在互联网保险业务中，财产险保费收入 768.36 亿元，渗透率④仅为 3.16%。2014 年，国务院发布保险“新国十条”，将 2020 年保险行业发展目标设定为保险深度达到 5%，保险密度达到

---

① 资料来源：曲速资本发布的《2016 互联网保险行业研究报告》。

② 资料来源：中华人民共和国中央人民政府门户网站。

③ 资料来源：全国保险业数据及互联网保险数据分别来自中国保监会、中保协公布的数据。

④ 计算方法：互联网财产险保费/全国保险业保费。

3 500 元人民币/人。2015 年，全国保险密度①为 1 766.49 元/人，保险深度②为 3.59%，而世界平均保险深度为 6.5%，美国和日本分别为 7.5% 和 11.1%③，中国保险行业整体发展水平与世界平均水平存在明显差距，距离国家设定的行业发展目标仍有提升空间。由于国内各地区的保险行业发展水平极不均衡，对于远低于全国平均水平的中西部省份，更具普惠性质的互联网保险拥有极大的发展空间。

（二）风险管理能力有待提升

保险的另一个重要社会价值体现在社会风险管理方面发挥的关键作用，而基于电子商务交易衍生出的新兴风险保障需求仍在挖掘之中。保险对于互联网新兴风险的覆盖程度仍不足，传统保险公司的互联网产品创新能力有待加强。现阶段，复制升级原有人寿险、财产险产品仍是传统保险企业产品发展主流，产品同质化问题从线下转移至线上，部分企业如人保、平安、泰康、太平洋等保险公司有针对性地对特定领域进行产品创新升级，个性化定制，但总体来看，行业产品创新动力不足，服务于互联网经济生态的风险管理能力还有较大的提升空间。

（三）普惠程度有待提升

普惠金融就是能够有效、全方位地为社会所有阶层和群体提供服务的金融体系，主要任务是让处于传统金融体系之外的群体及小微企业能及时有效地获取价格合理、便捷安全的金融服务。互联网保险凭借小额、海量、高频、碎片化的特征，让碎片化的需求聚集在一起，使更多长尾市场能被保险服务所覆盖，用较低的成本服务于传统金融服务不到的领域，同时也提升了保险的

---

① 计算方法：互联网人身险保费/全国保险业保费。

② 保险深度是指保费收入占国内生产总值（GDP）的比例，它反映一个国家的保险业在整个国民经济中的地位。

③ 保险深度和密度相关数据信息摘自于中国保险报中保网。

透明度和便捷性，有利于普惠金融的发展。欠发达地区受到经济发展水平欠缺、资源投入有限、居民对互联网接受程度低等外在客观因素的制约，存在金融服务提供者少、服务覆盖面窄、风险保障弱、成本高、服务效率低、信用体系不健全等短板，普惠金融发展深度不足。互联网保险作为社会经济保障制度的重要组成部分，为推动保障欠发达地区的金融发展做出了大量尝试。例如，针对我国中小企业众多、抗风险能力薄弱、缺乏保障等特点推出的“创业保”，以及针对我国大众创业环境下小微金融信贷需求未能有效满足的实际研发的相关产品等。但总体看，互联网保险服务于欠发达地区普惠金融发展方面仍有巨大的潜力可挖，有望做出更大的贡献。

第四节
中国互联网财产保险趋势展望

面对互联网行业日新月异的发展，保险特别是财产险作为金融业分支，一直在寻求突破和创新。现阶段，我国的互联网保险正处于一个历史性发展机遇期，这在行业内部早已达成共识。在制度设计层面，国家于 2015 年发布了一系列重要政策制度，为互联网财产险发展指明了方向，培育了良好的市场环境基础；在行业内部，各家财产保险公司基于对市场走向的研判，结合自身优势，纷纷找寻适合自身发展的互联网保险之路。尽管互联网财产险目前还存在着一些问题，但通过积极洞见客户需求、设计创新产品，发展业务模式、加大投资大数据等方式，未来中国互联网财产险的前景必将是光明、乐观的。

一、“互联网 +”战略带来行业发展新机遇

（一）行业发展前景广阔

从发展前景和潜力方面来看，未来财产保险公司将在“互联网 +”的大背景下，通过持续创新完成自我革新。现阶段，互联网财产险发展速度相对滞

后于交通、购物等日常互联网应用领域，尚不能充分满足互联网经济下催生的保险需求。财产保险公司要持续保持客户需求敏感性，借助互联网渠道的成本优势，不断满足高频、小额和场景化的保险需求，为客户提供新鲜、有趣、灵活的保险服务，加速互联网财产险业务发展，提升我国保险深度和保险密度，充分发挥财产险的社会管理功能。

在经营及组织管理方面，互联网财产险在经历过渠道创新、需求创新阶段后，将迈入技术与机制、组织与结构的创新阶段。未来，互联网思维及新技术应用将逐步革新保险机制，重新定义保险行业。在这个过程中，财产保险公司将进一步优化组织架构，学习互联网公司灵活的机构设置；重视线上虚拟性业务对传统保险风险控制理论与实务形成的挑战；统一经营思想，始终坚持以客户为中心的经营理念，科学运用渠道分销机制，化解转型期的渠道经营冲突；借助大数据、O2O 等互联网技术，构建全新的投保与服务生态，普及保险意识、扩大保险市场。

在完善制度建设方面，财产保险产品互联网知识产权保护制度建设将进一步鼓励行业自主创新，提升财产险的整体发展水平。现阶段，财产保险公司在推出全新的互联网财产保险产品过程中，往往需要经历长期的数据挖掘过程，投入较大的 IT 开发成本，承担由于产品历史数据及经营经验缺乏所带来的系统性风险。产品推向市场后，创新公司面临的结果往往是产品同质化与同业的无序竞争，长此以往将会抑制保险机构的“首创”热情，对整个互联网保险的发展带来不利影响。挑战同时带来机遇，通过逐步展开保险新产品知识产权保护制度的设计必将激发财产保险公司创新的积极性，进一步推动互联网财产险深入发展。

（二）跨界融合构建行业新生态

参与互联网保险的经营主体更加多元化。自 2013 年 11 月首家专业互联网保险公司众安财险开业以来，易安财产保险公司、泰康在线财产保险股份有限公司、安心保险依次获批成立，国内专业互联网财产保险公司数量增至 4 家。

与此同时，一大批非保险企业参与发起互联网保险公司，百度、高瓴资本、安联保险三方联合成立了百安保险；乐视网等 8 家发起设立新沃财险；以泛海控股为代表的资本性企业、誉衡药业为代表的高新技术企业也计划分别参与筹建互联网人寿保险公司及互联网财产保险公司。此类新兴互联网保险机构倾向于深耕互联网保险生态，依托平台、场景、大数据技术对互联网保险产品、渠道、定价等环节进行变革，深挖互联网保险细分市场，通过精细化、差异化定位，多方位、多角度切分保险市场“蛋糕”，找准传统保险市场服务“痛点”、抢占市场，并依托股东资源往传统线下保险领域延伸，冲击传统保险企业。面对非保险企业对保险市场的积极进取，传统保险机构将会积极应对，进一步重视互联网金融战略，通过争取全金融牌照、加强对外合作、加强技术创新等多种方式推进互联网保险深入发展。

传统保险机构与第三方平台在经历渠道合作之后，未来合作模式将携带更多互联网原生基因，逐渐从渠道合作转为数据合作，双方融合程度进一步提高。同时，面对混业经营的行业趋势和综合金融机构的协同效应优势，保险行业将布局财富管理，进一步激发保险行业与互联网行业之间竞争融合，行业竞争主体多元化、市场化程度进一步提高，公司间交叉持股、多方参与的竞争趋势进一步加强。

太平洋产险已经做出了积极尝试。2016 年 6 月 7 日，太平洋产险与百度签署战略合作协议，共同发起设立新的互联网保险公司。百度是全球最大的互联网入口之一，拥有超过 6 亿移动用户和 14 款用户过亿的移动 App，其中百度地图作为一款车主用户过亿的产品，具备全方位提供汽车后市场服务的能力。百度拥有大数据处理能力和世界最大的深度神经网络，基于人工智能的多款车联网产品也将为车险产品的个性化带来更多创新洞察。此次强强合作主要立足于车险领域，与市场主要竞争对手形成了差异化竞争，未来发展方向是通过科技与传统车险业务的有机融合，为新一代数字化、年轻化消费群体提供更多元化的产品选择、更便捷的交互界面以及更佳的保险服务体验。

（三）征信市场化开拓行业新蓝海

2015 年被称为“中国个人征信市场化”元年，一大批行业发展规划及监管条例发布，个人征信行业发展顶层设计逐步明确，我国个人征信行业市场化发展完成关键布局，对建立健全社会征信体系、规范发展征信市场、服务实体经济具有重大意义。以芝麻信用、腾讯征信为代表的互联网信用企业入选央行征信机构，更在社会群体中引起了广泛关注。与国外成熟的个人征信行业市场不同，我国个人征信行业发展布局和在经济运行中的地位呈现出鲜明的本土化特征，互联网金融的蓬勃发展，无论从融入传统金融信贷行业的深度，还是从消费群体涉及的广度来说，都在倒逼个人征信行业市场化发展，扩大征信数据外延，拓展新兴行业市场应用场景。在多元化、场景化采集征信数据应用方面，平安产险已经率先试水，通过成立专业的大数据研究团队，在引进国外先进经验的基础上，由简单的人、车、环境因子拓展到个人信用及线上行为因子，其差异化定价因子应用促使风险和定价更匹配，从而更多地让利给低风险优质客户。

作为融资增信“利器”，信用保证保险虽然在发达国家早已成为与人寿险、财产险并驾齐驱的三大核心业务之一，但是在我国却仍处于探索阶段，主要发展困扰就在于国内征信市场发展不完善。借助个人征信行业的突破性进展，保险行业可以极大推动财产保险公司信用保证保险业务发展。比如，在互联网个人消费信贷方面，融资平台可以通过个人征信体系及个人信用保证保险的介入，形成“个人征信 + 互联网金融 + 互联网保险”商业模式闭环，解决个人消费信贷模式中的风险转移问题，降低坏账风险，促进融资平台扩大业务规模和业务种类。

此外，针对互联网金融服务模式下产生的新型信用风险、交易风险和资产风险，保险机构可积极参与互联网征信体系建设，将自身保险数据纳入个人征信体系，为评价标准、评价体系提供数据反馈，推动个人征信机构模型校正，形成良好的正反馈机制。

二、保险风险保障功能更加凸显

（一）商车改革推动车险产品回归本原

2015 年，《互联网保险业务监管暂行办法》实施，不符合规定的噱头类保险产品逐步得到规范，保险各主体充分挖掘潜在保险需求，从社会保障本质和客户损失补偿功能出发，搭建互联网生态，创新各类场景化、碎片化的高频交互产品，航延险、退货运费险等非车类产品发展迅速。根据中保协统计数据，非车类保险产品 2015 年的保费收入 52.28 亿元，保费增速 146.6%①（2014 年非车保费收入 21.20 亿元）。

2015 年商业车险改革综合条款上线，车险产品增速回落明显，根据中保协统计数据，车险产品 2015 年的保费收入 716.08 亿元，保费增速 47.8%。较 2014 年 92.7% 的增长，2015 年互联网保费增长②下滑 44.9 个百分点，远超过 2015 年整体车险业务 4.46 个③百分点的下滑水平（2014 年车险保费收入 484.57 亿元、2013 年车险保费收入 251.42 亿元）。

2015 年，整个车险业务的保费增速下滑并不明显，但是互联网车险保费增速明显滑落。商车改革实施以来，传统车险业务互联网营销模式的线上化的价格优势逐步削弱，同时客户对黏性活动和附加服务线下场景的交互需求在持续上升，2015 年互联网车险业务出现业务回流传统渠道情况，导致互联网车险保费增速出现明显下滑。但是，我们也看到，2015 年互联网车险保费同比增长了 47.8%，互联网车险业务的保费收入呈上升趋势。随着保险各主体互联网车险业务在商业模式、技术应用等多方面创新研究的展开，建立与客户互动的、增加黏性的活动将助推互联网车险业务的发展。

---

① 保费增速计算公式 =（2015 年的保费收入 - 2014 年的保费收入）/2014 年的保费收入 ×100%。

② 保费增长 =（2014 年的保费收入 - 2013 年的保费收入）/2013 年的保费收入 ×100%。

③ 根据中国保监网站发布的 2013 年至 2015 年的车险保费收入计算而得。

（二）线上线下深度融合催生保险新模式

互联网信息内容丰富与获取便利等特点使得传统保险营销中保险机构与客户间的信息鸿沟消失，客户通过点击鼠标即可比较价格、服务和体验，迫使保险机构在产品个性化、服务体验等方面不断优化，洞见需求，满足需求，以抢得市场先机。

互联网 O2O 服务模式主要通过线上推广带动线下交易，客户可以在网上查找信息、对比服务和价格，线上下订单并付款，在线下消费产品或服务，体验度得到提升，线上、线下消费和服务更好地融合在一起。在 O2O 服务模式中，线上和线下不是相互孤立的，而是相互融合的，线上线下需要维持一种互相支撑、良性循环的经营模式。线上影响力是一种无形资产，具备线上影响力的网站可以发挥品牌、流量等方面的优势策划举办线下活动。成功的线下活动可以进一步提升品牌知名度、加强与用户的联系，同时带来可观的经济效益。

随着“互联网 +”全面拥抱国民日常生活，大量 O2O 服务集中于生活服务领域，用户在此场景下对安全、质量、隐私、时间的诉求本身就蕴含着潜在的保险需求，因此，此类服务使用频次高、保单需求量大，形成了广阔的保险发展空间。互联网 O2O 服务类保险发展需要洞见各种互联网应用场景，为特定人群定制个性化产品，通过开辟专属投保通道、提供更优的产品价格、在线下提供针对性增值服务等方式，建立线上线下一体化的营销服务模式，形成互联网保险营销闭环。

在 O2O 创新应用方面，太保产险 2015 年完成了对“码上保”业务的迭代升级，通过配套研发适应“码上保”渠道特点的新产品，如“手机碎屏保障服务责任险”、“儿童预防接种意外险”、“学生幼儿意外伤害综合保险”等，综合运用二维码、移动支付、电子保单等创新技术工具，在线下特殊场景下客户扫描定制的二维码，实现了“即扫即保、无须下载 App、无须绑定微信、实时生效和生成电子保单”，打造简单易操作的展业工具，完成在移动互联网方面的渠道创新。

（三）场景化保障功能不断加强

传统的保险产品偏向“高大全”，保障范围较为全面，相对价格较高。互联网保险产品设计应该细分目标客户群、贴合实际需求、突出保障重点、保费相对低廉，以具备可保利益、符合大数法则为前提，避免与保险原理相悖。面对互联网经济生活催生的多样化保险需求，在互联网产品创新方面，保险行业已经做出了积极探索。目前，行业内对互联网保险创新方向理解各异，有偏重保障本质的类型，如旅行险、家财险、健康险等传统险种的线上销售，也有针对互联网生态专门研发设计产品，如资金账户安全、保证金交易保证、履约保证、信用保险等险种。市场越来越热，设计花样越来越多，市场上也出现了众多打着“互联网＋”的旗号，以博眼球、博出位为目的设计的保险，比如贴条险、跌停险等“产品”，这些“产品”已经完全偏离了保险原理。行业内外对此类现象有众多负面反应，中国保监会也叫停了多个创新噱头产品，这就给互联网产品创新提出了更高的要求。

未来，通过应用互联网技术与工具，发掘与消费者日常生活息息相关的食、住、行、游、购、娱类保险产品，让消费者参与到产品设计和研发环节，才是开发产品的创新之本。随着互联网的不断普及，在产品、需求、客群等方面均出现了新的“线上场景”，应运而生的场景保险很大程度上伴随着互联网市场‘短平快’的需求，其最大优势在于以极低的成本满足海量用户的碎片化需求。场景保险需要在用户日常生活的具体场景中找到刚需，辅以产品定制，从而聚合细小的碎片化需求，激活潜力无限的需求长尾。

聚焦移动互联网产品设计，主要考虑三方面因素：时间、地点和人物。时间因素指的是要考虑用户在什么时候会使用该产品；地点因素指的是考虑用户在什么地点会使用该产品；人物因素指的是考虑使用该产品的人群会有怎样的特征。时间与地点是移动互联网区别于传统互联网要额外特殊考虑的产品设计因素，将直接决定产品的成败。时间、地点、人物这三方面的综合考虑意味着移动互联网产品的设计要场景化。一款好的移动互联网产品必须能够做到在恰当的时间、恰当的地点将恰当的信息推送给需要的用户，这是未来移动互联网产品设计和发展的关键。

三、新技术引领互联网保险新浪潮

（一）大数据技术在保险各环节全面应用

在深耕互联网保险的进程中，大数据应用已经广泛渗透到保险行业的方方面面。通过对互联网海量客户的数据分析，大数据可以有针对性地对产品开发、定价、承保、营销、服务等诸多方面给予有力的决策支持，从而提升销售转换率。得益于大数据融合所带来的红利，数据源和数据分析能力未来将成为保险公司的核心竞争力。传统保险公司的服务大多体现于出险后的理赔，通过灵活运用大数据，保险公司完全可以由被动理赔转为主动控制风险。

首先，大数据应用下的保险精算体系将促进产品定价的高效与精准，提升保险机构反欺诈能力。通过大数据应用，保险机构在新产品开发之初即可预估市场容量、客户需求等关键要素，减少产品与市场的衔接时滞，从而降低“试错成本”，提高保险公司对市场及客户的响应速度，解决产品开发周期与市场需求之间的矛盾。同时，随着大数据技术的发展，保险公司对个性化数据的获取成为可能，大量的数据支撑将为不同风险等级的客群设定不同的费率，在产品设计之初即实现个性化、定制化定价，使得保险产品精细化成为可能。同时，大数据应用可以实现风险状况的动态监控，从而指导定价调整。

其次，强化行业大数据基础建设，保险机构将通过建立风险控制模型实现精准防灾防损，在风险控制与客户服务间取得平衡，有利于实现市场监管规范化。2014 年初，中国保险信息技术管理有限责任公司正式成立，标志着监管机构开始布局行业统一数据平台。统一数据平台的建立以及监管政策的日趋完善将有效保障互联网保险实现规范化长远发展。

未来，大数据应用将逐步从经营层面向更深层次渗透。互联网保险的发展已经对传统精算的逻辑、方法和工具运用等多方面提出了巨大挑战。对保险机构来说，精算能力与大数据应用能力同样重要并且密切相关。例如，历史数据缺乏时，精算师应考虑如何做初始定价并采用测试来不断增加样本数据，采用缺乏明显因果特征关系的变量作为定价因子，可能产生诸多问题。精算师要像互联网保险产品经理一样深入商业模式、业务场景和用户需求探索工作思路，同时也要对互联网领域的新技能加强了解，如规则引擎、机器学习、大数据处理与云计算方法等。值得注意的是，数据安全性、客户隐私信息保护等也是需要深入考虑的问题，在利用大数据开展互联网保险业务的过程中，应加强安全技术研究，处理好数据公开与客户信息安全的关系。

（二）物联网技术推动保险服务科技化

历史上，保险行业一直致力于新科技的商业化应用，有远见的保险机构为了追求突破和效率，投资尚未成熟或有风险的技术。其中，“物联网＋保险”将推动保险服务实现“科技化”。物联网通过大量收集数据和强大的数据分析功能，为个人和企业提供前所未有的服务，国内外很多车险公司已经投资了车载传感器来分析驾驶习惯和计算保费。2016 年，AIG 投资 Human Condition Safety（HCS）创业公司，宗旨是通过物联网来识别并降低建筑行业风险，建立一个安全的工作环境。面对层出不穷的互联网新技术，财产保险公司应该审时度势，找到适合自身发展的技术项目并努力将其优势转化为客户服务能力和公司利润来源。财产保险公司需要建立以数据为中心的组织，梳理业务流程，实现信息和数据的电子化，建立合适的系统架构来支持数据分析；重视人才招聘和培育，吸引更多有相关经验的高素质人才；重新思考公司组织架构，以实现数据创造价值。

（三）汽车产业技术可能颠覆传统车险模式

面对互联网浪潮，“互联网＋汽车”行业发展日新月异，其中以高级驾驶辅助系统（ADAS）和无人驾驶技术最为引人注目。经过多年发展，高级驾驶辅助系统市场增长迅速，已经从高端汽车市场进入中端市场，许多基础技术已经在入门级车型中应用。将智能驾驶系统全面植入汽车硬件的无人驾驶汽车技术是互联网趋势性发展方向之一。目前，国际上已有近 20 家企业涉足该领域，除特斯拉、奔驰、宝马、奥迪等汽车厂商外，还包括谷歌等互联网巨头；在国内，百度、北汽、广汽、上汽、长安、比亚迪等企业也纷纷跟进布局。

对于财产险行业而言，在高级驾驶辅助系统及无人驾驶技术发展初期，由于技术革新带来的驾驶风险降低，车险的出险率也随之降低，这将提高大型保险公司的承保利润。但是，伴随相关技术的成熟，车辆使用风险的大规模下降，随之而来的是车险行业相对萎缩，客户对无人驾驶系统的责任险需求增加，最终可能将汽车保险从财产保险转换成产品责任险。

（四） 区块链技术创造承保理赔新模式

对财产险行业来说，未来基于区块链技术和智能合约的新型保险模式下的财产险行业可能被全面颠覆，保险机构将通过计算机程序建立类市场平台，实现智能承保和理赔，极大降低运营成本。在承保阶段，客户可通过平台上传保险需求，同时保险公司通过平台公布保费计算方式供客户选择；在平台内部，客户可根据需求自由选择保险产品，通过支付数字化资产，获取自动执行的保险合约条款；在理赔阶段，区块链技术的不可篡改性可以确保客户获得赔款。对客户来说，此种新型保险模式不仅丰富了保险产品选择，保证了财务安全，而且从长期来看将极大降低保险费率。

（五） 人工智能技术率先在客服领域应用

人工智能自诞生以来，其理论和技术日益成熟，应用领域不断扩大。2016 年 3 月，谷歌旗下人工智能程序 Alpha Go 对战世界围棋冠军、职业九段选手李世石，以 4∶1 的总比分获胜，使得人工智能成为全民讨论热点。根据投资银行美银美林的数据，全球机器人与人工智能领域的市场规模将在 2020 年达到 1 527 亿美元，预测人工智能的应用将促使某些行业生产率提高 30%。

未来人工智能应用将极大影响保险领域，人工智能虚拟保险代理人 EVIA（Expert Virtual Insurance Agent，虚拟保险代理专家）将获得极大发展。EVIA

在获取客户拍下的车牌照片后，通过互动问答验证客户身份、车辆使用性质等基本信息，可即时根据客户个人信息、驾驶历史和要求等因子系统筛选出合适的保险产品报价信息反馈给客户。相比人类的记忆能力，EVIA 在信息存储和搜索方面具有天然优势。如果客户不理解某些保险条款，EVIA 会根据信息储备自动给出答案，对于超出 EVIA 信息储备的问题还可通过人类进行回复。虽然最后的承保步骤还是由人类来完成，但保险代理人的主要工作咨询和交流已经完全可以交给人工智能技术来完成。人工智能技术的逐步成熟将大幅度改变现有保险商业模式，可发挥在数据存储、数据处理和服务响应等方面的优势，协助开发产品，处理理赔和客户服务，极大优化客户体验。

第三章

中国互联网人身保险发展研究

2015 年是我国互联网人身保险取得跨越式发展的一年，人身保险行业积极进行产品创新、渠道创新和服务创新，形成了多样化的发展模式，推动着传统人寿险业不断转型升级。尽管在发展中还面临着许多困难和问题，但我们有理由相信，互联网人身保险一定会迎来更加灿烂的明天。本章将分析 2015 年互联网人身保险取得的经营成果，总结行业创新实践，梳理企业发展模式，研究发展对策，探究未来前景和发展趋势。

第一节 中国互联网人身保险经营形势分析

一、互联网成为行业战略渠道之一，传统寿险业加速转型

2015 年在互联网金融浪潮的推动下，人身保险公司紧紧抓住有利的市场机遇，开拓创新，锐意进取，互联网人身险业务实现了跨越式发展，普惠金融与风险保障功能进一步彰显，保险与互联网的融合度不断提升，推动着行业经营模式加速转型升级。

（一）互联网人身险业务高速增长，年度保费规模突破千亿元

2015 年，互联网人身保险业务实现跨越式发展，保费规模达到 1 465.60 亿元，较 2014 年同比增长 3.15 倍，继续延续高速增长态势；业务增速是人寿险业整体增速的 7.3 倍，名列人身保险公司各营销渠道之首（见表 3－1）。

表 3－1　　2013—2015 年互联网人身险业务规模及增速

年度	2013 年	2014 年	2015 年
互联网人身险保费规模（亿元）	54.46	353.20	1 465.60
业务增长速度（%）	455.7	548.5	314.9

资料来源：《互联网人身保险市场运行情况分析报告 2015》。

（二）互联网保险业务占比持续上升，人身保险公司加速转型升级

2015 年，开展互联网保险经营的人身保险公司增加到61 家，较2014 年同比增长17%，占人身保险公司数量（含养老保险公司）的比重也进一步提升到81.33%。互联网人身险保费规模占人身保险公司保费规模的比重增长到6.1%，对行业保费收入增长的贡献率达到15.3%，发展势头迅猛，已成长为不可或缺的战略渠道之一。同期，互联网人身保险投保客户数达到9 312.6 万户，较2014 年同比增长28.63%，在客户积累方面已经初见成效，且随着时间的推移，网络渠道客户数与传统渠道客户数差距将不断缩小（见图3－1）。

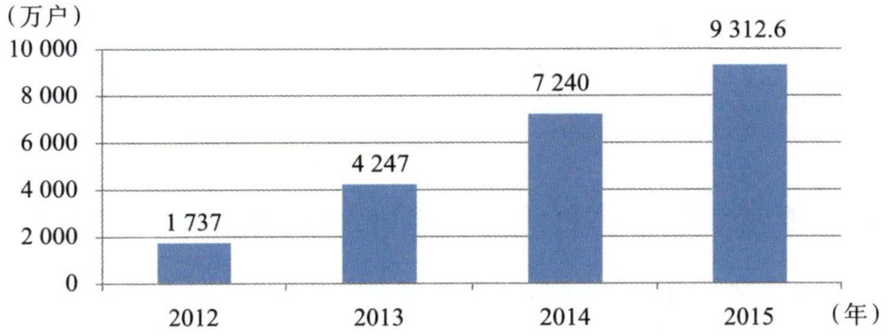

图3－1　2012—2015 年互联网人身险投保客户增长情况

资料来源：根据各人身保险公司向中国保险业协会的报送数据整理而成。

随着互联网技术的成熟和营销环境的改善，人身保险公司转型升级步伐加快，纷纷借助互联网实现从“线下”到“线上”的转移，尤其是对于中小人身保险公司而言，互联网已成为其获取业务的重要渠道，部分公司转型为互联网型保险公司。互联网保险开辟了中小人身保险公司发展的新渠道，成为中小人身保险公司突破传统渠道瓶颈制约、借助互联网实现转型，从而实现跨越式发展的一大助力。中大型公司也纷纷“触网”，加大战略布局和对传统渠道的模式再造，以抢占未来的竞争制高点（见表3－2）。

表 3-2　　2015 年互联网保费占比超过 20%的人身保险公司情况

公司	互联网保费占公司规模保费的比重（%）	互联网保费规模（亿元）	（在）互联网人身险行业占比（%）
弘康人寿	87.06	218.18	14.89
渤海人寿	55.70	18.14	1.24
工银安盛	53.37	97.69	6.67
珠江人寿	45.00	95.57	6.52
国华人寿	36.50	173.95	11.87
瑞泰人寿	29.00	10.66	0.73
建信人寿	23.84	92.85	6.34
富德生命	20.5	328.01	22.40
合计	—	1 035.05	70.66

资料来源：根据各人身保险公司向中国保险业协会的报送数据整理而成。

二、投资型保险收入占比高，保障型保险件数占据垄断地位

2015 年，互联网人身险保费规模达到 1 465.60 亿元，其中，人寿险占比为 96.6%，意外险占比为 2.7%，健康险占比为 0.7%。

从产品结构看，投资型保险（含万能险、投连险）保费规模 1 219.4 亿元，占互联网人身险总保费的 83.2%，投资型产品在互联网人身保险中独占鳌头。保障型业务（含分红险、传统人寿险、健康险、意外险等）保费收入 246.2 亿元，占比 16.8%。从投保件数看，保障型业务件数占比高达 95.9%，占据绝对垄断地位。

（一）投资型业务占互联网人身险保费八成以上，比重稳定增长

近三年来，投资型业务占互联网人身险保费的比重稳步增长，从 2013 年的 45% 提升到 2014 年的 74%，2015 年又进一步提高到 83%，2015 年比 2013 年提高 38 个百分点。人身险在互联网渠道上跨越式发展，主要得益于投资型业务的迅速增长。

在全民互联网理财的大潮中，投资型保险产品凭借着相对稳定的收益和一定的保险保障功能，得到了网民的青睐和认可。互联网用户以年轻群体为主，对投资型产品的主动需求旺盛，属于刚需产品。

（二）投连险产品崛起，万能险保费持续增长

受上半年资本市场利好及监管部门对中短续期保险产品监管政策趋严的影响，2015 年投连险保费增长迅猛，增速超过万能险，成为当年互联网保险增长的“黑马”。投连险有望成为未来市场主力产品，渠道需求与市场潜力巨大。2015 年，互联网人身险保费收入中，投连险保费收入 356.14 亿元，较 2014 年同比增长 5 倍；业务占比 24.3%，较 2014 年提高 8.2 个百分点；万能险保费收入 863.2 亿元，较 2014 年同比增长 3 倍；业务占比 58.9%，较 2014 年提高一个百分点。

从 2015 年各公司互联网渠道保费规模销售前 10 名的险种来看，除工银安盛在第三方平台销售的“财富宝三号两全保险”（分红型保险）外，其他均为投资型产品，收益率均在 5% 以上。入围的投资型产品中，共有五款为万能型，四款为投连型。其中，位居榜首的为弘康人寿推出的投连型产品“弘康在线理财计划两全保险”。与 2014 年（只有两款投连型产品入围）相比，不管是从入围产品数量，还是产品保费规模上，投连险均有显著增长（见表 3－3）。

表 3－3　2015 年互联网保险保费规模排名前 10 位的产品

公司名称	渠道	产品名称	设计类型	承保件数（万件）	规模保费（万元）	收益率（%）
弘康人寿	第三方合作	弘康在线理财计划两全保险	投连型	213.13	2 126 541.49	4—7
富德生命	第三方合作	富德生命人寿招财宝二号年金保险	万能型	19.22	805 672.60	7.77

续表

公司名称	渠道	产品名称	设计类型	承保件数（万件）	规模保费（万元）	收益率（%）
富德生命	第三方合作	富德生命 e 理财 F 款年金保险	万能型	15.59	756 109.40	7.99
阳光人寿	第三方合作	阳光人寿如意宝一号两全保险	万能型	6.15	689 736.30	5.20
工银安盛	第三方合作	工银安盛人寿财富宝三号两全保险	分红型	5.14	631 356.50	—
富德生命	第三方合作	富德生命 e 理财 G 款年金保险	万能型	11.47	619 995.90	7.70
建信人寿	第三方合作	锦绣 e 生 1 号终身寿险	投连型	2.88	598 091.80	6
光大永明	第三方合作	光大永明光明财富 2 号 B 款年金保险	投连型	37.09	578 702.86	6.3—5.6
光大永明	第三方合作	光大永明光明财富 2 号 A 款年金保险	投连型	46.66	570 705.61	5.8—5.1
珠江人寿	第三方合作	珠江富赢一号两全保险	万能型	15.28	384 939.70	6.80

资料来源：根据各人身保险公司向中国保险业协会的报送数据整理而成。

（三）普通型人寿险占比稳定，分红险占比下滑

2015 年，互联网分红险与普通人寿险保费收入为 196.4 亿元，较 2014 年同比增长 186.7%，占互联网人身保险总保费的比重为 13.4%，较 2014 年下降 6 个百分点。这种变化主要是由于资本市场的火爆，推动了投资型保险产品的销售，在很大程度上对分红险形成了替代效应；与此同时，人寿险产品费率市场化改革又在一定程度上推动了长期储蓄型等普通人寿险产品的销售。从 2015 年各保险公司互联网渠道保障型产品销售前 10 名（按保费规模排名）的产品看，普通型年金保险一枝独秀，呈现良好的发展态势（见表 3 -4）。

表 3-4 2015 年互联网保障型保险保费规模排名前 10 位的产品

公司名称	产品名称	产品类别	设计类型	承保件数（万件）	规模保费（万元）	保险期间
工银安盛	工银安盛人寿财富宝三号两全保险	人寿保险	分红型	5.14	631 356.50	长期
国华人寿	国华泰山 2 号年金保险	年金保险	普通型	11.37	282 857.31	长期
渤海人寿	渤海人寿福慧双足年金险	年金保险	普通型	11.10	181 421.50	长期
中意人寿	中意优享年金保险	年金保险	普通型	1.50	137 575.00	长期
工银安盛	工银安盛人寿财富成长两全保险	人寿保险	分红型	1.24	103 256.50	长期
国华人寿	国华泰山 1 号年金保险	年金保险	普通型	4.01	99 676.50	长期
建信人寿	金富跃年金保险	年金保险	普通型	1.10	96 914.30	长期
建信人寿	龙生福瑞 1 号两全保险	人寿保险	分红型	0.80	75 593.50	长期
工银安盛	工银安盛人寿财富成长三号两全保险	人寿保险	分红型	0.44	50 872.40	长期
阳光人寿	阳光人寿阳光吉利年金保险 B 款	年金保险	普通型	0.51	39 684.40	长期

资料来源：根据各人身保险公司向中国保险业协会的报送数据整理而成。

（四）意外险、健康险保单件数持续称王，件均保费提升

从承保件数和获客能力方面来看，保障型产品占据绝对优势，2015 年投资型产品的承保件数仅占互联网人身险承保总件数的 4.1%。主要原因是保障型产品中包括大量短期意外险和健康险，尤其是短期意外险，费率低，保费收入不高，但覆盖范围广，获客能力强。

近三年来，意外险、健康险的承保件数和保费规模均呈现大幅度增长态势，件均保费也随之提升。2015 年与 2014 年相比，意外险和健康险件均保费分别增长 29.8% 和 27.1%。

2015 年，意外险承保件数占互联网保险承保件数的 67.6%，其中，几乎 100% 为一年期及一年期以内的短期意外险，可谓“件数王中王”。意外险保费占比不高，主要原因是互联网意外险多为短期险，件均保费低，无法与投资

型产品等高件均产品抗衡（见表3－5）。

表3－5　　2015年互联网保险承保件数排名前10位的产品

公司名称	渠道	产品名称	设计类型	承保件数（万件）	规模保费（万元）	保险期间
瑞泰人寿	第三方合作	瑞泰瑞驰交通工具意外伤害保险计划	意外险	1 757.99	27 909.05	短期
阳光人寿	第三方合作	飞机乘客意外伤害保险（单程）	意外险	1 387.12	27 759.05	短期
太平养老	第三方合作	太平盛世公共交通航空意外伤害保险（201308）	意外险	1 333.43	6 490.79	短期
合众人寿	第三方合作	合众网销航空意外计划	意外险	1 331.96	37 451.26	短期
人保健康	第三方合作	意时飞友计划	意外险	1 192.07	34 248.89	短期
人保健康	第三方合作	航意险	意外险	933.56	27 659.51	短期
泰康人寿	第三方合作	e路泰康（国际）航意险（携程）	意外险	816.76	21 432.9	短期
国华人寿	第三方合作	畅行天下航空意外伤害保险	意外险	739.03	21 723.58	短期
阳光人寿	第三方合作	飞机乘客意外伤害保险（单程）B款	意外险	600.89	18 030.25	短期
中银三星	第三方合作	君龙航空旅客意外伤害保险组合计划二	意外险	290.45	8 713.46	短期

资料来源：根据各人身保险公司向中国保险业协会的报送数据整理而成。

短期意外险件数占比高，一方面，是因为短期意外险主要与居民出行和旅游相关，保险期间灵活，且价格低廉，是客户主动需求较旺盛的险种；另一方面，这类险种保费不高，但投保客户数和承保件数可观，是各家保险公司获客的主要险种。

意外险经营与日渐旺盛的旅游市场息息相关。2015年承保件数排名前10位的意外险产品，均为交通意外责任险，其中绝大部分为航空意外险。随着人们生活水平的日益提高，旅游成为重要的休闲度假方式。据统计，2015 年我国共有 41.2 亿人次国内或出境游，“互联网 + 旅游”给互联网保险带来巨大的商机和市场空间，保险公司深入挖掘旅游意外的市场需求，持续推动意外险发展。

（五）期交保费持续走高，获客黏性略高于传统渠道

2012—2015 年期间，互联网保险期交保费逐年增长迅猛，截至 2015 年底规模保费已达到 15.52 亿元，较 2014 年同比增长 727%。13 月继续率比 2014 年同期略有下降，2015 年全行业互联网保险 13 月继续率整体保持在 80%—90% 左右，略高于传统渠道平均水平（见图 3－2 和表 3－6）。

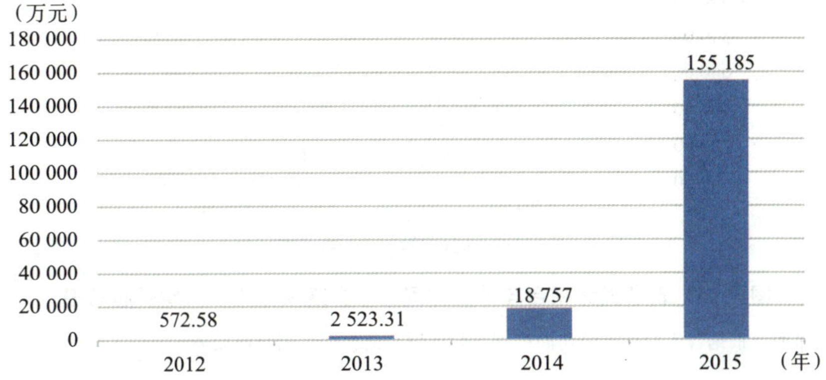

图 3－2　2012—2015 年互联网保险期交保费

资料来源：根据各人身保险公司向中国保险业协会的报送数据整理而成。

表 3－6　2015 年互联网期交保费规模及 13 月继续率排名靠前的公司

公司名称	2015 年网销渠道期交保费（万元）	2015 年网销 13 月继续率（%）
泰康人寿	102 210	93
工银安盛	35 157	90
国华人寿	3 683	87

资料来源：根据各人身保险公司向中国保险业协会的报送数据整理而成。

三、第三方平台优势放大，自营平台在摸索中前行

人身保险公司互联网保险业务主要来自两个渠道，即自营网络平台和第三方网络平台。2015 年，互联网自营网络平台实现规模保费收入 41.80 亿元；第三方网络平台实现保费收入为 1 423.80 亿元，是 2014 年的 4.24 倍，第三方网络平台业务占比从 2014 年的 95% 进一步提升到 2015 年的 97.15%①（见图 3－3）。

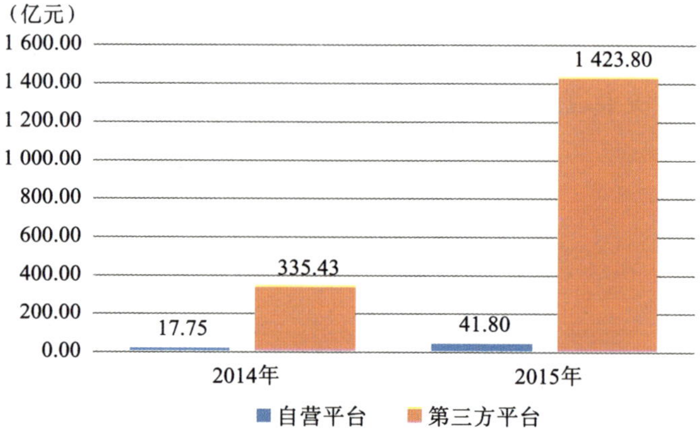

图 3－3　自营网络平台与第三方网络平台规模保费收入增长趋势图

资料来源：根据各人身保险公司向中国保险业协会的报送数据整理而成。

（一）自营平台建设力度提升

1. 官网经营模式。官网作为人身保险公司最早开展互联网保险营销的网络平台，近年来随着互联网技术的普及，各家公司均不断加大投入，以客户体验为中心对官网进行适销性改造，从单一的品牌宣传功能逐步向营销平台转换。官网权威性强，公众信赖度高，同时因为网站页面大，向公众展示的信息多。2015 年人身保险公司通过官网销售实现保费收入 37.7 亿元，较 2014 年翻

① 2015 年数据来源于《互联网人身保险市场运行情况分析报告 2015》，2013 年和 2014 年数据来源于中国保险业协会下发的《互联网业务数据收集》。

了一番还多。

统计数据显示，2015 年官方网站访问量最大的是中国人寿，业务规模和承保件数最大的是泰康人寿，国华人寿与阳光人寿也名列前茅，这与公司的品牌影响力和知名度、公司在互联网保险经营中的投入度密切相关（见表 3－7）。

表 3－7　人身保险公司 PC 官网经营前 10 位（以网站流量计）

公司名称	自建平台类型	规模保费（万元）	承保件数（万件）	网站流量（万次）/“粉丝”数（万人）	在售产品个数（个）
中国人寿	官网	14 909.04	4.69	50 796.23	19
太保寿险	官网	44.78	0.36	14 383.65	8
泰康人寿	官网	90 548.00	154.9	9 627.46	40
平安人寿	官网	1 249.89	0.45	4 056.61	24
阳光人寿	官网	19 703.62	3.15	3 033.59	22
富德生命	官网	10 340.82	1.11	2 189.03	33
人保寿险	官网	280.96	0.63	1 735.75	26
国华人寿	官网	22 544.19	4.75	1 580.35	13
招商信诺	官网	663.58	0.21	1 089.43	9
新华保险	官网	2 174.82	1.06	820.1	11

资料来源：根据各人身保险公司向中国保险业协会的报送数据整理而成。

2. 其他自营网络平台经营模式。互联网保险自营网络平台除了官网经营模式之外，还有其他很多模式，如移动官网、官方微信公众号、官方 App 等等，我们在这里统称其为其他自营网络平台经营模式。其他自营网络平台具有较强的自主性和灵活性，在保全服务上具有持续性和优势性；另外手机终端已经成为人们不可或缺的设备，借助手机终端的微信公众号、App 平台的营销方式因为操作流程上从注册到投保、核保再到理赔的简单快捷而增加了客户基数和黏性。

其他自营网络平台经营模式从 2015 年开始正式进入人身保险公司营销的模式行列，其开发、应用再到普及，所带来的便捷性、高效性甚至超过了官网模式，大大提高了客户服务的满意度。2015 年人身保险公司通过其他自营网络平台销售实现保费收入 4.1 亿元，占其互联网保险总保费的 0.28%。就其来源看，42.03% 来自官方 App，官方微信公众号、移动官网、其他 App 分别占到 27.18%、16.81% 和 13.98%（见图 3－4）。

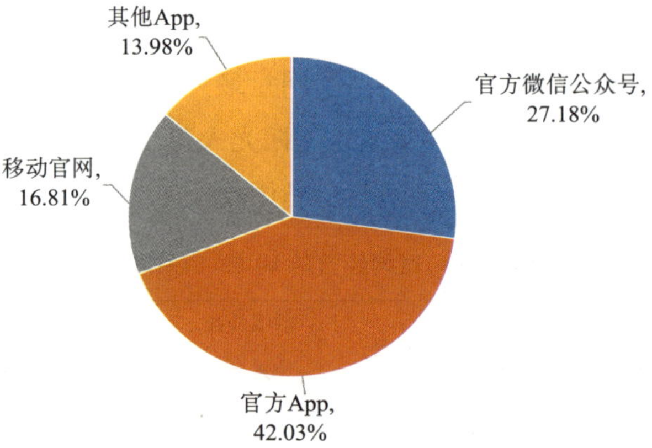

图 3－4　2015 年互联网保险其他自营网络平台保费收入来源占比

资料来源：根据各人身保险公司向中国保险业协会的报送数据整理而成。

从人身保险公司其他自营网络平台经营情况看，统计数据显示，2015 年承保保费最多的是富德生命，承保件数最多的是平安养老，网站流量/“粉丝”数最大的是安邦人寿，在售产品个数最多的是平安养老（见表 3－8）。

表 3－8　人身保险公司其他自营网络平台经营情况（按保费规模排名）

序号	公司名称	规模保费（万元）	承保件数（万件）	网站流量（万次）/“粉丝”数（万人）	在售产品个数（个）
1	富德生命	21 413. 39	32. 18	325. 89	49
2	合众人寿	16 319. 01	1. 08	29. 50	25
3	平安养老	15 045. 37	569. 15	1 103. 73	880
4	工银安盛	12 960. 47	1. 81	6. 2	10
5	泰康人寿	11 771. 75	7. 47	3 075. 34	69

资料来源：根据各人身保险公司向中国保险业协会的报送数据整理而成。

（二）第三方平台优势依旧，主体日益丰富

第三方网络平台主要根据与保险公司合作的第三方合作机构类型划分：（1）互联网平台——淘宝（含天猫、支付宝、招财宝），京东，网易，腾讯，百度，360 网购平台等；（2）兼业代理类——携程，去哪儿，艺龙，航空网站等；

（3）专业中介类——慧择网，中民网，新一站等。

近年来，随着互联网平台的兴起，第三方网络平台不断丰富发展，逐步形成了互联网平台为主、兼业代理类及专业中介类等为辅的格局。2015 年第三方网络平台实现规模保费 1 423.80 亿元，其中来自互联网平台渠道占比 80.42%，兼业代理类渠道占比 12.02%，专业中介类渠道占比 0.36%，其他类渠道占比 7.20%。

互联网平台渠道占比从 2014 年的 68% 上升到 2015 年的 80.42%，其优势依然很明显；兼业代理类和专业中介类渠道占比与 2014 年的 30%、1% 相比都出现了一定程度的下降，而其他类渠道占比却增长明显，足以见在“互联网 +”大背景下各个第三方平台不断创新发展而百花齐放的结果（见图 3 –5）。

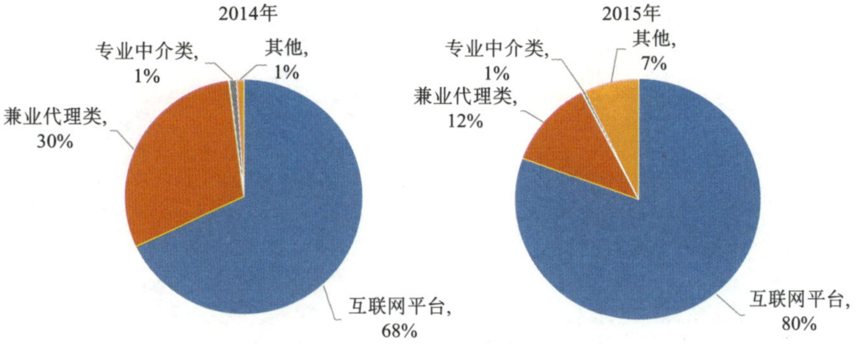

图 3 –5　各大类渠道保费市场份额

1. 互联网平台。2015 年人身保险公司通过互联网平台实现保费收入 1 145.02 亿元，同比增长 395.08%，产品销售数量由 2012 年的 122 个增至 2015 年的 1 548 个，与 2014 年同比增长 131.39%（见图 3 –6）。

互联网平台渠道中，淘宝（含天猫、支付宝、招财宝等）一直独霸规模保费第一位的宝座，但随着网易、京东、微信等其他互联网保险平台的业务推动和发展，淘宝市场份额已由 2012 年的 99%、2013 年的 95%、2014 年的 67% 下降到 2015 年的 49%。虽然市场份额下降，但淘宝渠道占整个互联网渠道的份额仍然是最大的。2015 年微信的迅速普及，使得腾讯（含微信等）平台业务快速增长，互联网市场占比 7%。这种总体保费激增、经营主体日益丰富多元的市场竞争格局，有利于行业的持续健康发展（见图 3 –7）。

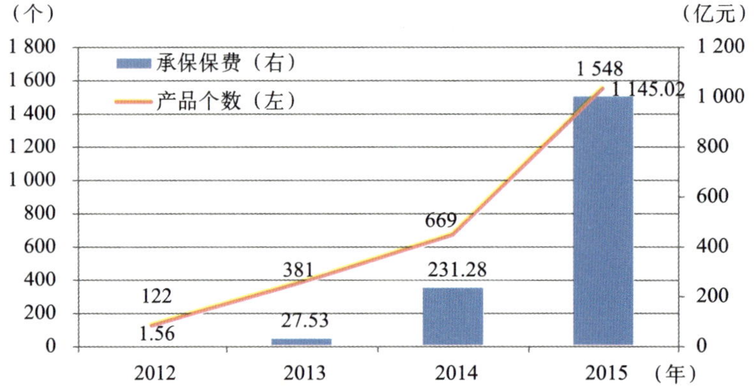

图 3－6　2012—2015 年第三方网络平台——互联网平台的承保变化趋势

资料来源：根据各人身保险公司向中国保险业协会的报送数据整理而成。

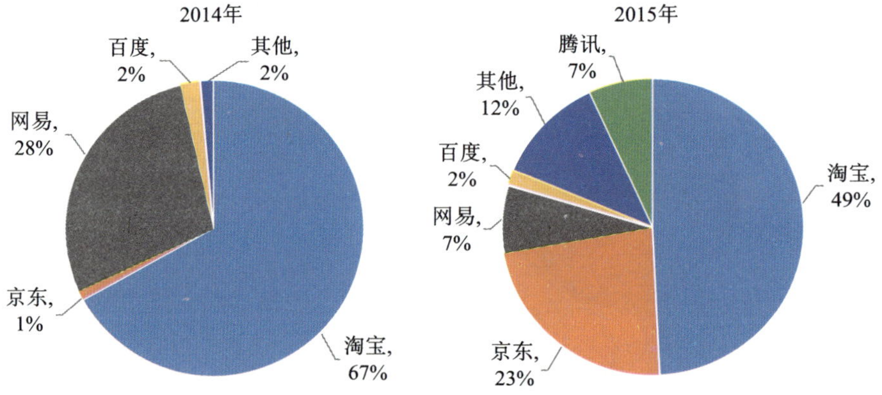

图 3－7　互联网平台中各渠道市场份额

2015 年，合作最多的互联网平台仍然是淘宝（含天猫、支付宝、招财宝等）。淘宝作为拥有海量客户的超级销售平台，具有不可比拟的客户资源优势，这也正是很多保险公司愿意与淘宝合作的原因。淘宝的保险频道、招财宝、支付宝等平台都有保险销售板块，是保险行业重要的销售平台，也是保险公司占据市场份额的首要互联网平台选择（见表 3－9）。

2. 兼业代理类平台。近年来，兼业代理类平台产品因顺应市场需求，保费收入保持较高增长速度。2015 年兼业代理类平台实现保费收入近 171. 14 亿元，同比增长 69. 45%；产品销售数量由 2012 年的 64 个增至 2015 年的 251

表 3-9　　2015 年互联网平台企业承保保费增长情况

序号	平台名称	2015 年承保保费（亿元）	保费同比增长（%）
1	淘宝（含天猫、支付宝、招财宝等）	561.06	333.65
2	京东	263.35	12 418.04
3	网易	80.15	46.42
4	腾讯（含微信等）	80.15	36 061.25
5	百度	22.9	436.28
6	其他	137.4	241.09

资料来源：根据各人身保险公司向中国保险业协会的报送数据整理而成。

个，增长 292.19%。

兼业代理类渠道更关注产品与渠道本身诉求的吻合，具有与保险产品更匹配的消费场景。例如，航空公司网站和旅游网站销售航空意外险，在消费者出行的背景下，更加容易激发客户的购买欲望，符合客户消费习惯。经统计，2015 年保费前 10 名的兼业代理类网站均为银行网银、自助终端、航空网站及旅游网站（见表 3-10）。

表 3-10　　2015 年兼业代理类平台实现保费收入前 10 名情况

序号	平台名称	2015 年承保保费（万元）
1	工商银行	950 790.22
2	农业银行	247 341.68
3	去哪儿	143 004.04
4	携程	86 156.70
5	光大银行	14 930.29
6	同程旅游	12 189.88
7	航班管家	7 608.98
8	航空网站（含国航、南航、海航等）	2 937.85
9	艺龙（含艺龙航空）	1 482.16
10	北方假日	472.78

资料来源：根据各人身保险公司向中国保险业协会的报送数据整理而成。

3. 专业中介类。2015 年专业中介类平台实现保费收入 5.13 亿元，相比 2014 年的 2.6 亿元增长了 97.31%；产品销售数量由 2012 年的 101 个增至 2015 年的 501 个，增长了 396.04%（见表 3－11）。

表 3－11　　2015 年专业中介类平台实现保费收入前 5 名情况

序号	平台名称	2015 年承保保费（万元）
1	英大长安保险经纪集团公司	18 241.81
2	北京明亚保险经纪有限公司（包括 700 度）	5 134.46
3	慧择网	3 593.41
4	扬子江保险经纪有限公司	1 155
5	中民网	864.74

资料来源：根据各人身保险公司向中国保险业协会的报送数据整理而成。

专业中介类 2015 年保费前 5 名保险公司依次为英大长安保险经纪集团公司、北京明亚保险经纪有限公司（包括 700 度）、慧择网、扬子江保险经纪有限公司、中民网，其中英大长安保险经纪集团公司占专业中介类 2015 年保费的 35.56%。

四、中小公司业务规模占优，市场主体诉求差异明显

传统保险经营需要渠道铺设、代理人聘任和培训等大量资金和资源投入，已经成为竞争的“红海”。互联网是一个开放、宽容、低门槛的新平台，对于中小保险公司和新成立的年轻公司而言，“互联网＋保险”是自银行保险渠道后又一次新的逆袭和弯道超车的机会；对于中大型公司而言，互联网保险则是推动发展模式转型升级的强大利器。

从 2015 年互联网保险规模保费排名看，前 10 位的人身保险公司合计实现保费收入 1 292.11 亿元，占互联网人身险总保费的 88.20%，富德生命、国华人寿、弘康人寿、光大永明、前海人寿、工银安盛、珠江人寿、阳光人寿、建信人寿和华夏人寿等榜上有名，其中主要是中小规模的保险公司，可谓异军突起（见图 3－8）。

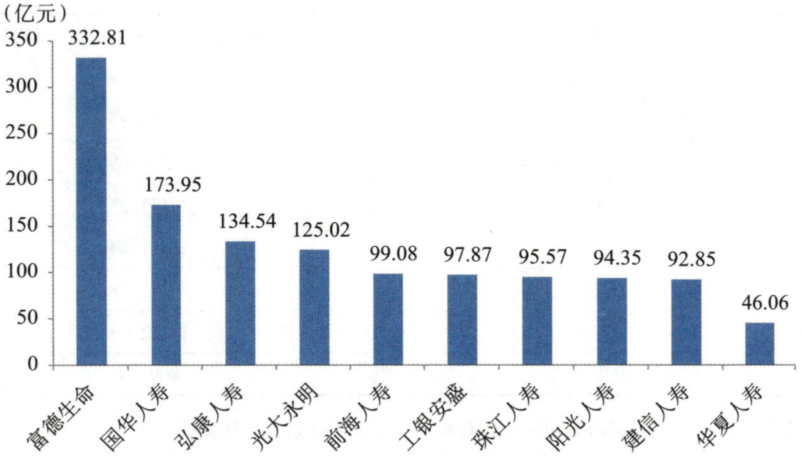

图 3－8　互联网保险规模保费排名前 10 位的人身保险公司

资料来源：根据各人身保险公司向中国保险业协会的报送数据整理而成。

排名靠前的中小人身保险公司大多采用与第三方渠道合作的方式，单笔保险金额较小且期限较短，大力推广万能险、投连险等投资类产品，以此快速拉升保费规模；大型人身保险公司的市场定位是偏向保险保障类产品，其单笔保险金额较大且期限较长，整体服务与服从于公司价值发展的战略导向和要求。中小人身保险公司和大型人身保险公司的市场定位不同导致在互联网保险规模保费排名前 10 位的人身保险公司中很少有大型人身保险公司。

从 2015 年互联网保险业务增速看，位居行业前 10 名的人身保险公司主要是中小保险公司，互联网平台给予了它们迅速崛起的机会，其中农银人寿的保费同比增长 15 534. 45%，涨幅最大。另外，这 10 家公司中出现了大型险企的身影，说明大型险企也在紧跟时代的步伐，在互联网大潮中不至于落后（见表 3－12）。

表 3－12　2015 年互联网保费同比增长率行业前 10 名的人身保险公司

序号	公司名称	2015 年保费同比增长率（%）
1	农银人寿	15 534. 45
2	长城人寿	12 341. 35

续表

序号	公司名称	2015 年保费同比增长率（%）
3	中国人寿	6 990. 78
4	瑞泰人寿	3 167. 83
5	中意人寿	1 524. 69
6	君龙人寿	1 435. 38
7	弘康人寿	1 411. 84
8	华夏人寿	1 341. 28
9	安邦人寿	1 272. 26
10	国华人寿	869. 74

资料来源：根据各人身保险公司向中国保险业协会的报送数据整理而成。

与之类似的是，在 2015 年承保件数行业排名前 10 位的人身保险公司中，合计承保件数为 16 594 万件，占互联网人身保险总承保件数的 78. 22%（见图 3 –9）。

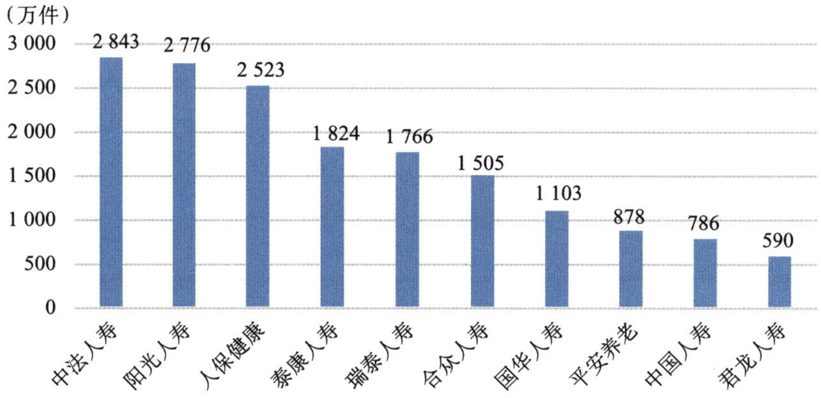

图 3 –9　2015 年承保件数行业排名前 10 位的人身保险公司

资料来源：根据各人身保险公司向中国保险业协会的报送数据整理而成。

中小险企在“互联网 + 保险”的风口上，借助投资型产品迅速进入市场，一方面，能够产生保费规模；另一方面，能够借助投资型产品的黏性和品牌宣传作用，积累客户，塑造公司品牌，培养用户习惯，为未来在互联网保险领域的深耕奠定基础。同时大型险企也深刻意识到互联网大数据时代的到来将对传统发展模式形成巨大的冲击，积极做出适应和改变，推动转型升级，在巩固传统优势的基础上不断构建新的竞争优势。

如今的互联网保险市场经过近几年的发展，已经逐步形成大、中、小型险企齐头并进、各有侧重的趋势了。互联网时代各家险企只有不断顺应环境的变化才能走得更远。

第二节 中国互联网人身保险创新研究

一、商业模式创新

在互联网保险新业态加速发展的过程中，越来越多的人身保险公司参与其中，它们积极适应互联网变革、不断探索开拓，努力寻求新的发展机遇和价值增长点。在实践中，由于各公司发展战略及传统人寿险业务发展水平的差异，它们对互联网保险给予了不同的发展定位，进而采取了不同的发展模式以及与之相适应的组织架构和经营策略。目前，国内外对于互联网人身险的商业模式尚未形成统一的标准和分类，我们从中选取了一些比较有代表性和特色的互联网保险经营模式进行分析，希望对于行业未来的互联网布局有所启发。总体而言，互联网保险业务首先是要服从于公司的整体战略，在这个前提下，互联网保险或定位于与传统业务协调发展的新渠道，或成为改造传统业务的新工具，或转型为彻底改变传统业务的新模式，或建成为突破传统业务向产业链延伸的新平台，或打造为跨界融合创新的新业态。

（一）定位于与传统渠道协调发展的新渠道

采取该定位的公司视互联网保险为独立于公司传统业务的一个重要新渠道，目的是利用互联网先进技术，增加保险销售量，扩大品牌影响力，改善客户体验水平。这是目前行业尤其是中小人身保险公司比较普遍的做法，主要原因是中小公司经营时间较短，机构布局不充分，营销队伍人员不多，传统人寿险业务规模较小，市场竞争优势尚未建立，互联网保险则为其业务发展提供了弯道超车的机会。就公司战略层面重视程度和创新能力而言，国华人寿和阳光人寿是其中的佼佼者。

案例一：力争实现弯道超越的国华人寿。

作为一家中小人身保险公司，国华人寿敏锐地觉察到在保险和互联网碰撞中即将发生的裂变，并抓住机遇顺势而为、适度超前，积极在业务中引入互联网技术和思维，与相当一部分网络用户的需求产生了共鸣，取得了较好的成绩，2015 年互联网保险保费收入位居行业第 2 名。

国华人寿认为，互联网保险是保险行业下一片也是最大的发展“蓝海”；发展互联网保险业务是实现和行业先行者同场竞技甚至局部赶超的希望；是迅速提升企业知名度和市场地位最高性价比的选择；是适应新兴网络人群的消费和使用习惯，满足他们的风险和财富管理需求的必由之路；是利用业务发展需要倒逼企业自身全面改革和进步、提高可持续发展能力的推动力；是在互联网时代开展保险业务的必需选择。为此，从组织架构、产品开发、渠道建设、营销宣传、客户服务入手，促进互联网保险业务发展。

在组织架构上，国华人寿成立了“互联网金融发展委员会”。委员会主任、副主任由国华人寿总裁室领导亲自担任，秘书处设立于互联网保险的主营部门“电子商务部”，并由电子商务部负责人担任委员会秘书长，协调互联网保险业务的日常经营管理。委员会的其他成员部门还包括银保事业中心、资产管理中心、企划精算部、信息技术部、财务会计部、办公室、人力资源部、运营管理部、风险合规部及渠道合作部。

在产品创新上，国华人寿不遗余力，将符合互联网习惯、客户需求和行业发展趋势的产品作为发展的基础和根本保证。从“线下产品再研发”和“单独定制网销产品”两方面入手，不断充实和丰富产品线；已构建起养老无忧、平安出行、乐享健康、宝贝成长、身价保障以及保险理财六大产品体系。为应对差异化保障需求、降低客户自主投保时的认知难度，国华人寿对产品进行精细化设计，达到“单一产品标准化”和“产品系列全覆盖”的有机统一，以及“普惠产品高性价比”和“价值产品高接受度”的协调配合；2015 年在较复杂的长期保障型产品上率先取得突破，尤其是年金险和健康险两大产品系列。

在渠道建设上，国华人寿重点与 BAT（百度、阿里巴巴、腾讯）为代表的知名平台开展合作，除了投入推广资源、加大产品投放、着力提升产品和服务品质外，更重要的是发挥保险产品的特性以及险企资金运用和风控优势，联合进行产品和营销创新，同时满足平台与客户的双重需求。

在营销宣传上，国华人寿充分利用“大数据分析”等新技术总结不同类型和渠道用户的需求和操作偏好，在发送推广信息时进行客户信息筛选和效果预判，有针对性地进行营销推广的方案和页面设计，达到节约客户时间、提高客户体验、增强推广效果的目的。

在客户服务上，国华人寿从开展网销之初，就不局限于销售渠道由线下简单迁移到线上，而是充分考虑到客户咨询、投保、售后服务全过程的流畅和便捷，利用不断发展的网络平台和技术，打通 PC 端和手机端网络的数据链，让尽可能多的服务在移动互联网上实现；同时特别注意增强客户获取服务的自助性，在提高客户体验的同时，降低运营成本和风险。2015 年又推出了“微信理赔”，真正实现了理赔全过程的网络化、无纸化和自助操作。

案例二：阳光人寿的数字化战略。

在“新国十条”出台支持保险创新发展及互联网金融快速发展的大背景下，阳光保险集团开始强力推进“一个客户、一个账户，一个阳光、多个产品，客户全生命周期”的客户拓展管理模式。阳光保险集团把“互联网、大金融及终极客户”作为公司相当长时期的三大核心战略，将互联网战略作为三大战略首位。作为集团的下属专业子公司，阳光人寿将互联网保险定位为互联网产品销售、客户服务及品牌传播的平台，规模保费主要贡献渠道以及新的价值业务增长点。在业务规模、平台流量、用户积累、产品与模式创新、生态圈营造等多方面齐头并进，努力实现突破。2015 年阳光人寿实现互联网保费收入 94.35 亿元。

在组织架构上，阳光人寿的互联网保险组织架构包括两个专职部门及一个专业项目组，其中互联网开发部主要负责公司整体互联网业务的扎口管理及平台运营工作，具体包括组织制定网销业务的中长期发展规划、年度经营计划，人寿险互联网战略的落地以及相关项目的管理；管理和推动官网、官微、M 站等自营网络平台建设及销售业务开展。网销管理部主要负责人寿险网销第三方网络平台合作关系的开拓及维护；制定网销渠道产品发展规划，管控产品品类，优化运营流程；确保业务流程管理的标准化、规范化，推动业务流程持续精益、再造，提升运营流程的简单、高效运转。同时设立网销项目组，主要负责淘宝渠道的运营与维护工作，旨在鼓励分支机构积极参与互联网业务，利用互联网进一步优化保险服务及运营模式。

经营策略上，阳光人寿注重均衡、稳健的发展模式，采用自营平台与第三方平台、投资型产品与保障型产品、互联网直通与 O2O 模式多点开花、多线并重的经营思路。

在渠道建设方面，阳光人寿采用 BD 的合作谈判方式，建立第三方合作对接标准化模式，积极推进与陆金所、微众银行、京东金融等知名互联网平台的合作。在自建平台方面，阳光人寿已搭建官网、移动官网、微信多个自建平台，上线理财、健康、意外等十余款产品，并逐步搭建了互联网服务体系，不断扩展线上服务内容。在 52 个线下保全项目中，目前已有退保、满期金领取等二十余个保全项目可在人寿险互联网平台上实现线上办理。

在产品方面，一方面，推出理财王、理财一号、稳添益、如意宝一号、稳操胜券等多种万能险及投连险类产品，通过多样化的锁定期及收益率满足客户的短期或长期投资需求，并通过此类流程简单、形态易懂、客户具有主动购买需求的产品来进行市场培育；另一方面，借助互联网渠道优势，打造低费率保障类产品，开发“随 e 保”系列期交产品，提升网销渠道整体产品价值率。

在销售模式方面，除大力开展互联网直通业务外，继续推进银保、团险、个险等传统业务的互联网化。以开放性思维大力发展网销业务，不断创新和延展 O2O 模式，搭建“微营销”平台，建设阳光人寿险内部资源开放合作生态圈，为业务员和客户提供行业场景、保险产品、营销工具、保险服务一站式服务，调动各方积极性开拓互联网合作渠道，强化与客户的线上线下互动，培育互联网发展核心竞争能力。

（二）定位于推动传统渠道转型升级的新工具

该定位将互联网保险视为推动传统业务转型升级的新工具、提高公司可持续发展能力的关键动力，希望借助互联网先进技术改造现有的传统业务模式，重塑保险体验。在这方面，许多公司都已经在探索中，其中建信人寿和太平洋人寿做得比较有特色。

案例一：建信人寿的银保转型之路。

建信人寿是建设银行旗下的保险公司，公司紧密围绕建行“综合性、多功能、集约化”战略，持续深化与建设银行的战略协同，以满足客户多层次、多元化、多产品金融服务需求为目标，助力集团构建市场互为依托、业务互为补充、效益来源多样、风险分散可控的经营架构，使建信人寿成为建设银行集团满足客户保险保障、长期储蓄和资产传承的专业的保险服务平台。在实践中，建信人寿主动融入建设银行的综合化战略，不断加强与建设银行的战略协同，将自身定位为控股银行客户服务链条中的有机组成部分，针对银行客户需求，从建设银行现有服务体系和流程着手，在充分整合利用资源的基础上，与建设银行的产品、销售、服务以及流程和系统实现全面融合。

建信人寿互联网保险业务的开展也是基于实现和推动母子公司业务协同，坚持规模与价值并重、多渠道并举的策略。通过开发符合建设银行金融生态的产品，更好地服务集团客户，从而提升客户体验，增强客户黏性，实现从目前单一的银行理财场景向深度融入金融生态圈转型。2015 年通过建设银行官网悦生活频道实现规模保费收入 70.6 亿元。

从组织架构上看，成立于 2012 年 8 月的建信人寿网络业务部总部设业务发展处、业务规划处、运营管理处、可视远程处、电销业务处。旨在通过互联网平台、移动客户端、建行 95533 客户电话平台等进行保险产品宣传、销售，为客户提供产品咨询、推荐、交易及后续服务，同时针对不同客户消费习惯、保障需求及营销场景等深入进行大数据研究分析，变盲目营销为精准化、人性化营销。

在产品开发上，实行规模类产品与价值类产品多策并举。通过将简单型、规模型产品引导到网络平台和自助设备办理，同时培养期交型、价值型产品在网上销售，推进业务均衡、健康发展。

在渠道建设上，母子公司协同持续深入。通过建信人寿产品在建设银行各电子渠道的部署，同时与建设银行联合开展营销活动，运用 O2O 模式，取得良好的业务成果；在直销渠道建设方面，通过开展微信等移动端专题营销活动，有效提高客户关注度与黏性。

在服务和风险控制方面，建信人寿积极推进网络新型服务模式和在线功能的推广和运用。一是通过可视远程系统和专家服务团队，提供集售前、售中、售后于一体的销售服务模式，突破了区域和时间限制，有效节约服务资源，提升客户体验；二是官网功能实现了多项在线服务功能，有效减轻了中、后台压力及营运成本；三是上线了公安部身份核查系统等多项功能，解决了网络渠道客户信息真实性问题，进一步提升了风险管控能力。

案例二：太平洋人寿个险转型之策。

太平洋人寿始终坚持价值可持续增长经营理念，大力推动以客户需求为导向的战略转型，近年来，积极运用移动互联新技术打造基于大数据经营的移动智能保险生态系统，初步实现了线上线下一个客户、多个产品、多个界面的服务。在太保集团支持下，形成了以“中国太保”官方微信、“神行太保”移动展业平台和“稳健一生”客户关系管理系统为主要构成的企业级移动应用布局，加快传统个险业务转型升级。目前，“神行太保”移动平台已经覆盖到全国各地的十几万名营销员。

“稳健一生”移动 CRM 的设计理念是以客户为中心，通过移动互联实现前、中后台融合，端到端交互，再造客户关系管理流程，覆盖销售、理赔、服务、管理四大领域，全方位地支持服务客户的新作业模式。运用移动互联技术，提高了销售效率、降低了成本和改善了客户体验，有效满足客户对保险服务方便、快捷、高效的需求，并为客户提供个性化增值服务。

一线业务员借助“神行太保”，给客户提供温馨的产品和服务。业务员展业时只需携带平板电脑，客户名单和拜访任务可自动推送到业务员的客户端，客户的基本信息、投保情况、服务记录一目了然，具体的产品信息和案例也可轻松展示，可轻松实现移动展业、缴费、承保、保全、理赔等服务。在承保、保全、理赔等客户触点引入电子签名，经过第三方认证实现安全控制，让客户在平板电脑上进行签名确认，实现全程无纸化。

在理赔、回访等服务环节，客户通过“稳健一生”移动 CRM，可享受到一站式的服务体验。客户可通过“中国太保”微信平台进行理赔报案，不受时间地点限制，理赔进度也可随时查询，真正实现了简便、快捷、透明化的“一键理赔”。除保单查询、交费查询、交费提醒等服务项目外，公司微信平台“中国太保”还推出“微回访”服务，客户在手机上简单操作即可完成回访；还有“微贷款”服务，保单质押贷款随时申请，T+1 到账，还款便捷，进一步丰富了保险服务的附加值。

在人员管理上，内、外勤管理人员可实现触手可及的集约化管理。“记事本”App 可将团队成员的客户约访、转介绍、收费、回访等一系列行为转化为系统操作任务，并依照任务完成情况进行打分排名。借助这个新武器，管理者可以随时通过手机跟踪团队展业活动，及时发现问题，也可随时查看、掌握全面的业务和队伍活动量数据，从而做出正确的决策，实现集约化管理。

（三）定位于再造传统业务流程的新模式

伴随着移动互联、物联网和大数据等信息技术的发展，消费者的客户行为已发生深刻改变，蕴含着保险新商业模式发展的巨大空间。该定位将互联网视为公司全面转型和升级的机遇，倒逼企业自身的全面改革和进步，提高可持续发展能力，进而将公司打造成创新型的互联网保险公司。这种模式基本改变了原有保险价值链，重塑了保险体验，适合新公司或者年轻公司，历史负担少、架构小、资产轻、反应快，容易掉头和转型。

案例："最彻底的互联网寿险公司"弘康人寿。

伴随"互联网+"的浪潮孕育而生，弘康人寿转型成为一家"以互联网思维改变传统寿险保险公司经营模式"的公司，被行业誉为"最彻底的互联网寿险公司"。

弘康人寿自成立以来就以互联网为全公司战略，互联网战略主要围绕两方面：一是重视用户体验。以"为客户创造价值"为核心战略，不论是做产品还是做服务，都以用户为中心。二是注重成本与效率。通过控制管理成本、提高运营效率来实现产品定价优势。为保持公司的高效运作，弘康人寿的组织架构扁平化、小而精，将互联网公司和传统保险公司的组织架构有效结合，形成了前台（销售中心）、中台（产品中心）、后台（运营服务中心）紧密结合的组织架构模型，有效地提升效率（见图 3－10）。

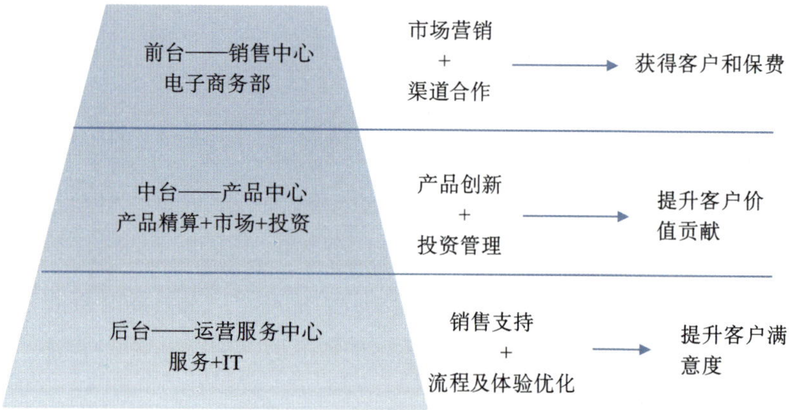

图 3－10　弘康人寿组织架构

作为销售中心的弘康人寿电子商务部员工总人数刚刚超过 10 个人，这个"小而精"部门人人都是产品经理，人人都是项目经理，这样的扁平化架构，与中台和后台建立起高效的运作和联动机制，使弘康互联网业务从产品开发、渠道对接到功能开发等都明显快于同业很多倍。

在互联网价值链条的作用下，弘康人寿在企业模式、保险产品、客户体验等方面颠覆了保险行业常态，创新出了差异化的新产品、新形态：一是优势产品可以自营销。在弘康人寿，一个个险代理人也没有，产品首先是得到员工认可、客户认可，然后通过口碑传播，由客户自助购买完成。二是网络保险可以高保额。弘康人寿通过大数据和互联网技术手段，使大额保单也可以网上认购。弘康人寿 2015 年 3 月发布了我国首款免体检 100 万元定期寿险和免体检 50 万元重疾险，为客户提供了充分的便利。公开数据显示，弘康人寿重疾保障险平均保额为 26 万元，定期寿险平均保额 50 万元，均高于业内平均水平的数倍。三是保险产品也可以是高频交易。弘康人寿理财型产品的二次以上购买率超过 50%，13 个月继续率超过 99%，也就是说 99% 的客户选择继续购买弘康人寿的产品服务。四是互联网改变盈利模式。按照国内外传统人寿保险公司的经验数据，盈利基本在公司发展七到八年之后，弘康人寿开业第一个完整经营年度即实现盈利，已实现连续三年盈利。

（四）定位于延伸保险产业链的新平台

该定位将互联网保险视为突破传统保险的产品和服务范围，进入产业链其他新领域的重要路径和平台。这种模式主要还是以保险主业为核心，依托公司的稀缺战略资源，进一步延长保险产业链，扩大竞争优势，同时改良保险价值链。

案例：泰康人寿的“互联网 + 大健康险”战略。

泰康人寿在固守传统保险业务的同时，根据公司发展战略，积极布局保险产业链上下游，利用互联网新技术助力突破传统保险产品和服务边界，开拓新领域的蓝海。伴随着中国经济进入新常态，泰康人寿未来的战略方向将从传统的人寿保险公司，逐步向大健康、互联网、“互联网 +”聚焦，“大健康”目前是泰康人寿的核心战略。泰康人寿保险股份有限公司董事长兼 CEO 陈东升，在接受媒体专访时表示，未来 5—8 年将投资 1 000 亿元建设 25—30 家医疗和养老社区。背靠人寿险领域深耕 20 年的泰康人寿，泰康在线可以视作整个泰康系的互联网入口，依托于“互联网 + 大健康”的战略，通过整合财产险、人寿险的业务范围，在客户经营、渠道合作等方面，更好地发挥创新优势，财产险、人寿险相辅相成，满足渠道和客户对全面健康保障的需求。泰康在线希望获得客户资源，把他们引导到泰康自有平台，实现全链条的价值转换，最后落实到泰康的大健康战略上。

除了在养老健康产业链继续迈进，泰康在互联网保险领域深耕细作十多年，在行业内处于领先地位。一是打造全平台、全流程、全产品线的自营平台。早在 2000 年，泰康人寿已将传统业务与互联网结合，成立国内首家保险电子商务平台——泰康在线，不仅率先打造为“保单设计、投保、核保、缴费及后续服务”全线上完成的 PC 官网，还紧随移动互联网步伐推出官方 App 和移动官网等平台。目前已经形成 PC 官网、WAP 官网、App 官网、泰康在线微信公众号、淘宝旗舰店等多个自营平台，建立了以保障型业务为核心、以健康险及相关服务为重点的产品体系。目前，泰康在线的官网能够实现从投保到理赔的全流程在线操作，产品线覆盖人寿险、健康险、意外险、年金险、万能险、投连险等各类人身险产品，能够为客户提供一站式产品销售和售后服务。

二是与第三方平台合作进行互联网生态经营。在建立强大自营平台的同时，泰康与第三方平台的合作也领行业之先。泰康人寿于 2009 年与新浪共建了国内第一家金融保险超市，与携程的合作则开启了保险与互联网商旅业合作的先河。随着与互联网生态的持续深入结合，泰康目前已经与阿里、腾讯、百度、京东、360、携程等数十个互联网平台建立了合作关系，在产品合作和技术对接上积累经验，努力实现高效、快速、安全的技术对接，顺畅实现保险产品购买、支付和后续运营支持等系统设计和开发。

三是重视线上线下相结合。经过多年的探索，泰康逐步形成了互联网保险 O2O 模式。由于人寿险产品较为复杂，泰康人寿的自营平台配备了强大的座席队伍，为客户提供实时在线咨询和投保指导，以网为主、以电为辅，打造了网电结合的自营平台经营模式。这种模式能够利用互联网高效、便捷的特性，也能够发挥线下服务灵活、个性化的优势，线上和线下相结合，服务和销售相结合，对优化客户体验、提升业务规模都具有良好的效果。

四是向移动端转型。泰康人寿在传统 PC 官网经营的基础上，大力推动自营平台的移动化，形成了 App、移动官网、微信公众号、支付宝服务窗等多个基于移动端的经营阵地，加强与客户的互动，不断优化投保、支付、服务等体验，致力于打造基于移动平台的从获客到转化的价值转化链条。

（五）定位于颠覆传统渠道打造跨界融合的新业态

险企的跨界合作已经涉及多个领域，包括银行、证券、基金、通信、养老、地产、互联网金融等。合作方式也多种多样，业务合作、入股、收购、股权交换等不一而足。这里所说的跨界融合模式不是资本和业务浅层次的跨界合作，而是通过跨界融合出一种新的业态和经营模式。具体来说，从传统保险业跨界到其他非保险行业，以客户为中心，构建全新的互联网商业运作模式，打造产品和服务的“生态圈”闭环。这种横跨多领域的经营模式，重塑了保险企业价值链，是一种新模式、新业态。

案例：中国平安的“医、食、住、行、玩”生态圈。

在新技术环境下，中国平安公司的战略定位是将保险服务融入客户“医、食、住、行、玩”的生活场景和需求，通过传统与非传统方式齐头并进，最终实现“一个客户，一个账户，多个产品，一站式服务”的目标。结合平安发展战略，平安人寿的互联网保险发展也在走一条传统和非传统业务相辅相成的创新道路。建立保险生态圈，提供吃喝玩乐、衣食住行、生老病死的全方位服务和各类金融理财服务。

目前平安人寿已经在社交、医疗、支付、消费等生活场景有所布局。其中平安人寿 App 已为客户提供围绕“医、食、住、行、玩”生态圈的服务。如“平安好医生”App，以家庭医生与专科医生的在线诊疗服务作为切入口，配合大数据的挖掘、分析及应用，用线上、线下相结合的方式，为客户提供形式多样、内容丰富的个性化医疗及健康管理服务。这个在线健康信息咨询服务平台建立了“医生—医院—人寿险”的大健康模式，颠覆了原有医院看病的模式；移动平台的“平安有约健康行”活动，通过行走计步、朋友圈等功能引导客户养成运动习惯；用户还可以体验到以专属家庭医生服务为核心的健康管理服务。随着互联网的不断渗透，平安还将通过集中医、健康、养老、投资等在内的关联产业和客户，整合衍生产品和相关增值服务，最终形成一个互联网保险的生态圈。

另外，平安人寿更积极探索互联网产品经营，构建多维度销售模式，在目前保险消费的市场环境下，结合平安自身优势，尝试走出一个全新的人寿险互联网销售模式。

在产品创新方面，搭建多元化产品货架，丰富产品类型，与线下产品互为补充，通过精准定位客户需求，向客户提供应用场景精准、保险责任简单、投保流程简便的高性价比产品，吸引客户快速聚焦并形成购买决策。

在渠道建设方面，充分发挥公司强大的队伍优势及多样化的渠道优势，尝试与第三方平台业务合作，拓宽客户来源，并根据不同来源客户的特点及保障需求偏好，提供具有差异化、针对性的保险产品，打造多层次的销售模式。

在客户经营方面，通过 O2O 模式将线下客户资源引流到线上平台，并在线上进行客户经营，提供便捷的投保服务；同时，围绕公司互联网销售平台，将潜在客户、电话座席和产品有效链接和互动，提升客户体验，实现高效转化和运营。

为了快速突破，平安人寿从组织体系建设和平台搭建两方面大力推动了互联网保险业务的发展。组织体系建设方面，公司组建并完善互联网保险业务组织架构，设立互联网事业部，搭建统一的业务平台和处理流程，全面负责互联网保险业务的运营、管理工作。平台搭建方面，公司采取差异化的策略，集中优势资源自建官网销售平台，打通获客、咨询、购买、承保、理赔直通销售全流程，充分利用网络便捷化的优势，有效链接需求客户、电话销售人员与产品，产生沟通与互动，提升客户体验。

结合保险业务的快速发展，平安还构建了以“平安金管家 + 陆金所平台”为核心的 O2O 模式，丰富产品体系，提升 O2O 模式客户体验与队伍活动率。

建设人寿险官方网站平台，形成网电融合模式。实现集销售、服务和资讯、品牌宣传为一体，侧重“产品销售 + 售后服务功能”的互联网平台，为客户提供基础与增值服务，满足客户需求。微信公众号平台采用 B2B2C 模式，打造直通全流程移动销售平台，成为社交化在线销售入口，与 PC 端形成闭环衔接，更成为销售人员多渠道沟通平台工具之一。规划并落实打通网移平台，集中售卖平安人寿保险的意外险、健康险、少儿险、养老险的优质保险产品，通过 1 对 1 的客户服务及网移一体化服务体系，逐步为客户提供专业的、针对个人定制化的全方位金融服务。充分利用集团资源，整合各方优势，打造具有平安特色的互联网保险体系。

我国互联网保险的加速发展不过短短数年，市场远未成熟、经验十分欠缺。以上互联网保险商业模式的划分并非绝对，只是根据目前各公司不同的发展阶段、战略定位大致进行划分，希望这些公司的探索经验能成为对整个行业具有参考价值的宝贵资源。当然组成互联网体系的各个元素都始终处于动态、无比活跃，在这样的经营环境里也形成了互联网保险“求新求变”的新常态。上文描述的商业模式，极可能正在主动或被动地演变；我们将期待发展变化，更盼望未来更多善用互联网、满足各层面需求、进一步推动行业长期可持续发展的新商业模式诞生。

二、产品创新

互联网保险产品创新之路，挑战与机会并存。挑战方面：参与主体众多，保险行业已经呈现出百家争鸣的发展态势，保险公司、中介公司、互联网公司、跨行业公司均对互联网保险创新表现出非常浓厚的兴趣，并已展开各种积极尝试；机会方面：互联网保险已经高速发展 3 年左右，交通工具保险、退货险、支付安全险等显性、易植入海量互联网业务场景的产品及模式已经被开发并被快速瓜分，未来互联网保险将向纵深方向发展，在场景化、碎片化、高频化的思路指导下，在跨界合作、与衣食住行紧密相连的互联网生态中，保险产品将继续被融入。

（一）发展投资型保险

2013 年 6 月，余额宝的诞生宣告了中国互联网理财时代的到来，各种"宝宝类"理财产品如雨后春笋般出现，开创了短期、灵活的互联网理财模式；之后，以陆金所、人人贷等为代表的 P2P 网贷迅速风靡了整个互联网理财市场。在这场全民互联网理财的大潮中，投资型保险凭借着相对稳定的收益和一定的保险保障功能，得到了网民的青睐和认可。

相较于传统的人寿险产品，投资型保险产品条款相对简单，更容易为客户所理解和接受；有别于传统银行理财起点较高的特性，投资型保险产品投资门槛较低，风险小，更能满足投资风险承受能力较低的客户的理财需求。在利用互联网技术实现全系统化流程后，投资型保险变成最适合互联网化的金融产品之一，完全符合互联网产品三大要素：刚需，高频，全人群。通过投资型保险的销售，可以让更多的潜在用户转化为实际的保险用户，以此建立用户与保险公司的联系，有助于客户在充分理解保险的基础上购买符合自身需求的产品，在引导消费、培育市场方面具有重要作用。

2015 年，互联网人身保险保费规模实现跨越式发展，其中万能险、投连险等投资型保险保费占比高达 83%。从保费结构便可以看出客户对投资型保险的偏好。互联网客户以 18—40 岁的年轻群体为主，呈现保障型产品的主动需求相对较低、投资型产品的主动需求旺盛的特点，这部分群体多数接受过高等教育，对保险具有一定的认识程度，更容易接受互联网保险的新形式。由于该区间客户正在成长为社会财富的主力军，未来现金流、收入预计将持续上升，且保障及财富管理的需求较强，金融活跃度也是最高的，通过对该类客户进行培育，保险产品将逐渐由"主动销售"走向"主动购买"。

最近几年，互联网投资型保险的销售一直呈现爆发式增长的良好势头，与此同时，也给保险公司带来较大的偿付能力压力以及资产配置风险。针对此种情况，以弘康人寿、建信人寿、光大永明为代表的多家保险公司已开始逐步调整产品结构，从传统的万能险转向开发更为灵活、透明的投连险。2015 年投连险发展速度加快，市场份额显著扩张，占互联网人身保险保费的比重上升至24.3%，较2014年提高8.2个百分点，远远高于万能险增幅。从长期来看，发展投连险可以减少保险投资端的压力，降低资产负债久期错配风险，有利于保险投资回归到注重大类资产的配置，符合监管要求，未来发展空间巨大。

（二）改造升级传统产品

利用大数据、物联网对原有产品进行价格、费率的优化设计是传统保险产品升级的重要体现。互联网金融时代，商业思维转向数据思维，保险行业利用大数据、物联网来分析客户需求、开发产品、运营企业。

大数据、物联网引入后可以使人身保险公司实现动态核保，实时定价。比如人身保险公司可以通过获取客户投保前连续数十天的血压、心跳、作息等信息，进而为其提供最精准的保费价格。又如应用可穿戴技术，及时监测被保险人的生理数据，并能通过智能手机提供建议，提示被保险人防范健康风险，降低赔付率。大数据分析技术、标签数据、客户行为数据、全局数据可以帮助保险企业改变保险产品的定价方式。基于大数据技术和全局数据的产品设计模型可以帮助保险公司设计出较高收益、较低风险概率的产品。客户行为数据和标签数据可以帮助保险公司了解客户特点，设计出满足客户需要的保险产品。以数据分析和客户需求为出发点的保险产品设计，将会在产品收益、客户体验、风险管理等方面领先。

事实上，国内已经有多家保险公司在尝试应用大数据、可穿戴设备等互联网新技术来改变保险产品定价方式，以客户为中心设计保险产品。中意人寿基于大数据技术推出对客户进行分析的个性化产品——“优选寿险”，该款产品以被保险人是否吸烟、血压、胆固醇、体重等身体指数将人群分为6个等级，按健康状况细分客户、差别费率、精准定价（见图3-11）。大都会人寿和华米合作，在基于华米产品的小米手环上，通过小米大数据平台对客户进行睡眠数据分析以及评估，并推荐保险产品以及睡眠服务。

图 3－11　中意人寿个性化产品——“优选寿险”

（三）实现保险产品场景化

传统的保险销售，客户的保险需求和购买意愿往往依赖于销售人员的分析挖掘和推动。而在互联网时代，客户更愿意在信息透明的环境下自主作决定，保险的需求也更依赖于客户自发的理解和体会。因此，互联网思维下的营销，要从产品营销转变为生活场景营销，通过寻找广大消费者在日常生活中真正的“痛点”，通过分析研究消费者日常的生活行为，创造大家熟悉的、生活化的、接地气的生活场景，帮助客户认知、体会、激发保险需求，进而产生购买欲望。

保险场景化，是指针对互联网的生活场景设计开发的一些保险产品，通过保险完善互联网生态体系。这种模式的经典案例是众所周知的航意险、退货运费险等产品，随着“互联网＋”模式的扩展，保险场景化的模式将更加丰富，核心在于借助互联网的“毛细血管”，将既有的需求方和供应方进行更有效的匹配。保险产品，尤其是保障型保险产品属于被动需求型的产品，消费者购买保险产品需要场景搭载，如购买机票会同时购买航空意外险、航空延误险，购买手机的同时购买手机碎屏险等。场景化的渠道入口本质上是精准定位潜在消费者，采用更快更轻的互联网产品思维，开发场景化、简单化、小额化、定制化的互联网人寿险产品，研发新业态人寿险产品，跨界共创，实现空白领域的产品创新。

从行业的具体实践来看，已有多家保险公司针对客户互联网使用中的各个场景嵌入保险产品的销售。比如，平安人寿通过与保险相关的生活场景，挖掘客户需求及兴趣点，增加客户流量。在医疗场景中，与体检中心、保健品品牌等合作，通过微信等媒介推送健康、重疾、门诊等险种；在出行场景中，与租车、代驾、机票酒店预订等商家合作，客户预订成功后发送出行意外险推送；在教育场景中，与线上、线下少儿教育机构合作，通过短信、二维码扫描等技术手段，以少儿教育险获客。

未来保险公司将更加注重与场景化的结合，借助场景开发大量小额、高频又带有情感关怀的保险产品，激发用户分享和传播欲望，让用户切身体会保险带来的保障红利。此外，保险公司还可以和中小型互联网平台合作，深度融合其生态，先嵌入场景，积累数据了解用户，针对痛点定制传统保险无法满足的特定险种和服务，从而提升用户的体验和黏性。

（四）提供碎片化产品

传统的人寿保险产品组合，往往追求的是保障多而全，产品中未必每个保险责任都是客户需要的，但都需要为之付费。在信息不对称的情况下，消费者只能被动接受保险公司提供的各类产品套餐。在互联网保险时代，了解客户的消费选择成为保险公司开发产品的第一步，如何满足不同人群的保险需求成为众多保险公司探索的方向。从近几年保险市场的发展可以看出，保险产品相较于从前的“粗放式”正逐渐演变得更加精细和有针对性，各种碎片化、个性化产品不断涌现。

保险碎片化是指在保险产品基础构成要素上，通过覆盖人群碎片化、保险责任碎片化、保险期间碎片化、保费碎片化，以达到客户随需、随时、随意进行保险产品购买的需求。碎片化产品抓住了客户“痛点”，真正从客户需求本身出发，契合客户的某种需求，拓宽产品类别，深挖单一产品保障，把复合形态的保险责任分解开单独卖，从而降低保险门槛，也给予客户更大的选择余地。碎片化产品价格低廉、保障时间缩短、保障范围收窄，条款简单化、标准化，产品体量正变得更轻更小，而且也由原先的“高冷”变得更为“亲民有趣”。

目前，已有多家公司推出了碎片化产品。华夏人寿推出“空中一号”航空意外保险产品，根据不同客户群体的出行需求，制定了不同保障期间和保障金额的套餐。对于短途出行的客户，可以选择 30 天 10 元保 500 万元的套餐；对于选择 1 年保障期限的客户，则可选择 500 万元至 2 000 万元四档不同保额的套餐，满足了广大客户群体的不同需要，是业内少有的可 DIY（自己组合）的航空意外保险产品之一。复星保德信针对男、女、老、少四类社会群体，陆续推出关爱女性的“俪人守护女性乳腺癌产品”、关爱老人与儿童的“孝行天下恶性肿瘤保险”与“星宝少儿重大疾病保险”、专为男士打造的“男性关爱特定疾病保险”。泰康养老针对以往保险只能保健康体的痛点，重点探索慢病人群的特定病种系列保险产品，目前正在研究推出糖尿病保险产品。

（五）打造高频化产品

在互联网时代，用户互动和用户黏性十分重要，频繁交易才能突出互联网的便利，交易越频繁的产品，越容易在互联网实现，越贴近客户的日常生活，越能增强客户的黏性。微信、滴滴的成功，都证明离用户最近、客户使用时间最长、黏度最高的产品，才能发现并解决用户的痛点，从而获得长期的业务发展。保险公司通过提升客户黏性可以保证客户在同类保险产品选择时的优先权，同时黏住客户、获取客户的需求及反馈也是产品、服务不断迭代的基础。

瑞泰人寿与京东金融携手推出一款为妈妈定制的理财计划——“妈妈理财”。妈妈们通过记录心情的方式为宝宝投资，记录宝宝成长的点滴，享受亲子时光。这款产品充分体现了互联网产品碎片化、高频化场景化的特点，具有保险保障功能的同时，贴近妈妈们的生活，为其提供理财规划（见图 3－12）。

此外，采用互动式的线上健康评估是非常有效的提升客户黏性的方式。招商信诺在针对 1.4 亿名糖尿病患者提出的“糖无忧”糖尿病产品的后续服务中，针对糖尿病患者需要长期服药和监控血糖指标的需求，在“糖无忧”App 中设计了用户激励机制，用户定期检测血糖指标和上传数据，达到标准后即可

图 3-12 瑞泰人寿与京东金融合作产品——“妈妈理财”

免费得到血糖仪和血糖试纸等奖励。通过人们普遍接受的健康教育、健康监测等与日常生活息息相关的方法，与用户建立联系并通过运营与用户发生高频互动，让用户在这个过程中建立对保险公司的品牌认知、产品认同并对保险公司增进好感度。

（六）打造专属定制化产品

保险行业巨大的市场空间、快速的增长趋势以及传统保险渠道的诸多痛点，吸引着各大互联网公司积极进军互联网保险。现有的同质化常规产品已经无法在竞争激烈的互联网平台上拥有竞争优势，在细分市场和充分了解目标客户需求的基础上，与第三方网络平台深度合作，打造专属定制化产品将是未来的发展方向之一。保险公司和第三方网络平台可以针对平台上消费者的特定需求，寻找其中未被满足的风险需求，并在产品设计上做更丰富的创新定制，实现跨界创新合作。

太平养老与京东、美团、大众点评等专业电商类平台建立合作关系，凭借其强大的客户流量进行互联网数据挖掘，对用户消费行为进行数据分析，与专业电商平台共同开发场景化的保险产品。目前太平养老已与京东合作了京东众包 App 兼职快递人员意外保障项目和商城安全座椅赠送保险服务项目，同时糖尿病产品、儿童疫苗险合作、京东集团职域开拓、个人养老保障产品合作均在同步推动中。太平养老还将在以下方面与京东展开合作：一是重疾和税优健康险在京东集团内部员工移动端 App“京 ME”上的内卖，并逐步推广至京东 B 端合作商。二是商城所有母婴品类、运动品类、健康品类等的场景化保险嵌入，险种拓展（如少儿重疾、母婴安康、女性特定疾病、高风险意外险等）。这种嵌入存在两种情况：一种是随商品赠送，另一种类似家电延保服务和退货险，由消费者勾选主动购买。三是糖尿病产品、儿童疫苗险、儿童安全座椅险等特定健康险的合作模式。

渤海人寿与京东金融合作创立了“白拿”消费金融模式，“白拿”模式将客户投资型保险的购买与客户的互联网消费结合起来，利用客户损失厌恶的心理特性与当前互联网消费热点，在互联网保险业首创投资收益前置模式，提前为客户确定收益（见图 3 - 13）。之后还将结合“白拿”模式，通过与具有特色的互联网平台，如优酷等视频网站、途牛等旅游产品提供网站等等，衍生出“白看”、“白玩”等一系列互联网金融消费新模式，这些模式可以为公司积累不同领域、不同特点的客户，为其向不同的客户群体提供精准化的保险产品提供基础。

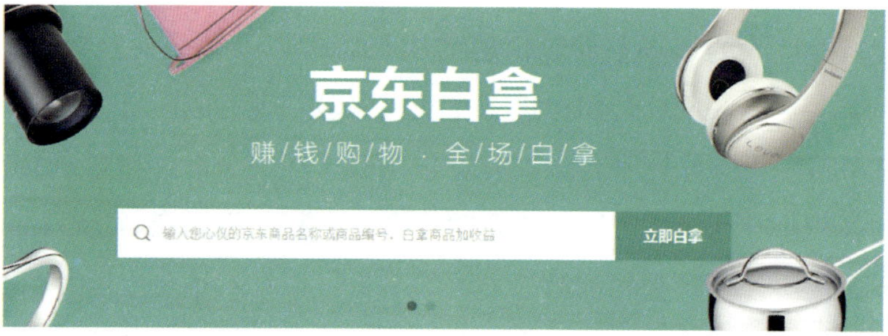

图 3 - 13　渤海人寿与京东金融合作创立新型消费金融模式——“白拿”

（七）延伸产业链布局

由于人口增长、老龄化进程加快、居民支付能力增强等因素，人民群众日益提升的健康需求已进入爆发性增长的拐点，作为产业链的延伸与融合，保险与医疗的合作无论在政策层面还是在行业层面，仍在不断推进。事实证明，保险和医疗大健康的整合，已经是势在必行的一个方向。医疗健康服务为互联网保险提供了保险产品的增值服务，在把以前传统保险产品互联网化的过程中，又增加了必要的医疗和健康服务，保险产品不再是单纯的保险，而是“互联网+保险+医疗/健康服务”的打包项目。

平安与医疗行业深度融合，推出“平安好医生”，延伸产业链布局及未来发展规划。平安好医生是以数据和健康管理为切入点的健康保险模式，着力解决老百姓“看病难”的痛点。以家庭医生与专科医生的在线咨询服务作为切入口，配合大数据的挖掘、分析及应用，为客户提供个性化的日常健康管理与医疗信息服务。根据平安提供的O2O医疗健康服务，客户可以跳出医院制约，享受跨地区、跨行业的医疗服务。另外，通过基于健康保险业务、线上健康管理及智能硬件业务沉淀的医疗数据及客户基础信息而形成的“健康云”，也可以整合各大医院的电子病历，实现跨医院、跨地区的信息共享。此外，借助健康保险支付方的身份，平安也将保险与自身医网、药网、信息网结合，形成支付闭环。通过医疗生态便捷、优质的服务吸引目标人群，为健康险产品带来新的用户，而用户购买了保险之后，又可以进一步享受平安提供的各种健康医疗服务，从而形成一个完整、正向的O2O闭环。

长城人寿针对传统种牙市场具有患者分散、浪费医疗资源、医患沟通过程漫长、种牙费用高的痛点，与医疗机构合作，推出“种牙险”。种牙险仿照美国先进的管理式医疗模式，将保险公司引入医疗过程中：一方面由保险公司控制和影响医疗服务机构，对现有的医疗资源和流程进行整合和标准化改造，有效地控制医疗费用，减少过度医疗及骗保行为的发生；另一方面吸引大量客户产生规模效益，并通过保险公司与医疗机构和材料厂商达成价格协定，最大程度地让利客户。该产品突破传统的以客户为风险选择控制的核心，而将风险控制的核心设置在对后端的医疗行为上。通过与重点三甲医疗机构的深度合作，在保证提供优质医疗服务的前提下，推动材料厂商及医疗机构降费和优化流程，最终提供给缺牙患者一套指定高档品牌的植体和牙冠的种植服务，患者可以在微信号上一键购买，并享受方便快捷的绿色就诊、专业的私人定制个性化治疗方案，以及种植风险赔偿等服务。该款产品是保险公司参与健康服务业整合和医疗体系改革的重大创新，极大地提高了医疗机构的服务效率，促进了整个医疗体系资源的优化（见图 3－14）。

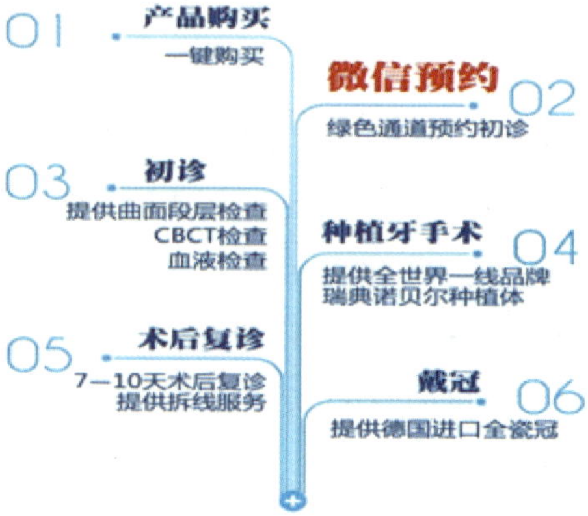

图 3－14　长城人寿“种牙险”

三、渠道创新服务创新研究

（一）第三方平台成主流

2015 年全年人身保险公司通过第三方网络平台实现业务保费规模累计 1 423.8亿元，占累计互联网人身保险总保费 97.2%，是自营网络平台保费的 34 倍之多；承保件数达到 2.1 亿件，占总承保件数的 98.98%，是自营网络平台承保件数的 101 倍。保险产品在互联网上的销售依赖于“流量”和“场景”，因此保险公司与第三方网络平台合作已成为销售的主流模式。

第三方网络平台合作模式有以下优势：首先，第三方网络平台往往拥有庞大的用户流量，这一点是保险公司官网无法比拟的。以 2015 年春节晚会泰康人寿与腾讯合作的摇红包活动为例，该活动引起了社会的广泛关注，不仅极大地提升了泰康的品牌形象，而且打造了“泰康在线”这个千万粉丝量级的微信公众号。其次，支持简单化、碎片化、场景化的保险产品销售。第三方网络平台作为公司和用户之间的桥梁，不仅承担了销售管道的职能，更重要的是，基于对用户的理解，及时向保险公司反馈用户需求，驱使公司快速迭代，持续完善保险产品体系，加强产品更新迭代，提升用户运营能力。最后，第三方网络平台不仅仅作为销售渠道，同时也拥有专业的美工及网站运营团队，提供咨询—签单—出保—理赔的全流程服务。保险公司可以聚焦于保险产品设计开发，提升核心竞争力。

出于第三方网络平台所带来的保费规模和后续潜在的在其他领域合作的机会，以及显著的品牌效应，大多数保险公司选择以第三方网络平台为主、自建网络平台为辅的经营策略。但是，从实际情况来看，互联网保险市场存在过度依赖第三方网络平台的困局，并且面临以下问题：第一，目前一些大型专业互联网保险销售平台，对保险公司进入合作的产品要求较高，不仅要求客户的保险保障有优势，同时对手续费提出很高要求，严重影响互联网保险业务的赢利性和可持续发展能力。第二，由于互联网用户身份识别困难以及征信体系不完善，存在一批非诚信客户的欺诈行为，且第三方网络平台缺乏对客户投保行为的检测与预警，识别与防范此类客户的难度较大。第三，对与第三方网络平台合作所获得的客户，许多都要求一定时间内不能进行客户开发，不利于客户的经营转化工作。

针对以上问题，未来保险公司应与第三方网络平台开展深度合作，融入对方的生态圈，产品设计方面应更多考虑向内化流程改变、服务内涵改变等较难模仿的方向发展，以优秀的产品赢得市场和渠道合作中的话语权，避免陷入变相价格战的泥潭。同时加大发展保险公司自营网络平台建设的力度，培育自身的网络品牌，实现“两条腿”走路，保证业务的健康可持续发展。

（二）发力布局自营平台

自营网络平台模式是指保险公司通过自主搭建官网或其他官方平台（移动官网、App、微信公众号等）实现在线销售、客户服务、营销获客、品牌展示等功能的网站平台模式。该模式适合大、中型保险公司或保险集团公司，基于其庞大的已有客户资源、丰富的产品体系和完善的运营和服务能力，通过网络营销、广告推广、已有客户服务、公司线下代理人推广等方式直接或间接实现保费收入。

自营网络平台模式具有以下优势：第一，自营网络平台具有较强的自主性，可根据需要灵活调整产品线和配套的客户服务功能，在数据的沉淀和挖掘上也具有其他第三方网络平台无法比拟的先天优势，长期来看有利于公司品牌积累。第二，通过官网、移动官网、App、微信公众号等自营网络平台的搭建与协同，可以将保险公司的产品，通过高度灵活、即时性强的营销推广策略，推向最为广阔的市场空间，并通过对细分垂直领域的准确切入，实现纵深市场销售的长尾效应。第三，自营网络平台业务是以“品牌认知度 + 客户信任度 + 产品需求度 + 营销精准度”为驱动力的，是公司积极蓄势、大有可为的高潜力业务。自营网络平台业务可以保持客户关系的热敏度，靠老客户的沉淀、口碑传播，吸引新客户，增加与客户的黏性，通过多样化的客户互动与成交转化活动，快速扩大品牌影响力，提升客户忠诚度，实现平台资源、业务资源、客户资源、数据资源的高度统一协同。

在经营互联网人身保险业务的 61 家人身保险公司中，已有 44 家公司通过自建官网展开经营。目前多数保险公司的官网定位于为用户提供专业性、高品质的产品服务支持，给消费者以售前咨询、售中购买到售后服务的全面支撑，起到一个大本营的作用。例如，招商信诺目前已搭建起包含 PC 官网、移动官网、企业微信号、健康管理 App（玩美人生）、慢病管理平台（糖无忧）等较为完善的互联网业务及服务平台，并根据各平台用户特性及访问习惯进行规划和运营。其中，PC 官网、微信公众号主要承担品牌、服务和营销功能；健康管理 App（玩美人生）作为吸引和服务客户的创新平台，除了与保单服务功能对接之外，还承载了帮助客户管理健康生活习惯、改善亚健康状态，从而提升客户满意度的功能定位；慢病管理平台（糖无忧）针对慢病患者有效定制保险配套产品，满足这部分客群无法购买健康保险的需求，同时提供康复管理服务，指导用户更好地控制病情以及更有效管控康复过程。

未来保险公司应立足于自营网络平台，快速整合线上线下资源，打造用户群生态，建立、维护消费内容和 UGC① 的生态经济闭环，建立社群电商模式，实现一体化的、可闭环的公司产品综合销售与服务支持，最终实现企业用户流、商流、资金流、信息流平衡永续发展的价值目标。

（三） O2O 模式崭露头角

对于传统保险企业来说，实现向互联网化的转变，不仅要加快构建线上销售服务能力，实现业务上网，以满足用户日益增长的在线消费需求，更要发挥已有的传统线下优势，将线下资源与线上业务相互结合，探索形成线上线下互动融合的业务模式（即 O2O 业务模式），从而打造企业在互联网时代新的核心竞争力。现有的 O2O 主要有 “Offline to Online” （线下营销到线上交易） 和 “Online to Offline”（线上交易到线下消费体验）两种模式。“线下营销到线上交易”是利用线下资源，为客户提供金融服务，发掘意向客户，并通过精准营销将其引导至线上（网络/电话）销售，同时提供服务。“线上交易到线下消费体验”是通过线上网络平台对客户进行行为分析和大数据分析，精准筛选有购买意向的客户，系统自动识别后，转由电话座席/线下队伍进行营销跟进。随着科技的不断发展，人们的保险意识逐年提升，借助于互联网平台可解决信息不对称或销售误导的痛点，O2O 模式将成为推动价值保费成长的重要方式。

富德生命人寿通过 App 搭建一个基于移动端保险服务销售平台，为线下队伍提供行销支持工具，为线下客户提供完善的线上服务。“生命云服务” App 是其探索“互联网 + 银保”，进行“线下销售、线上出单”模式的尝试，该应用作为银保销售服务支持工具，突破了银保通 T + 1 的限制，当天保单即可查询，同时提供银保线下线上产品查询、网页回访、退保等服务，提升银保业务销售服务效率和竞争力，积累线上客户，探索线下服务延伸；“E 动生命”

① UGC（User Generated Content）指用户原创内容，是一种用户使用互联网的新方式。随着互联网运用的发展，网络用户的交互作用得以体现，用户既是网络内容的浏览者，也是网络内容的创造者。

App 则与传统营销渠道开展交叉销售模式，尝试通过赠险来降低营销业务员获客难度，同时增加 App 用户量和价值类业务规模，实现渠道共赢。

阳光人寿着力打造“微营销”平台，该平台为阳光人寿内部资源开放合作生态圈，旨在为业务员提供行业场景、保险产品、营销工具、保险服务等一站式服务。微营销平台具备零门槛、高效率、高价值的优势：零门槛指通过微信版和 App 版，实现营销和服务的零门槛；高效率指通过赠险及增值服务实现业务员高效获客；高价值指通过挖掘客户需求，实现精准营销，改善业务员销售和服务方式，从而实现业务员和客户双重高价值。微营销平台通过客户管理、客户需求分析、工作日志管理等功能模块，协助业务员和客户之间开展线上线下互动交流，并建立契合保险的销售场景，让客户直接感受到阳光人寿的价值主张和快捷的服务，进而帮助成单（见图 3－15）。

图 3－15　阳光人寿内部资源开放合作生态圈——“微营销”

（四）跨界构建保险生态圈

随着新技术和新环境的到来，互联网保险生态圈被越来越多的保险公司提及。保险生态圈是指保险公司或服务商组成的保险网络，将价值链上的不同设备、应用程序、数据、产品或服务联系起来，围绕客户的一系列核心需求提供组合服务，达到比各保险产品、服务独立运作更好的效果，从而创建一个全新的保险市场。比如，随着互联网的不断渗透，保险公司通过集中医、药、健康、养老、投资等在内的关联产业和客户，整合衍生产品和相关增值服务，最终形成一个互联网保险的生态圈。对于保险平台生态圈的构建者来讲，构建保险平台生态圈的根本目的在于更好地服务于客户并且吸引新客户的进入，扩大企业的业务规模或业务范围，进而实现企业的利润和品牌的双提升。换言之，即为通过平台引入或发展全新的业务线、产品、服务来吸引客户，保持高频率的客户沟通互动，以提升客户忠诚度并获取更多客户的需求；利用平台获取的客户需求，进行数据挖掘，将客户迁移到适合其的业务线、产品、服务渠道上，实现精准的市场营销和客户迁移，提升单个客户贡献度；通过客户在平台的行为数据记录，为其他业务贡献大量的非金融数据，如客户的健康信息等，具有较高的数据及业务价值，可为客户分析、产品设计、业务拓展提供极高的价值输入。

平安围绕客户“衣、食、住、行、玩”等需求，搭建了互联网保险平台，以实现保险与生活中的各种应用场景无缝衔接，目前已经在社交、医疗、支付、消费等生活场景有所布局。其中，平安 App 已为客户提供围绕“医、食、住、行、玩”生态圈的一揽子服务。移动平台“平安有约健康行”活动，通过行走计步、朋友圈等功能引导客户养成运动习惯，客户还可以体验到以专属家庭医生服务为核心的健康管理服务。人寿险产品更与“平安好医生”平台结合，用户购买了保险之后，可以进一步享受平安提供的各种健康医疗服务等。

四、服务创新

在互联网保险中，一切都是以客户为中心、为了更好地为客户服务，因为互联网经济是需求经济、服务经济、“粉丝”经济，需严格遵循“需求是金，服务为王”的核心理念。保险公司可以借力当前迅速发展的互联网和信息技术，帮助用户实现咨询、投保、缴费、理赔等全流程的电子化、远程化操作；同时，用户移动终端、大数据、物联网等新技术的发展也为保险公司服务模式的创新提供了可能。

（一）平台服务能力深化延伸

移动通信和互联网技术的发展为保险公司服务提供多形态、多触点、高效率的沟通平台与窗口，网络和移动沟通工具形态的日益多元化使得保险公司和客户的互动方式更加多元。目前，保险公司逐步将保单服务向线上迁移，并有多家公司通过官方网站实现了投保、查询、理赔报案、部分保全等快速便捷的投保理赔全流程，为客户提供全方位保险服务，实现传统人寿险服务的线上化、无纸化。

除了实现保单基本服务的线上化，各大保险公司纷纷引入新技术，开发新功能，搭建立体服务网络，实现平台服务能力的纵深延伸。

例如，弘康人寿引进人脸识别技术，并在保全服务中予以应用。人脸识别不仅作为完善个人信息的环节存在，更重要的是通过人脸识别，对操作高级保全项目的客户进行风险控制、身份识别，避免客户权益受到损害，维护保险消费者的合法权益。目前，此技术可以支持客户联系信息变更、追加保费、部分领取功能，后期将此技术应用于客户领取账户、交费账户变更项目以及保障类产品退保项目，有效减轻客户必须提供诸多资料或者必须到柜面办理保全的负担，提高服务时效。

华夏人寿搭建基于网销用户的在线客服体系，响应用户多样化的服务需求，未来平台将具备投保前咨询、投保中指引、投保后下载电子保单、保单绑定、信息查询、保全变更、在线理赔、续保续期等在线服务功能，对用户购买产品的前、中、后期服务需求进行有效响应，高效解决用户问题，提升用户体验。

互联网在线服务功能的全面升级建设，有利于降低公司整体经营成本，提升客户满意度；同时，业务办理更便捷，能让客户与公司之间形成互动，提高黏性。未来，保险公司仍需持续优化互联网保险的平台、系统、流程，实现保全和理赔功能的全面上线，完善互联网保险客户服务体系，以提升客户体验。

（二）移动终端服务便捷化、个性化

“互联网＋”的新经济形态唤醒和强化了消费者的个体意识，如需求得到尊重、被诚信对待、购买过程便捷而愉快、拥有随时可获得的服务等，用户的感受得到前所未有的重视，“体验经济”正在形成共识。保险公司在完善服务体系过程中，越来越重视运用移动互联技术，提高对客户需求的响应速度，降低客户获取服务的难度和成本，打破时间和空间与客户的隔阂，尽一切可能为客户提供高效便利的售前售后服务。

平安人寿微信公众号平台采用 B2B2C 模式，结合移动 App、微信和电销业务，打造客户销售、服务的全流程直通。同时，为销售人员提供多渠道沟通平台工具，为平安体系内金融产品提供方提供客户引流解决方案。该系统以 O2O 形式，打通网电移平台，通过 1 对 1 的客户服务及网电移一体化服务体系，逐步为客户提供专业的、针对个人定制化的全方位金融服务。

瑞泰人寿在微信平台率先开通快速理赔通道，2 000 元以内津贴型理赔，3 小时结案，1 个工作日支付，客户可以通过微信平台上传理赔资料，节省了客户时间，简化了流程。

此外，保险公司除了在移动端上线更多保险服务外，还可跨界融合，纳入更多健康、理财、游戏、社交元素，根据客户的兴趣爱好，提供保险产品上下游相关的增值服务，进而构建良性的生态圈，促进行业持续健康发展，切实为客户管理和关注各种风险。

招商信诺通过移动数字化平台，为客户提供一站式健康管理解决方案。在移动端上线会员中心，实现订单跟踪、保单查询、保单保全、电子保单下载等多种自助服务。此外，在会员中心中开设积分计划和健康管家专属频道，为会员提供预约挂号及体质测试等健康管理工具，逐步将其打造成为一站式的健康管理服务平台。

复星保德信 App 以个人健康管理为核心功能，上线诸多特色服务，如健康管理档案包含体检档案专业解读、健康干预以及在线健康档案管理等项目；

嵌入互动健康检测类工具；实现在线保单查询、在线保全、在线理赔和医疗咨询服务。复星保德信微信服务号每周与中小电商企业合作发放免费优惠券，获取客户资源，增强用户黏性。

（三）基于大数据的智能化服务

大数据的使用能够有效提升保险公司的效率，在客户经营、销售业绩提升、优化服务体验等方面均有较大的价值。利用大数据对客户进行画像，能够方便保险公司更好地挖掘客户需求，为客户提供精准的产品和服务，提升成交率。海量获客是客户经营的基础，这不仅是指能够获得客户的联系方式，实现可触达的目的，更重要的是能够从更丰富的维度描绘客户画像，包括性别、年龄、地域、收入情况、婚姻状态等，这些信息的丰富程度对后续的客户需求挖掘、产品精准推荐、优化服务体验等方面起到了重要的作用。

泰康人寿在电话中心开展大数据项目，通过全面分析客户的致电语音信箱，标记产生抱怨、退保等倾向的客户，发送信息给业务伙伴进行线下挽留；标记客户沟通中透露的家庭保障情况，提示业务员客户缺失的保险产品类型，进行深度开发，通过该项目产生保费 1 亿多元。目前，泰康人寿正在对客户信息进行梳理和整合，未来将发挥大数据的作用，提升客户转化效率，为客户提供更精准的产品和服务。

珠江人寿通过搭建 ECIF（企业客户信息服务）平台整合客户资源，建立了企业大数据库，并基于海量数据存储与检索、大数据分析、移动支付、云计算支撑平台、P2P 点对点交易系统等进行精准营销和客户化的产品定制，以满足来自不同渠道客户的需求，提升客户体验和营销效率。服务系统以电子商务平台为核心，集客户管理、在线销售、在线服务、产品推介和品牌宣传为一体。客户可以在其商城清晰地了解产品特性，通过在线咨询和案例参考明确自身保险保障需求，选择真正适合自己和家庭的产品组合并实现在线快速购买。

第三节
中国互联网人身保险发展面临的挑战及建议

一、创建更加成熟平衡的监管政策环境

与互联网人身保险业务的高速发展同步，近年来监管部门陆续颁布了《互联网保险业务监管暂行办法》（保监发［2015］69号）、《关于规范中短存续期人身保险产品有关事项的通知》（保监发［2016］22号）在内的一系列监管文件，2016年又在全国范围内启动了互联网保险领域的风险专项整治。日益完善的政策法规和灵活多样的监管措施，使互联网保险监管体系更加健全，为互联网保险业务的健康有序发展提供了有力支撑。

为进一步鼓励行业不断开展“互联网+”创新，要在既有比较全面的监管规则和制度规范下，以防范风险、保护消费者权益为底线，根据互联网的特点进行松绑、减负、降压①，形成鼓励“互联网+”保险创新发展的新规则，充分发挥市场机制在资源配置中的决定性作用，大力推进人身保险供给侧改革；要在线上和线下业务一致监管前提下，允许行业建设新型保险主体，进一步完善互联网保险的市场体系，持续探索多样化的互联网保险商业模式；立足保险普惠和客户体验，以开放心态支持行业积极扩展互联网业务范围，推动产品创新和业务流程优化，切实改善销售与服务品质、降低成本、提高效率。

行业主体要自觉遵守监管法规，在积极开展“互联网+”保险创新过程中严守风险底线：一是大力防范销售误导，严格强调相关主体在信息披露全面性、充分性和风险提示上的严格责任；二是高度重视互联网保险数据、信息安全的基础设施建设，强化制度规范、责任追究的体制机制；三是确保互联网业务的客户服务能力，通过服务“落地”真正体现保险产品和服务的价值；四是加强资产负债管理，强化可持续经营，增强反欺诈能力，避免逆选择风险

① 中国保监会发展改革部副主任罗胜在“2016中国互联网保险大会”上的讲话。

集聚。

根据行业的探索和实践，建议监管政策进一步明确电子合同的有效性，逐步扩大电子保单适用范围；明确互联网条件下投保人如实告知义务履行的处理规则；将参与到互联网保险业务运营过程中的第三方互联网企业纳入监管；通过司法解释明确《保险法》第 116 条“不得给予投保人、被保险人、受益人保险合同约定以外的保险费回扣或者其他利益”的具体含义，使“互联网 +”保险营销活动更加规范有序；进一步明确依托互联网、移动互联网开展新型客户回访方式的有效性、合规性；进一步明确保险集团或企业跨界合作时客户资源共享的法律边界。

二、平衡自营平台与第三方平台业务关系

目前，互联网人身险 90% 以上的业务来源于第三方网络平台，行业争夺第三方互联网流量资源的竞争已基本演变成恶性的“价格战”。如航意险合作的渠道费用高达 90% 以上，投资型保险产品则表现为较为单纯的拼回报率。这一问题形成的主要原因，是企业自有互联网平台在知名度、客户量不成规模的阶段，需要在引流获客上进行较为长期、大量的投入，并在一段时期内要忍耐入不敷出的局面。

若放弃自有互联网平台建设，过分依赖第三方，将使互联网人身保险发展“再中介化”，这偏离了互联网去中介化、低成本、信息透明的本质，不仅对企业资产负债管理和长期稳健经营带来挑战，而且由于第三方互联网平台拥有比较强的自有生态，还将弱化保险企业与客户的联系。因此，建议行业在大力发展互联网保险业务的过程中，坚持“两条腿”走路，充分平衡好建设自有平台与借力第三方的关系。

坚持“两条腿”走路，关键是要以战略眼光和定力，大力推进自有互联网平台建设，打造自身“互联网 +”保险的特色。与第三方平台相比，企业官网、官方 App、官方微博微信等具有更强的自主性和灵活性，可以按照产品形态设计更加个性化和特色化的业务、流程和服务，有利于强化与客户的直接

联系，直接掌握客户信息与需求，塑造更强的企业品牌形象，增强核心竞争力。

坚持“两条腿”走路，重点是科学发挥第三方互联网平台作用。一是充分挖掘第三方平台用户流量、高频交易、业务场景的价值，为保险产品及服务的推广普及创造条件；二是鼓励保险企业充分学习和利用互联网企业的技术优势，提升自身“互联网＋”系统的建设水平；三是基于第三方互联网平台大数据，掌握用户偏好和行为习惯，积极探索产品个性化定制和差异化定价，开展精准的场景营销和针对性服务。

在充分发挥第三方平台作用的同时，建议行业加强对第三方互联网企业非法经营保险或类保险产品和服务的监督检查力度，严禁第三方互联网企业利用保险公司名义实施非法集资。对一些非保险机构通过网络平台推出互助计划，千方百计借用、混淆保险的名义进行公开宣传，非法吸纳用户资金的行为，要发现一家立即处理一家，避免对广大消费者产生误导，诱发纠纷甚至群体性事件。

三、持续创新、 完善互联网人身保险产品体系

认真分析近年来互联网人身保险的发展，虽然业务规模有了跨越式增长，但产品同质、结构单一的问题比较突出：投资类产品的一致特征是高收益、低门槛、期限短；意外险产品的一致特征是保障、服务、价格、营销手段高度相似。

出现这些不足的主要原因，一是保险公司数据积累不足，产品创新能力较弱，与场景相结合的产品仍然稀少，与用户需求高度契合的产品开发仍需努力；二是行业在大数据积累、数据挖掘方面的能力还有待提高，一些互联网化产品的创新尝试存在一定的定价风险，有伪创新、真噱头之嫌；三是在产品开发上线速度、产品设计灵活性方面，传统的产品开发流程还远远不能适应互联网的节奏；四是互联网保险产品多数在碎片化、场景化方面着力，但正因为碎片化、场景化的限制，使产出有了较高的不确定性，存在成本投入之后产品销

量不乐观的情况；五是缺乏产品创新的保护机制，创新企业要承担较高的经营风险和先期投入成本，但推出的新产品易于被同业模仿。

建议行业在产品创新过程中，一是针对场景创新产品，通过将健康医疗、子女教育、养老规划、财富传承等多种保险保障需求嵌入客户衣、食、住、行、娱、医等多种生活场景中，利用场景激发客户对产品的需求，使广大社会公众更能感受保险的作用和价值；二是积极推进复杂产品进行简单化、标准化、移动化改造，将比较经典的保险保障，通过互联网以更低的价格、更便捷的方式惠及社会大众；三是大力探索基于基因工程、可穿戴设备和大数据为基础的定制化互联网人身险保障型产品，积极推进医疗、健康服务的产品化进程。

四、提升互联网保险风险管控水平

互联网保险买卖双方主要依托互联网进行交易的特点，使保险公司在对客户风险识别和交易有效性确认及保证客户数据安全性方面存在较大挑战。

一是多数保险企业缺乏在线认证客户身份的技术和手段，只能依靠消费者在网上填写信息进行风险评估，存在信息不真实引发的欺诈和逆选择风险。

中国人民银行与中国银监会、中国证监会和中国保监会于 2007 年颁布的《金融机构客户身份识别和客户身份资料及交易记录保存管理办法》（［2007］第 2 号）规定，对于达到身份识别要求的，应当核对并留存客户身份证明文件的复印件或影印件。对于互联网业务来说，要留存相关复印件或影印件，现实操作中不易实现，希望能够结合互联网身份识别的方式，更新留存身份识别信息的措施和手段。

二是反洗钱风险控制方面存在较大挑战。对于可疑交易识别，《金融机构大额交易和可疑交易报告管理办法》（中国人民银行令［2006］第 2 号）第十三条规定，保险公司应当将下列交易或者行为作为可疑交易进行报告：“……（二）频繁投保、退保、变换险种或者保险金额……”，同时第二十条又规定：“‘频繁’系指交易行为营业日每天发生 3 次以上，或者营业日每天发生持续 3

天以上。”由于互联网交易以便捷、高效为主要特征，小额、多笔投保或撤单可能比较常见。一天 3 笔或连续 3 天发生交易视为频繁交易，将导致一些正常的互联网业务被列为可疑交易，因此，建议对经网上实名账户转账付款的互联网保险交易，在要求相关各方保留交易日志的基础上，对可疑交易识别和上报标准进行必要的调整。

三是数据信息共享及安全问题存在两难。一方面，由于国内人身保险公司没有实现投保数据共享，缺乏行业统一的风险保额累计平台，导致不易进行风险保额的累计控制；另一方面，数据公开可能造成用户隐私泄露。建议行业主管部门根据《促进大数据发展行动纲要》（国发［2015］50 号）文件的精神，抓好数据信息共享的顶层设计和具体实施办法，使行业在数据信息共享上能做到有法可依、有章可循。

四是存在互联网平台客户信息泄露风险。近年来，无论是互联网企业，还是保险企业，无论是国内，还是国际，均出现过敏感的个人信息在网上泄漏的事件。在客户信息安全保护方面，需要行业内外高度重视，一方面，要认真落实中国保监会《互联网保险业务监管暂行办法》（保监发［2015］69 号）的规定，对开展互联网保险业务过程中收集的客户信息严格保密，未经客户同意不得将客户信息用于所提供服务之外的目的；另一方面，要加强内部管理，提高风险防范意识，加强技术保障和运行监控，定期排查安全隐患，对合作的第三方互联网平台、涉网的中介代理平台进行延伸管理，最大限度保证客户信息安全。

五、加大商业模式创新和技术创新应用力度

由于我国互联网保险还没有形成成熟的理念和模式，经营互联网人身保险业务的公司还有大量工作要做。

一是自身理念与传统经营模式的约束亟须打破。人身保险传统的销售模式主要依托机构建设和人海战术，从国际上看，传统模式仍然有很强的生命力和生产力。相比之下，培育互联网保险的基础能力，短期看存在较高的成本投

入、不确定的产出效果以及对传统销售模式形成挑战和冲突等问题，使不少企业的高层领导难以下决心大力投入发展互联网业务。而且传统能力越强的公司，这种约束与冲突也越大。建议保险企业要站在历史的高度，充分利用互联网重构既有的经营模式，积极探索线上线下结合的发展方式，提升效率，降低成本。

二是广大人民群众对保险的认知度、接受度较低仍是互联网保险发展的主要瓶颈。以寿险深度为例，中国的寿险深度大概是不到2%，而同比我国香港地区是11%，我国台湾地区是15%，即便是印度也有3%。从人均保单数来看，中国人均保单不足1张，远低于欧美人均5张以上的水平。因此，建议行业要有长期战略眼光，共同努力，加大对人民群众保险知识的普及教育，充分发挥互联网无处不在、无时不在的特点，积极开发与用户行为和场景风险相关的产品及服务，通过实实在在的普惠保险和优质服务提升人民群众对保险功能和价值的认知。

三是新技术应用及信息系统建设能力有待提升。目前行业互联网业务所需的信息技术基础设施，在整体规划上欠缺以客户为中心的设计；支持复杂寿险产品在线自动化交易的功能还不十分完善；系统运行的大并发处理、7×24小时持续高稳定运行、高智能化所支持的一站式销售和服务能力与互联网企业相比有明显差距；传统的系统建设开发流程与互联网业务要求快速迭代上线、灰度发布、快速运维响应的要求存在比较大的矛盾。建议积极推进互联网保险业务发展的企业，应在互联网相关技术平台以及人员队伍、系统架构、运维保障、开发测试、数据分析挖掘等诸多方面，不断向先进的互联网企业学习，加大投入，加强合作力度。

第四节
中国互联网人身保险发展趋势展望

随着互联网技术的日渐成熟、影响的快速扩大以及互联网保险发展环境的日臻完善，我们认为，保险业必将进一步加大产品创新、服务创新和模式创新力度，推动互联网人身险业务保持强劲的增长势头，持续改造和重塑传统保险业，推动行业转型升级，最终实现互联网技术与保险业的完美融合。

一、在规范中继续保持强劲增长态势

在人身险行业、互联网产业快速发展的背景下，在互联网保险的客户需求日渐旺盛、监管环境不断完善的环境下，我们认为，未来互联网人身险将继续保持强劲增长态势。

（一）保险行业处于跨越式发展的重要战略机遇期，具有巨大的发展潜力

中国保监会主席项俊波在“2015 中国保险业发展年会”上表示，“未来的保险业将是转型升级加速、跨界深度融合、核心竞争力不断增强的创新驱动行业”。保险业面临难得的发展机遇，未来将积极支持互联网保险发展。

中国保监会副主席周延礼在公开讲话中表示，保险业是朝阳行业，具有巨大的发展潜力。国际经验表明，人均 GDP 8 000—12 000 美元的经济发展时期，正是保险业需求最旺盛的阶段，这个阶段也是我国努力实现中等收入陷阱的跨越、全面建成小康社会的攻坚阶段。因此，我国保险业在未来 10—20 年的时间里，仍然是保险业实现跨越式发展的重要战略机遇期，而且还是可以大有作为。

（二）互联网经济繁荣发展，是互联网保险持续发展的重要动力

《中国电子商务报告（2015）》中数据显示，2015 年中国电子商务继续保持快速发展的势头，交易额达到 20. 8 万亿元人民币，同比增长约 27%；其中网络零售额达 3. 88 万亿元，同比增长 33. 3%。互联网经济的繁荣发展，一方面为保险电商提供了更好的销售平台，另一方面也为互联网保险的创新改革提供了更丰富的场景。

“互联网+保险”不仅符合国家的政策导向，也符合人们对互联网消费日益增长的需求。互联网成为人们的消费方式、娱乐方式、日常工具，渗透到衣食住行、娱教医养等日常生活。通过互联网自主购买保险，在互联网场景中使用保险，已经成为网民广泛接受和认可的保险消费方式。电商购物场景中可以选择的退货运费险、质量保证险等创新型保险产品；互联网理财场景中的账户安全险、信用保证险等则为互联网金融的健康发展提供了信用背书；旅行网站购买机票时，有嵌入消费场景的航空意外险、航空延误险等；使用健康、母婴等移动应用时，可以购买健康保险产品，以及挂号险、手术意外险等与健康服务相关的保险产品……保险伴随着互联网服务领域的衍生，无处不在，覆盖生活的方方面面。

在政府“互联网+”战略的指引下，在互联网经济繁荣发展的环境下，互联网保险作为互联网金融的重要组成部分，将得到持续快速的成长和发展。

（三）互联网保险监管政策日渐完善，促进行业健康持续发展

互联网保险的发展离不开监管的正确引导。近年来，互联网保险在探索中快速发展，监管部门一方面鼓励创新和改革，为互联网保险的发展提供了宽松的政策环境；另一方面根据实际业务发展情况，推出一系列规范和管理办法，为互联网保险的稳健成长保驾护航，促进互联网保险的健康持续发展。

2015 年 7 月，中国保监会发布《互联网保险业务监管暂行办法》，日趋完善的法律法规政策为确保互联网保险业务在健康的市场大环境下有序发展提供了强有力的支持。2016 年 3 月，中国保监会发布了《关于规范中短存续期人身保险产品有关事项的通知》，对实际存续期间在 5 年期以下（不包括 5 年期）的产品进行规范。该文件的出台将有利于保险行业长期稳健发展，虽然在短期来看可能带来保险业乃至互联网保险投资型业务量的波动及业务分化，但从长远来看，基于巨大的市场需求和行业发展良好的态势，互联网人身险业务结构将持续优化，未来仍将快速发展。

二、经营主体将更加多样化

随着互联网保险的快速发展，互联网保险的经营主体也将呈现百花齐放的发展特点。

（一） 互联网人身险的经营主体数量将持续增加

互联网保险高速发展的市场前景吸引着越来越多的保险公司开展互联网业务。2011—2015 年，经营互联网保险业务的主体从 28 家上升到 110 家。互联网保险高效率、低成本、品牌效应好等特点，吸引着更多的人身保险公司将互联网作为重要的销售渠道甚至战略布局领域。

“互联网 + 保险”不仅体现在保险企业与互联网的结合上，第三方平台、中介公司作为互联网保险重要的参与主体，近年来更加丰富多样，数量快速增长。例如，阿里、携程、途牛、苏宁等互联网平台及其所属子公司获得保险兼业代理或专业代理牌照，为互联网与保险的融合提供了更广泛的空间。

中国保监会主席项俊波在 2016 年全国“两会”期间公开表示，目前到中国保监会排队申请牌照的公司近 200 家。这些公司有很多目标不是传统的保险牌照，而是拿到互联网保险牌照。互联网保险高速发展的市场前景和监管对创新业态的大力支持，吸引着越来越多的保险机构开展互联网业务。除了保险机构外，互联网公司等其他行业也纷纷入局互联网保险。

阿里入股了众安在线、国泰产险和信美人寿相互保险社等多家保险公司，百度、腾讯、京东、乐视等互联网巨头也均已对外公布将发起成立互联网保险公司。互联网公司拥有丰富的业务场景，占有流量入口，能够充分发挥其生态圈内资源的协同作用，将为互联网保险的繁荣发展带来新的生机和活力。

（二） 相互保险公司将成为互联网保险新的组成部分

相互保险是国际上主要的保险组织形式之一，发展历史悠久，目前仍在全球保险市场中占据重要地位。据国际合作社与相互保险协会（ICMIF）统计，

2014 年，全球相互保险保费收入 1.3 万亿美元，占全球保险市场份额的 27.1%，在欧、美、日等发达国家占比更高，覆盖人群超过 9 亿人，特别是在高风险领域和中低收入人群风险保障方面得到广泛应用。

相互保险将日渐成为互联网保险的重要组成部分。2016 年 6 月 22 日，中国保监会宣布众惠财产相互保险社、汇友建工财产相互保险社和信美人寿相互保险社获准筹建。这种组织形式在国内属于新的尝试，相互保险的模式存在与互联网结合的广阔空间，将为互联网保险的发展带来新的生机和活力。

三、科技加速互联网人身险创新改革

（一）“大数据 + 保险”，深入改变传统保险业务模式

1. 洞悉客户需求，产品开发个性化。保险公司开发保险产品时，通常都是以客户需求为基础，对现有产品进行改良、组合甚至颠覆式创新，以适应市场需要，提高产品竞争力。大数据为我们更及时、准确地识别客户需求提供了技术支持，通过多来源的大数据分析和匹配，可以对不同客户群体进行精细画像，识别其的保险需求，为其提供定制化、个性化的保险解决方案。

2. 优化定价体系：“大数据” VS “大数法则”。有些观点认为大数据颠覆了大数法则，实际上，虽然两者都是在大量数据基础上寻找规律、进行风险分析和预测，但在保险产品定价机制中的作用是完全不同的。

保险是经营风险的行业，基于统计学的大数法则是精算理论的核心，我们需要依托大数法则确保行业基准纯风险损失率厘定的充足和公平。也就是说，大数法则是保险业运行管理的数理逻辑，是保险业不可动摇的理论和定价基础。大数据主要发挥保险定价的辅助作用，特别是采集客户交易、搜索等行为的网络数据进行相关性分析，找寻数据背后的匹配规律，推动保险公司细化客户群，优化精算定价模型，建立科学、有效的保险费率浮动模式和差别化定价机制。

因此，大数据并没有颠覆大数法则，而是对保险费率市场化形成机制的重要优化和改进，是一种依托新技术、更加精细化的风险管理辅助工具。

3. 客户市场细分，精准营销。保险公司需要的数据来源不仅仅是保险公司的客户数据，还应包括保险体系外的数据，比如来自合作方的数据、互联网的社交数据和行为数据等。这些数据均对保险市场细分具有相关性。通过对客户信息和客户行为的深度分析，能预测及了解客户需求，挖掘潜在客户，推荐适合的产品，从而实现个性鲜明的精准营销。

大数据时代的营销，不应是用同一个广告或者营销手段针对所有群体，而是针对细分的客户群体进行宣导营销。对行为数据、意图数据等进行细分，可以区分用户对某一产品的关注度，以确定什么样的营销手段更为合适。比如为每天手机上网时间超过 5 小时的客户推荐健康险、手机意外险；为喜食肉类、爱喝酒的客户推荐重大疾病保险；为使用大屏幕手机的用户推荐碎屏险；为携程、途牛网用户推荐旅游相关保险产品等。

保险行业可以通过精准数据分析来寻找有保险需求的目标客户，并开展有针对性的营销，根据客户需求推送相关保险产品信息，避免采用信息群发的推广方式使客户产生反感或抵触情绪。

4. 改善保险人对保险标的的信息不对称。大数据还可以提高保险业的管理能力，防止保险欺诈等行为的发生。从本质上看，欺诈是双方信息不对称所导致的，而大数据能够弱化部分信息的不对称，从而降低保险公司赔付成本，保障保险公司的正当权益。

5. 提高保险理赔的准确性与及时性。在大数据时代，保险公司可以通过公共信息实时获得客户的出险信息，并及时主动联系客户提供理赔等服务。不同的报案手段可以应用不同的大数据方法，比如，保险公司可以对电话报案的号码进行定位，大致了解事故发生的地点，或通过技术手段获取用户的 GPS 定位信息，以便确定报案地点。在确认事故原因方面，可以通过远程发送或上传现场图片的方式，通过图片分析挖掘技术进行事故原因分析，确认各方责任，为客户实现更为快捷、方便的赔付，给客户带来更好的赔付体验。

大数据方法也同样可以应用在与第三方的合作上。比如，当客户遭遇意外伤害事故时，客户也不必到保险公司进行索赔，医院可以将客户信息直接传送给保险公司，保险公司的预付赔款可以快速直接地划到客户的账户内，解客户燃眉之急。

（二）“可穿戴设备 + 保险”

多年来，涉足健康险领域的保险公司，因无法实时掌握被保险人的健康情况，无法与医院实现联网系统对接，而面临着精准定价难、赔付成本居高不下的尴尬局面。不过这种现状正随着可穿戴设备及运动大数据的应用，有望得到改善。

可穿戴设备包括智能手环、手表、眼镜、衣服、鞋子等，通过软件支持以及数据交互、云端交互来实现强大的功能，可穿戴设备将会对我们的生活、感知带来很大的转变，也将为保险产品的创新带来新的可能。由于大部分可穿戴设备均内置了多种传感器，可以随时监测记录各种与人体健康息息相关的数据，因此保险公司可以通过这些数据了解投保者的生活习惯及各项身体数据是否健康，并建立一个奖惩标准，坚持运动、健康生活的人保费降低，而生活习惯不健康的人保费提高。这种方式可谓是达到了双赢的局面。保险公司通过这种生活习惯的分析，不仅使用户节省了保险费的开支，还促使用户形成良好的生活习惯。另外，相对保险公司而言，投保的用户生活越健康，所支出的医疗费用也就越低。

目前行业中已经推出了与可穿戴设备及运动大数据结合的重疾产品，将根据客户的运动情况进行定价。未来，随着可穿戴设备的普及，将互推出更丰富的基于可穿戴设备的创新产品，以新的定价模式和产品形态，推动传统保险业务模式的变革。

（三）“生物科技 + 保险”，创新人身险产品形态及风险管理模式

无论是健康类产品，还是人寿险产品，都以人的健康和生命为保险标的，生物科技的进步从两个方面改变着保险产品和风险管理模式。

第一，在承保前风险筛选环节，生物技术能够提高保险公司的风险管理水平。癌症早期筛查技术，能够更精准、更早期发现癌症。世界卫生组织

（WHO）明确指出：早期发现是提高癌症治疗率的关键。只要早期发现，90%的癌症完全可以治愈。认真做好癌症的早期发现、早期诊断及早期治疗工作，则癌症的死亡率可减少约三分之一。

泰康在线财险公司推出的“癌情预报险”，设计了三步筛查方案，帮助人们更早发现癌症从而获得更好的治疗效果。目前在人身险领域，尚未出现结合癌症早筛的保险产品，随着技术的进一步成熟，未来保险产品与癌症早筛等技术的结合将更加紧密。

好莱坞明星安吉丽娜·朱莉因体内含有遗传的癌症基因，从而决定切除乳腺以降低患乳腺癌风险，让基因检测技术进入大众的视线。如今，在国内购买一份保险产品，也有机会在专业机构进行基因检测，看看自己的健康状况如何。目前已经有多家保险机构与基因检测机构进行了接触，部分机构已达成了合作。这种“买保险送基因检测”似乎还只是保险业与基因检测产业合作的初级阶段，蕴含大量身体信息的基因正可谓保险业渴求的大数据库，保险公司可以借此辨别发病风险，进行精准定价，但是基因检测技术的滥用，又可能加重保险公司和客户双向的逆选择。

同时，因基因检测结果涉及个人隐私，是否能用于保险业务尚无明确规定。基因检测专业人士表示，尽管基因检测技术目前已经开始涉及临床应用，但将其大规模推广及采用还存在技术准入及政策法规障碍等很多挑战，有关部门还有很多工作要做。随着技术和政策的落地，基因检测与保险的结合深度将进一步加深，为风险管理带来便利，也带来挑战。

第二，生物技术的进步提升了疾病的诊断率，可能带来比精算假设更高的赔付率。疾病筛查技术的进步，为保险公司在客户风险选择环节提供便利的同时，也在客户疾病诊断环节带来了更高的诊断率，可能超出产品开发时假设的发生率。这种情况下，健康险产品的赔付情况可能比预计的要差，但由于更早发现能够极大地提高存活率和治愈率，人寿险产品的赔付情况可能优于预期。

（四）生物识别技术优化保险服务流程

生物识别技术主要是指通过人类生物特征进行身份认证的一种技术，人类的生物特征通常具有唯一性、可以测量或可自动识别和验证、遗传性或终身不变等特点，因此，生物识别认证技术较传统认证技术存在较大的优势。

目前，指纹识别、笔迹识别、人脸识别等技术在日常生活中已有较为广泛的应用。在金融领域，电子签名已经成为行业常见的技术手段，在银行柜面、保险代理人的电子展业系统中广泛使用。以人脸识别技术为基础的“刷脸支付”和“刷脸登录”等概念逐渐出现，虽然尚未大范围推广使用，但已经能够看到初步的尝试和未来广泛运用的可能。

保险行业也开始尝试引入“人脸识别”技术，例如弘康人寿在 2016 年初推出了通过人脸识别在线办理保全业务的功能，通过与公安部身份证认证中心的远程智能比对，替代人工认证，实现保全服务的互联网化，简化了客户服务流程。

未来，结合人脸识别等生物识别技术手段的客户身份验证将广泛运用到各个领域。就保险行业而言，从承保时的风险控制到后续的保全、理赔时的客户身份识别，都能够极大地优化客户体验，同时提高保险公司的风险管理水平。

四、覆盖高风险及非健康群体

人身险的保险标的是人的寿命和身体，鉴于风险选择的需要，保险公司在人寿险、健康险经营过程中，倾向于选择年轻、健康的低风险人群作为保险客户，主要通过健康告知、核保、体检、生存调查等多种方式，对申请投保的客户进行健康情况的判断和甄别。年轻、健康的客户能够以较低的费率承保，年龄较大的客户或健康状况不佳的客户则可能被加费承保、除外责任或拒保。保险公司的这种风险选择机制，在传统的业务模式下，是符合保险原理，也符合商业保险的经营规律的。

基于大数据、基因检测等风险识别手段的保险产品定价、客户筛选，将给传统保险业务模式带来深刻的变革，这种趋势是行业发展的必然。风险识别技术对保险的渗透和改造，使得保险公司的风险选择能力不断提升，高风险客户甚至潜在风险客户在投保后的风险筛查过程中，都将暴露无遗。这对保险公司的经营来说是利好的，能够提高业务风险管理水平，降低赔付率，提升盈利水平。但也有业内人士对此表示担忧：保险是群体成员对未知风险的分担，如果风险变得越来越能够预知和明确，可能意味着保险将因此失去互助的社会价值。

这种担忧并非杞人忧天，如果我们未来以更精确的客户风险识别技术，将老弱病残剔除在保险保障范围之外，保险的意义将大打折扣。这种做法虽然符合商业原理，但不能发挥保险作为社会稳定器的功能，失去了互助保障的作用。那些按照传统保险经营模式无法纳入保障范围的老年人和患病人群，通过技术筛选被剔除在传统保险产品保障范围之外的潜在风险人群，是否真的将彻底失去获得保险保障的机会？

从目前的行业发展趋势来观察，我们认为，未来的保险保障的群体不仅不会缩小，反而会更加广泛。人身险的保障对象将从健康人群扩展到高风险人群甚至确诊的患病人群，老年人、患病人群等传统健康保险中高风险的业务，未来将拥有更多的机会获得保险保障。

这种变化从近一两年市场出现的面向特殊病种患病人群的保险产品，可以窥见一二。例如，长城人寿于2015年12月推出的种牙险，面向的客户群体并非牙齿健康的人群，而是包含投保时已缺牙的客户。泰康人寿推出的“甜蜜人生”、众安在线推出的“糖小贝”等产品，则直接将产品的客户群体界定为糖尿病患者，将保险、医疗和健康管理融为一体，帮助客户从源头上做好健康管理，降低疾病带来的健康损害和风险。此外，市场上还有高血压保险等面向慢病患者的专属保险产品。

未来，这类面向癌症患者、残疾人群、老年人等传统意义上高风险人群的专属保险产品将更加丰富。而通过肿瘤筛查、基因检测等技术手段筛查出来的潜在风险人群，也同样可以通过特定保险产品和健康管理服务的融合，获得保险的支付服务和更专业的健康服务。

这类产品的实现，得益于互联网、智能硬件、互联网医疗等带来的在线健康管理手段，以及保险与医疗供应商之间的深入合作。以糖尿病保险为例，保险公司不仅可以为客户提供专属的保险保障，更重要的是为糖尿病患者提供日常疾病控制管理方案，通过智能硬件对客户健康数据的实时传输、记录和分析，帮助客户进行健康管理，并通过奖励性的浮动保额，鼓励客户加强自我健康管理，提升自身健康水平。在这一点上，客户与保险公司的利益是高度一致的，共同的目标都是减少发病、维护健康。

传统保险产品仅作为支付手段，承担客户患病或死亡带来的经济损失，一旦发生赔付，客户与保险公司的关系就终止了。“保险 + 健康管理”的保险业务模式，则能够为客户提供全生命周期的保险服务，无论是健康还是患病，都能够得到保险的支持和保障。这不仅为传统业务模式下无法获得保险保障的人群提供了机会和可能，更重要的是，保险产品与医疗服务、健康管理的深度结合，能够帮助客户改善健康状况，实现保险公司与客户的共赢。

由此，健康类保险产品的竞争力将由其稀缺的健康服务资源决定。传统重疾保险往往有挂号服务、绿色通道等绑定服务，但由于这类服务是可以通过第三方机构采购，在激烈的行业竞争中逐渐成为重疾类产品的标配，大多数公司都具备的服务也就不再成为核心竞争力。

独有的优质医疗资源、基于大数据的定制化健康服务等将决定保险产品的市场竞争力，也将逐渐成为互联网人身险创新的重要方向。

五、场景化和平台化模式长期共存

目前行业将互联网保险的特征通常总结为场景化、碎片化、小额、高频。诚然，互联网保险与传统保险产品相比，由于与互联网场景的结合，出现了新的需求和形态，但将互联网保险仅仅归结为这一类产品是略显片面的。

财产险产品由于其天然的属性，具有丰富的场景，在“互联网 +”的过程中，能够较好地实现场景化，推出了退货运费险、航空延误险、账户安全险等众多基于互联网场景的保险产品，这些产品的共同特点是与互联网业务场景的结合紧密、额度较低。

相对于互联网财产险的场景化特征，互联网人身险总体表现为平台化的销售，理财产品、人寿险、健康险等目前主要以传统保险产品的互联网化为主，场景化、碎片化的产品仅为现有产品体系的补充。意外险虽与出行、航旅、运动等场景具有一定的结合空间，但基本以嵌入式销售为主，产品本身的创新和改变不大。

较传统线下销售的模式而言，互联网人身险的保险期间相对较短，保额总体较低，这在一定程度上表现为碎片化的特征，但实质上是因为互联网销售目前无法实现体检、生存调查等常规的风险管理手段，只能通过限制保额、投保年龄等方式将风险控制在一定范围内，并非产品与场景结合带来的高频次、低额度特征。

在人身险产品形态的创新上，互联网保险领域近年来也做出了有益的尝试和探索。2014 年，泰康人寿推出了行业首款互联网思维的保险产品“微互助”，引发了行业多家公司在重疾险、理财险等领域的社交化尝试。近年来，业内也推出了与可穿戴设备结合的健康产品，运动情况与费率挂钩，是大数据定价的初步尝试。这些创新产品将复杂难懂的保险产品尽量与互联网场景、人们的生活场景结合起来，提高互动频率，增强趣味性，对互联网人身险的创新乃至整个保险行业的改革发展都有一定的推动作用。

2015 年，互联网人身险虽然仍以投资型业务为主，但从保障型产品自身的高速增长来看可以看出，互联网让保险成为更加普惠、便捷的金融产品，也让我们对互联网保障型产品的未来充满期待。在回归保障的导向下，旨在为人们提供健康、养老、意外等保障的人身险产品将得到持续强劲的增长，也必将衍生出更丰富的创新型互联网人身险产品。例如，健康保险与互联网医疗健康领域的结合，未来可能衍生出更加丰富的创新保险产品。

综上，我们认为互联网人身险以传统保险产品的互联网化销售为主、产品类型以投资型为主、销售平台以第三方平台为主的模式，在短时间内不会改变。随着人身险未来不断与互联网场景、技术的融合，场景化产品和平台化产品或将长期共存。

六、互联网保险的边界或将模糊

互联网保险因其简单便捷的投保流程、公开透明的产品信息，成为受客户欢迎的投保方式，客户可以在线自主选择保险产品、填写资料、支付，后续也可通过互联网实现在线的保全和理赔等客户服务，这种全流程在线交易的方式与传统的代理人展业模式截然不同，但这并不意味着互联网保险不需要线下的服务和支持。

互联网是一种更高效的工具，给很多行业带来颠覆性的改变，但改变的只是商业模式，行业的本质并没有改变。例如，“互联网 + 出行”，将招手停车的传统模式，通过互联网平台的信息匹配，形成在线打车的新模式，但满足客户出行需求的本质并未改变。互联网保险的出现，并不是对传统保险行业的全然颠覆和抛弃，而是提供了更便捷的工具，并未改变保险提供风险保障的本质。

从产品特性上来看，互联网人身险更适合线上线下相结合的方式。我们知道，场景化的产品依托于互联网生态，与主营业务浑然天成、互相融合，对线下服务的需求相对较弱。以退货运费险为例，保险产品的购买与交易、退货等环节密切融合，且额度不高，可以在线实现从投保到理赔的全流程，人工干预的环节不多。对于更适合平台类销售的复杂产品，例如人寿险、重疾险等产品，线上线下相结合的方式则更能够提升交易效率、优化客户体验，同时，这类产品的理赔、增值服务等也往往都离不开线下服务。

经营互联网人身险业务的公司，在自有平台的经营上通常采用从获客到转化的业务模式，通过赠送免费保险或与第三方渠道的合作等方式获得客户信息，通过人工干预的方式进行价值转化。转化的过程不论是采用与传统渠道合作的方式，还是采用培养网销专属业务队伍的方式，都形成了线上线下结合的模式。其中，较有代表性的是泰康人寿的网电结合模式，泰康的网销渠道拥有一支专属的座席队伍，通过官网服务和销售结合，在线服务与电话销售结合，形成了在线获客、线下指导和促成、在线成交的模式，充分发挥了线上和线下的优势。在线交易带给客户更便捷、安心的投保体验，人工服务则能够帮助客户更好地理解复杂的人寿险产品。

与此同时，线下代理人队伍的电子化、互联网化水平不断提高，移动展业、微信投保等方式已经成为常态，同样可以实现在线投保、出单和互联网在线服务。平安人寿的金管家 App，正是将代理人线下销售与线上成交的方式结合起来，形成了“保险 + 互联网”的优秀典范。

不论是“互联网 + 保险”，还是“保险 + 互联网”，都是将互联网和人工服务各自的优势结合，实现了“1 + 1 > 2”的效果。传统渠道对互联网的靠近，以及互联网对线下服务的依赖，相辅相成地融合出更完整的互联网保险生态。从某种意义上来说，互联网保险的概念正在逐渐模糊，线上和线下的融合将更加彻底、全面。

第四章

互联网保险国际经验研究

第一节 互联网保险国际发展状况综述

一、保险行业的数字化、互联网化迫在眉睫

（一）客户对互联网保险产品与服务有巨大需求

互联网和智能手机的高渗透率和长使用时间，为保险公司发展网络直销及移动直销渠道打下了基础。根据调研，截至 2014 年底全球互联网用户数接近 30 亿①，预计 2017 年将达到 33 亿②（见图 4－1）。美国、英国、日本等发达国家的互联网渗透率均在 90% 左右③，互联网正式融入大部分人们的生活。同时，2014 年智能手机用户数接近 16 亿④，预计到 2017 年，70% 的互联网用户将拥有智能手机。在中国、美国、印尼、巴西等多个国家，人们每天使用智能手机的时间平均超过 100 分钟（见图 4－2），这个数字超过了个人电脑、电视、平板电脑。人们已经习惯通过手机“随时随地”地进行包括沟通、社交、购物、获取资讯等各类活动；同理，也产生了在手机上购买保险产品的需求。

客户对社交媒体的依赖，为互联网保险的销售和数据分析创造了新的机会。近年来，社交媒体的使用频率呈现爆炸式增长，根据摩根士丹利和 BCG 在 12 个国家和地区收集的 6 000 份调查问卷，截至 2013 年 9 月，社交网络用户占网民比例高达 73%⑤，且越年轻的网民社交网络使用比例越高。这些用户主动或被动地参与到丰富多样的社交网络活动当中，涉及医、食、住、行、玩等各个方面，保险亦不例外。社交媒体会给互联网的营销与获客提供平台，同

① 资料来源：Internetlivestats 世界互联网用户数据库。
② 资料来源：2014 年摩根士丹利和 BCG 调研报告“保险与科技”。
③ 资料来源：Internetlivestats 世界互联网用户数据库。
④ 资料来源：Statistita 全球数据库。
⑤ 资料来源：2014 年摩根士丹利和 BCG 调研报告“保险与科技”。

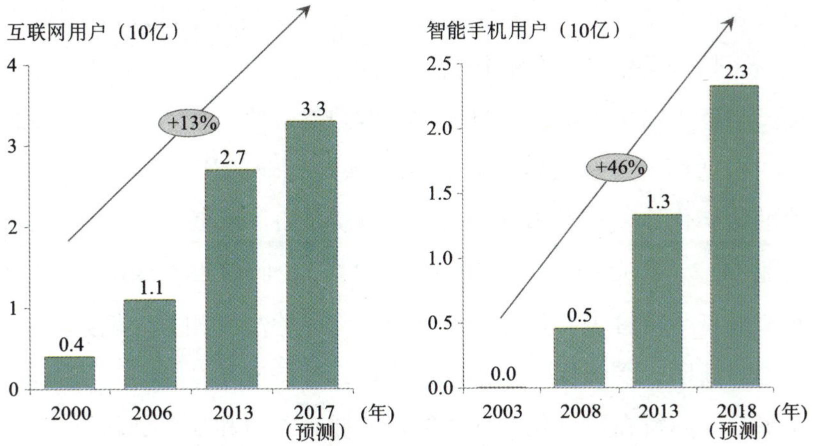

图 4－1　互联网和智能手机正在快速普及

资料来源：MS－BCG 保险业客户调查 2014；BCG 分析。

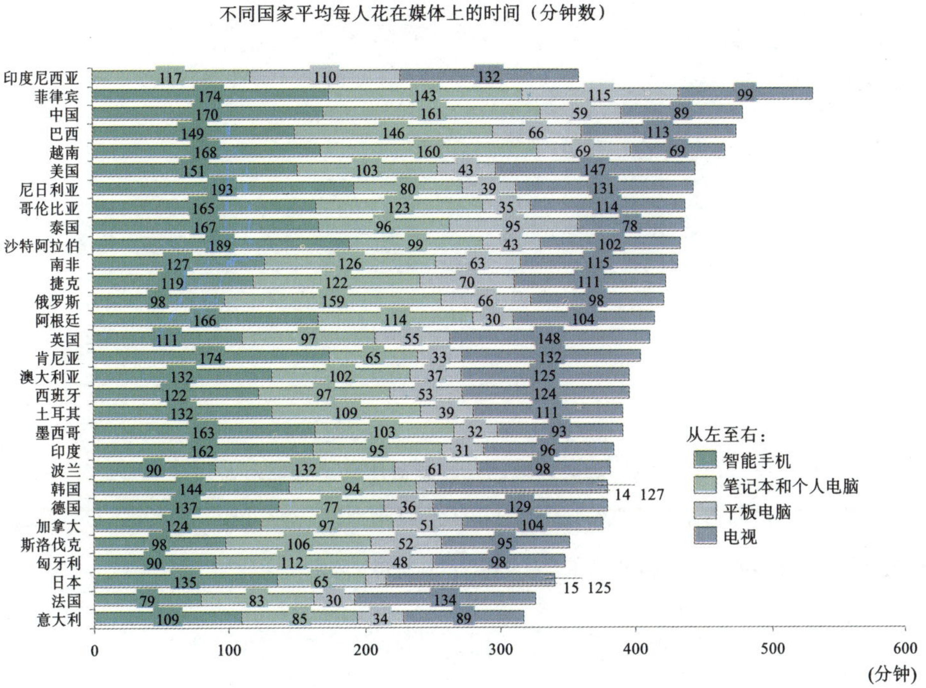

图 4－2　智能手机在许多国家已成为最常用的媒体

资料来源：2014 年华通名略（Milward Brown）AdReaction 全球研究报告；KPCB（凯鹏华盈）2014 年互联网趋势。

时用户也会在上面留下大量的数字化行为痕迹。这些数据可以帮助保险公司进行产品创新、精准营销及客户的行为分析。

然而，与巨大需求形成鲜明对比的是客户对保险行业数字化、互联网化程度不满意。根据调研，和其他行业相比，保险行业的用户数字化体验较为落后：保险的数字化体验相对满意度效用值仅为 4.0，远低于其他金融行业，如个人银行业 15.2、投资业 8.5①（见图 4－3）。我们发现在保险行业，确实尚存诸多客户痛点亟待解决，其中许多与数字化体验高度相关，例如网络直销页面及程序不够简明，受到保险推销电话骚扰，理赔流程及耗时过长等。综上所述，整个保险业亟待在数字化和互联网化上提高能力和加强创新。

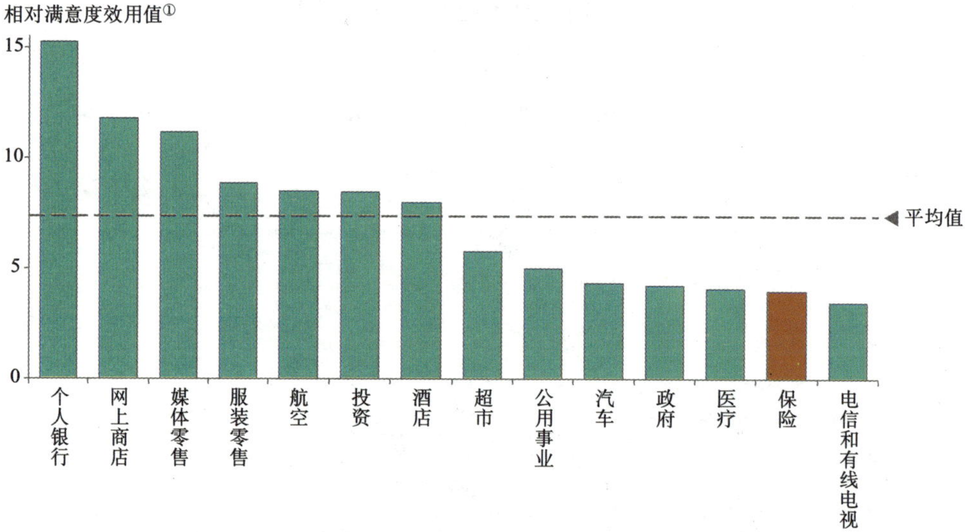

图 4－3 保险服务的在线满意度低于其他行业

注：①基于 MaxDiff 技术：消费者根据对在线服务体验的满意度，分布 100 个效用点在各细分市场中

资料来源：MS－BCG 2014 年保险业客户调查；BCG 分析。

（二）新技术为保险数字化、互联网化扫清技术障碍

新技术的出现将从价值链的各个环节改善或颠覆传统保险行业，并带来巨

① 资料来源：2014 年摩根士丹利和 BCG 调研报告“保险与科技”。

大的经济效益。根据估算，通过大数据建立价格更优的保单将减少约 6.7% 的综合成本率，通过营销和数字化前端在线流程将减少约 7.1% 的综合成本率，通过自动化优化保单管理和服务流程将减少约 1.1% 的综合成本率，通过大数据改进欺诈侦测将减少约 1.5% 的综合成本率。综合来看，一个全新的数字时代保险产品，最终将可以达到约 80% 的综合成本率（见图 4 - 4）。这为保险公司创造了巨大空间去为客户返还保费，从而提升自己的竞争力。

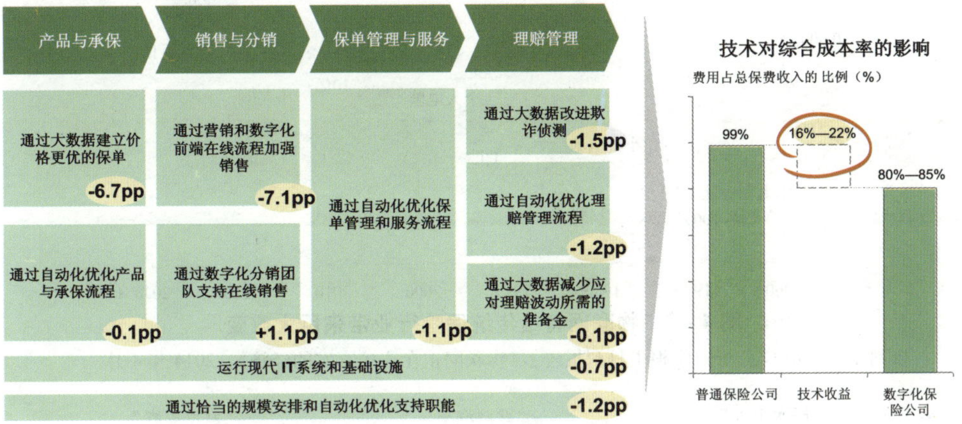

图 4 - 4　现有商业模式的优化可使保险产品综合成本率降低 16—22 个百分点（仅以车险为例）

注：基于普通汽车保险公司的估测：采用纯代理商模式的普通欧洲汽车保险公司的年收入为 10 亿美元，不包括资产管理结果。所有收益只考虑最终状态，不包括初始投资。假设总保费不变，所有技术收益均转化为成本收益。根据欧洲保险企业的市场数据、对技术和保险公司的采访、BCG 对标数据库和 BCG 项目经验所做的收益估测。

资料来源：欧洲保险公司年报，访谈，BCG 保险业对标数据库，BCG 项目经验；BCG 分析。

具体来讲，有五类技术值得引起保险业界的格外关注：

1. 物联网：设备互联的爆发，形成联网个人、联网汽车、联网家庭三个智慧生态圈，将给传统行业带来巨大改变（见图 4 - 5）。预计到 2020 年，2.2 亿辆汽车将会是“联网汽车”，相当于每 5—6 辆汽车就有一辆联网①。预计到

① 资料来源：2014 年 SBD 车联网全球终端用户调研。

2018 年，全球可穿戴设备出货量预计将达到 1.7 亿件，是 2015 年的 2 倍①。同时，将有 7.6 亿台智能电视联网，是 2015 年的 1.6 倍②（见图 4-6）。联网个人、联网汽车、联网家庭三大智慧生态圈所带来的海量数据将帮助保险公司进行风险定价和风险控制，甚至产生 UBI 车险这种保险产品的形态创新。

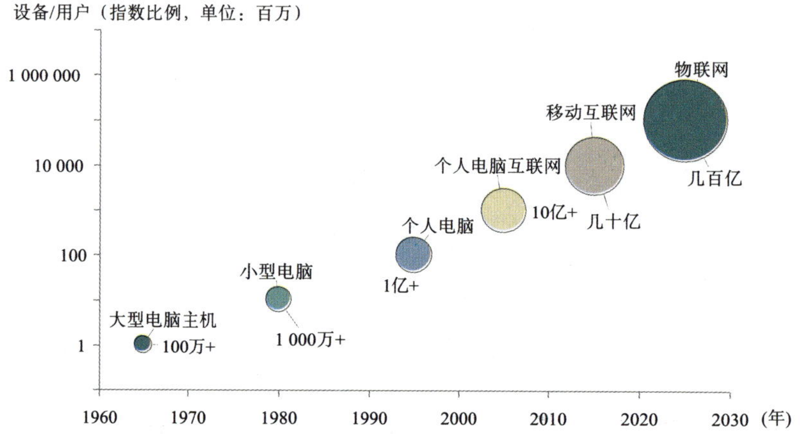

图 4-5 物联网将给传统保险行业带来巨大改变

资料来源：BCG 分析；摩根士丹利报告：《物联网正在连接真实的经济》，2014 年 4 月。

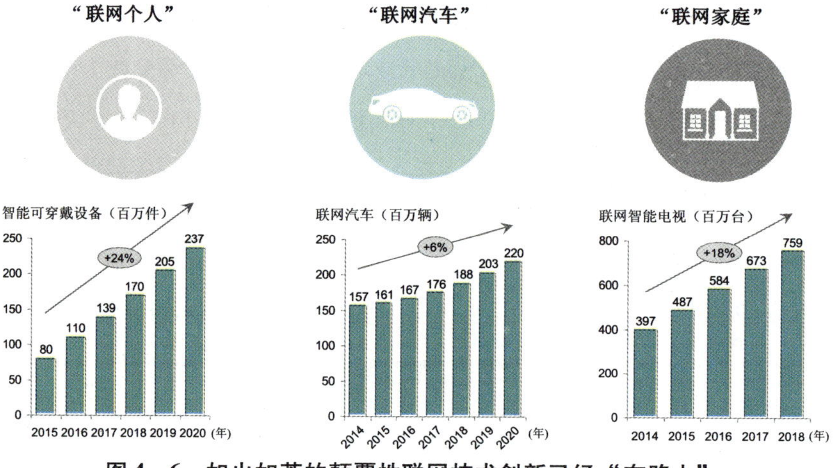

图 4-6 如火如荼的颠覆性联网技术创新已经“在路上”

资料来源：BI Intelligence 分析、IDC 分析、Statista 网站；2014 年 SDR 报告；BCG 分析。

① 资料来源：IDC（国际数据公司）调研数据库。

② 资料来源：Statistita 全球数据库。

2. 大数据：随着人们在互联网上行为的不断增加，产生了海量的各类非结构性数据，如浏览数据、搜索数据、社交网络数据、GPS 定位数据等。同时，技术与硬件的发展为这些海量数据的存储、分析计算奠定了基础，大数据的运用成为当下各行业热门的话题。国际上，大数据对于保险行业价值链的影响体现在方方面面，包括风险筛选、精准营销和交叉销售、差异化定价、客户流失管理、理赔欺诈检测等。

3. 云计算、云服务：近年来，云平台发展迅猛。亚马逊的云端平台存储对象仅 2012—2013 年就从 8 200 亿个增长到 2 万亿个（见图 4 –7）。传统上，建立海量数据存储和分析能力需要巨大的时间和金钱投入，只有大型保险公司才能负担。但云技术能够帮助中小保险公司以较低的成本拥有更为强大的计算能力，因此成为许多创新性中小保险公司的首选。例如 Oscar 通过亚马逊云服务（AWS），仅用 3 个月就建立起能够承载极大峰值流量的健康分析平台。过去，网络安全一直是一些传统保险企业将数据上传至云平台担忧的问题。目前，云服务正在不断加强预防网络攻击的能力，因此越来越多的传统保险公司也在尝试使用云服务。例如，传统保险巨头 Generali 在美国市场通过 Windows Azure 的云服务来进行灾备，节省了约 65% 的成本；美国寿险公司 Pacific Life 为了低成本地快速提高数据分析与计算能力，采用 AWS 的云计算服务。

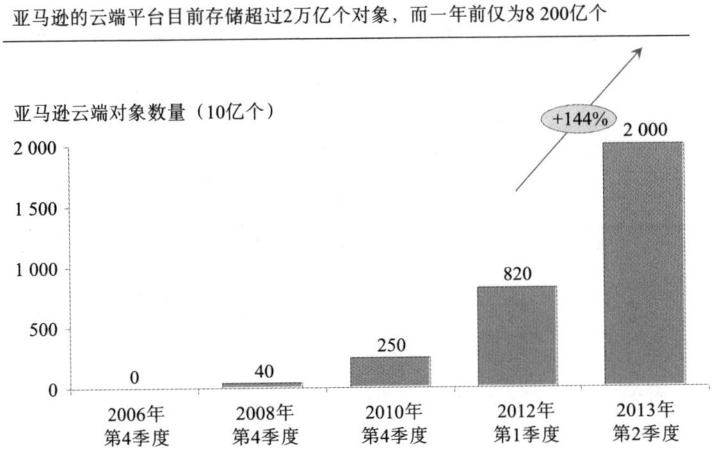

图 4 –7　云平台大幅增长

资料来源：MS – BCG 保险业客户调查 2014；BCG 分析。

4. 通讯和宽带成本下降：过去10年，数据传输的速度飞速提升，成本却大大下降，每1 000MBPS的宽带成本由1999年的1 000多美元下降到现在的十几美元，平均每年下降27%（见图4－8），这使得通过联网设备所获取数据进行大数据分析的性价比和实时性显著提高。美国UBI车险的兴起也得力于移动数据传输从2G走向了4G时代，正如实时驾驶行为数据分析和实时反馈、车辆碰撞实时检测等成为可能。

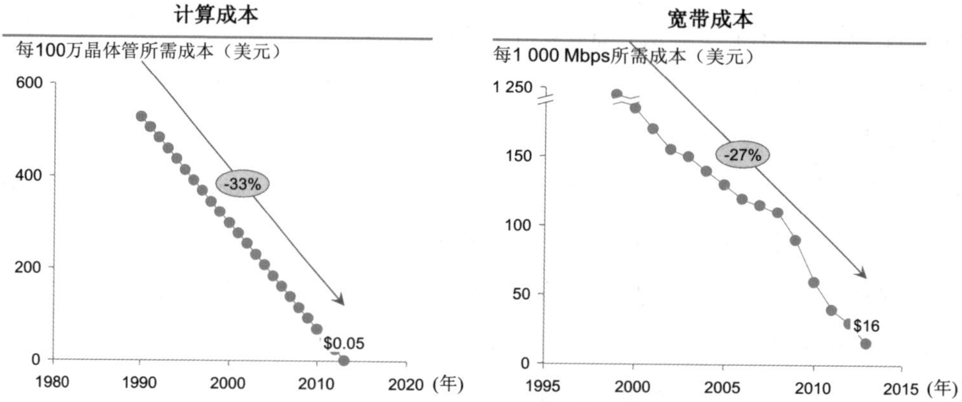

图4－8　计算和宽带成本持续以每年30%的速度下降

资料来源：MS－BCG保险业客户调查2014；BCG分析。

5. 远程物体识别、人工智能等智慧化服务：远程物体识别的应用将节省财产保险公司的人工成本，提高运营效率。例如汽车事故后，远程物体识别技术的应用可以让客户自行拍照上传，减少查勘员出现场的工作量。同时，通过应用机器学习和人工智能，智慧化的理赔服务和客户服务成为可能。国际上，人工智能已运用在金融领域客户服务的各个方面。如Future Advisor是一家总部位于旧金山的美国养老金管理公司，通过机器人顾问提供全权委托投资组合管理服务。许多保险公司目前也在探讨利用人工智能进行智慧化服务，我们有信心在不久的将来看到保险公司建立以人工智能为主的客户服务中心。

二、各类资本纷纷布局互联网保险

（一）传统保险公司投入大量精力发展互联网保险

保险行业的互联网化和数字化已成必然，因此传统的保险公司均在加大对创新和数字化举措的投入。传统保险公司的创新通常采用三种方式：自建创新实验室等内部举措自行研发、通过投资或收购、与金融科技公司合作。

1. 许多保险公司都成立了创新实验室，在公司内部进行创新培育。例如，德国安联（Allianz）保险公司成立“数字化实验室”进行创新项目培育，覆盖领域包括新产品研发、移动互联网深度应用、大数据分析、业务流程数字化、数据安全等。一旦创新项目被证明有潜力，便会推广到全球的各个安联子公司。同时，该实验室也会收集一些初创企业、学生和创新发明者的想法和产品，给予资金和其他资源的支持以帮助其试点、发展并最终商业化。除安联外，AXA、Allstate 等传统保险公司也有类似的创新实验室组织，通过这一独特的组织，在传统公司的框架下实现创新孵化（见图 4－9）。

IT运营费用除外

	Allianz	AXA	AVIVA
公司 FinTechs ＋ 数字化风险投资	成立VC：约4亿欧元	Kamet：约定为1亿欧元，预期将额外增加2亿—3亿欧元 AXA Strategic Ventures：过去3—5年约5亿欧元	Aviva Ventures：1亿英镑 活跃于FinTech创业社区
合作伙伴	与Deutsche Telekom, Panasonic及数家投资基金/风投合作	与Facebook和LinkedIn合作，并积极与美国西海岸的风投结盟	与英国政府、新加坡金融管理局及暑假投资基金合作
卓越的金融高科技/数字化中心	加速器：全球约50全职员工 集团数字工厂：200+全职员工	金融高科技设计中心：200—300名全职员工	“数字化车库”：英国和新加坡有100+全职员工
数字化支出（内部）	约5亿欧元/年	约4亿欧元/年	约1亿英镑/年

图 4－9　三大保险公司的金融高科技投资和数字化支出对比

资料来源：三大保险公司官网，新闻报道，BCG 分析。

2. 风险投资或者收并购也是保险企业获取外部创新基因的常用方法。例如，Allianz 除了自建数字实验室外，也与德国电信、日本松下电子及数家投资基金合作成立了规模约 4 亿欧元的风险投资基金。寿险巨头 Aviva 在 2015 年出资 1 亿英镑成立了一家风投公司，活跃于金融科技的创业社区，专门投资新兴数字化企业。又如，英国保险公司 Direct Line 参与了车载信息服务及大数据分析公司 The Floow 15% 的股份，来弥补自身车联网能力的短板。还有许多保险公司也都热衷于投资物联网类的科技企业（见图 4 – 10）。

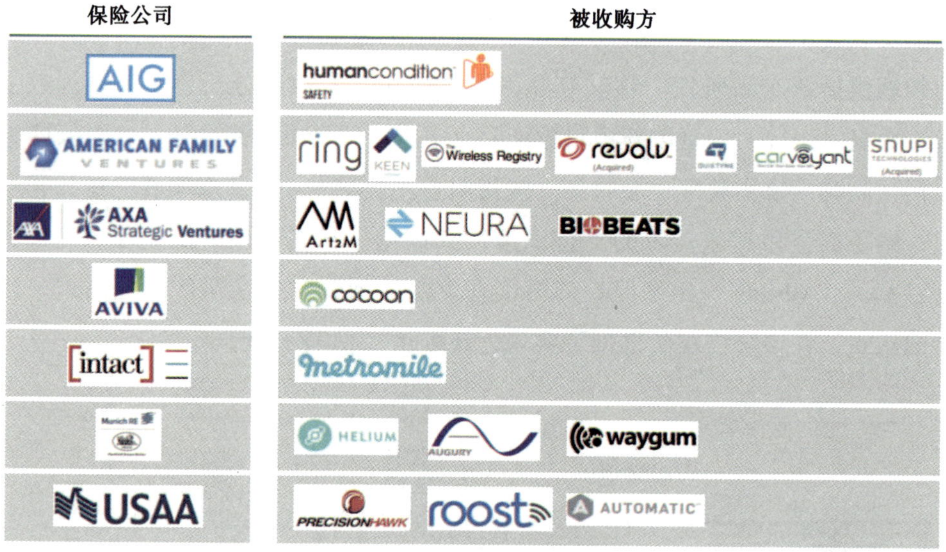

图 4 – 10　保险公司热衷于投资物联网类的科技创业公司

3. 与科技企业合作是保险公司快速补充数字化能力的另一手段。例如，美国医疗保险公司 Humana 于 2014 年与苹果公司就 HealthKit 平台的数据分享达成合作协议，并将 Humana 的 Vitality 健康管理计划与苹果手机的 HealthKit 应用系统合并，拓宽生态圈范围，使得用户可以将健康积分在合并的系统上兑换电子产品、健身器械和电影票等，帮助用户养成良好的健康生活习惯。再如德国安联和德国电信在 2014 年达成合作共同开发电子家居服务设备，集两家所长，为零售客户与企业客户提供智能家居的联网产品和服务。好事达（Allstate）在加拿大与智能家居厂商 Rogers 合作，对购买 Rogers 智能家居探测器

（可以探测烟雾、火灾、漏水，客户还可从智能手机进行远程安全控制）的用户，提供家财险 25% 的保费减免。

（二）创新型保险公司视之为弯道超车的机会

随着互联网渗透率的不断提高以及技术的发展，许多创业公司开始思考对保险产品和增值服务的创新，以求弯道超车，凭借创新产品与保险巨头抢占市场份额（见图 4－11）。2005 年，世界上约有近 700 家保险相关的公司，而到 2015 年，这一数字达到了 2 100 家以上，10 年增长了 2 倍多。

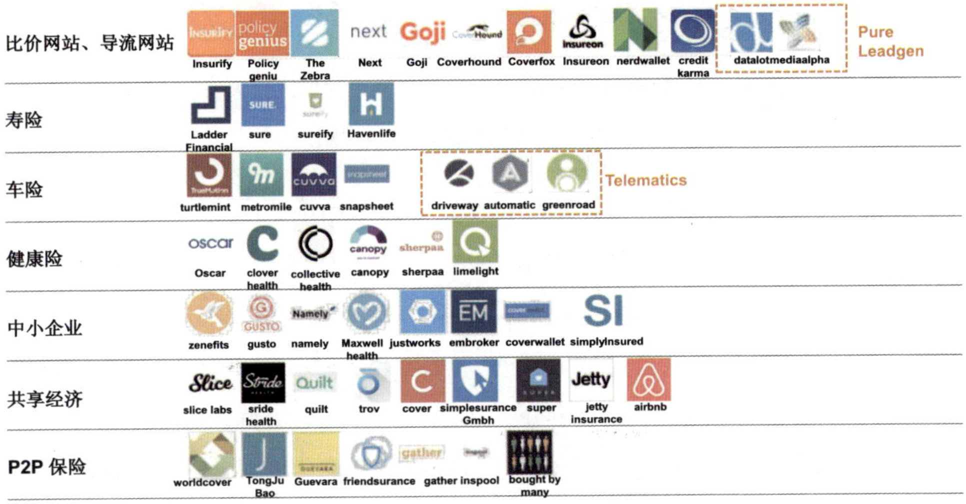

图 4－11　各类保险创新企业纷纷涌现

总体来看，保险创业公司更多地关注于产品创新。例如，Friendsurance 是 2010 年成立于德国柏林的一家 P2P 保险新创企业，旨在利用社交网站将有类似需求的熟人组成互助保险小组，通过人与人之间社交的约束，减少欺诈并降低赔付率（见图 4－12）。主要涵盖家财险、车险、个人责任险及法律费用险等。

Oscar 是一家 2013 年成立于美国的健康险创业公司。Oscar 运用先进的数据科学技术，采集、汇总和分析包括病人、医生、药品及医院等多维度的信

业务特点

- 投保不是以个人为单位，而是以朋友组成为单位，单组人数不超过5人
- 每个人交纳的保费分成两部分：60%的保费用于购买传统的保险产品；剩余40%的保费，成立以小组为单位的保费基金，由Friendsurance管理
- 如果在保障期内没有人出险，则返还40%的保费
- 依靠朋友之间的社交关系，优化风险筛选机制、减少欺诈风险、减少小额赔付、降低处理成本

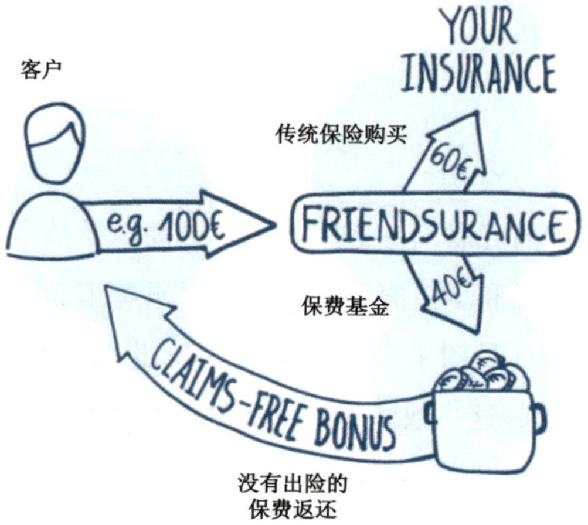

图 4－12　Friendsurance 吸引有类似需求的低风险人群，并依靠社交力量减少欺诈和理赔

息，旨在形成高度个性化的健康信息记录，以此来精确匹配病人和医生，进行远程就医、远程开药、远程就诊理赔。Oscar 还为自己的会员免费提供可穿戴设备，如果他们每天步行的数字超过目标就会得到现金或者购物卡作为奖励。这个新兴公司正在把保险公司从单纯的“理赔者”，变成一个给美国人进行健康管理、寻医问药的门户。2016 年 2 月 22 日，Oscar 官方确认完成由富达国际领投的 4 亿美元融资，估值达 27 亿美元。截至 2016 年 5 月，通过 Oscar 的医疗保险服务已完成 19.8 万人次医生就诊、31 万张处方单的开具及 52.8 美元的奖励回馈；会员规模已由 2015 年的 4 万人猛增到 14.5 万人。

（三） 其他行业巨头进入保险领域

互联网对保险业的颠覆也带来了新的机会，各类创新性保险及相关公司涵盖了数字销售、大数据技术、网络安全、健康管理、天气监控、交通出行、在线平台、支付与投资管理 8 大领域，形成了 380 亿美元之巨的创新性保险业发展热潮（见图 4－13）。看到这巨大的机会，各类其他领域的巨头们，凭借强大的资金实力、先进的技术、创新性的思维和颠覆性的商业模式，开始进入保

险行业，给传统保险公司带来了巨大挑战。

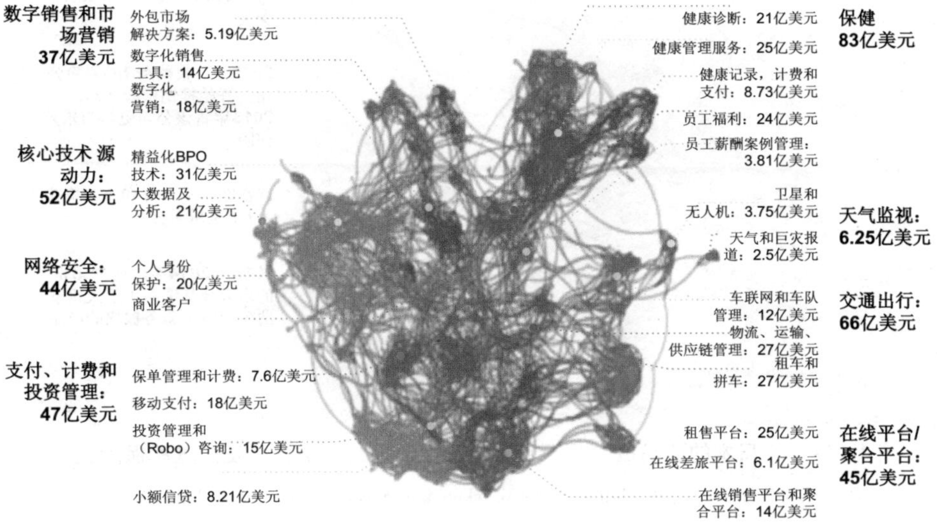

图 4-13 形成 380 亿美元之巨的发展热潮，给保险业带来颠覆性的革命

通过 Quid，发现了 2 118 家与保险业相关的公司，因此可以根据产品、技术和客户对这些企业进行分类汇总。

资料来源：Quid，BCG 分析。

1. 日本最大的互联网公司乐天（Rakuten）在 2009 年收购了 AIRIO 寿险公司，并于 2014 年更名为乐天寿险（见图 4-14）。乐天利用自身强大的会员网络，进行旗下不同产品的交叉销售。在日本，每 10 人中就有 7 人是乐天会员，而 58% 的乐天会员会同时购买乐天旗下超过两个板块的产品。2014 年，乐天寿险实现净保费收入 24 亿日元，在日本人寿险市场排名第 25 位。

2. 位于美国的大型折扣零售商 Overstock 于 2014 年 4 月开始开展保险比价平台业务，与其口号“帮你省钱”充分呼应。这个保险比价平台能够让客户实时在线查询、比价、购买部分险种，例如房屋险、车险和小型商业险。

3. 福特、戴姆勒等整车厂商也开始思考车险在其业务布局的定位。现在通常的做法是联合传统保险公司，为购买旗下车型的车主直接提供汽车保险，以更好地为车主提供专属的一揽子汽车相关服务。

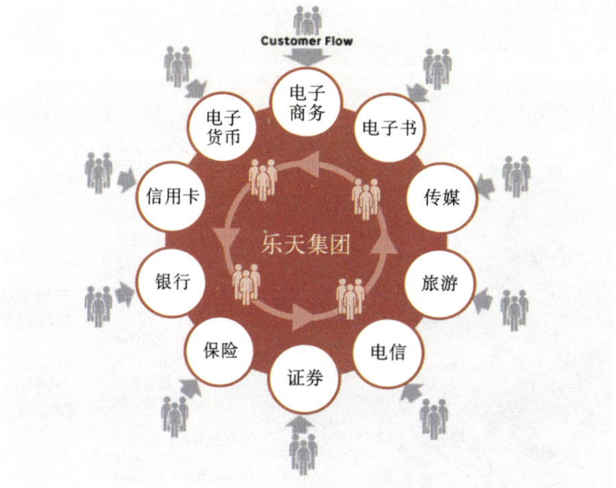

乐天是日本最大的互联网公司之一，主营业务是电子商务，2013年收入达到53.1亿美元

2009年，收购AIRIO寿险公司，开始推销保险产品，2013年将该公司更名为乐天保险

现在在日本，每10个人里就有7个是乐天会员

2013—2014年，约有58%的乐天会员选购了乐天旗下两个或多个服务板块的产品

图 4－14　“日本的亚马逊”乐天已凭借其生态系统业务模式正式进军保险业

资料来源：乐天集团官方网站，http：//global. rakuten. com/corp/about/history. html。

第二节
互联网保险产品服务创新国际经验研究

从国际经验看，互联网的影响已经渗透至保险价值链的各个环节，对传统保险进行改良甚至颠覆。主要涵盖五大方面，分别为：产品设计、营销与渠道、风险定价、服务数字化和智慧化、后台数字化建设。

一、创新产品与服务模式，满足客户差异化需求

互联网保险深刻影响了保险产品与服务模式的创新，具体可归纳成以下三类：一是服务场景化需求：移动互联技术使得用户在日常消费服务的场景中，可通过移动端随时、随地购买保险产品。二是满足个性化需求：消费者对个性化、定制化的需求与日俱增，不再满足于标准化的产品；互联网技术使保险公司可以较低的成本服务客户的差异化需求。三是服务长尾客户：在互联网出现之前，以线下销售模式服务保险长尾客户的成本较高，而移动互联技术能够降

低针对长尾客户的营销和获客成本，从而提高该类客群的保险渗透率。

（一）场景化需求

在互联网出现之前，绝大部分保险的保单覆盖期限都较长，一般以年为单位，最少也以月为单位。对保险公司和消费者双方来讲，从所投入的成本和精力角度考量，销售或购买一份覆盖期限只有几天的保险不够“经济实惠”。但随着智能手机的普及，用户在任何时候、任何地点都可以方便快捷地购买保险产品，保险公司的获客与销售成本也大大降低。保险公司结合客户的消费服务场景，满足客户短期乃至“一次性”的保险需求成为可能。

案例分享：

- “随时、随地”购买一次性保险：东京海上 Tokio Marine。

日本东京海上 Tokio Marine 与移动运营商 NTT DoCoMo 合作在手机平台上提供一次性保险（见图 4－15）。这个平台基于手机定位，自动向用户推送手机短信推荐可能需要的保险产品，例如旅游意外险、开车区域加保、健康险赔

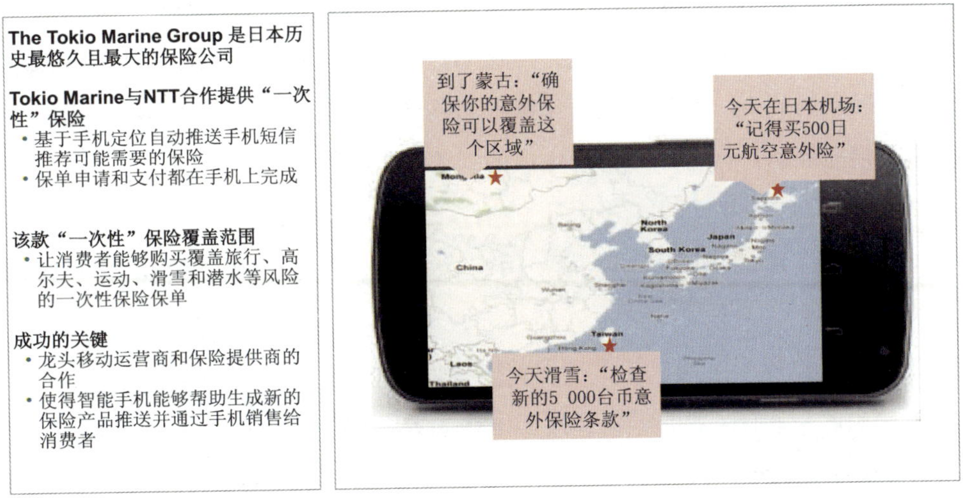

图 4－15　东京海上与移动运营商 NTT 合作提供“一次性”保险 APPS

资料来源：公司网站。

付地域加保等。保单的申请和支付都在手机上进行。利用手机推送的营销方式，对刺激这些一次性产品销售的效果明显，大部分的保单购买都在进行推送的当天或者后一天完成。

（二）定制化需求

传统保险产品大多是标准化的，拥有统一的条款和类似的定价方法。但从消费端看，标准化产品无法满足日益增长的个性化需求，互联网保险提供了解决方案：一方面，互联网降低了定制化产品条款设计和销售的成本；另一方面，物联网等新技术让个性化的定价方式成为可能。

案例分享：

- 为需求类似的群体统一协商定制化保险条款：Bought by Many。

英国互联网保险经纪公司 Bought by Many 为类似需求的群体统一协商定制化保险条款。用户按照不同需求在不同群里注册，Bought by Many 统一为这个群体的个性化需求去与保险公司协商议价，以团购的力量提高了个体议价能力，帮每个用户节省保费。由于这些保险产品是针对某些小众群体或专业需求的，其保费水平一般高于平均值，但比用户单独购买便宜，因此解决了小众客户保费极贵的痛点。并且，定制化保险团购产品是在 Facebook、Twitter 等社交媒体上精准触达目标客户并自动生成的，不需要大量的营销费用。

截止到 2016 年 5 月，平台上共有 285 个不同种类的小组，如宠物保险、家财险、私人健康保险等。用户数超过 17 万，保费的折扣平均为 18.6%。

- 为低里程车主司机提供按驾驶里程计费的车险：Metromile。

传统上，交纳保费的多少和开车里程无关，这让每个月只有几天在路上的低里程投保者感觉保费“白交了”。Metromile 正是看到了低里程司机的这一痛点，提供按驾驶里程计费的车险。

自 2013 年针对一年驾驶里程数在 10 000 英里以下的车主推出 PAYD 车险

以来，Metromile 目前已在美国 7 个州（包括加州）开展业务。客户每月只需支付 15—60 美元的固定费用，剩下的保费按所开的英里数交纳（2—6 美分每英里），每月交纳的全部保费 150 美元封顶（其中华盛顿州 250 美元封顶）。平均计算下来，可为一位年行驶里程在 10 000 英里以下的车主节省约 40% 的保费。

- 为年轻司机提供车联网保险：Insure the Box。

在英国，年轻驾驶员的车险保费比熟龄驾驶员通常高出几倍。Insure the Box 针对这一情况，为 17—25 岁的年轻或女性驾驶员提供安全驾驶奖励服务，激励客户提高驾驶能力，以帮助降低出险率。Insure the Box 为客户免费提供车联网设备 Meta Systems 以采集驾驶数据，对其综合里程和驾驶行为评分，对安全驾驶员进行里程奖励，但不会对不良驾驶行为进行惩罚。

凭借明确的客户定位和服务创新，Insure the Box 保单增速迅猛，2015 年其销售保单量约达 50 万张，为 2012 年的 5 倍。

（三）长尾客户需求

对于传统保险公司来讲，较高的营销与获客成本是服务长尾客户的阻碍。互联网技术突破线下渠道的局限，大大拉近了保险公司与终端客户的距离，从而帮助保险公司以相对经济的手段服务长尾客户的需求。

案例分享：

- 利用手机向新兴市场的长尾客群提供小额保险产品：Bima。

Bima 是一家瑞典的小额保险公司，面向非洲和东南亚地区的贫困人群，同当地的电信公司合作，在用户手机充值时推广小额保险。保险公司可以依托电信公司的线上线下渠道，以低成本的方式建立广泛的销售网络，推广销售自身的保险产品。当前，Bima 提供的小额保险产品包括人寿保险、人身意外伤害险和医疗保险等险种。

2013 年，作为最早进入非洲和东南亚待开发市场的小额保险公司，Bima

以每月平均增加约 40 万新用户的速度，逐步成为世界上最大的移动保险平台之一。截至 2016 年 5 月，Bima 通过电信网络已覆盖了非洲、亚洲和拉丁美洲 15 个国家中的 2 000 万人口，其中 90% 的客户是第一次接触保险类金融产品，93% 的客户每日收入低于 10 美元。

二、打破传统保险定价模式

随着物联网和大数据分析技术日臻成熟，基于用户使用的保险产品（UBI，Usage Based Insurance）如雨后春笋般频频出现。在车险领域，保险公司致力于使用车联网设备收集驾驶里程和驾驶行为数据，开发按照驾驶里程计费（PAYD）或按照驾驶行为计费（PHYD）的保险产品。在人寿险领域，基于社交大数据，完善既有的基于生命周期表的定价系统，洞察细分人群，实现精准定价。在健康险领域，保险公司利用可穿戴设备实时监控人体各项身体指标和健康状况（运动量、睡眠、心跳等），通过保费返还的方式鼓励人们积极运动。

（一）财产险

- Progressive：按驾驶里程和驾驶行为计费（PHYD），成功吸引了大量安全驾驶者。

自 20 世纪 90 年代中期以来，Progressive 的 Snapshot 就是美国领先的车联网保险产品（见图 4－16）。它提供免费的 OBD 设备以收集车辆行驶的里程、加速、减速、转弯、驾驶时间等数据。通过对这些数据的分析，可以给客户最多给予 30% 的保费折扣，以奖励少开车、行车安全以及在安全时段驾驶的驾驶员。

Progressive 收集了超过 100 万英里的驾驶数据。大量的数据使得公司可以更精准地对不同用户定价，打下了坚实的数据基础。截至 2014 年底，Snapshot 产品总保费突破 25 亿美元，保单数量突破 250 万张，如果 Snapshot 产品单独作为一家保险公司，也将跻身美国前 15 大车险公司。

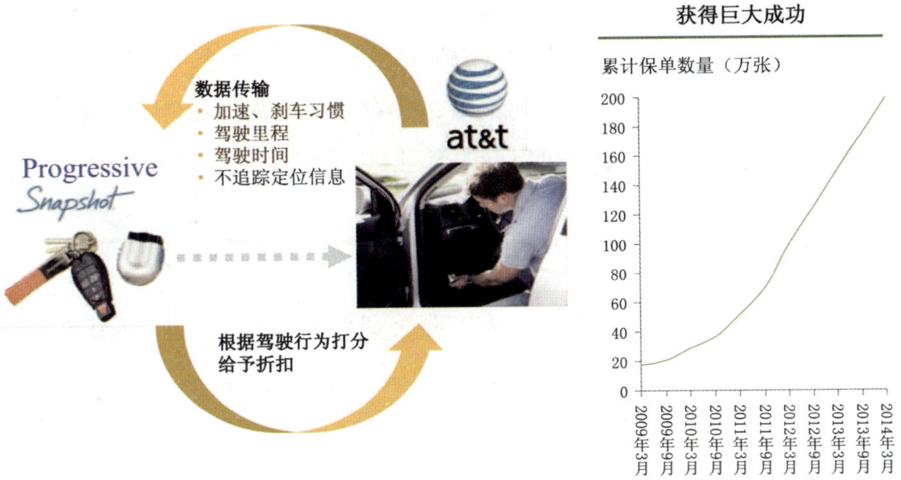

图 4-16　美国 Progressive 车险公司推出 Snapshot 项目，通过 OBD 按驾驶习惯计费，成功吸引了大量安全型驾车者

除 Progressive 外，北美各大车险公司也都在 UBI 车险上投入大量精力，例如 Allstate 的 DriveWise，Liberty Mutual 的 Onboard Advisor，State Farm 的 In-Drive 和 Travelers 的 IntelliDrive。

- The Climate Corporation：利用天气和农业数据，优化对农村用户的保险定价。

The Climate Corporation 是一家 2006 年成立于旧金山的保险创业公司，于 2013 年 9 月被跨国农业生物技术公司孟山都（Monsanto）以约 9.3 亿美元的价格收购。The Climate Corporation 的核心竞争力就在于利用卫星数据、天气数据和其他农业相关数据，优化对农业用户的保险定价。

客户可以登录 The Climate Corporation 的网站，确定特定时间段内需要投保地区的气温或降雨量范围。公司收到订单后，就会在 100 毫秒内综合分析天气预报、近 30 年来的国家气象局数据以及用户所在地的地质调查数据，并根据气候变化，对分析结果进行微调。得到结果后，公司就会作为保险商给用户开出保费。投保后，如果客户因为意外天气而受到损失，就能自动获得赔偿。

The Climate Corporation 拥有超强的数据管理及分析能力，为了给保险产品定价，平台汇总了 250 万个地点的气象测量数据、基于各个主要气候模型的天气预报及超过 1 500 亿个土壤观测记录，并对这些数据进行综合处理与分析。The Climate Corporation 的平台可以同时管理 50TB 的实时数据。

（二）人寿险

在某些保险市场，例如美国，人寿险公司已经比较熟练地运用“预测模型”技术来给人寿险产品定价，为许多健康人群免去了体检的昂贵费用。这些人寿险公司采用“预测模型”来取代部分传统核保程序。

案例分享：

- Aviva 基于社交网站上的数据给人寿险定价。

Aviva 在美国运用“预测模型”技术，收集社交网络、食品在线购买、在线活动等网络数据作为参数设定保费。此类基于互联网收集的数据被认为可以替代体检、抽血等传统数据，一方面免去客户体检的费用和麻烦，另一方面依然能有效识别健康风险。

Aviva 正在完善客户在酒精消费、汽油消费方面的数据建模，以更好地利用消费行为数据来模拟传统人寿险定价的因子。

三、建立线上营销获客渠道

（一）线上直销渠道

传统保险公司往往拥有多种销售渠道，包括代理人、保险经纪、银保渠道、电话直销、网销等，造成保险公司对渠道的控制力较弱，因此，大多数保险公司都希望拥有自己的直销渠道。但在互联网出现之前，保险公司所能利用的直销手段却极其有限。例如，线下自建渠道往往成本高昂，而电话直销渠道的运营和管理难度则较大。互联网的出现给传统保险公司提供了一个从成本和管理上均有优势的解决方案：发展互联网直销渠道。目前，部分新兴保险公司的业务甚至已经完全来源于线上直销渠道，做到了全流程线上化。这极大地降低了综合费用率和保费，从而最大化了客户利益，形成正向循环。这其中最典型的例子当属 GEICO（见图 4－17）。

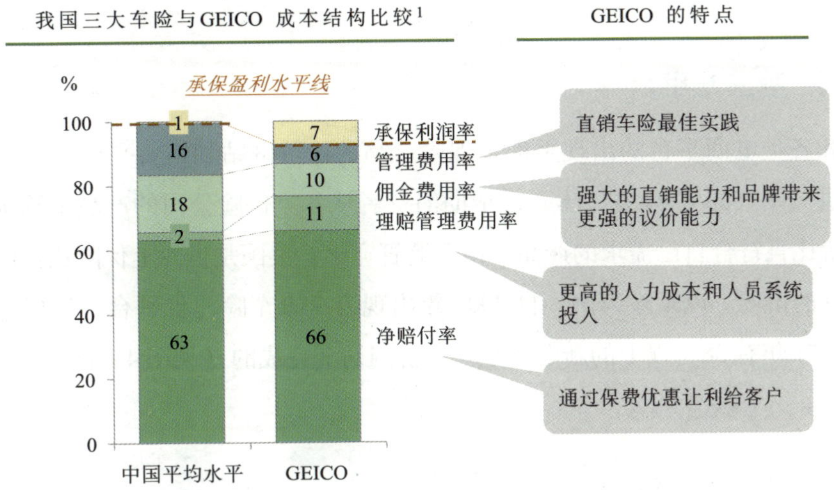

图 4－17　车险行业整体濒临亏损，而 GEICO 承保利润率较高

注：数据为人保、太保、平安和 GEIGO，2011—2013 年 3 年平均数据。

资料来源：公司公开信息，BCG 分析。

案例分享：

- 互联网直销保险的领跑者：GEICO。

GEICO 是美国最成功的直销保险公司。GEICO 只有线上、电话等直销渠道，使其运营成本远低于传统保险公司，可以承受比传统公司更高的赔付成本并保持盈利。2015 年 GEICO 的综合费用率约为 15%，赔付率约 82%，承保利润达 2%。GEICO 轻人力的运营模式和数字化的营销模式是车险直销的业界标杆，为传统保险公司发展直销业务提供了重要的借鉴意义。

具体来看，直销模式极大地削减了人力相关的成本。GEICO 仅依托 34 000 名员工，即可服务 1 400 万份保单。而如果按照传统保险公司的运营模式，至少需要 6 万名员工和代理人才能完成相同的工作量。

GEICO 的数字化营销技巧帮助其近 5 年的保费收入年均增长高达 11%，

远超 3% 的行业均值。一方面，GEICO 不吝惜花费高于传统保险公司的广告费来进行赶超；另一方面，GEICO 利用极富创意的广告和颇具特色的蜥蜴作为吉祥物，给消费者留下了深刻的印象。2014 年，GEICO 在美国车险市场的市场占有率达 11%，为全美第二名，是名副其实的“直销之王”。

（二） 第三方平台

和各类电商平台的出现类似，保险产品的比价网站和销售平台可以给消费者提供一站式的“购物”体验，帮助消费者从各家保险公司的产品中筛选出最具性价比且符合自己需求的产品。由于监管宽松，英国是世界上保险比价网站发展最好的市场。以车险为例，自 2002 年出现第一家车险比价平台，发展十余年后，2014 年有 38% 以上的新业务是在比价网站上完成的（见图 4－18）。

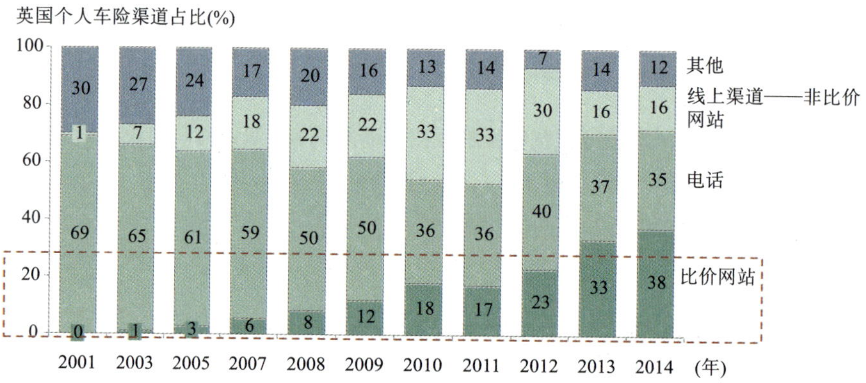

图 4－18　比价网站在英国保险行业销售渠道中的比例不断上升，已超过电话销售成为最大的销售渠道（以个人车险为例）

资料来源：Mintel（2001－2009），Datamonitor，BCG 分析。

案例分享：

- 英国最大的比价网站：Moneysupermarket. com。

Moneysupermarket. com 是按照月流量算英国最大的比价网站，并于 2007 年在伦敦上市。其比价产品范围从最开始的房屋信贷发展到现在包括保险、能源消费、旅行消费、手机套餐、3C 产品在内的各类产品和服务。其中，保险类产品包括车险、旅行险、人寿险、宠物险和其他商业险种。正因为可以给客户提供一揽子广泛的比较服务，Moneysupermarket. com 才得到了大众的持续关注，并拥有很高的人气。同时，保险产品的比价销售往往伴随其他消费服务的比价需求，形成交叉销售。例如在比较旅行套餐（如机票、住宿、租车）的时候可以顺便比较旅行险，这就使得 Moneysupermarket. com 拥有更广泛的客户群。

四、服务线上化、 智慧化

优化保险行业售后管理和服务比起产品开发、核保定价和市场推广销售来看，是一个更长期的过程。摩根士丹利和 BCG 的联合调查发现，售后服务往往是整个流程中满意度最低的部分（见图 4 – 19）。这要求保险公司优化现有的保单系统，完善理赔程序和提升增值服务。目前，售后服务的各个环节，包括保单管理、理赔、增值服务以及客服中心，均已开展了服务的线上化和智慧化创新。这些创新有助于保险企业提升运营效率、降低赔付率、提高客户满意度。

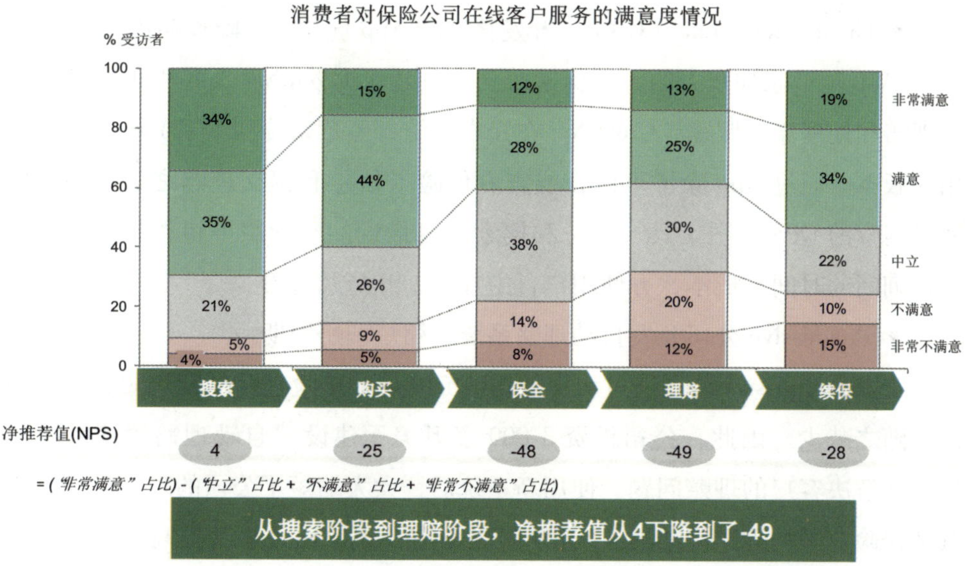

图 4 – 19　在购买阶段后，保险公司提供的在线服务的消费者满意度呈下降趋势，对于理赔的满意度最低

资料来源：MS – BCG 保险业客户调查，2014；（n = 500 人，国家和地区：澳大利亚、加拿大、中国、法国、德国、中国香港、印度、意大利、日本、韩国、英国、美国）；BCG e – Intensity；BCG 分析。

案例分享：

（一）保单管理自动化

- Allianz 使用 STP 系统进行线上保单管理。

Allianz 在 2012 年开始使用 STP（Straight Through Processing）IT 系统，从销售、保单更改和管理都可在线上完成，提升了运营效率。比如，代理可以用 iPad 移动端完成保单核保，而客户也可以凭自己的电子签名在线上完成保单选项的修改。

2012 年，Allianz 德国个人寿险业务有 73% 是通过线上渠道实现的，而 65% 是通过 STP 自动完成的。STP 的推出帮助 Allianz 大大提升了运营效率和线上服务能力。

（二）理赔管理线上化

- Great－West Life（GWL）开发移动端 App 优化健康险理赔体验。

GWL 是一家加拿大的人身保险公司，创建了 GroupNet App 用于健康险在线理赔和处理流程跟踪。GroupNet 在安卓系统、黑莓系统和苹果 IOS 上均有适用的版本。通过 App 除了可以在线查看保险卡信息和提交理赔之外，还可以通过内置的 GPS 地图工具，定位和搜索距离最近的医疗服务机构，从而节省电话询问的时间和成本，方便用户自主寻医、开药及就诊。

- Progressive 公司开发自动理赔系统，缩短理赔周期。

美国 Progressive 公司通过历史数据研究发现，车险理赔周期越短，理赔费用也随之减少。因此，公司投资 3 000 多万美元建设“自动理赔管理系统”，以加速解决客户的理赔问题。使用新系统后，大大缩短了公司的理赔周期，使其从保险业平均理赔周期的 42 天缩短为只需 6 天，而且显著提高了客户的满意度，客户流失率下降 2/3，续保率达到了 90% 以上。

（三）大数据反欺诈

- Allstate 好事达的大数据反欺诈。

美国 Allstate Corporation 通过大数据分析识别诈骗规律，从而大幅减少欺诈理赔支出。该公司通过大数据整合理赔数据、理赔人数据、网络数据和揭发者数据，将所有的理赔请求首先按照已有的欺诈模式自动处理，接下来可疑的理赔请求将被特别调查部门人工审阅，经过自动化和人工两个检测过程检测出更多的欺诈行为。大数据成功帮助 Allstate 将车险诈骗案减少了 30%，误报率减少了 50%，整个索赔成本降低了 2%—3%。

- 数据库公司 Lexis Nexis 的诈骗识别。

世界知名的数据库公司 Lexis Nexis 利用理赔、政府数据和犯罪记录检测出大量的诈骗行为。该数据库通过关联大量美国保险公司理赔数据及第三方保险公司的历史理赔数据，按照关系匹配政府数据和犯罪记录，自动整合理赔人的犯罪记录及相关人记录，通过算法检测欺诈行为和欺诈网络。通过大数据检测发现，超过 20% 的理赔请求属于欺诈、重叠或不当，而且存在医疗机构介入汽车保险欺诈网络的情况。

（四） 客户服务实时反馈

- 南非 Youi 通过网站“数字墙”实时显示客户评价，提高客户参与度与满意度。

Youi 是 2008 年成立于南非的一家创新性财产保险公司，特点是高度重视客户服务，客户满意度高。Youi 的网站上有一堵“数字墙”能实时显示客户评价和满意度，过去 12 个月约有 5 377 条评价。Youi 的这堵创新“数字墙”，一方面为客户提供了便捷反馈客户体验、参与讨论的渠道，提升了客户参与度，增强客户黏性；另一方面也对公司灵活调整客服方式起到了积极作用。根据客户调研，Youi 的客户满意度达到 88%。

- 法国 MAAF 建立线上客户服务平台，提高客户服务质量并解放销售人员的生产力。

法国相互保险公司 MAAF 建立的线上客户服务平台能有效调配资源，协调客户关系。线上客户服务平台是接受所有客户需求的多媒体联络中心。一方面，此平台能够快速响应客户需求、提升客户体验：根据客户调研，平台上线后客户服务满意度达 90%；另一方面，此平台负责统筹处理绝大部分客户的所有售后请求（特别是理赔），这使得分店可以更专心关注销售工作，并且还有效地控制了赔付率，根据分析，该平台上线后的赔付率降低了 2%—5%。

（五）建立三个智能生态圈

人、家、车是与保险公司息息相关的投保对象。国际上众多的知名保险公司，都已经在通过联网设备，逐渐建立“人、家、车”三个生态圈，提供增值服务，增强客户黏性。例如：

- 南非 Discovery 公司的健康管理计划 Vitality。

南非健康险公司 Discovery 打造的 Vitality（健行天下）健康管理计划，旨在通过建立科学的健康管理和激励体系，鼓励用户关注自身健康，培养健康生活的习惯，从而提高会员的健康程度。Vitality 打造了一个健康生活的“生态圈”，包括提供健康食品的餐厅和商店、健身房、体检中心、智能可穿戴设备等（见图4－20）。它鼓励会员去健康场所，进行有利于自身健康的行为（如锻炼、定期体检、戒烟等）；同时，Vitality 通过在生态圈积累的数据，通过大数据分析去评估一个人的健康状态，对良好的健康状态给予旅游、购物甚至保费减免等奖励。

Vitality 项目取得了较为显著的成功，2015 年 Discovery 对 2011—2014 年参与 Vitality 计划的 80 万名会员进行调研分析，结果显示，高度活跃的会员在健康相关的支出减少了 37%。现在，Vitality 计划已经拓展到美国、英国、德国、法国、中国、新加坡、澳大利亚、中国香港等国家与地区，用户数量超过 500 万名。

五、后台数字化建设

保险公司价值链上各个环节的数字化和互联网化升级，对后台部门的数字化能力提出了更高要求。后台数据平台的建设和风险管理的加强都将对前台业

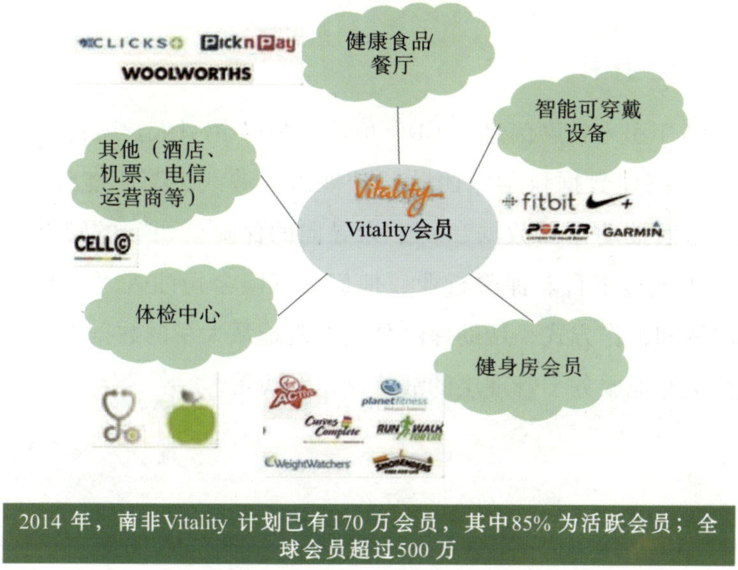

图 4－20 Discovery 保险公司的 Vitality 健康管理计划，

建立起“人”的生态圈，帮助会员养成良好健康习惯

资料来源：公司网站，BCG 项目经验，BCG 分析。

务的效率和稳定起到至关重要的作用。

（一） 中、 后台管理

英国 Quan Template 公司提供一个安全的网络化平台，帮助保险公司和再保险公司管理在线交易行为，监控并分析保险（再保险）市场的交易风险，为用户提供监控报告。目前 Quan Template 拥有如安联等顶级保险公司客户。

Quan Template 的全新的大数据分析和报告工具，给整个行业带来焕然一新的内部交流模式。在这之前，保险公司和再保险公司的办公室报告通常采用电子邮件和一些办公软件，极少利用一个整体化的市场交易监管平台。在这个新平台上，代理人和保险经纪人可以从事任何和保险相关的操作和交易，并实时监控和管理相关风险。

（二）数字化组织

AIG 2012 年引入首席信息官 CDO 角色，2014 年引入首席科学家 CSO 直接向 CEO 汇报，搭建数据科学家团队，开展跨业务线、跨职能线的数据分析，在公司最高层面推动“以数据和科学为导向的保险公司”的转型。数据科学团队里 90% 的成员来自非保险行业，他们为保险公司注入了以数据和科学说话的工作团队和工作方式，帮助保险公司客观地从大量的数据中获得有价值的洞见，从而更好地服务于管理层的战略制定和决策。

第三节
互联网保险监管体系国际比较研究

一、互联网保险给监管带来的挑战

从各国互联网保险监管的发展历程来看，各国普遍遵循一致性原则，要求互联网保险机构和相关行为仍需遵守各国现有的监管框架，对传统保险和互联网保险从市场准入、偿付能力、保险消费者权益保护等角度进行一致的监管。但同时，互联网保险在地域监管、数据安全和信息披露三方面挑战着传统的监管体系，促使监管机构思考如何在鼓励创新和加强监管两方面找到平衡。

（一）地域监管

互联网保险的发展为跨区经营提供了新的发展契机，挑战了传统的地域监管框架。传统上，保险企业需要在各区域建立保险机构和团队，遵循各地的监管规则，以确保为当地客户提供良好的销售、承包和理赔等客户服务。但随着互联网保险的发展，保险企业的业务架设于互联网平台之上，天然不受区域的限制。同时数字化营销、电子合同管理和数字化理赔等线下流程线上化日益成熟。互联网保险改变了传统线下保险模式，同时也挑战着传统的地域监管体系。如何平衡传统地域监管框架下对保险消费者的权益保护和互联网保险快速发展需突破地域限制这二者，成为各国保险监管的一大挑战，各国的处理方式也不尽相同。

以美国的监管规定为例，包括互联网保险公司在内的所有的商业保险公司和再保险公司在开展业务的各州均需遵守当地的监管规定。各州保险局是主体监管单位，全权负责所在辖区的商业保险机构和行为监管；而美国保险监管官协会（NAIC）是跨州的协调单位，负责制定《全国商业保险监管模型法案》和开展五年一次的各州立法评估工作。值得注意的是，NAIC 牵头的《全国商业保险监管模型法案》和评估对各州保险局本身不具备法律约束力，仅提供了借鉴作用。受此影响，相较于欧洲，美国发展全国性互联网保险公司存在更多的监管障碍：虽然互联网保险公司在技术上可以依托互联网平台提供超越各州地域界限的全国线上服务，但是仍然要遵循各州在市场准入、产品监管、偿付能力等各州不一的规定，为互联网保险的全国快速拓展带来了一定障碍。

相反，以欧盟为例，由于欧盟立法机构在统一各国的保险监管体系上态度积极，通过“偿付能力体系二代”的建立，《保险调节指令》和《欧洲再保险指令》的推出，为欧洲构建了一个跨越各国界限、基本内部统一的保险市场。当然，各国有权在统一条款的基础上制定更为严格的细节规定。相对统一的市场监管推动了大型互联网保险企业跨区域甚至跨国的快速发展，客观上减少了互联网保险企业在地域监管上的阻碍。

对中国来说，中国的保险监管体系既强调由中国保监会发挥统一领导的作用，也重视由各省、市、自治区的保监局在准入、行为等方面开展地域监管。但针对互联网保险，2015 年 7 月中国保监会推出的《互联网保险业务监管暂行办法》中明确指出了“能够独立、完整通过互联网实现销售、承保和理赔全流程服务的财产保险业务”，“人身意外伤害保险、定期寿险和普通型终身寿险”，“投保人或被保险人为个人的家庭财产保险、责任保险、信用保险和保证保险”以及“保监会规定的其他险种”，可以将“经营区域拓展至未设立分公司的省、自治区和直辖市”。客观上，针对适合互联网保险业态的产品，《互联网保险业务监管暂行办法》持支持态度，在地域监管上放宽了相关规定，为互联网保险的创新营造了良好环境。

（二）信息披露

互联网保险改变了传统的销售流程，往往不再需要保险业务人员的直接参与，客户可以在线上渠道直接判断和选择保险产品的信息，并且完成电子合同的签订。此外，保险电子合同由于其附合性合同的法律性质，保险消费者处在被动地位，往往难以察觉对其不利的相关条款。这在网上销售的流程中，可能更被简化为简单的一个勾选操作，导致消费者的权益没有得到充分保护。这对互联网保险业务的信息披露提出了新的挑战，如适格销售、专业咨询、防止误导、过度营销等。

以 2015 年 7 月通过的欧盟《保险销售指令》（又称 IDD，即 Insurance Distribution Directive）为例，该条例适用于欧盟各国，旨在取代 2002 年通过的《保险调节指令》（又称 IMD，即 Insurance Meditation Directive）。从欧洲保险企业的角度看，条例会对互联网保险企业产生以下重大影响：（1）监管范围上，旧条例只针对保险中介渠道，而新条例统一监管保险中介渠道和保险直销渠道，将目前线上直销渠道一举纳入监管，将保险销售机构的监管覆盖比例从 48% 上升到 98%。（2）销售服务上，与传统的线下销售监管要求一致，网上直销机构也需要承担适格销售和专业咨询的责任。根据所收集到的客户信息，分析客户的需求，在签订合同前向客户提供客观的产品信息和咨询建议。（3）捆绑销售上，过去线上销售的保险产品常常与其他服务捆绑在一起销售，而新法规要求保险企业必须告知客户该捆绑产品可否分拆后单独销售，以及分拆后各自的产品信息、价格和其他重要信息，从而保障消费者的权益。（4）IT 上，要求保险企业建立强大的 CRM 客户管理系统，收集整理线上和线下渠道的客户信息，在线上渠道也能基于 CRM 为客户提供实时、详尽的产品咨询服务。

而在北美市场，加拿大也在积极规范互联网保险的相关行为。如 2015 年 4 月加拿大魁北克省发布了《互联网保险产品销售建议》，为魁北克省保险监管机构提出了许多线上销售保险产品的信息披露指导方向：

1. 在保险销售中，应在保险提供商的网站上提供某些关键信息，包括保险发行商是否已经在魁北克省金融市场管理局（AMF）注册。

2. 在没有持牌代理人参与的过程中，允许互联网保险开展直销，但建议满足以下三个条件：一是线上服务提供商能够为消费者提供必要的工具，以恰当地评估客户的需求，使消费者能做出理智的决定；二是在销售过程中的任何阶段，消费者都能够申请接触到持牌代理人；三是在网上购买保险产品之后一段合理的时间内，消费者能够拥有反悔权。

3. 按重要性重组信息，逐步按序向消费者披露信息，确认消费者已阅读并完全理解每一项能够证明消费者同意购买保险产品的关键信息。

4. 确保线上保险产品销售前、中、后提供给消费者的信息简洁明了，以免误导消费者。

5. 在交易完成之前，向消费者提供保险报价相关信息的总结，以及其他所有与保险产品相关的信息。

6. 重视消费者的选择，在交易完成后，可将合同文件以电子或者纸质版形式发送给消费者。

7. 采取加强销售系统可靠性和安全性的措施，以确保消费者的个人信息在任何时候都是安全的。

8. 在消费者填写在线保单的网页上，禁止发布任何广告。

9. 管理保险企业和其代理人在社交媒体上发布的产品营销信息等。

（三）数据安全及隐私保护

基于用户信息的大数据分析是互联网保险发展的主要趋势。保险公司在业务的开展过程中收集了许多客户的隐私数据，比如就医记录、生活习惯、家庭信息等；同时，结合物联网技术的发展，可穿戴设备、车联网等进一步为保险创新收集了海量用户信息。这一方面加快了基于大数据的业务创新，但另一方面在客户信息授权、数据所有权、使用范围、信息安全、个体歧视等方面带来挑战。

以 2016 年 4 月通过的欧盟《一般数据保护条例》（General Data Protection Regulation）为例，该条例适用于欧盟各国，统一了此前欧盟零散的个人数据保护法规，将于 2018 年 5 月生效。此条例从各个角度来看均较为严格，会对欧洲保险企业产生以下重大影响：（1）授权上，只有在客户需要给出清晰、明确的授权后，保险企业才可以使用个人信息。更重要的是，客户有“可携带权”、“被遗忘权”，可以主动索取、修改和收回自己的授权，从而要求保险企业和通过保险企业分享出去的第三方企业删除相关信息。（2）流程上，保险企业需要将客户的授权和修改流程、个人信息内部使用监管和评估、个人信息隐私保护等加入目前的运营流程中。（3）IT 系统上，需要进一步提升数据中心针对个人数据管理、黑客袭击、数据泄露等方面的 IT 能力，否则将承受最高可达企业全球年营收 5% 的天价罚单。（4）合规上，保险企业需向个人信息监管机构定期汇报个人信息管理的运营情况并留下底稿。（5）组织架构上，超过 250 名员工以上的企业需设有数据保护官（又称 DPO，即 Data Protection Officer)，全权负责企业所拥有的个人信息安全保护。《一般数据保护条例》的通过对于计划通过客户个人信息的大数据分析进行保险业务创新的企业是一个挑战，增加了保险企业获得授权、收集信息、使用信息和管理信息的成本，加大了信息一旦泄露后的惩罚力度。欧洲保险企业必须更新改善自身在个人信息管理上的业务流程，加大信息安全的 IT 投入，才能妥善利用个人信息大数据开展业务创新。

二、各国（地区）监管的不同模式比较

从世界各国（地区）看，互联网保险仍属于新兴业态，各国（地区）的发展进程不一，许多国家（地区）尚未形成单独的互联网保险监管模式。但从目前部分国家地区已有的监管实践来看，按监管模式的严格程度主要可分为两种模式。

（一）谨慎

谨慎模式下的监管表现为对网上销售保险产品的各方面进行了严格的明文

规定，只能销售小部分经过监管批准、相对简单的保险产品。以中国香港为例，整体上线下销售保险产品仍是主流，线上渠道仅是补充。原因在于针对香港市场占主流的储蓄型保险产品的承保政策严格，利用纯线上渠道完成闭环操作存在障碍。如要求消费者确认他们已得到专业的相关咨询并充分了解产品的特点和风险，或是需视需要提交病历和参与体检，这些都不易于在线上开展并确保完成合规的要求。因此，严格的承保政策客观上限制了互联网保险的发展。

以中国台湾和印度为例，企业只能在线上渠道销售经过监管明确批准的险种。例如，台湾可在线上销售的人寿险产品局限在旅行保险、意外险、定期寿险等，而财产险产品则局限在车险、火险、旅游责任险、家庭财产险。印度可在线上销售的产品为消费者易于理解的健康险、车险、旅行保险、人寿险产品等。

（二） 宽松

宽松模式下的监管表现为并不单独针对网上销售保险产品而制定监管规定，主要遵循一致性原则，将互联网保险视同一般性保险机构来开展监管。但可能会因为所在国家（地区）存在对个人用户数据安全及隐私的监管，导致对数据应用依赖更强的互联网保险受到额外的个人信息保护监管。欧盟国家虽然并非针对互联网保险，但是陆续通过的《一般数据保护条例》和《保险销售指令》都对互联网保险业务产生了一定影响。而以韩国为例，韩国也未出台单独的互联网保险管理条例，但是针对个人数据安全及隐私却有着非常严格的监管。韩国设有个人信息保护法和 IT 网络法，对在线上开展业务的企业收集和使用用户数据的行为进行严格的监管。韩国是亚洲国家中第一个推出基于营业收入计算信息泄露罚款金额的国家，2014 年底已将最高罚款比例上升至相关销售金额的 3%。此外，与欧盟相似，韩国也在研究推出“被遗忘权”，保障用户希望不留下互联网个人信息的权利。

综上，虽然欧盟、韩国等尚未出台专门的互联网保险法规，但上述一般性法规也会对互联网保险业务的开展造成影响，客观上形成了监管。

第五章

大数据在互联网保险中的运用

第一节
大数据与互联网保险

一、大数据与大数据产业

信息技术、互联网和移动互联网技术的发展带来了数据量级的变化。海量数据的快速产生和积累使“大数据”成为一种极为重要的资源要素，并在互联网行业、金融行业、电信行业、政府中得到越来越广泛的应用，从而引发了营销、管理和思维方式的变革。同样，大数据技术及其应用给保险业，尤其是互联网保险业的发展带来了很多契机，同时也带来了更大的挑战。

最初，“大数据”（Big Data）是指信息，通常是无法使用传统流程或工具处理或分析的信息，其特点是：第一，数据体量大，从 TB 跃升到 PB 甚至 EB；第二，数据类型多，既有结构化数据，也有非结构化数据和半结构化数据；第三，数据处理速度快，对数据实时处理有着极高的要求，通过传统数据库查询方式得到的“当前结果”很可能已经没有价值；第四，数据真实性高，海量数据及其分析挖掘带来了巨大的商业价值。

如今，大数据已形成了完整的产业生态（见图 5－1），其产业链条上主要包含四类主体：最源头是数据源相关产业，包括金融大数据、政务大数据、电信大数据、工业大数据等，这些机构或企业在自身经营过程中产生了丰富的行业大数据；其次是基础支撑产业，包括大数据存储管理、大数据硬件、大数据安全产品等；再次是数据服务产业，包括数据采集、数据整合、基于大数据的数据增值服务等，如百融金服、蚂蚁金服；最后是数据的实际应用者，对于保险行业而言，通常是指保险公司、第三方保险平台、中介代理等，在这三个主体之外还有一个主体是监管层，大数据作为新兴产业，相关监管部门在大数据生态中的重要地位日益凸显。

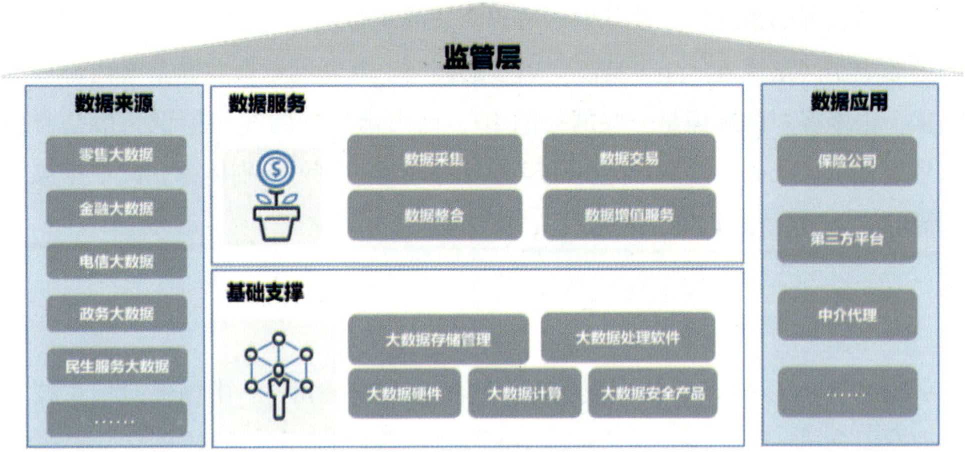

图 5-1　大数据产业链条

大数据的应用是在一个产业生态中完成的，其价值是由有机相连的多个环节共同实现的，即在监管环境下，数据从生产、采集、整合，再基于业务场景进行分析挖掘并制定应用策略，最后落地应用的整个过程。

其中，数据的获得是大数据应用的基石。对于保险行业而言，可以获得的数据来源有以下几方面：

（一） 保险公司内部业务平台的数据

此部分数据需要重新建立数据仓库进行汇集，并根据一些客户标识串联得到客户的整体行为。由于人寿险具有周期长、低频的特性，因此，内部业务数据比较陈旧，甚至有一些错误数据，利用价值相对有限。但内部数据在车险领域中的应用较好，主要是因为车险是相对高频的，购买时间可以预期，而且收集到的信息相对完整。

（二） 互联网公开数据

可通过各种渠道（如短信、邮件、微信、微博、App、网站等），快速接触海量客户，并且保持客户的黏性和活跃度，从而通过积累互联网的数据进行客户分析。目前，互联网数据的来源集中于几个互联网巨头，如何确保保险公司互联网数据的独立性，使互联网客户真正属于保险公司，如何利用互联网中海量的中小网站或者 App，是需要思考的问题。互联网数据并非基于内部业务数据，很多客户的标识是一些网络的 ID，而内部数据的客户标识一般是身份证号或者手机号码，这两部分的串联需要一套客户身份识别体系，能根据某个来源的某个 ID 快速识别，对应到具体的客户。

（三） 行业平台数据

2014 年 1 月 15 日，我国成立了保险行业数据公司——中国保险信息技术管理有限公司，为保险公司之间及保险业与其他行业之间的信息交互提供支持。但是客户数据如何共享、如何输出、利益如何分配、如何兼顾数据不泄密又能串联使用，则需要制定若干标准和进行长期的探索。除此之外，为了精准对客户画像，防控风险，保险公司还要依赖于征信数据平台，征信数据平台可以过滤一些恶意客户，为反欺诈提供帮助。

（四） 政府免费开放数据

政府数据量是非常庞大的，涉及生活的各个方面，依靠这些数据完全可以刻画一个客户。目前政府的开放数据主要集中于犯罪记录、交通事故、工商信息等，而保险公司真正感兴趣的社保、医疗、家庭等信息并没有开放，如何制定使用标准规范则是关键。

（五） 第三方大数据采购

保险公司通过自身力量获得的数据毕竟有限，当前市场上已有很多第三方大数据服务企业，例如百融金服，能够提供专业的数据服务。这些大数据服务企业旨在打破数据孤岛，整合各渠道数据，进行纠错、去重、打通等处理，并挖掘数据对保险业务的价值。

按照数据产生和应用的过程，可以把大数据的处理流程分为以下几个阶段：数据的生产、数据的采集与整合、数据的粗加工、数据的应用（细加工）

等（见图 5－2）。对企业而言，大数据的应用较为广泛的方向包括产品设计和定价、客户体验服务、营销服务、风险控制服务、战略预测等。

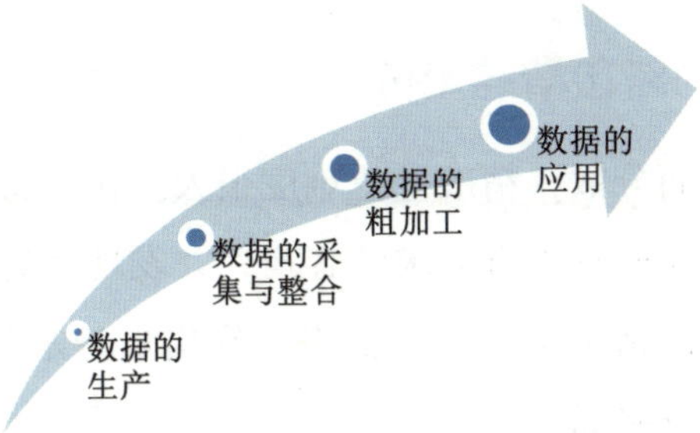

图 5－2　大数据的处理流程

大数据的战略意义不仅在于掌握庞大的数据信息，而且在于对这些含有意义的数据通过相关技术进行专业化处理，即提高对数据的加工能力，通过加工实现数据的增值。目前主要的大数据技术包括移动互联网、物联网、射频识别、人工神经网络、区块链等。

二、大数据对于互联网保险的价值综述

数据是保险业存在和发展的基石，随着大数据技术的成熟及广泛应用，其对传统保险模式的影响和挑战将越来越大。未来保险行业最核心的竞争力将由大数据构成，保险业的产品设计、定价、营销策略、客户服务、风险控制和反欺诈等都会发生深刻的变化。

（一）完善客户行为分析

随着互联网，特别是物联网、车联网技术的发展，收集和分析客户的各种数据变得越来越便捷。无论一个人是在散步、开车，抑或是在购物，所有这些信息均可以通过手机、车载系统、支付设备进行收集，并加以保存和分析，从而可以准确探知客户的期望和需求及其变化情况。为实现“以客户为中心”的目标，保险公司不仅要关注某一类人群的统计学信息，也要关注个体客户的具体情况，并且实时更新该客户的最新信息，结合当时的场景和环境进行分

析，增加与客户间的交互。应用大数据技术有助于保险公司更好地收集客户信息，预测客户的行为，快速响应客户的需求。

（二） 推动产品创新和精准定价

保险客户数量大而分散，精准定位难度很大。在互联网背景下，通过大数据的导入与分析可以还原真正有需求的客户，并发现新的保险需求。保险公司借助大数据技术还可以精确定位客户需求，推出量身定制的互联网保险产品，形成小而美的市场细分格局。

大数据的应用也将颠覆传统保险产品定价的理论和技术，更精准地制定保险费率：首先，大数据技术为获得全量数据提供了可能；其次，在大数据的背景下，保险公司通过对与保险经营有关的外部数据进行监控，获得实时数据，如流行病、灾害天气、人口和车辆流动等，并据此开展更加准确的定价；最后，大数据使得保险公司可以通过相关关系去展开预测，从而更为准确地刻画对象。借助大数据的应用，保险产品定价从依靠数据数量到数据质量，进而发展为数据维度，实现从“样本精算”到“个性精算”定价，从而挽留高价值客户，筛选高风险客户。

（三） 提升保险服务价值

通过大数据技术将保险服务嵌入每个环节，是大数据对互联网保险产生价值的关键。在单证管理、投保、理赔等方面，大数据极大地提高了业务操作效率、提升了客户体验。如对客户数据、单证及其处理流程的优化，对自动核保规则的优化，对网页流程的优化，可以减少客户的输入数据量，提高单证录入、核保的效率，提高签单率。

（四） 创新保险营销模式

大数据创新保险营销模式主要体现在以下几个方面：一是深入洞察客户，开展差异化营销，如针对性地推荐产品、匹配营销话术、甚至是为客户提供最感兴趣的礼品等。二是存量精准营销，基于海量大数据挖掘，建立预测模型，开展加保和二次销售。三是预防客户流失，基于海量大数据挖掘，建立预测模型，识别流失客户特征，以开展流失预警或者流失挽回。四是新客户精准获取，通过大数据有针对性地找到客户的偏好和兴趣，就能精准地选择营销渠道来触达这些客户，制定营销策略，也可以更有效地指导异业合作。五是促进准客户的转化。由于保险公司对于准客户的信息掌握较少，因此分析的手段也比较有限，基于外部大数据建立预测模型，可以帮助保险公司识别和筛选哪些准客户具有更高的转化概率、使用促进转化的个性化营销手段，从而提升营销效率和效益。

（五） 提高风控和反欺诈能力

大数据能够在一定程度上解决信息不对称造成的问题，提高保险公司的风控和反欺诈能力。

1. 风控方面。首先，保险公司可利用大数据收集的由移动互联网及移动智能设备技术终端得到的关于被保险对象的综合信息，经过处理后可获得客户准确而具有个性的风险信息，从而更好地把握客户所转嫁风险，进行有效的风险控制；其次，保险公司通过大数据技术将业务数据、管理数据、社会数据等各种数据整合分析后，提升内部管理能力，并且增强公司的风险防范能力。

2. 反欺诈方面。首先，保险公司通过外部数据实时获得客户以往的购买信息、理赔信息，确认客户是否购买超额保险或重复保险，拒绝可能出现欺诈行为的客户；其次，保险公司可通过外部数据实时获得客户的出险信息，如客户在高速公路上驾车发生事故后向交警报案，保险公司就能够及时获得报案信息，或从第三方直接获取客户的医疗、汽车维修等数据，防止保险欺诈的出现。

总之，大数据有助于保险公司更直接、更准确地了解市场、客户，精准定价和开发适宜的保险产品，提升客户的体验，加强内部管理等。其最终的结果是通过大数据的应用来扩大保险公司的盈利空间，而且促进优质客户群体的持续增长，从而形成良性循环。此外，值得注意的是，大数据的应用将加速互联网保险渠道向“业态”转化，即从保险产品的开发、保险信息咨询、保险计划书设计、销售到理赔等后期服务所有环节都依托互联网来完成，改变目前互联网更多的是作为单纯的保险销售渠道的现状，实现互联网保险从“保险互联网化”的简单销售模式向真正的互联网保险“业态”的发展。

第二节 基于大数据的互联网保险创新研究

大数据给互联网保险带来了产品的创新、定价的优化、服务的提升、营销的改进，甚至可以帮助保险公司预判风险。本节将针对大数据在互联网保险领域的创新模式和案例进行研究。

一、互联网保险产品创新和定价

（一）大数据在产品创新中的应用

传统保险产品创新往往容易忽视消费者个体行为的信息，因此很难推出富有个性化的产品；而且保险公司掌握的数据集中体现为内部数据，很少有客户外部行为数据。关于大数据对于保险产品开发的影响，保险业内基本已经形成共识。2016 年中国保险行业协会对 30 家保险公司的调查结果表明，70% 的保险公司已认识到大数据对于产品创新的重要性（见图 5 – 3）。

通过积累和挖掘保险行业内外的客户数据，保险公司可以开发出创新的、个性化的、满足用户需求的产品。其中，基于外部如第三方平台积累的大数据研发的产品最为成熟，如银行卡安全险、放心淘产品质量保证险等。

1. 基于外部数据进行产品定制。大数据在保险产品定制中发挥着重要的作用。定制保险的推出流程与传统产品推出模式正好相反，是“需求引致供给”。保险公司通过个人的公共数据情况、信息体系、社交网络、健康数据、

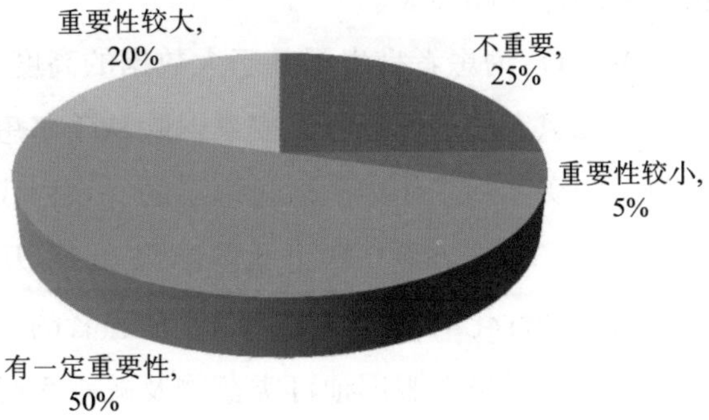

图5-3 大数据对产品创新的影响

资料来源：2016年中国保险行业协会调研数据。

性格等信息，可以进行客户的“私人订制”，做到真正以客户为中心。例如，一旦汽车数字化可在互联网存储与分享，保险公司通过数据分析，可以掌握客户车辆主要用途、基本行车路线、路途的风险程度、驾驶习惯、事故发生频率等信息，从而测评出该客户车辆的风险指数，实现对该客户车险的“私人定制”。

2. 产品捆绑或者提供一揽子风险管理服务。通过对现有客户进行大数据分析，就有可能掌握客户的喜好与保险需求等信息，并根据模型找出满足客户即刻保险需求的最佳险种组合，或预测出在客户生命周期中所需的保险产品，对客户进行捆绑销售。

保险公司通过与其他平台合作，还可以整合供应链，建立基于核心保险业务的生态系统，使得保险公司真正成为一揽子风险管理服务方案的供应商，拓展保险公司风险管理的内涵和外延。2015年5月，某保险公司联合途虎、新焦点推出了轮胎意外保险服务。该服务是基于传统车险并不负责轮胎的单独损坏而推出的，即消费者在指定地点购买并安装轮胎，可以享受平台赠送的轮胎意外保障，保障期限为一年。若期间轮胎遭遇爆胎或鼓包导致轮胎无法继续使用，经过核保后消费者可收到平台发放的60%—80%额度的抵用券。此服务将保险流程完全嵌入平台现有场景，双方通过业务数据在线实时交互，实现承保、理赔、服务环节的无缝对接，在传统车险的基础上为客户提供其他的风险管理服务，提供优质的用户保障体验。

美国安泰保险（Aetna）为患者推出了基于大数据的高度个性化治疗方案。为了帮助改善代谢综合征患者的病况预测，安泰保险从千名患者中选择 102 人完成实验。在一个独立的实验室工作内，通过患者的一系列代谢综合征的检测试验结果，在连续三年内，扫描 600 000 个化验结果和 18 万件索赔事件，将最后的结果组成一个高度个性化的治疗方案，以评估患者的危险因素和重点治疗方案。这样，医生可以建议患者服用他汀类药物及减重 5 磅等措施以达到减少未来 10 年内 50% 的发病率，或者依据患者目前体内高于 20% 的含糖量，而建议患者降低体内甘油三酯总量。

（二） 大数据在保险产品定价中的应用

传统的保险精算是基于大数法则，通过一定的抽样模式和技术，从长期、大量的经营实践中提取一定量的样本，构建数学模型，从而对保险产品进行定价。但实际操作结果并不尽如人意，一方面无法真正获取足够量的样本，实际操作中也存在着许多偶然性并导致误差；另一方面，因保险标的的风险状况会随着时间推移和社会发展不断变化，但保险费率却在保险期限内固定不变。而且传统的精算定价是基于总体而非个体，倾向于将个体抽象化、一般化来把握整体趋势，与大数据更强调个体的思维完全不同。但在大数据时代，一方面，海量数据的采集和处理成为可能。通过全局的数据了解标的背后的风险真相，相对于过去定价中以抽取一定样本代替全体的统计方法，其统计出来的结果更为精确，基于此而进行的产品定价也更符合真实状况。另一方面，大数据极大地丰富了保险风险因子，生活地区、信用、收入、浏览记录、生活作息、运动频率、兴趣爱好、上网时长、风险偏好、基因等更多维度、更全面的信息将丰富对一个人的风险刻画，将个体的全量数据与群体的样本数据加以结合进行产品定价，将推动传统精算理论与保险定价能力的提高，进而满足客户差异化、个性化的需求（见图 5 -4）。

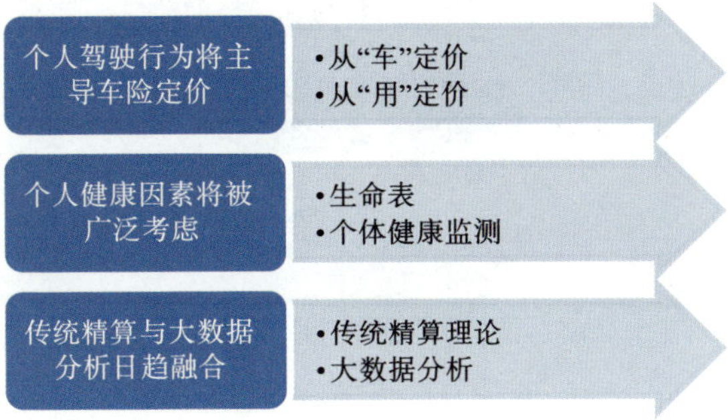

图 5－4　大数据在产品定价中的应用

在人寿险和健康险定价中，大数据发挥着越来越重要的作用。保险公司利用可穿戴设备（如 Jawbone 推出的 Up、Apple 推出的 HealthKit）能够实时监控人体健康情况（运动量、睡眠、心跳等），弥补了生命表对于洞察细分群体的人体健康及生死概率的能力不足，通过分析这些数据对投保者按照生活习惯进行分类并进行区别定价与动态定价（见图 5－5）。2015 年 8 月，众安保险推出了国内首款与可穿戴设备及运动大数据结合的健康管理计划——步步保，以用户运动量作为重大疾病保险的定价依据，同时用户的运动步数还可以抵扣保费。在众安保险的合作伙伴小米运动、乐动力 App 中开设入口，用户投保时，系统会根据用户的历史运动情况以及预期目标，推荐不同保额档位的重大疾病保险保障（目前分档为 20 万元、15 万元、10 万元），用户历史平均步数越多，推荐保额就越高，最高可换取 20 万元重疾保障。其中，如果用户利用“步步保”，在参加健康计划前 30 天的平均步数达到 5 000 步，则被推荐 10 万元保额重大疾病保险保障；在申请加入健康计划后，申请日的次日会作为每月的固定结算日，只要每天运动步数达到设定目标，下月结算时就可以多免费 1 天。保单生效后，用户每天运动的步数越多，下个月需要交纳的保费就越少。

在车险中，UBI（Usage Based Insurance，UBI）的现驾现付保险，近年来引起了业界的广泛兴趣。不同于传统车险“静态”的精算定价模式，UBI 通过收集驾驶者的风险数据——实际驾驶时间、车速、地点和驾驶方式等，来计算应该收取的保费，实现保费的实时动态更新。而传统的车险定价虽然将影响费

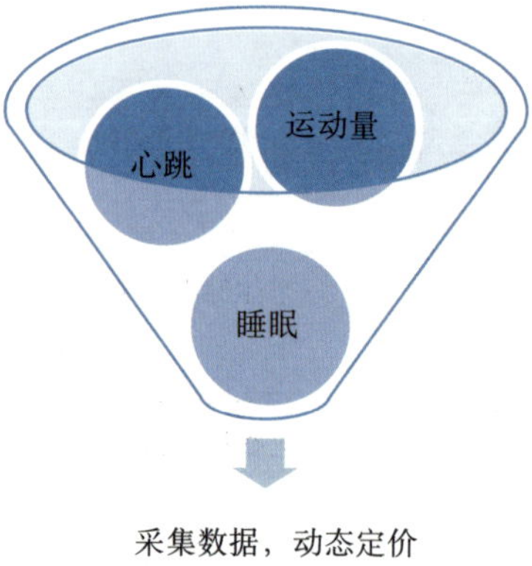

图 5－5　智能可穿戴设备

率的因素分为从人因素、从车因素以及环境因素等，但这是一种静态的费率分级机制，对于驾驶人行为的永久性改变，保险人难以及时发现，保险人往往是在被保险人发生事故之后做出相应调整，因此保险人的反应是被动并且滞后的。借助车联网，保险公司可以实时采集车辆位置及车辆运行情况数据，这些数据是动态而非静态数据，其数据类型与以往的样本数据大不相同，包含了丰富的、与风险相关的信息，可以更好地应用于车险定价，也可以防控欺诈、客户管理等风险管理服务。

在我国，人保财险、国寿财险、平安财险和太平洋财险等多家公司都在用不同的方式开始研发车联网车险产品。例如人保财险已与腾讯路宝盒子成为合作伙伴，已完成车联网相关保险的全面解决方案，包括技术选型、分析建模、业务模式和运营架构，并形成营业用车和家庭自用车两个子模块。与我国 UBI 进展缓慢相比，美国、英国、韩国等则进展迅速。以美国 State Farm 为例，这是北美最大的汽车保险公司之一，自 2010 年开始推出了一系列车联网保险产品，包括 OnStar、Sync 和 In－Drive 系列的产品。

1. OnStar。OnStar 产品提供的实际上是一款典型的 PAYD（Pay As You Drive，PAYD）保险产品。客户实际驾驶的里程数越少，得到的保费折扣越大。OnStar 将会记录车辆驾驶的里程数，并提供给 State Farm 公司。OnStar 是由通用汽车公司开发和部署的一套系统，当车辆发生意外情况时，通过该系统可以为车主提供快速及有效的服务，同时也可提供远程服务、道路信息、导航及其他服务。

2. Sync。Sync 提供的也是 PAYD 保险产品，然而与 OnStar 不同的是，Sync 具有不同的信息传输平台，其由福特汽车公司开发，并由微软公司提供技术支持。

3. In - Drive。不同于 OnStar 和 Sync，In - Drive 定价的因子更多，并且其 PHYD 保险产品还附加各种可选择的安全服务，客户能够得到的保费折扣将取决于其驾驶方式。具体来说，In - Drive 通过车载设备记录司机的以下信息：紧急刹车次数、加速次数、转弯次数、驾驶的时间段、时速超过 80mph 的时间。

二、互联网保险服务创新

传统保险公司与客户的沟通交互较少，服务客户频率较低，大数据的蓬勃发展彻底改变了这一局面。许多保险公司已经意识到大数据能够提升保险公司的服务质量和水平，为客户提供贴心优质的服务。2016 年中国保险行业协会对 30 家保险公司的调查表明：65% 的被调查公司已认识到大数据对客户服务的重要性（见图 5 -6）。比如有些公司利用核保核赔数据配置保险产品结构，通过咨询，与客户无缝衔接，有效洞察客户偏好、行为习惯、满意度等。还有的公司会通过对客户服务交易数据的分析，调整互联网客户服务的形式，优化网络知识库等。

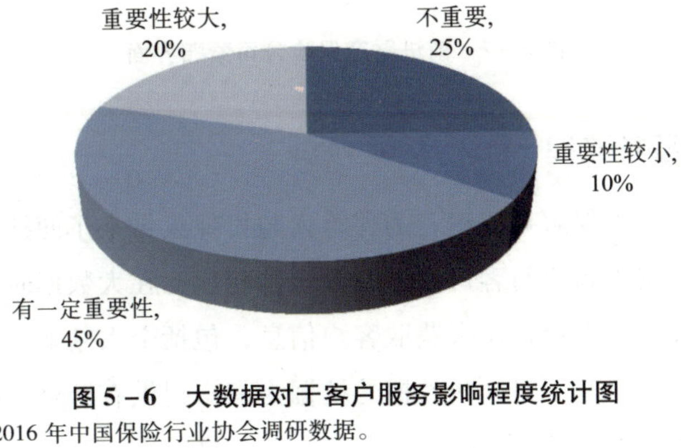

图 5 -6 大数据对于客户服务影响程度统计图

资料来源：2016 年中国保险行业协会调研数据。

（一） 提升服务质量

保险公司可以利用大数据分析客户的特征、习惯以及偏好，分析和预测客户需求，为向客户提供精准服务奠定基础。如美国的前进财产保险公司（Progressive Insurance）的索赔环节与同类保险公司相比十分突出：客户在完成注册后即可实现在线报案、发起索赔并全程跟踪理赔的各环节。此外，其网站还详细地介绍了诸如维修网点、道路救援以及客户理赔感受等各种信息，这使得潜在客户在浏览网站时增加了对该公司产品与服务的信任感，从而唤起了购买意愿（见图5－7）。

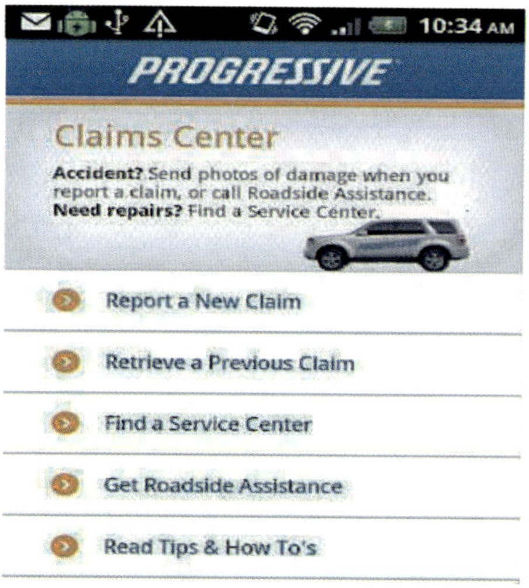

图5－7　前进财产保险公司索赔界面

（二） 简化服务流程

大数据简化了承保服务流程，为保险人与投保人带来了便捷。与传统承保过程中的营销员说服客户与客户填单两个步骤相比，在大数据时代，保险公司可以通过与多种社会平台合作来获取客户信息，包括个人基本信息、医疗记录和驾驶记录等，然后基于对这些数据的挖掘为客户提供有针对性的保险产品和报价，在承保前简化了营销员面对面了解客户的过程。以“平安直销车险”

为例，老车主续保及新车主投保，都可以在微信上一键操作完成，大大提高了车险投保的便利性。而且随着微信的日益普及与成熟，车主进行微信投保时还可以有更多的支付选择。

大数据还带来了保险理赔服务的便捷。保险公司可以利用相关数据建立网络智能核赔平台，并加强与移动互联网终端应用的联系，实现互联网保险业务流程自动化，大大缩短理赔的处理时间。如基于大数据的互联网航班延误险有效解决了传统的航班延误险从购买到理赔过程繁琐的问题。某保险公司在微信公共账号上推出的航空延误险，通过后台直接与第三方系统对接的信息共享机制可以减少客户索赔时提交各种资料的麻烦。

（三）提高服务效率

大数据的出现提高了保险服务效率，实现对客户数据单证及其处理流程的优化、对自动核保规则的优化以及对网页流程的优化，从而减少客户的输入数据量，提高单证录入与核保效率。

大数据使线上勘察定损成为可能。以 UBI 保险为例，智能 OBD 记录仪在碰撞瞬间可以拍摄三张照片和一个短视频并上传到云端，保险公司可以针对拍到的图片和视频进行事故分析，联系核实客户之后指导其对汽车损失部位进行拍照，后台人员根据客户拍摄的照片进行进一步分析，并核损核价（见图 5－8）。对于必须由专业人员处理的复杂案件，大数据技术也优化了线下查勘过程。当发生需要专业人员现场处理的事件，保险公司的后台云端就会将事故相关信息发送到离事故地点最近的查勘车辆，该车辆随即与出现车辆进行联网，与客户进行交流。

英国的 Insure the Box 公司将含有 GPS、运动传感器、SIM 卡和电脑软件的盒子装在汽车上，通过 GPS 技术追踪定位失窃车辆，协助客户找回车辆。当盒子检测到车辆撞击或意外事故时，该公司会打电话给客户以确定客户的人身安全。紧急情况下，盒子还会呼叫应急救援部门参与救援。此外，盒子里面的数据亦可协助客户分析车辆损失情况。

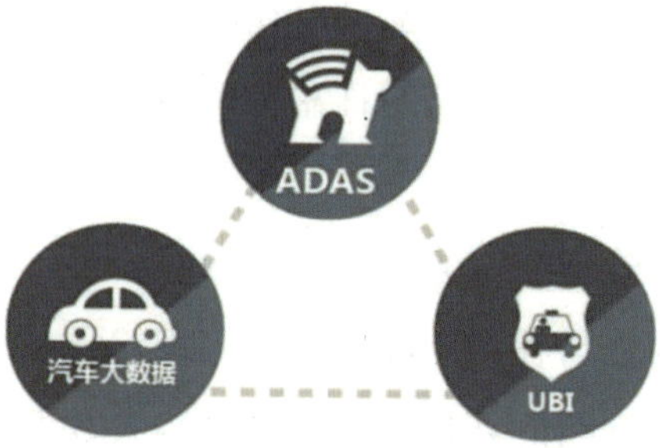

图 5－8　UBI 保险定损原理

（四）提供个性化服务

保险公司可以充分利用大数据对客户个性化描述的便利，根据客户的购买习惯、服务偏好等信息进行客户细分，更好地开展客户个性服务。以平安打造的“以客户为中心”的一体化服务模式为例，平安依托其官网直销平台，打造一站式客户线上自助服务栏目——个人中心，实现了购买跟踪、服务查询、产品营销、客户个人信息维护等各服务独立环节的集约式展现，成功搭建了各环节数据调取以及资源共享的桥梁。通过“个人中心”，线上购买的客户可以自助进行购买跟踪（包括订单、保单、配送状态、产品评价等）查询，录入和修改个人信息（包括偏好、车辆、配送、常用保险人信息等），个人中心还嵌入了推荐好友、订阅信息、投诉、在线客服等网站辅助功能；此外，平安借助一体化服务模式成功实现了面向公司全渠道客户的承保理赔查询。自助服务功能的拓展，有效弥补了线下服务不便的缺陷，极大提升了服务效能和客户满意度。

美国州立农业（State Farm）保险公司推出的 UBI 车险，一方面利用驾驶员的行为数据来计算保费，追踪驾驶员驾车信息，销售保险产品；另一方面也向客户提供多种服务，包括道路救援、驾驶监控等。例如，18 岁以上的美国青年可以拥有驾照、允许驾车，有些父母担心子女的驾驶安全、去向等问题，州立农业保险公司通过车联网为父母提供关注驾车动向的功能。这些功能被打包成一个服务项目，费用从每个月 7 美元到 12 美元不等。

三、互联网保险营销创新

根据2016年中国保险行业协会对30家保险公司的调查，69%的公司认为大数据对于提高营销能力非常重要或比较重要，大数据使得更有针对性的精准营销成为可能，而且随着大数据的发展，保险营销将迎来新的发展时期（见图5－9）。

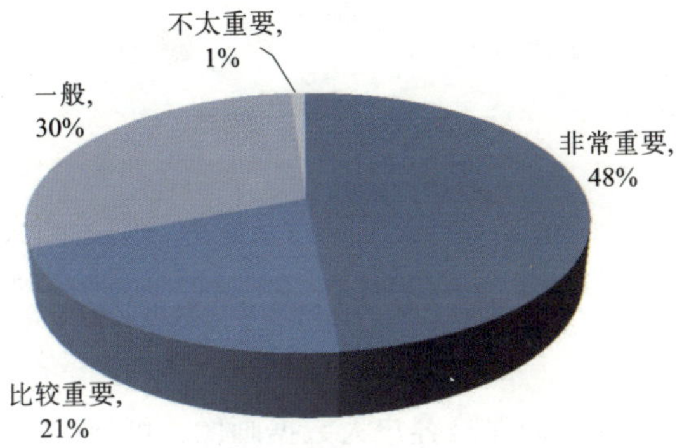

图5－9　大数据对于提高营销能力的重要性

资料来源：2016年中国保险行业协会调研数据。

大数据在保险营销方面的应用主要有以下几方面。

（一）客户画像

保险公司可以依据商业分析将客户的个人属性和金融信息，包括业务订单数据、客户属性数据、客户收入数据、客户查询数据、理财产品交易数据、客户行为等数据，通过客户多账号（身份证号、手机号、邮箱、QQ号）打通，建立客户标签①，从而构建覆盖客户衣、食、住、行的丰满的客户画像（见图5－10），从而帮助保险公司更快速、深入地了解客户的真实、具体需求，以及客户人生事件。

① 鲍忠铁：《互联网金融时代保险行业如何利用大数据涅槃重生》［N］，凤凰财经，2015年6月16日。

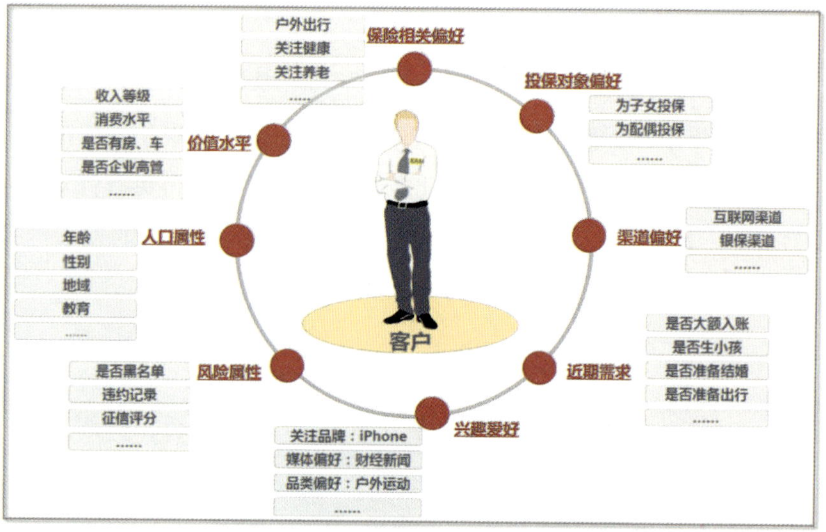

图 5－10　百融金服的保险客户大数据画像示意

例如，百融金服提供的保险客户大数据画像，可通过海量大数据查询并了解客户价值水平、保险产品偏好、投保对象偏好等信息，选择最能打动客户的产品或者资讯，通过打折或者赠送的方式，进行精准投放营销，如有针对性地推荐产品、匹配营销话术，甚至是为客户提供最感兴趣的礼品等，从而促成购买行为。

（二） 新客户的精准获取

传统保险的营销模式是线上投广告，线下铺网点，或者招募更多代理人进行新客获取。大数据使得面向新客户的精准营销成为可能。2016 年中国保险行业协会对 30 家保险公司的调查结果显示，65% 的保险公司认为大数据对于新客户获取的影响程度比较重要（见图 5－11）。

保险公司可以通过对内部和外部数据的综合利用，收集客户个人属性、客户线上浏览行为偏好、线下活动轨迹、交易行为等方面的信息，对客户进行多维度、立体化的分析，既能了解客户的消费行为与消费能力，还能预测客户的

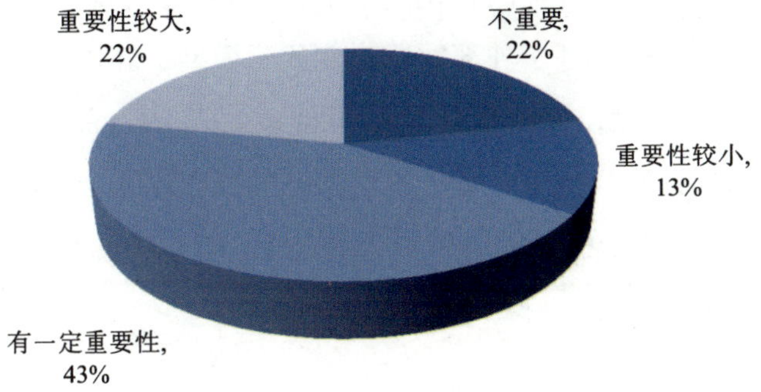

图 5－11　大数据对于新客户获取的影响

资料来源：2016 年中国保险行业协会调研数据。

消费需求及倾向，开展精准营销，从而实现营销方案与新客户的有效对接，实现不同渠道销售的精准投放，实现对包括实体界面、虚拟界面，覆盖城网、农网、电网以及各大销售渠道的全面管理、统一支持。此外，还可以根据客户的消费习惯及各渠道的特点配置相应的销售渠道，精准地选择营销渠道来触达这些客户。

与互联网等其他渠道相比，银行平台的客户群是理想的保险产品目标人群。太平人寿正在银保渠道进行精准营销的初步尝试，依托大数据技术，通过与工商银行、建设银行、浦发银行等银行的合作，分析银行客户管理系统的数据，更准确地定位目标客户，更精确地定位客户的资产配置和保险需求，将传统人寿险粗放式“盆里捞针”精细化到“碗里捞针”。太平人寿在经过近一年的尝试后，在展开银保精准营销项目合作的银行渠道上，期缴业务一半以上来自精准营销；同时，客户的签单成功率有显著提升，且客户件均保费比非项目件均保费有大幅增长。

（三）促进准客户的转化

许多保险公司虽然拥有庞大的客户群，但实际上其中绝大多数都是“准客户”（如极短险客户、赠险客户）。经验表明，准客户的转化成本远低于获新客的成本。但由于保险公司对于准客户的信息掌握较少，分析手段也比较有限，因此往往表现出对准客户的转化重视不够。如今，利用大数据技术，可以追踪准客户的行为，可以基于外部数据建立预测模型，并快速验证调整，并由此推出个性化营销手段，把让客户“最可能动心”的产品展现在客户面前。保险公司也可以根据客户健康、财务、信用等状况作出更合理的分析，从而提升营销效率和效益。此外，充分利用大数据还可以有效提升营销时机的精准性。

（四）存量客户精准营销

大数据能够帮助保险公司细分与洞察现有客户，精确了解其关键需求，可以建立预测模型，开展加保和交叉销售，使客户价值最大化、促进业务协同。借助大数据的精准营销，保险公司能够为客户提供全方位的保险服务，从而有效提升客户对保险公司的忠诚度，因为客户在同一家机构购买的保险产品越多，其更换保险公司的成本就越高。

保险公司与其他平台数据共享的合作方式使得交叉销售更加轻易达成。借助数据平台的帮助，保险公司可以了解已有客户的互联网行为偏好，并由此提供有针对性的精准营销。例如，如果客户比较关注母婴用品，就可以向客户推销少儿重疾险等针对儿童的保险产品；如果客户资产水平良好，并且经常关注财经、理财等方面媒体，则可以向客户推销理财型保险产品。

大数据公司可以基于海量数据建立预测响应模型，挖掘出一些可以有效识别客户保险需求的变量。经过保险公司真实客户测试发现，利用这些变量对客户进行筛选，可以将客户的响应率提高两倍以上（见图 5－12）。

（五）预防客户流失

保险公司一方面需要积极开发新的客户，另一方面也要预防存量客户的流失。但在实际业务中，保险公司对预防客户流失的重视程度远远不够。根据 2016 年中国保险行业协会对 30 家保险公司的调查结果，保险公司认为“大数据对于客户流失影响程度”的平均分仅为 2.1 分（满分 4 分），尤其是认为影响

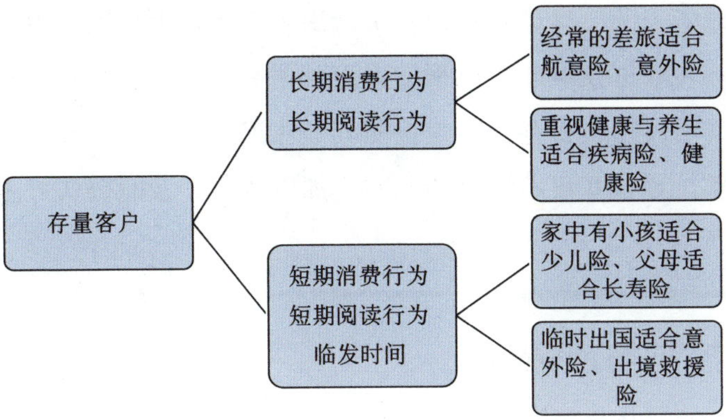

图 5 – 12　大数据在存量营销的应用

程度为“不重要”的有41%（见图5 – 13）。这充分说明我国保险市场发展尚不完善，在提高市场占有率就可获得利润的情况下，保险公司往往缺少对于减少客户流失管理的动机。

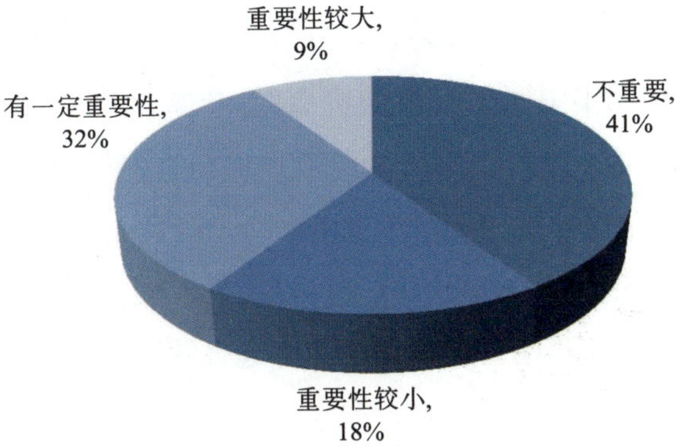

图 5 – 13　大数据对于客户流失管理的影响

资料来源：2016年中国保险行业协会调研数据。

实际上，借助大数据技术可以有效地预防客户流失。例如，大数据技术可基于海量大数据挖掘，建立预测模型，可以有效识别流失客户特征，以开展流失预警，或者通过修复失联客户（如孤儿单、续期失联或者是外部渠道来源的客户）的多种触达手段，挽回流失客户。具体来说，大数据技术可以帮助保险公司根据保单、险种信息、销售人员信息、经济能力、健康状况等各种类型数据对续保率关键信息进行建模，筛选出影响客户退保的关键因素，并对业务进行调整。大数据技术还可以帮助保险公司利用回归算法建立续收风险预测模型，或者舆情监控，将存量客户按照其潜在退保率进行分类，将可能流失的客户定位出来，寻找客户不满意的原因，加以改进，及时公关，挽回即将流失的客户。

四、风险控制与反欺诈

保险的经营对象是风险，因此保险公司经营的核心内容之一即是对风险的控制。传统风险控制主要体现在核保和核赔两个环节，保险公司判断客户是否存在逆选择或保险欺诈，主要依靠一些固定标准和核保核赔人员所积累的经验及与公安、交通、医院等部门的合作情况。在面对大量新型欺诈案件时，传统手段和方法难免捉襟见肘、疲于应对。

虽然理论上对于“大数据有助于风险控制和反欺诈”得到普遍的认同，但在现实层面，大数据在协助保险公司进行风险控制和反欺诈方面的作用尚未得到有效发挥。2016 年中国保险行业协会对 30 家保险公司的调查结果显示：仅有一半的保险公司认为大数据在“风险评估与控制”和“反欺诈”中的重要性较大或具有一定重要性（见图 5 - 14、图 5 - 15）。即使是这些保险公司已经意识到了大数据的价值，认为大数据可以使其辨别虚假信息及对欺诈者行为进行分析，通过建立侦测模型，阻挡可能有危害的客户，但许多保险公司表示此类业务刚刚起步，并且正积极引入如人行、公安等系统的征信数据进行风险控制。总体而言，大数据在协助保险公司进行风险控制和反欺诈方面还有许多潜力可挖，未来应该成为保险公司风控的着力点。

（一）风险控制

大数据的发展极大提高了保险公司的风控水平：首先，保险公司可利用大数据收集的由移动互联网及移动智能设备技术等终端得到的关于被保险对象的综合信息，经过处理后获得客户准确而且独有的风险信息；其次，在对客户承

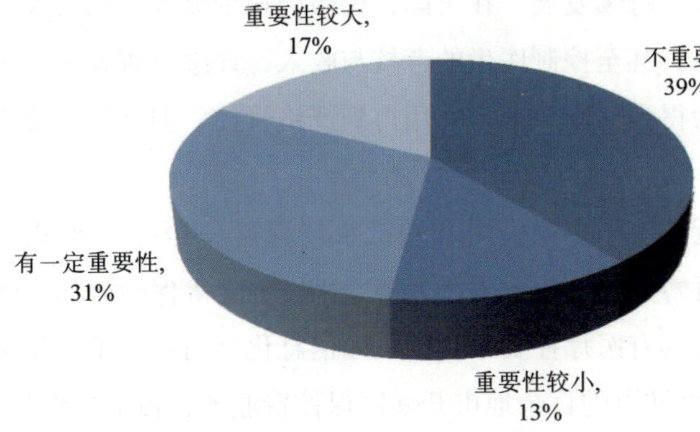

图 5-14 大数据对于风险控制的影响

资料来源：2016 年中国保险行业协会调研数据。

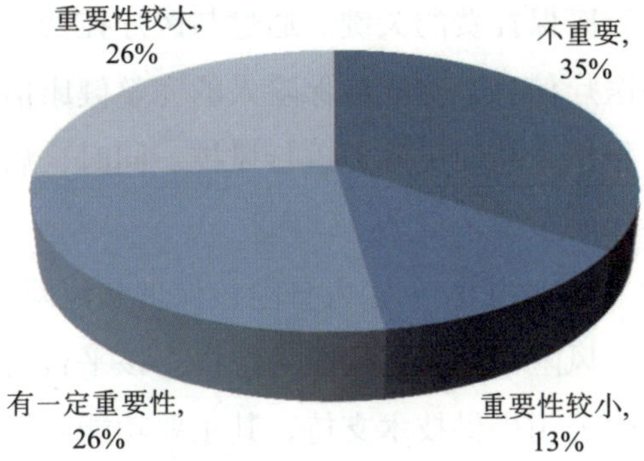

图 5-15 大数据对于反欺诈的影响

资料来源：2016 年中国保险行业协会调研数据。

保后，大数据可以提高对潜在风险的精细管理，有助于事先发现潜在风险，以防止潜在风险演变为事实风险。

1. 信息共享平台。信息共享平台的建立是解决信息交流、数据沟通问题的长效机制。通过将保险公司、人行、公安、医院等部门或机构的信息对接，建立诸如“高风险客户”、“高风险从业人员”、“特殊名单”等数据库，可以及时发现和识别高风险，提高信息的传递效率。

在健康险中，风险控制是世界性难题，医疗费用上涨、过度医疗、保险欺诈等阻碍着健康险持续发展。在美国，保险公司依靠庞大的投保人资源建立起自己的医疗网络，甚至控制医生的考核与收入，详细审查就医记录，从而使大量过度医疗行为得到遏制，医疗费用得到严格管控。但严格的成本管控也遭到了很多批评。

在我国，近几年，多家公司开始试水“保险 + 医疗”模式。人保系、通用再保险、中再寿险、泰康、太平人寿、平安养老等保险公司，陆续与海虹控股、卫宁科技等具有医疗控费平台的医疗信息化公司签署了合作协议。海虹已在 20 余个省、直辖市的百余地市开展医保控费业务，覆盖参保人群约为 4 亿，监管 4 000 亿元基金。目前，医保审核系统及医疗质量控制系统已在杭州市、苏州市的医保端及部分医院端成功并行。同样，卫宁科技的医院端客户资源约占全国 10%，其多年积累的包括临床在内的医疗数据，不仅是医保产品开发、理赔的基础，也是进行医保控费的关键。通过与医疗控费平台的合作，保险公司可以收集到患者的医疗信息，建立被保险人的完整健康信息档案，并对病患做到提前预防、病后报销，从而更好地进行风控。同时，病患每次的就医记录将成为其能否顺利参保的重要依据。

我国于 2016 年 1 月建立了首个“人身险核保理赔风险筛查平台”，填补了我国保险行业核保理赔风险信息查询的技术空白。该平台由中国保险行业协会发起，由慕尼黑再保险公司提供技术支持，其主要功能包括：一是风险信息发布。针对投保和理赔可疑客户，保险公司核保理赔人员可通过“案件发布”功能，发起相关信息排查。二是风险信息回复及查询。其他保险公司进行风险信息回复和标识，并可查询系统记录的疑似欺诈客户信息。三是多维度统计分析。可对欺诈类型、欺诈客户特征等进行数据分析，监测欺诈发展趋势，有效识别核保和理赔风险。四是风险防范行业协作，平台内置了各保险公司相关核保理赔人员联系方式，方便行业协作开展案件联合调查和防范欺诈（见图 5－16）。

2. 潜在风险控制。利用大数据技术，保险公司可以通过对客户行为的“追踪”来加强客户行为管理，减少被保险人出现事故的概率，从而降低保险公司的风险。

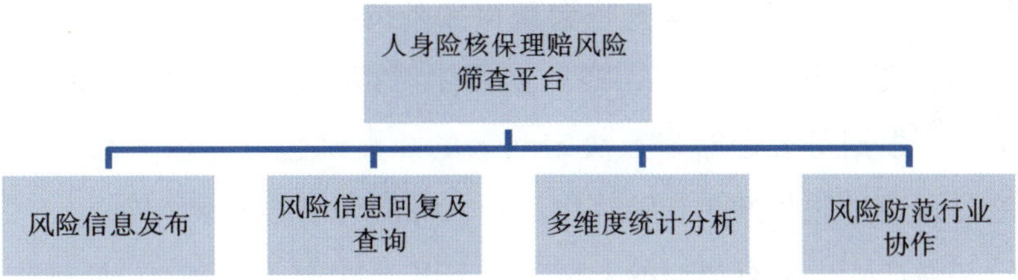

图 5－16　我国“人身险核保理赔风险筛查平台”

国外保险公司大多是基于可穿戴医疗设备和提供健康咨询来降低被保险人风险，而且效果显著。如 Humana Vitality 面向雇员的健康应用 App，通过追踪记录客户的运动，可以指导客户提高健康状况。此外，Humana 还开发了如 My Humana、Humana are Match、Humana Pharmacy、Humana Core 等健康应用，为会员和客户提供健康咨询、服药提醒等全方位服务（见图 5－17）。

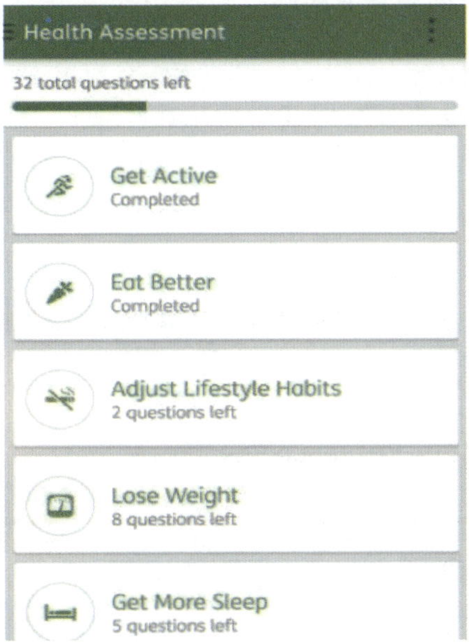

图 5－17　Humana Vitality 应用 App

在国内，泰康在线与咕咚开展了“活力计划”互动式保险服务。咕咚鼓励被保险人将自己每一次运动的数据加以记录并上传网络，分享自己运动的数据与体验，经常运动的被保险人将会获得额外的经济收益，如提供保费优惠、礼品回馈等。又如小雨伞保险，客户在关注“微信运动”公众号后，最低每天投保 1 元，根据每天走路步数决定当天的津贴红包，红包金额在 0.2—1.6 元。保险公司通过这些方式鼓励客户运动，降低客户的健康风险。

车险和财产险中也有类似的尝试。在 UBI 车险中，保险公司通过收集到的数据对客户的风险进行分析，如果表明客户的安全驾驶习惯已经养成，发生事故的概率降低，保险公司就会主动降低保费。美国州立农业（State Farm）保险公司与警报安全公司合作，为客户在家中安装智能家居设备。当家中出现失火和漏水等意外情况时，该设备可自动采取减损措施；当家中出现犯罪行为时，该智能设备也可通过远程通信提醒住户采取措施。这些措施都降低了客户的出险概率。

3. 建立预测模型。通过大数据建立预测模型，保险公司可以有效地进行风险控制。美国利宝互助（Liberty Mutual）保险集团，结合内外部约 1.4 亿个数据信息对客户进行早期异常值检验，数据包括客户的个人数据（健康状况、人口特征、雇主信息等）和集团的内部数据（过往的理赔信息和已经采取的医疗干预信息等），通过及时发现并采取措施，使得平均索赔费用下降 20%。伴随着新数据的加入，利宝互助的预测模型不断进行调整，其准确率还在不断提高（见图 5－18）。

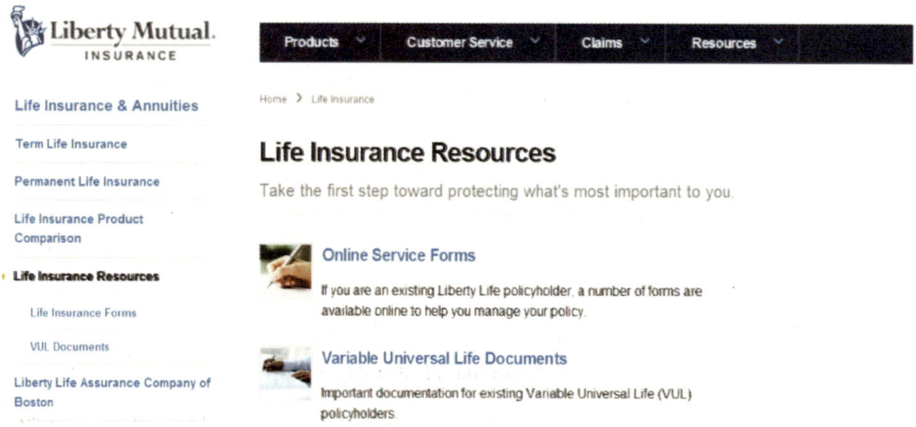

图 5－18　美国利宝互助保险集团服务界面

（二）反欺诈

从保险业诞生之日起，保险欺诈就如影随形，不仅增加了保险公司的运营管控成本，而且损害了客户权益，造成保险服务资源浪费。大数据能够弱化部分不对称的信息，通过构建一个基于大数据的反欺诈网络，可以将保险公司的各个部门、第三方平台、网络和通讯运营商等平台整合起来，让保险欺诈无处遁形。首先，保险公司可以通过反欺诈网络实时获得客户之前的购买信息、理赔信息，利用大数据分析技术，对客户的信用水平进行划分，拒绝承保可能出现欺诈行为的客户；同时，根据客户的购买信息也可以确认客户是否购买超额保险或重复保险，避免高额投保所导致的故意造成保险标的损失的情形。其次，保险公司可通过反欺诈网络实时获得客户的出险信息，例如在车险中，客户在高速公路上驾车发生事故后向交警报案，保险公司就能够及时获得报案信息。同时，保险公司可以加强与修理行业的合作，获取关于每辆汽车的维修、保养情况的数据，以避免客户从保险中不当得利，防止保险欺诈。

在反欺诈领域，国外已经领先一步。在车险中，英国有三大保险反欺诈数据库，分别是汽车保险商贩和盗窃数据库（MIAFTA）、汽车保险数据库（MID）以及理赔和承保信息交流数据库（CUE）。MIAFTA 由英国保险人协会运营，数据库包括车主姓名、住址、汽车牌照、底盘号码等多种信息，保险公司可以在该平台查到汽车的索赔历史记录并与之前的保险公司联系。MID 由英国汽车保险商务部进行运营，数据库内的信息与 MIAFTA 数据库相比偏重对保单持有人信息的记录，可以迅速辨别驾驶人的身份信息。CUE 数据库由欧洲保险及再保险联盟建立，数据库可以在投保和理赔两个环节审查恶意投保行为，并建立理赔的历史档案，以防范潜在欺诈者。美国各州已经筹划在未来建立全民医保的网络销售平台时，附加建立用于识别和侦破异常索赔数据的专业软件平台，该软件可寻找数据间的规律，以追踪鉴别欺诈现象，并具有实时更新的功能。

在反欺诈中，可以利用的大数据技术包括以下几方面。

1. 风险场景技术。风险场景技术是指利用数据对骗保人员作案的主要手段或是案件表现出的特征进行综合分析。如在车险领域，当记录显示一起事故中同时出现"同一辆车作为'第三者车'曾多次出现"、"无人受伤"、"车辆受损部位相同"等风险场景特征时，理赔人员就有理由相信该案件可能属于骗保事件，并应作进一步调查。大数据的出现丰富了风险场景中可被读取的风险因子，极大提高了骗保事件的识别率和准确率。

规则分析和模型分析都可以对各类风险场景和风险因子进行分析并生成风险案件。规则分析是将稽查和理赔中业务员积累出的漏损场景概括出具体特征，并将上述特征加以量化描述，然后在后台系统中将符合上述特征的案件筛选出来并进一步分析其是否存在骗保情况。这是对国内外保险业骗保案件的高度总结。模型分析则将反映赔案风险的数据进行深度挖掘并处理成可被模型识别的有效数据，然后使用模型进行分析，识别出数据层面表现异常的赔案。

全美反保险欺诈办公署就运用预测技术，建立统计分析模型，来识别数据中所隐含的索赔人复杂的行为方式，还开发了索赔评级系统，根据索赔人的年龄、事故类型、涉及的交通工具类型以及医疗处理频率等评级，依据评级得分高低来确认该索赔是否有欺诈成分（见图 5－19）。

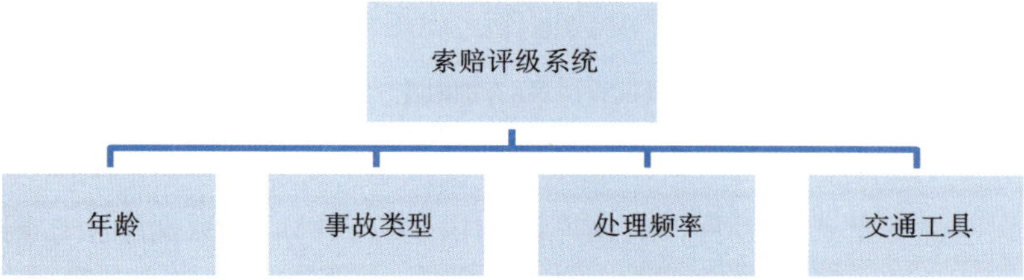

图 5－19　预测技术判断欺诈行为

以美国 Allstate Corporation 汽车保险公司为例，该公司根据理赔数据、理赔人数据、网络数据和揭发者数据在后台系统模型的识别结果判断该案件是否有诈骗嫌疑，并将对应案件交由特别调查部门审阅。据统计，大数据成功帮助该公司在车险领域减少了 30% 的诈骗案、50% 的误报率，将整个索赔成本降低了 2%—3%。

世界著名的数据库律商联讯（Lexis Nexis）凭借优异的信息来源、先进的网络技术和专有的品牌资源，为法律机构、企业、政府与学术单位提供全面、权威的信息服务。在保险业务方面，它可以利用理赔、政府数据和犯罪记录监测出大量欺诈行为。该数据库通过关联大量美国保险公司理赔数据、第三方保险公司的历史理赔数据，按照关系匹配官方数据（如婚姻记录）和犯罪记录，自动整合理赔人的犯罪记录及相关人记录，通过算法监测欺诈行为及欺诈网络。通过大数据检测发现，超过 20% 的理赔请求属于欺诈、重叠或不当，而且存在医疗机构介入汽车保险欺诈网络的情况。

我国也有类似的应用，如“航空退票险”，该险种上线之后赔付率一度高达 190%，在后台通过数据监测，发现某些地理位置频繁出现连续的、非正常的退票行为，跟踪结果居然牵出一条以帮人退票为主业的造假产业链。通过数据建模和优化之后，该款保险在短时间内迅速扭亏为盈。

2. 智能系统。智能系统也可以有效识别欺诈行为。如 UBI 保险中，智能 OBD 记录仪一方面可以通过分析驾驶轨迹来判断是否存在诸如营运车购买非营运车保险的情况；另一方面可以通过碰撞时刻的视频和照片判断事故的真实性。

3. 生物特征识别技术。生物特征识别技术是指通过人类特有的生物特征对其进行身份识别或验证的一种技术。由于具有很好的判别性和持久性，生物特征识别技术很好地解决了人寿险及社会保险中常常出现的冒名顶替骗取保险金问题。如可以在养老金发放系统中加装人脸识别系统，在采集录入工作完毕后，参保人员就可在相应时间凭“人脸签到”领取养老金。认证过程不仅省时高效，还可以确保养老金的精确发放。

第三节
大数据背景下保险公司面临的风险和挑战

大数据时代已经到来，一方面，国务院 2015 年印发了《促进大数据发展行动纲要》，良好的政策环境和初具雏形的大数据产业生态为大数据的发展创造了极好的发展条件；另一方面，随着数据资源的爆发式增长、专业化大数据企业的崛起，大数据的应用逐渐从理论变成现实。但是，大数据给保险行业，尤其是互联网保险业带来诸多发展契机的同时，当前仍存在着一定的挑战。

一、大数据产业环境的风险与挑战

从宏观层面，由于大数据产业环境尚未成熟，保险公司在大数据应用方面主要面临如下挑战。

（一）政府、行业公共数据资源有待进一步开放

政府公共数据主要是指政府在行政或执法过程中产生的信息，比如行政许可、法院诉讼等这些活动所带来的信息。由于这些信息是因为政府和法律的强制力产生的，对于企业和个人的生产、经营、履约有一定的影响。行业公共数据在这里主要是指各级各类的保险行业协会、联盟机构等成员单位上报或共享的数据资源。

当前信息孤岛的问题依然是大数据行业发展的巨大障碍，分割和垄断造成数据的系统性、权威性不强。大量有价值的数据掌握在政府部门手中，既没有实现共享，更没有实现对企业的开放，这些部门之间的数据和信息不公开、不流动，没有统一的信息共享平台，大量的信息被闲置，甚至重复统计。

加快公共数据的资源开放，可以有效降低数据的收集成本、提升数据应用效率。在国务院《促进大数据发展行动纲要》的指引下，政府和行业公共数据资源有待逐步开放。

（二）数据流通和交易机制仍有待完善

良好的数据流通和交易环境是大数据发展的基础保障，目前，国家和行业层面的数据交易法律法规和行业标准尚未推出，在政府层面也尚未明确专门的监管职能部门对其进行监管。未来需要加快标准立法建设，优化数据交易环境，比如借鉴国外先进经验，逐步探索建立国家层面数据交易的法律法规和行

业标准，推动我国大数据交易实现标准化、规范化交易。在当前政策和法规指导下，应鼓励保险公司积极开展大数据应用创新。

（三） 大数据产业链中其他主体的跨界竞争

保险公司作为大数据产业链的一环，将面临越来越多的跨界竞争者。例如，把控用户入口和拥有海量用户数据的互联网公司或大数据服务平台一旦拥有了风险识别与控制技术，便可以通过自己成熟的平台和广大受众成立互联网保险公司，或者可以通过对接多家保险公司的服务，将自身打造成互联网保险平台，一方面增强自身用户黏性，掌握更多用户信息；另一方面阻断了保险公司与用户的直接联系，增强了保险公司对其的依赖性。

面对这种情况，保险公司应积极融入大数据浪潮中，利用自身得天独厚的保险业务数据优势和行业经验，主动加强外部合作，积极探索大数据的技术创新和业务应用创新，确立企业在市场上的引领地位；同时保险公司也要积极配合监管部门，完善产业环境，使各参与主体的分工和定位更加清晰。

二、数据与信息技术方面的风险与挑战

（一） 数据质量、 数据安全和数据成本

大数据时代中，风险特征描述、客户行为分析等数据被极大地丰富且利于挖掘，但同时巨量信息真伪难辨、有效数据不完整的数据质量问题，困扰着保险业；与此同时，数据共享和个人隐私之间的矛盾引出了数据安全的问题。

1. 数据质量。

（1）伪数据的识别与处理。大数据背景下随着数据信息量的指数化增长，需要验证的假设也以同样的速度扩增，面对形态多样的海量数据、异构化数据、冗余和虚假信息等多种形式的“伪数据”，相对细微的有用信息混杂在庞大的数据量中，使得提取这些有价值信息的难度不断增大。

大数据复杂的处理过程，使得在数据生成和管理流程中容易出现“坏数据”。在信息清洗的过程中，如果清洗的粒度过细，很容易将有用的信息过滤

掉；粒度过粗又无法达到真正的清洗效果，因此在质与量之间需要进行仔细的考量和权衡①。

在大数据背景下，由于基于海量数据的简单算法将得到比基于少量数据的复杂算法更为精确的结果，一定程度上降低了对于个体数据精确性的标准。然而，尽管大数据允许精度较低的数据“噪声”存在，但并不代表着数据质量问题可以忽视。这些问题形成规模后，将对决策造成重大影响。数据背后的细节，数据源的真实、全面以及处理过程的科学，是大数据走向权威和可信的重要保障。

（2）有效数据不完整。现有保险公司掌握的数据集中体现为内部数据，外部数据相对缺乏。虽然保险公司对外部数据的获取极为迫切，但是资金、数据与业务结合、数据开放等因素制约了数据的获得。根据中国保险行业协会 2016 年对 30 家保险公司的调研可知，近 70% 的保险公司认为在外部数据的获取上受到较大或很大制约（见图 5 – 20）。而外部数据的缺乏将会影响到数据关键字段缺失，导致无法准确定义客户的特点。

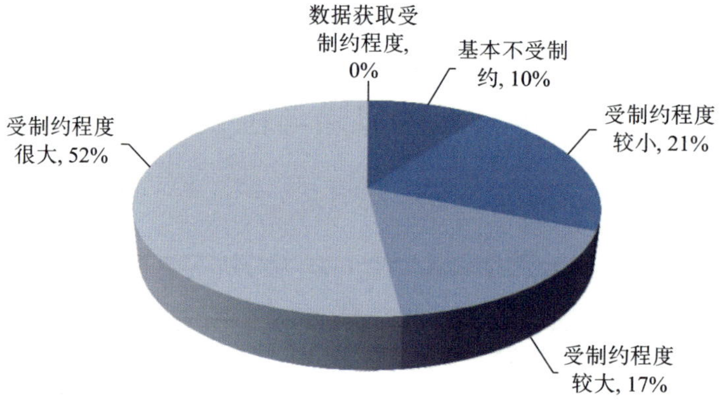

图 5 – 20　数据获取受制约程度

保险业不但要重视本行业的数据积累，还要重视并挖掘其他行业的数据价值，通过数据融合实现大数据的价值。保险公司可以从整合自身数据开始，建

① 孟小峰，慈祥：“大数据管理：概念、技术与挑战”［J］，《计算机研究与发展》，2013，50（1）：146—169。

立大数据管理平台（DMP），集中保险公司内部的数据，在适当的时候引入外部移动互联网数据，并通过多种模式使用第三方机构的数据，从而丰富和完善自身的数据内容。

2. 数据安全。除了数据本身的质量问题之外，保险公司也需关注数据自身的风险和安全问题。

（1）道德风险。大数据背景下，很有可能会产生两种形式的道德风险：一是风险数据利用能力不足带来的逆选择风险。如果保险公司对新型风险数据的发现、采集和加工能力较弱，就会处于信息不对称的劣势地位，遭遇逆选择风险；二是基于大数据的工具容易滋生造假行为，一旦某种保险产品的定价、客户筛选和赔付路径为公众所知，互联网中的信息伪造和蓄意行为将增加，保险公司难以通过分析行为数据作出正确决策。对此，保险公司应当提高警惕。

（2）数据安全。大数据时代面临着数据共享和个人隐私安全的矛盾。数据公开与共享的趋势在提供便捷准确的数据来源的同时，也可能造成客户隐私的泄露、人权的侵害，并伴随着来自法律、伦理、道德等方面的争议。根据2016年中国保险行业协会对30家保险公司的调研可知，近70%的保险公司认为在运用大数据时将面临较大或很大的信息安全问题（见图5－21）。

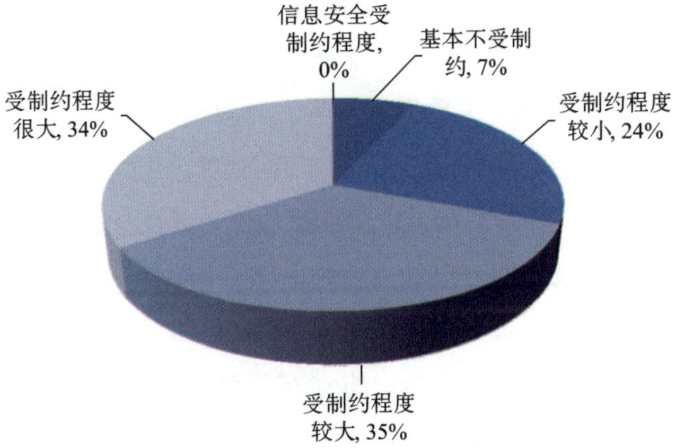

图5－21　大数据运用受信息安全的影响

大数据在使客户享受"私人订制"的便捷、廉价服务的同时，由于网络特有的开放性特征，为客户个人信息安全埋下隐患，保险公司内外部信息系统在销售支付领域的数据交换，存在着来自互联网黑客的攻击、病毒入侵等各种安全风险。

对此，保险行业首先应做好网络信息技术安全风险的防范工作。在日常维护中，保险公司应根据数据平台管理、数据维护、安全保护等维度，建立贯穿各层级的管理机制，按照数据生命周期对数据进行管理，重点关注数据隐私、访问安全、系统稳定等方面。在建设大数据基础设施过程中，注意新技术与原有技术的兼容性与通用性，维护数据认证、传输、授权、鉴定、保密的安全性。

此外，保险行业应当加快构建安全机制：开展数据隐私性技术研究，对数据使用的合规性进行审查，完善信息化治理，提升信息安全技术，完善信息安全预警和应急响应机制，健全与大数据相适应的信息安全保障体系。保险行业可利用区块链技术建立大数据背景下的信任机制。区块链的本质实为一个去中心化的数据库，交易各方隐私信息经过加密处理，其他数据全面公开，从而解决安全性问题。

3. 数据成本。保险公司在数据的获取、管理和应用方面面临一定的成本的挑战。

（1）数据获取成本高。大数据背景下，面对信息时代产生的庞大数据量，新增数据采集的成本问题难以避免。以车险为例，若以"从车、从人、从环境"的费率确定标准进行产品定价，涉及包括车辆使用性质、种类、产地、型号、品牌、违章记录、索赔记录、驾驶里程、驾驶人年龄、行驶地域、驾驶行为等多方数据来源的巨量数据。而截至 2016 年 3 月底，全国机动车保有量达 2. 83 亿辆，其中汽车 1. 79 亿辆；机动车驾驶人达 3. 35 亿人，其中汽车驾驶人 2. 89 亿人①。即使某保险公司的承保车辆为千万辆，与车辆、驾驶人员、

① 资料来源：中华人民共和国公安部网站，http：//www. mps. gov. cn/n2254098/n4904352/c5196029/content. html，2016 - 04 - 15。

使用相关的信息也极为庞大，若实现信息的全覆盖，数据的采集难度和处理成本也十分巨大。

（2）数据管理和应用成本高。在数据存储上，保险公司通常保存有大量历史保单数据，在保险公司 IT 系统升级换代的过程中，为了避免在复杂的数据迁移过程中信息遗失，导致后续处理和操作过程中出现各种问题，保险公司普遍将大量历史数据直接保留在老系统中；这种老业务在老系统中运行、新业务在新系统中运行的情况，大大增加了系统维护成本。

（二）基础设施建设和投入

大数据运用是一项复杂的系统工程，需要有科学、完备且高效的基础设施配备。基础设施的建设包括软硬件设备、技术标准，以及数据采集、存储、处理、保密等管理配套机制。目前，整个保险行业信息基础建设薄弱，各保险公司客户信息系统、数据采集方式、数据格式不统一，不利于交叉分析的信息提取，极大阻碍了数据的处理与应用。而保险公司个体技术水平参差不齐：一些保险公司缺乏有效的数据采集技术；数据处理能力低；数据资源长期闲置，利用不足（见图 5－22）。

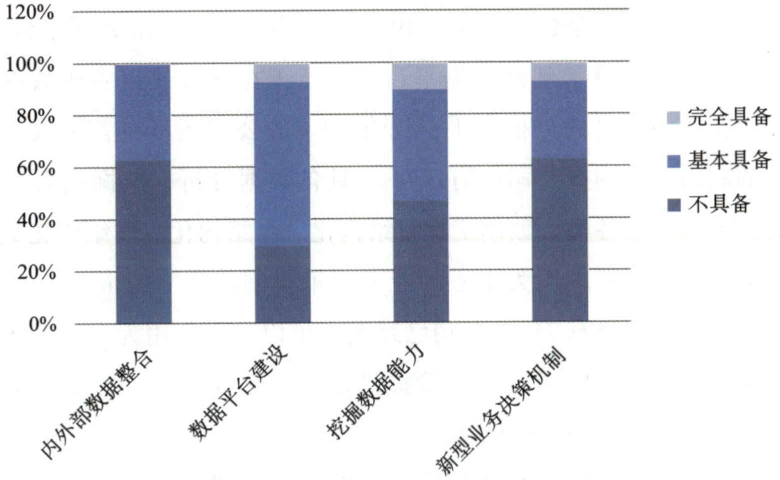

图 5－22　保险公司数据建设情况统计图

为完善大数据基础设施，保险公司需要整合公司原有的内外部数据资源，建设基础信息系统；建设数据仓库和数据集市，搭建大数据研究分析的软硬件环境；建立大数据分析方法库，开发并采购大数据分析软件工具。为发挥大数据软硬件基础设施的作用，保险公司还需要建立一系列数据管理配套机制，以对数据库和数据管理信息系统进行实时维护与更新，而这些措施均需要巨大的资金、人员投入。

在基础设备完善的同时，数据平台搭建、技术支持和决策运用的一整套大数据建设也需要推进。相比银行、证券等金融机构，保险行业的大数据战略规划于 2015 年才起步，在电子化、数据化、移动化、平台化建设方面发展程度远远落后。尽管保险公司目前已经扩展至利用电子商务平台获取客户消费行为，但在其他方面的应用仍然较少。

根据 2016 年中国保险行业协会对 30 家保险公司的调查，63% 的保险公司尚不具备内部数据与外部数据的整合能力，数据仓库的数据来源仅为内部业务系统的传统结构化数据；其余公司都是基本具备该能力，但只是完成核心业务系统的数据的整合，或是具备能力正在进行尝试。完全完成基础数据平台建设的保险公司仅有 7%，其中有的公司配备了微信平台和网上查询平台等，有的公司已搭建了 hadoop 框架，进行内部数据的整合和积累，完成了以 CIF 系统平台为基础的客户数据整合，或建立 BI 数据平台，形成基础数据平台的雏形；63% 的保险公司仅建设了基础数据平台，处于正在开发或仅完成数据集中管理，还停留在业务状况的分析水平；仍有 30% 的公司还不具备完成建设基础数据平台的能力。被调查公司中有 47% 不具备数据分析、挖掘能力，仅 10% 的公司能够灵活运用各类大数据工具对结构化、半结构化、非结构化数据进行分析、挖掘。在以数据应用为中心的业务决策机制的建立方面，有 63% 的公司并未建立该机制，仅有 7% 的公司已经实现了以数据应用为中心的业务决策机制，运用相关数据为公司管理决策提供依据，形成了“用数据说话、用数据决策、用数据管理、用数据创新”的大数据思维。

再进一步，大数据应用不仅需要后端技术和大数据的建设，更需要公司整体布局，建立数据生态。国际上不乏建立数据平台、构建保险公司与其他关联行业良好的平台生态圈的案例。如德国安联保险集团（Allianz）与德意志电信公司展开合作构建生态系统，通过一个数字平台，比如操作系统、应用程序商店或社交网站，将价值链上的不同设备、应用程序、数据、产品和服务联系起来，围绕客户的一系列核心需求提供组合服务，从而创建一个全新的市场。

三、组织与人才方面的风险和挑战

（一）搭建业务驱动型组织模式

大数据应用的根本目的是以数据分析为基础，帮助保险公司优化各环节，提高效率。因此，大数据能否真正发挥作用还取决于建立适宜的组织架构，并与大数据技术水平相适配。根据2016年中国保险行业协会对30家保险公司的调研，65%的保险公司认为在大数据应用中组织结构对其制约很大或较大（见图5－23）。

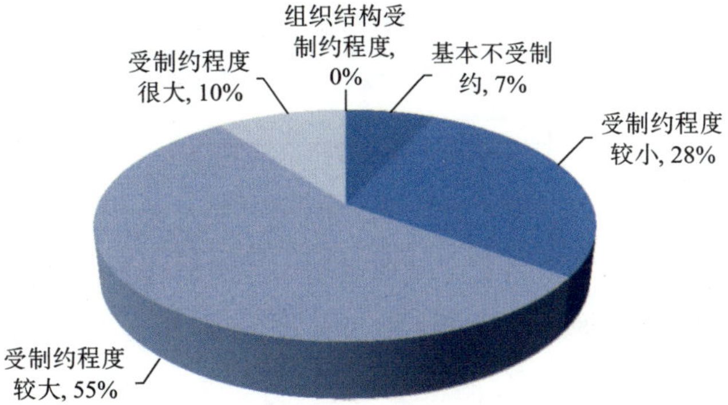

图5－23　组织结构对大数据运用的制约程度

资料来源：2016年中国保险行业协会调研数据。

保险公司传统的“金字塔”形等级制架构，管理层次多，信息传递慢，准确性差，对市场变化的反应不敏感，公司运转效率低下，无法适应大数据时代的要求。大数据背景下由于大数据核心分析能力、技术等在各业务部门之间协同效应突出，因此大数据组织的设置不能过于技术驱动，而应该是业务驱动，与业务决策、应用相关的权力被授予前线部门，以确保数据分析与业务决策的无缝衔接。

国际上，大数据处理中心（BDC）数据分析职能的组织架构通常有五类，按集中化程度由高到低分别为：集中型、咨询型、混合型、卓越中心型和分散型。对于大数据应用发展成熟阶段不同的保险公司，应当采用相应的组织架构来保证业务驱动。

集中型组织架构通常表现为在 IT 部门内设置一个分析团队，适合规模较小、业务较单一的企业，统筹管理数据的分析，确保分析的方向符合企业的最高或优先级目标。共享分析资源能够有效地降低成本（见图 5－24）。

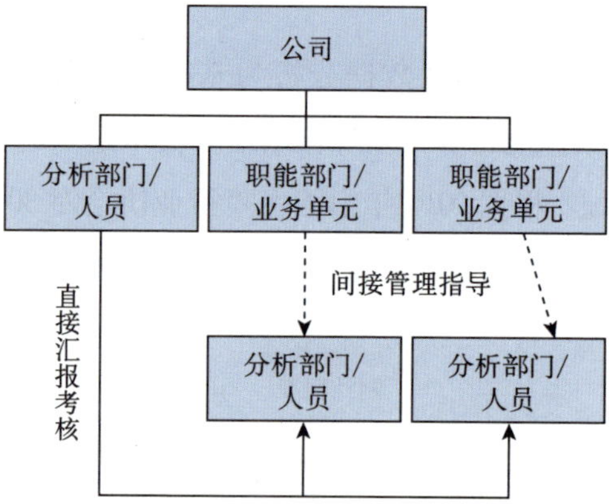

图 5－24　集中型组织架构

咨询型组织架构通常为外资企业所采用，为降低成本多将数据分析部门设立在某一离岸地，如 Discover、eBay 等（见图 5－25）。

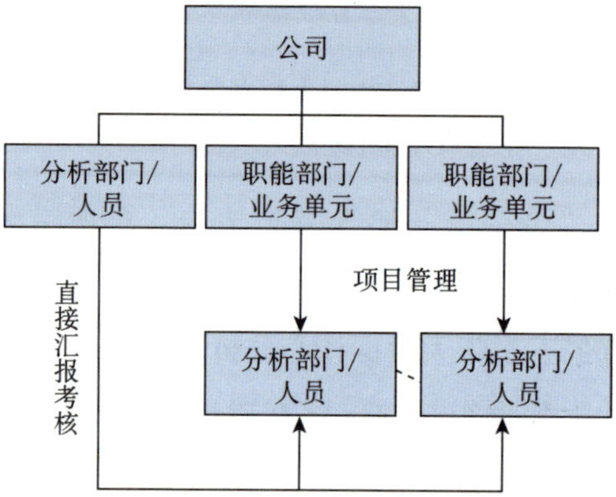

图 5－25　咨询型组织架构

混合型组织架构适合规模较大、业务复杂的企业，如平安集团的部分业务部门拥有直属分析团队，而其他部门则由集团承担数据分析职能，有利于企业对分析的统筹管理和规划；而条线内部的分析由条线自己进行，有利于分析更好地贴近业务，进行深入的业务挖掘（见图5－26）。

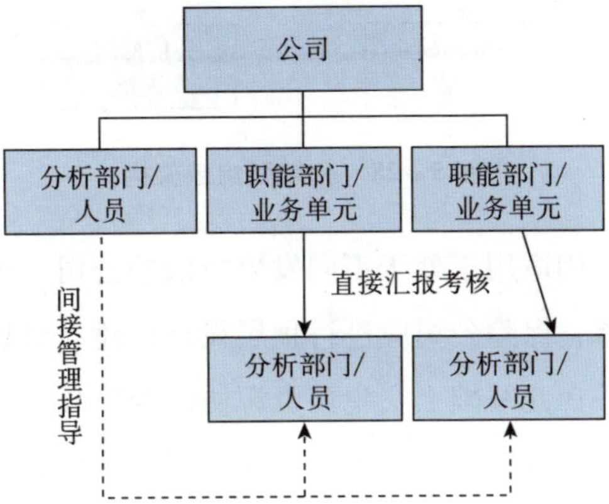

图5－26 混合型组织架构

卓越中心型组织架构表现为：跨国外资企业在总部建立一个分析中心，负责协调、共享各部门、各地区的分析资源，如花旗银行亚太总部（见图5－27）。

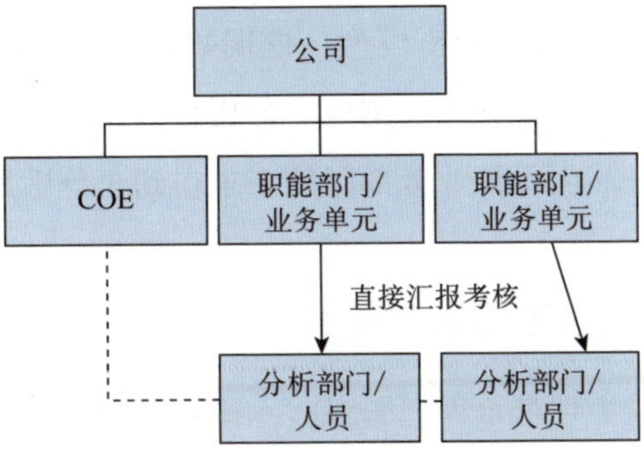

图5－27 卓越中心型组织形式

分散型组织架构的数据分析职能的承担主体最为松散，其数据分析与各业务条线的匹配度较好，对企业的集中管控能力和各业务条线的协作要求较低，通常适合规模较大、业务复杂且各业务条线差异较大的企业（见图5－28）。

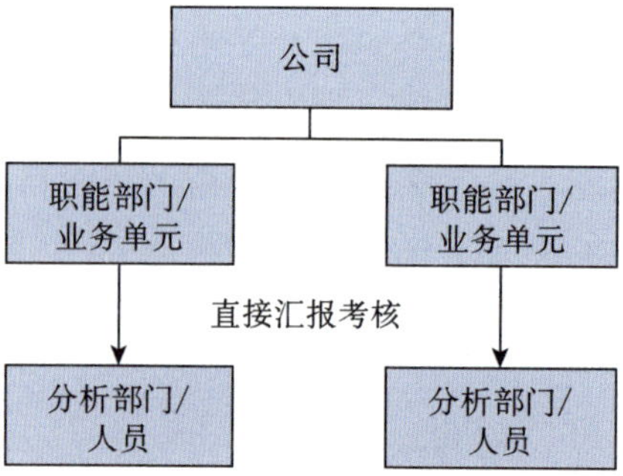

图 5－28　分散型组织架构

上述五种组织架构适用于处于不同发展阶段的公司。由于大数据要求跨部门、跨业务整合资源，保险公司应进行顶层设计，建立对数据管理强有力的领导层和组织架构，并在此基础上实施多资源协同控制政策、开展数据规模化的加工和应用、强化多项目综合管理能力。无论采取哪种业务方式，都需要由业务驱动。由业务驱动组织设置的优势在于：数据不是 IT 部门及数据分析师的，数据真正属于业务，数据产生于业务又为业务所使用，IT 部门及数据分析人员等只是数据的管理者，承担着为数据服务的职责。因此，数据应用必须以业务部门的需求为核心，由其提出客户画像、风险管理、风控等方面的需求，由数据分析人员和 IT 人员构建分析模型、挖掘数据，并将各种数据呈现到业务部门，让其自由地选择希望使用、浏览、分析什么样的数据，甚至能够参与到数据的分析过程中，从而保证业务部门的需求得到充分满足。

（二）注重大数据人才的培养和引进

大数据应用需要多种具备关键能力的人才，共同支持大数据组织架构的运营。但国内保险公司在大数据人才建设方面尚处于起步阶段。根据 2016 年中国保险行业协会对 30 家保险公司的调研，90% 的保险公司认为人才匮乏在很大程度上制约了大数据的应用。在被调研的公司中，除 2 家保险公司未配备大数据人员外，其他公司均不同程度地配备了大数据人员。其中 31% 的公司设有全职数据架构师；38% 的公司设有数据分析师；而数据库管理和运维工程师配备情况比较乐观，配备全职数据库管理和运维工程师的保险公司有 76%；超过一半的保险公司设立了全职数据库开发工程师和 IT 经理；高达 86% 的公司配备了研发总监，但全职人员仅占 10%（见图 5－29）。总体而言，保险公司对于数据库管理和运维工程师的配备情况较好，在数据库开发工程师、IT 经理的人才配置上仍需加强，而对于数据分析师、全职数据架构师和研发总监的配备应引起高度重视。

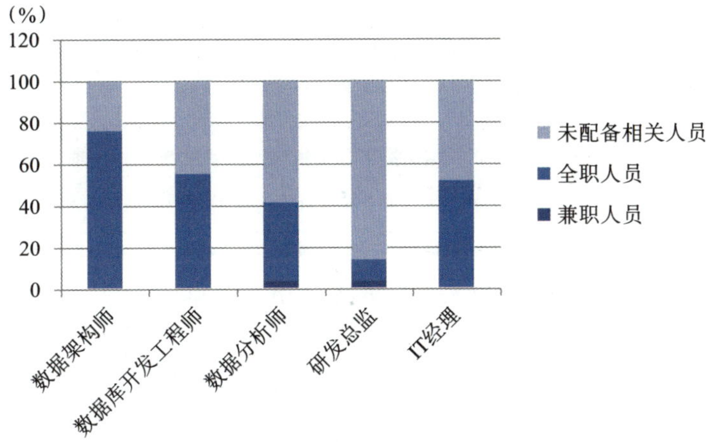

图 5－29　保险公司大数据人员配备统计图

资料来源：2016 年中国保险行业协会调研数据。

在大数据人才的配备方面，保险公司应具备首席数据官、数据架构师、数据库开发、管理和维护工程师、数据分析师、研发总监、IT 经理等，其各自的职责见表 5－1。

表 5－1　大数据人才配备及职责

人才配备	职　责
首席数据官	领导专业数据团队协助企业部门或项目启动数据管理相关工作
数据架构师	负责公司数据平台整体架构的规划和技术设计、数据平台关键模块或功能的设计和开发，对大数据相关前瞻技术的研究与评估，主导公司大数据有关项目的技术落地和日常开发维护工作
数据库管理和运行维护工程师	负责数据库性能优化、数据库备份与恢复、数据迁移、故障排除

续表

人才配备	职　责
数据库开发工程师	负责业务系统数据库管理、参与 SQL 存储过程的编写等数据库应用开发，审核并创建数据库存储结构、数据库对象，对应用程序进行审查、监控和优化数据库的性能
数据分析师	负责报表设计开发工作和日常运行维护、性能调优、需求导向的洞察分析并出具分析报告、进行后端数学应用模型和用户数据分析模型的开发和应用
研发总监	建立数据挖掘专业能力，细分客户区隔，搭建数据挖掘专业技术队伍，统筹客户信息的使用，搭建精准营销所需相关平台
IT 经理	构建、管理公司数据挖掘平台，指导团队实施数据挖掘项目，形成相应技术规范，提供技术指导，负责持续开发、维护现有的统计分析报表平台

为建立高素质、专业化的大数据人才队伍，须基于长期性和战略性视角，形成多层次的人才培养体系：一是要重视对现有人员的培养，提高其在业务、大数据技术、统计方法上的技能；二是引进大数据人才，快速构建起大数据队伍；三是建立与互联网公司、大数据公司的合作关系，通过如联合实验室等方式加快专业人员的经验积累和技能培养。

第六章

互联网保险第三方平台创新模式探究

互联网时代，第三方平台对于保险行业的重要性日益增长，其定位和功能已经从原来的销售渠道之一，发展成利用网络技术从创新定价、精准营销、便捷理赔、用户运营到反欺诈等产业链各个环节协助保险公司完成转型升级的服务商。但从发展现状来看，除了销售端的流量支持外，其他服务环节仍处于探索阶段，尚未进入蓬勃增长期。第三方平台对于财产险、人寿险两个领域的互联网渗透程度也不一样：财产保险公司官网或自营的属性偏重，2015 年通过第三方平台销售的保费规模仅占互联网财产险保费收入的 8.26%；人身保险公司则更多倚重第三方平台，2015 年通过第三方平台销售的保费规模占人身险互联网保费收入的 97.15%。

本章主要分析互联网保险第三方平台的分类、商业模式及发展趋势。基于审慎的角度，对第三方平台研究范围将集中在各保险公司向监管机构报送的有较多合作的互联网保险第三方平台领域，从中归纳整理出 80 余家这样的平台作为研究对象，并将重点阐述其中关键的商业模式和未来发展趋势。

第一节
第三方平台的定义、规模和研究范围

一、定义

有关互联网保险第三方平台的定义，2015 年 10 月正式实施的《互联网保险业务监管暂行办法》中已明确规定："互联网保险第三方平台，是指除自营网络平台外，在互联网保险业务活动中，为保险消费者和保险机构提供网络技术支持辅助服务的网络平台。"但目前市场上为保险消费者和保险机构提供网络技术支持辅助服务的网络平台已经不胜枚举，尤其是相关创业项目日新月异，对它们的模式研究很难限定在上述定义中。

因此，本章倾向于将互联网保险第三方平台的概念进行外延并重新界定为：相对于保险公司自营属性，从外界给予保险公司资源支持的主体。这样就产生两种分类模式：第一种按照第三方平台发展的历史顺序来划分，分为传统中介变革、互联网公司布局和细分市场服务；第二种则按照是否为保险公司直接产生保单划分，分为销售导向型、技术支持型和综合型。

二、规模

2015 年 1—12 月，互联网保险保费收入 2 234 亿元，比 2011 年增长近 69 倍，互联网保费在总保费收入中的占比从 2011 年的 0.2% 上升到 2015 年的 9.2%。

其中，财产保险公司互联网业务保费收入 768.4 亿元（其中，车险 716 亿元，占比 93.20%；非车险 52.4 亿元，占比 6.80%），比 2011 年增长了 34.4 倍，占财产保险公司全部业务的 9.6%。而财产险业通过第三方网站合作的业务保费规模累计 63.5 亿元，占比 8.26%。

从财产保险公司合作的第三方平台来看，主要为综合类电商平台，如蚂蚁金服，合作保费规模占比为第三方平台的 43.44%。门户网站，如网易，合作保费规模占比为第三方平台的 10.96%。垂直类网站，如旅游类的携程网，合作保费规模占比为第三方平台的 11.00%；去哪儿网，合作保费规模占比为第三方平台的 10.18% 等。其他还包括航空类（亚航官网、深圳航空等），汽车类（风行汽车网等），游戏类（5173 网站等）等；还包括单独的第三方平台，如慧择网、中民网、江泰经纪、百川经纪、E 家保险、保网等。

财产险跟第三方平台合作的主要险种包括车险、电子商务交易保险、旅游险、意外险等。

2015 年 1—12 月，人身保险公司互联网业务保费收入 1 465.6 亿元，同比增长 3.15 倍，比 2011 年增长了 141 倍，占人身保险公司全部业务的 9.2%，上升了 9.1 个百分点。

跟财产险不同的是，人身保险公司的互联网业务更依赖第三方平台。2015 年全年人身保险公司通过官网实现的业务保费规模累计 41.7 亿元，仅占累计互联网人身险保费收入的 2.8%；而第三方平台依托其流量、结算和信用优势，实现业务保费规模累计 1 423.8 亿元，占累计互联网人身险总保费 97.2%。

从产品结构来看，人寿保险占互联网人身保险保费收入的 96.6%。其中，包括万能险和投连险在内的理财型业务保费占互联网人身保险保费的比例高达 83.2%。在互联网健康保险中，一年期及以内的产品为健康险主力险种，占互联网健康保险保费的比重高达 86.4%。互联网意外保险中，一年期以内的意外保险以高达 66.1% 的保费占比保持互联网意外保险的主力优势地位。

值得注意的是，以短期险为主的意外险是仅次于人寿险的第二大互联网人身险险种，虽然其保费收入仅占互联网人身保险保费收入的 2.7%，但从承保件数看，意外险产品占人身保险公司互联网保险业务承保件数的比例高达 67.6%。意外保险的渠道结构发展较为均衡，各保险期间的产品占互联网意外保险官网保费和第三方平台保费的比例相对稳定（见表 6－1）。

表 6－1　2015 年第三方平台规模分析

	总保费收入	互联网保费收入及占比	第三方平台合作收入及占比	主要第三方合作平台	主要险种
财产险	8 423.26 亿元	768.4 亿元（9.1%）	63.5 亿元（0.75%）	蚂蚁金服、慧择、携程、网易、去哪儿	车险、退运险、账户安全险、旅行意外险等
人身险	15 859.13 亿元	1 465.6 亿元（9.2%）	1 423.8 亿元（9.0%）	未统计	万能险和投连险等理财型业务
合计	24 282.39 亿元	9.2%	6.13%	—	—

注：统计口径：2015 年 1—12 月。

资料来源：中国保监会及中保协数据。

三、研究范围

按照上述对第三方平台的界定，课题组从保险公司报送的合作名单中整理出 80 余家第三方平台作为研究对象，并将按照上述两种分类方法分别阐述其中关键的商业模式和未来发展趋势（见表 6－2）。

表 6-2　　80 余家研究范围名单

慧择（聚米、保运通）	蚂蚁金服（淘宝系、天猫、支付宝、1688 等）	大特保
大童网	苏宁易购	大家保
保网（泛华经纪）	极有家	意时网
开心保（网金经纪）	京东	E 家保险
中民网	蘑菇街	易保险
新一站	携程（途风）	最惠保
700 度保险（明亚经纪）	去哪儿	灵犀金融
百川保险经纪	途牛金服	PP 租车
向日葵保险	同程网	滴滴打车
江泰保险经纪	酷讯网	车点点
保众网（世纪保险经纪）	百程旅游	卡来宝
小白保险（正迅经纪）	百度	亲益宝
安馒保险（中元经纪）	搜狗网	A6 工作室
中国邮政	腾讯	小马车联
工行、建行、交行、中行、招行等手机银行	网易	小马达达
大麦网、票牛通、114、号码百事通等票务网	新浪	鼎然科技
AA 华助、路华救援、安联救援等救援机构	小米	彩虹无限
国航、春秋、吉祥、厦门、山东等航空官网	360	保险荟
绿野、穷游、磨房、芒果、初趣、艺龙等户外社区	诺亚、赢众通（小赢理财）、外滩云财富、标准财富等理财网站	5173 网站
一起飞、黄金假日等旅行社	非常准、航班管家等 App	小雨伞
风行汽车、梦海汽车、吉利汽车、宁波驾校等	贝聊、宝宝树、孩子王等母婴社区	聚保物流

值得注意的是，由于这是第一次统计并整理第三方平台信息，名称和数据来自各家保险公司的报送素材以及第三方平台的相关公开信息，准确度仍有待提升，需要在未来信息统计中不断补充和完善。此外，互联网保险第三方平台业务模式更新非常快，现有模式是否可以持续发展，尚需市场的检验。

第二节
第三方平台的分类与发展现状

基于对互联网保险第三方平台的外延范围界定为：相对于保险公司自营属性，从外界给予保险公司资源支持的主体。那么，就产生两种分类模式：第一种是阶段型，即按照第三方平台发展的历史顺序来划分，分为传统中介变革、互联网公司布局和细分市场服务；第二种是功能型，按照是否为保险公司直接产生保单划分，分为销售导向型、信息技术型和综合型。

一、按发起主体划分

按互联网保险第三方平台的发展阶段，可分为传统中介变革、互联网公司布局和细分市场服务三类。

（一）专业/兼业保险中介

第一类是传统的专业/兼业保险中介机构及其派生出的细分平台（以渠道属性为主）。随着消费习惯的改变，传统保险代理、经纪公司除了原有的“渠道、超市”类网销模式，开始往更细分领域发展。此类第三方平台部分机构名单及模式见表6－3。

保险中介是保险交易活动的重要桥梁和纽带，经过多年发展，我国保险中介市场已经成为保险市场重要组成部分，在销售保险产品、改进保险服务、提高市场效率、普及保险知识等方面发挥了重要作用，目前超过2 000家中介机构（专业代理、保险经纪、保险公估）在运营。

但传统保险产品触网销售方式目前面临着以下问题：销售产品客单价偏低，加之消费者主动上网搜索并购买保险的用户体验较差，尚难形成保费规模；复杂、长期的人寿险产品不匹配互联网业务场景；缺乏大数据分析支持和互联网保险运营理赔服务能力等。

表6－3　　专业中介平台（部分）名单

名称	成立时间	总部地点	业务模式特点
慧择	2006年	深圳	构建了从咨询、对比、购买到保全、理赔的全流程服务模式，建设了一站式服务平台，旗下拥有慧择网、聚米网、开放平台和保运通四大业务平台，全方位覆盖了个人、家庭及企业用户； 慧择在业界做出了很多开创性的工作，行业先发优势明显。首家实现保险产品在线精细对比，首家实现与保险公司数据实时对接，首家实现保险产品垂直交易，首家实现投保实时技术监测＋人工审核，做到全平台风险控制。拥有自主品牌“乐游全球”、“众行天下”等
保网	2010年	广州	属于泛华企业集团，该集团旗下拥有：泛华保险销售、泛华博成保险经纪，泛华保网电子商务、泛华保险公估；互联网金融平台包括：掌中保、保网、车童网、e互助、淘淘金等，2015年设立大象保险（C2B）
大童	2008年	北京	拥有保险销售、经纪牌照，经纪做财产经纪业务，销售公司布局人寿险；拟申请公估牌照； 2016年6月，参与发起设立保险公司； 目标定位：独立代理人平台
中民保险网	2008年	深圳	中民保险网由中民保险经纪公司和中民电子商务公司共同建设与运营。保险产品代理销售、信息提供与比价，研发“一键产品对比系统”； 联合保险公司包装特定险种“电梯意外”“签证拒签”“海岛旅行险”等
新一站代理	2011年	南京	产品对比、价格计算、咨询投保，已实现“资助审核定责、平台先行赔付”功能； 开发周边服务场景App，如旅行箱、语音翻译官等； 2016年4月底，股东发公告拟将新一站在新三板挂牌
开心保	2012年	大连	保险产品代理销售、信息提供与比价。开心保将打通保险公司理赔系统； 网金经纪公司（股东为百年人寿）旗下，还有美行保（在线B2B保险分销平台）、网金微商等平台

资料来源：根据公开信息和媒体报道整理。

随着互联网技术日臻成熟，规模排名靠前的保险中介机构（主要为代理和经纪），已经由原来单一的 B2C 产品大集合与网销渠道模式，在产品设计、理赔流程、周边产业布局（细分用户群体）和资本支持等方面做了全面的挖掘探索。

此外，兼业中介机构的种类也在不断增加，从原来的银行、邮政、票务扩张到新闻资讯、理财信息、驾校救援等平台，具体见表 6 - 4。

表 6 - 4　　　　兼业中介机构的种类

渠道种类	代表平台
银行	中国银行、包商银行、招行信用卡手机银行、江苏银行手机银行、交通银行官网、平安银行、光大银行官网、中国建设银行、农行 K 宝、广发银行、工行（自助终端、网上银行、手机银行、融 e 购商城）等
航空	春秋航空官网、祥鹏航空官网、厦门航空官网、首都航空官网、西部航空官网、天津航空官网、吉祥航空官网、国航、联合航空、厦门航空、山东航空
旅行社区	绿野、穷游、磨房、芒果、初趣、艺龙等户外社区
旅行社、酒店	一起飞、黄金假日等旅行社
票务	大麦网、票牛通、114、号码百事通等票务网
资讯	飞常准、航班管家等 App
汽车	风行汽车、梦海汽车、吉利汽车、宁波驾校、电动车等
救援	AA 华助、路华救援、安联救援等救援机构
理财	诺亚、赢众通（小赢理财）、外滩云财富、标准财富等理财网站

从上述归类来看，一般意义上的兼业代理渠道（银行和航空公司官网）已经不能覆盖事实上的细分渠道，保险产品的网销渠道正在高速扩展，除了银行与航空公司官网之外，各类户外社区、旅行社、酒店、票务、航班资讯、汽车销售、救援机构和理财网站，都是销售保险产品的细分渠道。

以飞常准为例。飞常准是一款专业的航班出行服务 App，于 2011 年正式上线。飞常准为用户提供全球航班实时动态信息、值机、接送机车预定、同机飞行纪录、机场雷达信息等完整信息服务。目前，飞常准航班数据已覆盖全球，可以做到全球化无差异服务，飞常准下载量已超过 8 000 万次。飞常准 App 上可实现购机票赠延误险。

另一个值得注意的趋势是，细分代理渠道也基本从 PC 端完成了手机移动端的转移。

（二）互联网公司

第二类是互联网公司在保险领域的深度布局。我们把蚂蚁金服、腾讯、网易、百度、携程为主的互联网公司如何布局保险业务的模式做了分析对比，主要通过资本注入、场景结合与流量平台三种方式跟保险行业合作（见表6－5）。

表6－5　互联网公司布局保险行业

互联网公司类型		代表平台
电商	综合	蚂蚁金服、京东、敦煌网、苏宁易购
	出行	携程网（去哪儿、途风）、途牛在线、滴滴出行、pp租车
	其他细分	小米科技、蘑菇街、极有家、宝宝树、赢众通（更名：小赢理财）、5173网
搜索		百度
社交		腾讯
门户		网易、新浪

本部分将互联网公司类型主要分为四大类：电商（综合、出行、其他细分）类，社交类，搜索类和门户类。它们是用户流量聚集区并且活跃度高、用户黏性强，但在不同领域派生出保险业务，对保险的重视程度和主要发展动机深度均不一样（见表6－6）。

表6－6　互联网公司布局保险行业的代表平台

互联网公司类型		代表平台	主要业务模式	保险领域布局情况
电商	综合	蚂蚁金服	蚂蚁金服集团成立于2014年11月，前身为支付宝，实名认证用户为4.5亿； 蚂蚁金服保险事业部于2015年底，整合阿里生态（淘宝、天猫、支付宝、1688等）中保险相关服务，为保险机构输出场景、平台、数据风控、运营、技术五大价值	与76家保险机构合作； 参与发起设立众安财险； 主发起设立信美人寿相互保险社； 拟增资国泰产险； 目前有四家大型保险集团公司是蚂蚁金服的战略投资者

续表

互联网公司类型		代表平台	主要业务模式	保险领域布局情况
电商	综合	京东	京东集团下设有金融商城（自营式电商企业）、京东到家、跨境电商、京东金融等子业务； 京东金融 2013 年开始独立运营，下属供应链金融、消费金融、众筹业务、理财保险及支付业务； 京东保险成为京东金融旗下板块之一，分为保障型和理财型险种	与 14 家保险机构合作； 2015 年 5 月成立天津津投保险经纪公司； 2015 年 10 月，京东集团宣布拟在四川设立京东财险，注册资本 10 亿元（待批中）
		敦煌	成立于2004 年的针对中小企业的 B2B 跨境电商平台。2015 年 2 月与华泰产险签订战略合作协议，华泰为其提供跨境交易中各种风险保障保险	华泰产险战略合作
		苏宁易购	苏宁易购，是苏宁云商集团股份有限公司旗下 B2C 网上购物平台，现已覆盖传统家电、3C 电器、日用百货等品类	2014 年，苏宁成立保险销售公司； 2016 年 6 月，苏宁云商集团拟发起设立金诚财产保险股份有限公司，注册资本 10 亿元
	出行	携程网（去哪儿、途风）	线上旅行经纪商（OTA），2014 年和 2015 年携程先后并购了途风网和去哪儿。目前，新的保险商城已在去哪儿网上线，在航延险、航意险、酒店取消险等旅游类保险基础上，推出了趣味险种，如结婚险、吃货险、熊孩子险等；同时，车险、理财险、医疗健康险等多个险种也在计划开通中	去哪儿网合作保险公司 44 家，携程网合作保险公司 21 家； 2011 年，携程保险代理公司成立； 2013 年去哪儿保险经纪牌照获批； 2013 年，参与发起设立众安产险，当时持股 5%； 2016 年 2 月，携程旅行网与去哪儿网启动保险战略平台

续表

互联网公司类型		代表平台	主要业务模式	保险领域布局情况
电商	出行	途牛在线	途牛旅游网创立于2006年，线上旅行经纪商（OTA），提供北、上、广深等180个城市出发的旅游产品预订服务，涵盖跟团、自助、自驾、邮轮、酒店、签证、景区门票以及公司旅游等； 2015年5月，获京东领投5亿美元融资； 截至2016年3月，途牛在线的旅游市场份额为23.2%，途牛App下载量5.8亿次，移动订单占超过80%	2015年8月，成立途牛保险经纪有限公司； 据途牛2106年第一季度财报，除主营收入外，其他收入同期增长超500%，增长来源主要为保险服务费收入
		滴滴出行	出行通车App，服务涵盖出租车、专车、快车、顺风车、代驾、巴士、试驾等垂直领域； 成立于2012年，到目前累计3亿注册用户，近1 500万名注册司机，日完成订单为1 400万单； 2015年10月，上海向滴滴发出首张约租车平台经营资格证	2015年10月，平安产险推出“滴滴平台司乘意外综合险”，单人保额最高为120万元； 2016年6月，滴滴出行宣布完成新一轮45亿美元的股权融资，新的投资方包括Apple、中国人寿及蚂蚁金服等
		PP租车	私家车之间的共享租赁平台，帮车主闲置时间招租，让租客能随时租用附近的车。以小时起租的出租模式，车主占主导地位，招租对象、招租价格、招租时间等均由车主决定。 2013年10月，PP租车在中国正式上线运营	平台为用户购买中国人保提供100万元租车责任保险，租客责任出险后，理赔金额全部由保险公司承担，后续处理交由PP租车处理，同时提供安盛等救援公司全国道路救援服务

续表

互联网公司类型		代表平台	主要业务模式	保险领域布局情况
电商	其他细分	小米	北京小米科技有限责任公司成立于2010年，以手机为主营业务逐步扩展周边电子产品（路由器、电视、净化器、运动相机等），于2015年5月正式成立小米金融；8月，小米进军互联网券商，领投老虎证券	2015年，小米与众安合作推出“步步保”运动补贴保费的健康险产品； 2016年6月，在“小米保险”微信号中销售华泰人寿的少儿健康险和德化安顾的老年人重疾险； 小米金融总经理王安全曾表示，正在计划收购一家保险公司
		蘑菇街	是一个专注于年轻女性的生活购物电商平台，提供衣服、配饰和美妆等领域搭配、购物分享。2012年成立，目前蘑菇街注册用户数已超过1亿户，App月活跃用户超过6 000万户	2015年7月，继代付功能和蘑菇街理财之后，又同众安保险合作推出其App新型支付功能“买呗”，对高信用度的用户提供的消费信贷服务，额度最高2万元，免息期最长40天，期间赊购消费的成本由蘑菇街承担
		极有家	极有家是阿里巴巴旗下的垂直家装电商平台。2015年3月，淘宝“极有家”家装家饰独立入口上线，实现线上线下同步对接：家装设计、装修服务、家居商品购买一站式服务，消费者可以搜寻装修灵感、挑选设计师和装修公司，搭配购买家具家纺家饰，补充生活百货，是体验和购买相结合的新模式	2015年，蚂蚁金服、众安、极有家一同推出“极保障计划保险”，为极有家平台卖家的服务履约能力进行投保，具体保障的场景包括上门免费退货、货物破损赔偿、材质免费鉴定、一年质保等

续表

互联网公司类型		代表平台	主要业务模式	保险领域布局情况
电商	其他细分	宝宝树	宝宝树是国内发展最早的育儿社区，提供早教咨询、成长记录、母婴消费等产品，2007 年上线，日活跃用户超过 2 000 万户，覆盖八成孕期到 6 岁的中国互联网父母； 目前，宝宝树正在努力建立生态圈，生态中要做四大业务：第一是健康，第二是金融保险，第三是早教，第四是亲子旅游；宝宝树已经与和睦家医院达成战略合作，宣布全面进军医疗健康领域	2016 年 4 月，宝宝树与复星集团签署战略合作协议，宝宝树希望在大健康领域深入挖掘，让所有中国家庭享受到高效高质低价的“医疗 + 保险”服务； 2016 年 5 月，宝宝树与中美大都会人寿合作推出的“孕傻险”，为孕期及产后女性可能发生的意外情况进行保障
		赢众通（更名：小赢理财）	由深圳市赢众通金融信息服务有限公司设立，成立于 2014 年 8 月，是一个 P2P 理财平台 创始人为唐越，曾于 1999—2006 年担任艺龙旅行网的董事长。他与蓝山资本（Blue Ridge Capital）共同创立了私募股权基金蓝山中国资本，于 2006—2014 年担任蓝山中国资本的执行合伙人	2015 年，小赢理财与众安合作，通过信用保证保险，如借款人到期未能履行还款责任，众安保险自动赔付到账；与众安保险、智联招聘一同推出学生信贷产品“智联笑花”
		5173 网	5173（中国网络游戏服务网）成立于 2003 年，是一家为用户提供数字产品交易服务的电子商务平台。产品包括：账号交易、网游装备、网游点卡、网游代练、手游交易、页游交易等业务，全面覆盖了数字产品所有的交易需求。截至 2013 年底，网站注册用户超过 7 000 万名，日均新增注册用户 2.5 万名	2013 年起，人保财险与 5173 签署独家合作协议，人保财险推出的网络游戏虚拟财产损失保险主要保障游戏买家在网上进行游戏装备、游戏币、游戏账号等交易时，由于卖家的恶意行为致使保险标的被盗、被游戏运营商收回，或被游戏官方封号时导致的买家直接经济损失

续表

互联网公司类型	代表平台	主要业务模式	保险领域布局情况
搜索	百度	中文搜索引擎网站，2000 年创立于北京。除了搜索服务，还包括导航、游戏、O2O、社区、各类应用软件、数据技术等产品； 目前，百度旗下的金融产品主要包括几类：百度钱包、百度理财、百度与中信银行联手发起的直销银行，以及和安联、高瓴资本发起的保险业务	2015 年 11 月，百度、安联保险、高瓴资本拟联合发起成立百安保险公司（待批中）； 2016 年 6 月，太平洋产险与百度签署战略合作协议，拟共同发起设立新互联网汽车保险公司，聚焦于汽车保险及相关服务（待审批）； 百度下设保险频道，主要展现旅游险、意健险、车险等险种
社交	腾讯	腾讯成立于 1998 年，是目前中国互联网综合服务提供商之一。2004 年 6 月 16 日，腾讯控股有限公司在香港联交所主板公开上市； 通过即时通信工具 QQ、微信、门户网站腾讯网、腾讯游戏等，满足互联网用户沟通、资讯、娱乐和电子商务等方面的需求； 截至 2015 年第 4 季度，QQ 月活跃账户数达到 8.53 亿户；微信和 WeChat 的合并月活跃账户数达 6.97 亿户	腾讯与蚂蚁金服、平安一同参与设立众安保险（股权占比 12%）； 2015 年，拟发起设立和泰人寿（股权占比 15%，待批中）； 在渠道上，腾讯理财频道有保险板块，微信钱包的理财通中有理财类保险产品，微信公众号和订阅号为保险从业者提供销售和运营渠道； 在场景上，腾讯游戏与平安合作“游戏虚拟财产保险”“网络原创保护险”，与众安推出糖尿病并发症保险、儿童走失险，与中信银行、众安合作推出个人信用卡消费信用保险

续表

互联网公司类型	代表平台	主要业务模式	保险领域布局情况
门户	网易	网易为用户提供免费邮箱、游戏、搜索引擎服务，开设新闻、娱乐、体育等30多个内容频道及博客、视频、音乐、论坛等互动交流功能； 2015年网易成立金融事业部，主要业务分为第三方支付、互联网理财、消费贷款三个业务板块，产品包括网易支付（网易宝）、网易理财、网易小贷	网易保险与人保、平安等18家保险公司合作，推出55款保险产品，涵盖车险、意外险、健康险、家财险等险种，实现一站式保险自助购买体验； 网易车险，主要依靠门户网站和汽车专题为其导流，只提供车险产品比较和平台运营促销活动，不涉及理赔、定损和客服等后续服务
	新浪	成立于1998年，通过旗下五大业务主线为用户提供网络服务，覆盖全球华人社区的全球最大中文门户网站	2009年，新浪财经推出金融e路通，提供系列金融产品网上交易，包括保险、基金、银行理财、黄金等

资料来源：根据公开信息和同业交流资源整理。

从表6－6可看出，尽管电商、社交、搜索和门户都是互联网大流量聚集地，但每一个种类跟保险结合的特征和深度不尽相同，只有跟消费或交易强相关的场景，才会跟保险有更多共创与互动。

以新浪和网易为代表的门户网站，因实时新闻资讯而保持高活跃度，是非常好的流量入口，例如网易汽车为网易车险报价平台的引流是成熟的模式。门户加上移动端的互动就变成了社交。以微信为例，保险经营者在微信公众号上与用户互动，通过服务号代理或销售保险产品，保险研究者在微信上讨论行业发展趋势与投资机会。腾讯从2013年下半年开始战略调整，对不具有能力优势的领域退出自营，转而以战略投资的方式实现生态布局。腾讯体系下不具备交易型业务，财产保障的需求不是很旺盛，因此并无专注保险业务的团队配置。

百度则对保险布局相较前两种更深一层，当然也不是基于搜索本身，而是基于百度外卖等 O2O 和百度地图的场景和数据优势，与保险机构一起成立新保险公司深耕特定业务。从发展现状来看，与保险联系最紧密的是与交易直接相关的场景领域，包括综合和各个垂直领域的电商平台。

（三）细分市场保险服务商

第三类是更细分市场的服务商，主要来自新型创业公司。他们在更细分领域为保险公司提供技术支持或用户运营。例如，把车险（占财产险市场 70% 份额）相关服务商专门提炼出来研究，发现在承保（比价）、理赔、运营、数据技术、反欺诈、车后服务等各个环节都有衍生的创业项目。再如即使是保险超市，也不同于早年的网销渠道产品的简单罗列，而是基于用户体验设计出更人性化的导购、智能推荐和便捷理赔程序。主要类型见表 6－7。

表 6－7　细分市场保险服务商名称

类型		名称
车相关	承保	最惠保、喂小保（灵犀金融）、易保险
	场景	PP 租车、滴滴答车、易到用车、易车
	车后服务	车点点、小马达达
	理赔	A6 工作室
	技术	路比 UBI、彩虹无限
优选平台		大特保
		小雨伞
垂直细分		聚保物流
		意时网

这类机构在更细分领域为保险公司提供技术支持或用户运营。值得注意的是，有关互联网保险的创业项目数量大而模式杂，这里只选择了已经跟保险机构深度合作且运营时间相对较长的项目进行研究，未来会随行业发展不断完善和补充（见表 6－8）。

表 6 – 8　　　　细分市场保险服务商业务模式

类型		名称	业务模式
车相关	承保	最惠保	2014 年 7 月成立，上海最会保网络科技有限公司，专注移动端车险比价，只做微信公众号和 App，无 PC 端；创始人陈文志，是资深保险从业者，精算师，同时运营保险自媒体公众号“保险八卦”，也是最惠保的流量入口之一； 车险价格数据有两个来源，一是保险公司自愿对接提供实时价格；另一种是最惠保利用自身技术，嫁接保险公司官网电商平台自动抓取报价。利用精算的软件优势来分析筛选客户，增加生男孩、女孩、工作职业等因子，完善风险模型
车相关	承保	喂小保	灵犀金融是 2015 年 8 月挂牌新三板的互联网保险平台，旗下拥有“喂小保”、“小飞侠”和“灵犀金服”三个业务品牌，目前已经与 47 家保险企业达成合作，杭州拾贝保险经纪有限公司是其子公司； 喂小保是车险比价平台，2015 年上线；小飞侠是保险创业社群，灵犀金服则是运营服务商； 2015 年灵犀金融营业额超过 40 亿元。据其 2015 年年报，2015 年收入为 1 524 万元，营业利润为 – 1 673. 32 万元。主要原因是灵犀金融扩大经营规模，加大新产品研发投入，但产品产出效应滞后，以及灵犀金融新三板挂牌中介费以及办公地点搬迁及装修费用增加所致
	承保	易保险	易保险（北京融保网络技术有限公司）于 2014 年 10 月上线，通过 App、微信公众号等为用户提供车险比价、咨询、在线购买等服务
	场景	PP 租车	私家车之间的共享租赁平台，帮车主闲置时间招租，让租客能随时租用附近的车。以小时起租的出租模式，车主占主导地位，招租对象、招租价格、招租时间等均由车主决定。2013 年 10 月，PP 租车在中国正式上线运营
	场景	滴滴打车	2015 年 10 月，平安产险推出“滴滴平台司乘意外综合险”，单人保额最高为 120 万元； 2016 年 6 月，滴滴出行宣布完成新一轮 45 亿美元的股权融资，新的投资方包括 Apple、中国人寿及蚂蚁金服等
	场景	易到	2015 年 10 月，乐视宣布 70% 控股易到，在乐视的支持下，易到用车全面启动用户补贴政策，用充 100 返 100 等优惠政策，切入市场争抢份额； 2016 年 6 月，更名为易到，未来易到将与乐视生态联合创造全新的共享汽车生态，成为乐视生态的重要流量入口

续表

类型		名称	业务模式
	场景	易车	易车公司（BITA）创办于2000年，是美国纽交所上市公司，汽车网络导购平台，并为汽车厂商和汽车经销商提供互联网营销解决方案； 易车旗下的业务包括： 网络导购平台——易车网（yiche）； 二手车交易信息网络平台——易车二手车； 汽车数字营销服务代理商——新意互动； 汽车产业新闻网站——汽车产经网； 汽车业互联网营销及客户关系解决方案供应商——易湃； 汽车金融平台——易鑫资本； 2016年6月，腾讯、百度与京东同意分别向易车投资5 000万美元，腾讯、百度、京东分别持有7.1%、3.2%、23.5%股份。 易鑫车贷主要开展新车贷款、二手车贷款、汽车保险、汽车抵押贷款等业务，通过运营易车车贷频道、京东金融车贷频道、腾讯新闻App汽车频道等方式，为金融机构提供有效的O2O运营服务
	车后服务	车点点	车点点（杭州网兰科技有限公司）App已覆盖130个城市，已有1 000万位车主通过车点点App寻找汽车服务门店并支付服务费用； 2016年6月，上线“车商帮”门店管理系统，解决目前汽车服务门店利润低、自营能力差、成本上升、经营效率低的现状； 车商帮系统与车点点App对接，每一辆来店接受服务的车辆自动成为该店会员，为车主建立完整的保养档案，对未来保养订单进行预测； 车点点已和中国人保达成战略合作，支持在线购买并出单车险
		小马达达	小马达达（杭州惠卡科技有限公司）属于汽车后服务O2O平台，包括洗车、保养、救援、违章查询、旧车估值、代办油卡、年检协办、保险服务等多项服务； 线下服务团队成员来自汽车服务、银行、保险等多个行业，曾为中国建设银行、中国银联、中信银行、光大银行、交通银行、温州银行等12家银行及银行卡组织的汽车类信用卡客户提供全天候汽车服务

续表

类型		名称	业务模式
	理赔	A6 工作室	A6 工作室创建于 2013 年 12 月，以“反保险欺诈”为切入点，以“交流经验、分享案例、团结互助、共同打击保险欺诈”为主旨，通过每天分享经典案例、交流理赔经验、传播最新的保险行业动态、焦点问题讨论互动等方式，引起了保险行业的普遍关注和推荐。截至目前，关注粉丝超过 14 万人，成为保险领域关注人数最多的新兴自媒体
	技术	路比 UBI	鼎然科技在广东地区（主要为广、深两地）试行推出车险 UBI 服务以及与之相配的 OBD 产品——“路比 LUBI”
	技术	彩虹无限	车联网数据运营公司，前装车内传感器，为保险公司和车厂提供数据服务。2016 年 6 月宣布获得千万级 A + 轮融资
优选平台		大特保	以健康险、意外险为主打，与保险公司合作，参与产品研发、销售、理赔服务的全流程，突出高性价比和理赔服务。希望向健康管理模式拓展。于 2016 年 2 月完成近 2 000 万美元 B 轮融资，由台湾投行中华开发领投，联创策源和复星等老股东跟投
优选平台		小雨伞	互联网保险特卖平台，同时推出咔嚓理赔，用户仅需拍照上传，小额理赔直接通过线上红包完成，形成服务的全闭环。曾推出和运动步数相结合的创新险种动力保。小雨伞保险在 2015 年底完成数千万元人民币 A 轮融资。由红杉资本中国基金领投，上一轮投资方信天创投跟投； 董事长徐瀚曾在医疗、金融、体育等行业连续创业，拥有海外金融保险工作经验。CEO 光耀曾任腾讯产品总监
垂直细分		聚保物流	聚保物流保险服务平台是由武汉双视角保险理赔咨询有限公司创立，为中小物流企业提供物流保险服务的第三方互联网保险服务机构。2015 年 5 月，平台获得天使轮投资。2015 年 11 月，“聚保物流保险服务平台”上线，第一款产品是针对物流产业链中风险损失可能性最大、适合城际之间干线运输风险规避的保险——“整车保”； 未来，聚保平台还将推出服务于城配运输的城配保、服务于仓储企业的仓储保、服务于零担行业的零担保、服务于三方物流的三方保等更多适合物流细分业态的物流保险
垂直细分		意时网	2011 年成立，移动互联网保险服务、补贴产品设计以及相关全场景生活服务解决方案供应商（如手机维修等），保险黑板擦、Patica 线下服务等

资料来源：根据公开信息、调研和同业交流信息整理。

传统产品直接线上化，除了高收益的理财型险种外，其他险种很难规模化。经过这两年的实践，第三方平台也逐渐意识到：通过用户需求、场景挖掘等方式定制出许多创新产品方案，替代保险公司的市调、产品研发的部分职能；帮助保险公司挖掘优质用户，尤其是车险，才是提高业务价值的最有效办法。

因此，除了设计出与消费者高频互动的贴条、堵车、开机延迟等补贴服务维持流量外，更深一层逻辑是在积累消费者习惯和数据，甄别筛选后便于更精准的营销。或者在高流量获客后，反哺线下产业，例如碎屏险与手机维修演化出某种从未有过的商业逻辑关系，这一类模式是否成功仍需要观察。多位创业者坦言，场景挖掘和产品设计目前多有赖于投资方或股东方的资源支持，未来是否能“断奶”，仍有很大挑战。

二、按平台功能划分

除了按照第三方平台的发展阶段划分外，第二种分类则是按照是否为保险公司直接产生保单划分，分为销售导向型、信息技术型和综合型。

（一） 销售导向型

这一类型的互联网第三方平台，重点商业模式在于或因为电商主业有大量保险需求的流量，或利用各种手段帮助保险公司吸引用户并为其导流。保险公司与之合作的目的在于产生保单和实际保费。

这是与保险公司合作最直接的方式，目前主要的互联网保险第三方平台都属于这种类型，典型的包括慧择网、携程、大特保、意时网等。

（二） 信息技术型

这一类第三方平台虽然并不直接为保险公司产生保单，但会从信息资讯、特定圈子运营、展业管理、数据或技术支持、反欺诈解决方案输出等领域，为保险公司提供服务支持。典型的包括 A6 工作室等微信公众号、超级圆桌、路比 UBI、彩虹无限等。

（三）综合型

综合型平台是指既有流量优势为保险公司提供销售渠道的功能，也有数据和技术支持保险公司转型升级的第三方平台，典型的包括蚂蚁金服保险服务平台等。

三、第三方平台现状分析

综合上一节有关第三方保险平台的分类和发展现状介绍，其特征总结如下：

（一）从“渠道”到“全链条”

越来越明显的认知是，互联网保险第三方平台已经不再是渠道概念，而是广而深地参与到保险产品的定制、精准营销、理赔、用户运营等全链条布局当中。主要表现在以下几方面。

1. 综合经营。保险中介集团化、综合化发展趋势明显。除了代理、销售和公估全牌照之外，还发展出从单一 B2C 的销售平台，变成 2ABC 等全渠道发展。

例如，网金经纪公司于 2012 年成立开心保——保险综合销售平台。开心保成立之初是一家第三方保险比价平台，现在已经完成从比价平台到导购平台的转变。在用户（C）端以高频、刚需的旅行险、车险、理财险等与用户接触，吸收主动型购买的客户；在企业（B）端联合场景和线下保险机构铺设，为用户提供保险产品，获取被动型客户，通过专业咨询、理赔服务等，转化客户其他险种购买需求。围绕这种模式，2015 年网金经纪的 B2B 平台美行保上线，2016 年 B2A2C 平台网金微商（App）上线。

美行保，是一个针对旅游领域的保险 B2B 分销平台，在美行保系统中，为旅行机构提供专业 7 × 24 小时客服咨询，推荐专属产品，提供团单批量导入、保单实时查询管理、理赔进度跟踪和协助理赔等服务，同时针对不同渠道提供多种合作方式，如在线出单、B2C 共建频道、API 接入等，未来会为旅行机构定制专属保险产品。

网金微商，是一个可做保险产品比较、投保、分享，保险咨询、代理人学习、交流的手机应用。开心保负责人认为，保险产品精选和定制是未来方向。此外，开心保将通过技术手段和保险公司的理赔系统打通，提升保险公司理赔效率。

再以泛华企业集团为例。泛华企业集团有限公司成立于 1998 年，是第三方 O2O 综合金融服务公司，为个人及企业客户提供多种金融产品和服务（包括财产险、人寿险、理财产品和消费者金融服务、保险公估服务，以及紧急救援等客户增值服务）。泛华企业集团于 2007 年 10 月在美国纳斯达克主板上市，股票代码为 CISG（中文译名曾为泛华保险服务集团）。

在保险服务领域，泛华企业集团全资拥有泛华保险销售服务集团、泛华博成保险经纪公司，控股泛华保网电子商务有限公司、泛华保险公估有限公司。在金融服务领域，泛华企业集团投资参股了泛华金融服务集团、泛华普益基金销售公司。在互联网金融服务领域，泛华企业集团拥有掌中保、保网、车童网、e 互助、淘淘金等线上平台。

其中，掌中保是面向代理人的移动交易平台，帮助代理人通过移动终端的 App 为客户提供产品实时报价和在线交易。保网是意健险购买入口，直接面向终端消费者销售数十家保险公司的健康险、意外险、旅游险等标准化产品。车童网是基于地图定位技术的保险售后公共服务平台，利用互联网技术整合各地的汽车和保险服务资源，为客户提供查勘、定损、救援、快修等服务。此外，2014 年 7 月，泛华发起非营利性的网络互助平台——e 互助，专注于通过会员互助的形式为会员提供避险方案。

2. 周边效应。除了中介机构集团化、综合经营的发展特征之外，中介（第三方平台）还联合各路资本在积极、大量地往上下游和周边产业探索，包括但不限于中介机构参与发起设立保险公司，中介机构开发周边服务类手机应用，希望能用高频的服务或趣味互动场景，积累用户信息、数据和流量，并为保险销售平台导流。

中介机构参与发起设立保险公司的趋势特征显现。例如 2016 年 6 月 24 日，大童保险销售服务公司同安信信托、俄罗斯国家保险公司、上海逸合投资管理公司、北京鑫诺投资公司和中弘卓业集团一起发布公告称，拟以合计 20 亿元的资本金发起设立国和人寿，目前该决议已获各发起方董事会通过，尚需获得相关监管部门同意。

再如 2016 年 7 月 7 日，中国保监会批准华贵人寿保险股份有限公司筹建，共有 11 家公司共同发起，包括中国贵州茅台酒厂（集团）有限责任公司、华康保险代理有限公司、贵州贵安金融投资有限公司等。华贵人寿的注册资本为人民币 10 亿元，注册地是贵州省贵安新区。

保险中介机构参与发起设立保险公司，一方面可以让新设立的保险公司（尤其是社会资本牵头发起设立的公司）“自带销售渠道”，另一方面成熟的第三方平台已经积累了一套消费者产品偏好和需求体系，可以更直接地参与到保险产品创新、改良等方案设计中，便于更好地把注重用户体验思维带入保险公司。

另一方面，在运营端，第三方平台开始研究更多提高用户黏度的可能性。

以新一站保险代理为例。除了新一站保险网之外，新一站保险代理有限公司还开发了旅行箱、语音翻译官等旅行相关工具类 App。旅行箱 App 中有中英文翻译、记账、汇率换算、天气预报、目的地攻略等辅助小工具；语音翻译官 App 是一个有十多个常用国家语言的翻译工具，供境外旅行者使用。

再如世纪保险经纪有限公司，除了“保众网”——为个人和小微公司提供财产险、人寿险在线或上门咨询服务之外，还在 2015 年 10 月成立了世纪保众（北京）网络科技有限公司，利用该公司开发了“大象保险” App，从运营角度设计几元到几百元保费不等的简单保险产品，既有针对老年人的意健险，也有“上下班下雨险”（易安保险提供）这样按月投保的通勤险种。

同上的案例还有小白保险 App 与正迅保险经纪，而小白保险的参与发起者还同时是超级圆桌 App（代理人展业工具）的创始人。

第三方平台对代理人展业、用户运营以及保险公司产品定制都紧密相连，是较好的市场洞察者。

3. 参与定制和理赔、布局移动端。第三方平台的渠道布局，已经从 PC 端转移到手机端，App 和微信公众号（订阅号、服务号）开始成为重点运营阵地，移动端成为与用户互动的更便捷方式。

越来越多的第三方平台会将用户需求收集归纳，并包装成产品设计方案提供给保险公司。例如，中民保险网联合保险公司在热门事件时间节点或者特定用户群体细分需求中，与保险公司一同包装特定险种，如“电梯意外险”（电梯踩踏事故发生时）“签证拒签险”、“海岛旅行险”等。

由于理赔一直是用户痛点，也是用户感受保险服务最直观的环节，第三方平台在协助用户上传理赔材料、提供在线咨询等服务基础上，对于简易、小额理赔案件并有一定信用度的用户开通平台垫付极速理赔服务，如开心保、新一站和慧择等。

4. 资本助力。越来越多的保险中介机构开始在资本市场寻求资金和股东资源的支持。2016 年 4 月，新一站保险代理有限公司相关负责人称，正在积极筹备挂牌新三板事宜。新一站保险 2015 年线上交易额达到 1 亿元，希望能与更多的资源进行深度融合和整合。据介绍，新一站保险网的发展与在互联网保险服务方面的升级，离不开其互联网基因的支持，投资方为上市公司焦点科技股份有限公司。焦点科技先后将互联网引入外贸、保险、企业采购、教育、医疗等多个领域，设立了全资子公司——新一站保险代理有限公司，并上线新一站保险网。

而根据公开信息，截至 2016 年 2 月，已有 10 家保险中介机构挂牌新三板，其中 7 家代理公司包括上海盛世大联保险代理有限公司、江苏万舜保险代理股份有限公司、广东盛世华诚保险销售股份有限公司、鼎宏汽车保险销售股份有限公司、华凯保险销售股份有限公司、众信易诚保险代理股份有限公司、上海龙琨保险代理股份有限公司；1 家保险经纪公司为云南通常保险经纪股份有限公司；2 家公估公司包括民太安财产保险公估股份有限公司、中衡保险公估股份有限公司。

（二）车险平台竞争白热化

互联网车险竞争白热化，车险相关第三方平台竞争同质化，缺少核心竞争力；受电商场景深耕影响，“非车”险种高速发展。具体见表6－9。

表6－9　　互联网财产险收入占比

	2016年1—5月	2015年全年	2016年1—5月同比增长率
互联网财产险收入及占比	267.4亿元（7.0%）	768.4亿元（9.1%）	－12.55%
互联网财产险中车险收入及占比	226.3亿元（84.7%）	716亿元（93.2%）	－22.36%
互联网财产险中非车收入及占比	41.1亿元（15.3%）	52.4亿元（6.8%）	188.53%

从数据上来看，2015年财产保险公司互联网业务保费收入768.4亿元；其中，车险716亿元，占比93.2%；非车险52.4亿元，占比6.8%。而2016年1—5月，互联网财产险业务保费收入267.4亿元，占财产险保费收入7.0%，同比负增长12.6%。其中，车险保费收入226.3亿，同比负增长22.4%，车险下滑至占比84.6%，非车险保费收入41.1亿元，同期增长188.5%，非车占比上升至15.4%。

2016年以来，车险的渠道扩展非常迅速，从传统的车商4s店、保险公司官网等渠道，拓展至车险比价网站、洗车保养等后车服务运营平台、UBI等车载应用、汽车金融公司、车主社区和资讯网站等。

车险已经从用车的各个环节渗透到车主，但是车险产品本身高度同质化。商车费改以来，电网销的渠道优势不再存在之后，互联网车险的保费即刻呈下滑趋势，证明车险依靠价格竞争的现状尚未改变，车险产业链创新的第三方平台尚未发挥量变到质变的作用；同时，各家保险公司的服务能力差异短期内很难改变。从这个角度看，只有能推进保险公司提高产品质量的第三方车险平台，才具备核心竞争力。

围绕汽车的创业思路和项目较多，目前主要集中在车险比价上。从 2014 年起，市场上扎堆涌现车险比价平台：最惠保、易保险、ok 车险、小马车险、车保宝等。再提早两年，车险无忧平台创立，同样做比价供应商，2015 年投资“车宝”（UBI），同人保财险和腾讯路宝合作，转型做基于用量定价的创新车险。

以最惠保为例。2016 年 6 月 30 日，亚夏汽车（002607）发布公告，投资 8 600 万元入股最惠保（上海最会保网络科技有限公司）。最惠保成立于 2014 年底，支持百万保险营销员保险展业（以此来解决无法精准报价问题）。

从最惠保公布的融资信息来看，截至 2016 年 3 月 31 日，最惠保公司的主要财务指标如下：总资产 4 838.91 万元，总负债 5 427.85 万元，净资产 -588.94 万元，营业收入 1 794.99 万元；净利润 -766.16 万元，车险比较平台非常多，但他们主要呈现以下特点：

第一，伴随车费改革产生的业务模式，产品发展阶段偏早期，同质现象明显。

第二，未来的比价平台发展趋势应该是更加智能化，改变传统的保险产品定价模式，将投保人更多的信息：年龄、性别、家庭、违规记录等都考虑在内，进行合适产品的设定与客户群的筛选。

第三，由于我国车险行业原有市场集中度较高，市场份额较大的保险企业参与积极性不高，中小型保险企业积极参与，希望以此扩大市场份额。如果大型保险企业不开放数据接口，第三方比价平台只能通过网络“爬虫”抓取保险产品价格数据，无法保障价格的准确性，该模式也并不可持续。

更多创业项目致力于将车险这一低频但客单价高的产品根植于高频的社交场景中，例如 OK 车险（堵车补贴、贴条补贴）与携程自驾游平台合作，小马达达提供包括洗车、保养、救援、违章查询、旧车估值、代办油卡、年检协办等多项高频汽车服务，增强车主黏性。

“非车险”业务占比高增速背后有两个主要原因：一是商车费改的影响，丧失渠道优势的车险保费收入开始出现负增长，短期内带动整个财产保险公司电网销业务增速降低。二是电商场景多样化发展促使“非车”业务高速发展。

从绝对值来看，2016 年 1—5 月，非车业务收入 41.1 亿元，已经占到了 2015 年全年非车业务（52.4 亿元）的 78%。在互联网车险业务大幅下滑的同时，非车业务迅速发展，跟电商平台越发重视保险板块并愿意向其倾斜资源有很大关系。

一方面，成熟的电商保险的商业模式开始广泛复制到各类垂直电商场景中去：服装、美妆、家装、理财、租车、旅行、游戏、母婴等。例如退货运费险，从淘宝平台到苏宁易购、京东等，再衍生出一系列物流相关险种或商家品质保障类险种。如极有家平台的“极保障”计划，极有家是阿里巴巴旗下的家装电商平台，据其统计，2015 年 6 月，首批参与投保的近千位卖家，半年后月均销售额较 6 月份同比增长高达 162%。据卖家介绍，销量的猛增和其背后的互联网保险有莫大的关联。

另一方面，新的电商生态/场景正在高速发展中，例如旅行经纪商途牛在线、母婴社区宝宝树、用车平台滴滴出行等。随着这些电商主营业务的高速增长，其保险需求也在不断增加，而与保险机构的合作模式也更加深入，包括战略合作、合资建立新公司、产品研发等多层次融合。

以宝宝树为例。宝宝树是国内发展最早的育儿社区，提供早教咨询、成长记录、母婴消费等产品，宝宝树创始人计划下一步重点发展“亲子生态圈”，主要包括四大业务：健康、金融保险、早教和亲子旅游。2016 年 4 月，宝宝树和复星集团签署战略合作，希望在大健康领域深入挖掘，让所有中国家庭享受到高效高质低价的“医疗 + 保险”服务。例如，与复星旗下和睦家医院合作，特定医疗保险将涵盖医院多种服务；宝宝树和复星未来可能会在线下合作建立更多社区医院。

在产品上，跟亲子相关的保险、理财等金融产品都在共创当中。如 2016 年 5 月与大都会人寿合作的“孕傻险”，为孕期及产后女性可能发生的意外情况投保。

（三）健康险互联网化程度低

健康险近两年一直是增速最高的险种（2015 年保费收入增速超过 50%），

但由于健康险相对复杂，用户消费习惯改变（更倾向于自主查询和选择，不信任营销员）以及市场供给端扩容（我国香港保险等），给健康险第三方平台提出更高的要求，需要更通俗易通的条款解释语言、更人性化的咨询和投保流程以及推动保险公司设计性价比更高的人身险产品。

目前，第三方销售平台都在尽力针对传统保险销售的痛点优化用户体验，包括售前咨询导购、售中条款解释提醒、售后协助理赔，但无法形成规模的重要原因在于第三方保险销售平台主要靠爆品引流，缺乏稳定自然流量。

以大特保为例。大特保成立于 2014 年 7 月，是一家专注于健康险服务的互联网平台，以高性价比纯保障型健康险著称。目前注册用户 40 万户；注册用户数平均每月增长 30%

在保险产品思路上，大特保比较专注于保障类的健康险和意外险，并采取了降低用户接触门槛的思路，一方面去除了结构复杂的附加险、分红条款，将产品单品化、简化保单条款，便于用户自己掌握。为节省投保时间，其省去了体检的要求，用户填写姓名、身份证和手机号后完成投保，取代体检的是一个健康告知，用户需要诚实告知自己的健康情况。另一方面，2016 年 3 月，大特保与建设银行合作，在保险业内推出首个免息分期支付保费的服务，购买的产品保费超过 500 元，即可以分期支付保费。

除了保险产品销售，大特保也介入保险理赔，比如用户购买大特医保这个产品后，理赔时，大特保可以代为向保险公司报案，并通过在线工具进行材料确认等工作，后续跟进审核进度，如果保险公司审核超过 60 天，即由大特保先行垫付赔偿。在门急诊的理赔上，只要理赔金额不高于 500 元，即可通过手机拍照上传医疗单据，1 小时内可以获得理赔；高于 500 元，一天完成理赔。

在和医疗的打通、健康管理方面，目前大特保所采取的方式是在保险产品中附赠一次三甲医院医生电话问诊服务，以及全年不限次专业在线电话健康咨询；并结合一些互联网技术，推出健康计步红包奖励等，以促进用户的运动健康。

在资本市场，大特保成立之初即获得德沃和险峰华兴的天使轮投资，上线半年即完成 A 轮融资，2016 年 2 月又收获 B 轮，估值 10 亿元人民币，由我国台湾投行中华开发领投，联创策源和复星等老股东跟投。根据其官方披露的数字，目前其用户数量突破500万户。在其完成B轮融资后，大特保称将加快在互联网医疗保险领域的布局，希望结合各类医疗资源，尽快打通保险与医疗的壁垒。

（四）互联网公司热衷保险布局

与交易相关的互联网公司（手机、汽车、购物、母婴等）金融布局成标配，成立保险公司、金融服务平台，与自身主营场景和技术优势相结合，成为未来互联网保险主流发展方向。

近年来，电商行业本身高速发展，兼并拆分、业务整合快速。在行业巨头前几名长期价格战之后，往往会选择以并购的方式结束“内耗”，这一现象近两年在互联网行业表现得非常明显。

以携程为例。携程创立于1999年，2003年在美国纳斯达克成功上市。从2013年起至今，携程不断收购或投资了大量跟旅行相关的产业，从OTA同业途风网、同程（占股约30%）、途牛（4.6%）、艺龙（37.6%）、去哪儿（45%），到酒店旅行社，包括如家、汉庭、7天连锁、上海大都市旅行社；再到出行，包括一嗨租车、易到用车、天海油轮、飞常准等；又延伸到保险布局，包括参与设立保险公司（众安）、申请保险中介牌照、建立专门的保险平台等。

2015年10月，携程与百度达成交易，以股票交换的方式投资去哪儿，携程拥有约45%的投票权，成为去哪儿最大的股东。与此同时，百度将通过此次交易，拥有携程25%的股份。

互联网公司之间的业务领域本就容易相互交叉，加上不断的市场竞争和股权并购，股权关系和业务资源错综复杂，综合布局趋势明显。携程和去哪儿都有保险中介资质，代理保险业务多年，携程收购去哪儿后，2016年2月，两者成立新的保险平台，在航延险、航意险、酒店取消险等旅游类保险基础上，推出了趣味险种；同时，车险、理财险、医疗健康险等多个险种也在计划开通中。

随着互联网公司（尤其是与交易相关的）的综合发展，成立“金服”或利用场景优势深度布局保险。

以途牛金服为例。途牛旅游网（南京途牛科技有限公司）2015 年成立“途牛金服”，为消费者和供应商提供互联网金融服务平台，面向个人提供理财、旅游保证金、担保金、分期、外币兑换、购物退税等服务；面向供应商提供对公理财、预付款等投融资服务。

2015 年 8 月，途牛获批保险经纪牌照，并在途牛 App 中上线包含“旅游意外险”、“旅程取消险”等 70 多个保险产品。2016 年第一季度，途牛网净营收达到 20 亿元人民币，同比增长 62.8%；归属于公司普通股股东的净亏损为 5.4 亿元；毛利润率为 4.3%，2015 年第一季度为 4.1%，同比增长主要是由于服务类型增加后的“其他收入”增加。而“其他收入”最主要的是来源于保险服务费收入。

再如乐视。2016 年 7 月，乐视正式推出其金融类 App——乐视金融，主推两款跟欧洲杯话题相关的理财产品。2016 年 3 月，乐视小贷公司在重庆揭牌成立。2016 年 1 月，乐视网发布公告称将与新沃资本、欧菲光（车联网）、科陆电子、世茂股份、卡达普、柏年康成、济民可信 7 家公司，在大连发起设立新沃财产保险股份有限公司。加上前中国银行副行长王永利加盟乐视，赴任乐视控股高级副总裁、乐视金融 CEO，乐视金融布局框架初现。

从乐视电视、汽车、手机和金融的主营业务布局、投资易到用车和成立财产保险公司的 7 个发起公司属性来分析，很大可能会与汽车产业链和汽车金融布局相关。

（五）第三方平台自媒体成为新流量入口

自媒体运营者，维护某一特征人群。主要有两种类型：一是通过行业新闻、公司排名和业务相关资讯总结，一方面为平台上的代理人展业提供资讯，另一方面打造行业影响力。如最惠保经营保险八卦的模式。二是偏公益的、自发的特定群体交流平台。

自媒体、互动社区，成为新的、稳定的流量入口和活跃群体，但除了导流外，并没有找到更共赢的商业模式。

以“A6 工作室”为例。A6 工作室创建于 2013 年 12 月，针对目前保险理赔队伍专业人才不足，经验缺乏（以财产险为例，核赔工作年限不足 3 年的核赔人近 50%，核赔工作年限不足 5 年的核赔人近 80%；查勘理赔队伍普遍年轻化，工作年限不足 2 年的近 60%，工作年限 10 年以上的仅占 2%），经营水平参差不齐的情况，以“反保险欺诈”为切入点，采取微信订阅号这种新型自媒体的形式，每天分享经典案例，交流理赔经验，焦点问题讨论互动，三年累计了 14 万名订阅者，80% 以上是各家保险公司的从业人员，其余为个体车主、调查公估、行业媒体等与保险相关的人士。

考虑到保险公司之间很难共享培训资源，A6 工作室建立了跨公司的行业直接交流平台，分别建立了全国“三核”（核损、核价、核赔）微信群，非车险专业微信群，保险法务专业微信群，理赔打假交流群，还建立了基于手机客户端的理赔微社区，打造了保险理赔行业从业者学习案例、跨公司之间横向交流、理赔打假线索分享的理赔社区。

A6 工作室是国内唯一打破公司间壁垒，让各公司横向沟通的交流平台，A6 组建了全国唯一一个 73 家财产保险公司总部级别反欺诈沟通群，同时在全国各地创建了地市级理赔沟通群。他们已经帮助多家公司完成了针对专业造假团伙、碰瓷团伙的线索收集，许多跨公司、跨区域团伙作案的保险欺诈案件，通过 A6 平台完成证据汇总和收集，大部分已经进入司法程序。同时，A6 工作室希望在实践中找到利用共享经济模式，优化和提升保险理赔效率，改变“理赔难”的行业弊病。

（六）“类保险”服务模式初现

第三方平台已经实现“全渠道 + 周边”的模式布局，除了中介本身的功能（代理、经纪、公估），还在不断寻找积累用户流量的运营模式（并不一定直接跟保险相关），为保险业务导流，“类保险”服务商业模式初现。

保险产品需要严格的精算和监管备案，很多第三方平台为了吸引用户积累流量，开发出“类似保险产品”的补贴服务。也就是说，这些补贴服务并不会像保险产品一样通过精算和大数法则来盈利，而是另寻商业模式。

以意时网为例。上海意时网络科技有限公司由郁壮鸿及夏宁峰于 2011 年创立，业务板块大致可分为三类：一是销售延误险。二是不断设计跨界类似保险的创意补贴服务来维持高用户黏性，例如“观剧乐”——观众可在黑板擦 App 中对演出评价打分，根据评价分值结果，获赠演出门票优惠券或补偿理赔；再如“漫鱼”——结合了旅游保险、自由行翻译、救援以及 10 天免费使用的移动 WiFi 设备产品等。三是通过上述两类产品连接后服务，反哺线下。

以手机碎屏险为例，随着理赔案例日益增多，意时网创始人郁壮鸿发现维修手机屏幕也是一个巨大的市场，可以将保险理赔款转化为手机换屏服务的开支，通过为投保人更换屏幕获取增值服务利润。2015 年 4 月，郁壮鸿成立了手机维修服务公司，他认为甚至可以通过手机修屏业务的盈利，反哺互联网保险产品，通过降低其保费获得更大的客户流量与业务收入。

四、典型第三方平台、产品和保民研究

（一） 典型平台模式分析

1. 蚂蚁金服。浙江蚂蚁小微金融服务集团有限公司（简称“蚂蚁金服”），正式成立于 2014 年 10 月，前身为支付宝，专注于服务小微企业与普通消费者。基于互联网的思想和技术，蚂蚁金服启动“互联网推进器”计划：5 年内助推 1 000 家金融机构向新金融升级。

蚂蚁金服于 2015 年底正式成立保险事业部（以下简称“蚂蚁保险”），在整合原淘宝、天猫、支付宝、1688 等多个阿里生态电商平台的保险业务基础上，系统地建立综合、开放的互联网保险平台。

根据中国保险行业协会统计，2015 年，通过蚂蚁保险在互联网保险领域实现的保单量占 97%，保费规模占 44%。蚂蚁保险已和 76 家保险机构深度合作，超过 2 000 款保险产品通过平台触达 3.3 亿用户，2015 年全年线上理赔约 1.4 亿笔。用户通过支付宝、淘宝等互联网搜索、讨论、购买保险并在线理赔的趋势正逐步形成。

跟蚂蚁金服各业务板块一样，保险平台的定位是“保险行业助推器”，通过搭建平台、提供场景，提供保险需求挖掘、数据风控技术输出、理赔体验改善方案、消费者保险意识培育等服务，与保险机构一同推动行业“供给侧改革”，将保险打造为真正的国民服务。

蚂蚁保险的业务架构主要分为“两业务”、“两基础”——“两业务”是指场景类保险服务和平台类保险服务，场景与平台发展并重；“两基础”是指数据精算服务和技术平台服务。

（1）场景保险服务。场景保险，是指以提升互联网生态下买卖双方交易效率为目的，能够为消费者增加安全感，为场景提供增信、顺滑功能，为保险公司增强品牌感知和业务规模的保险产品。

蚂蚁保险将从阿里系生态内数百个涉及衣、食、住、行、乐等的生活电商场景（淘宝天猫、阿里旅行、淘宝众筹、淘宝农村等）中提炼出保险需求并制定成可执行方案，提供给保险公司。蚂蚁保险与合作伙伴一起，在创新实践中不断提升技术能力，优化产品，实现风险定价、改进用户理赔体验，总结对传统保险产品升级有参考意义的数据反哺方案。

对场景保险服务的整体拓展思路是：充分整合阿里巴巴集团和蚂蚁金服集团内各电商平台资源，以业务规模为导向，提升用户覆盖面，培养保险感知。一方面，继续深耕退运险、支付宝账户安全险等成熟的场景保险产品。另一方面，重点围绕四个领域，继续挖掘生态内其他场景的保险需求：一是电商领域，从淘宝到天猫，从国内到国际继续深耕；二是农村领域，在阿里巴巴村淘计划大战略下探索，利用互联网技术和保险原理促进普惠金融；三是 O2O 领域，解决线上线下信息不对称、品质和效率保障等问题；四是出行（旅行）相关领域，从用户角度围绕出行涉及的多个场景切换，提供多类保障。

（2）平台保险服务。平台保险，是指按险种或用户群属性划分，通过有针对性的参与或引导，在电商全链条中提供承保、理赔和社交运营等保险服务。

蚂蚁的平台保险定位不是“保险超市”，而是希望通过场景交叉推介、阿里生态内会员权益对接、数据分析用户行为等运营方案，做到千人千面的平台体验。目前蚂蚁保险的平台保险服务主要包括淘宝保险（PC 端）和支付宝我的保险（移动端）。

从淘宝保险的市场实践看，即使有高流量，依旧难以带动消费者主动购买低频的传统保险产品。创新产品和流量平台这两个因素并不能直接孵化出可持续的互联网保险产品，还需要电商平台参与深耕运营。因此，蚂蚁保险 2016 年将重点加强对保险公司的运营支持，实现千人千面的产品推荐。

此外，蚂蚁保险将建立按险种、按用户群体等细分的垂直平台，重点关注车险、健康险和小微企业保险领域。

2016 年 7 月，支付宝上车险平台已经公开试运行，在测试版的页面上，可以看到买车险、办理赔两大功能模块，合作保险公司已经有十余家。在汽车领域，蚂蚁金服从 2015 年开始，相继与中石化、中石油达成战略合作，推出汽车贷款“车秒贷”等多项汽车相关服务。

（3）数据及精算、技术平台。蚂蚁保险支撑场景、平台两大业务的基础，是数据精算能力及技术平台。数据精算能力是指通过场景保险和平台服务积累的数据，做风险定价模型、反欺诈模型、保险消费需求分析报告等，为保险公司产品、业务等创新提供数据和案例支撑。

保险技术平台是指在蚂蚁保险平台上经营过的保险产品归集建立产品库、与保险机构对接的系统建立统一标准、保险公司（尤其是中小公司）定制的产品做有规划的运营方案等。

综上，在经营场景和平台保险的过程中，蚂蚁保险与保险公司分工合作，由蚂蚁保险发现保险需求、与保险公司共创产品模式、双方数据互补，优化产品定价方案，蚂蚁保险在产品上线后提供 IT 技术和运营支持，承保和理赔的实务操作由保险公司完成。

2. 慧择网。慧择网于 2006 年成立，是第三方专业代理平台的典型代表。区别于一般平台的简单比价模式和卖保单的平台定位，慧择从用户需求出发，构建了从咨询、对比、购买到保全、理赔的全流程服务模式，建设了一站式服务平台，尤其是打造强有力的后端支持，以平台后端的“重与慢”实现了消费者前端的“轻和快”，得到用户的广泛认可。

2016 年慧择平台 7 000 多平方米客服中心投入使用，员工发展到 800 人左右，其中有 300 多位座席、200 多位技术人员。在服务标准上，慧择内部很推崇红遍美国的电商网站美捷步“三双鞋”的服务体验。美捷步允许顾客定三双不同的鞋，在他们舒适的客厅搭配三套不同的衣服试穿，然后把不合适的都寄回来。“三双鞋”是美捷步的服务条款，亦是一个符号，为用户带去了便利和愉悦。慧择网作为国内第三方互联网保险平台的开创者，亦始终秉持着客观、中立的立场，坚持还原保险最真实的善意，链接保险与人的真实需求。慧择网要求客服必须从客户的实际情况出发，为他们量身定制产品，客观、公正地给客户推荐三款以上的产品，让消费者自己比较选择，而不是简单地卖出一张保单，仅仅成为保险公司的一个推销渠道。

在产品优势上，慧择网依托丰富的产品线和用户大数据进行深度开发，实现了从简单地给用户提供产品到给用户提供风险解决方案，并通过产品组合、用户群专属产品开发、个性化需求定制等方式开发各种市场热销的产品，其中慧择网自主品牌“乐游全球”、“众行天下”等受到用户广泛欢迎。

2016 年 3 月，慧择网获得万融时代资本、创东方和考拉基金 B 轮投资 2 亿元，加上后续顶级 PE 达晨追投近亿元，慧择网成为 2016 年互联网保险领域融资规模最大的企业。此前于 2014 年 9 月，其获得赛富 A 轮融资 1 000 万美元。

目前，慧择的业务布局覆盖以下几大平台：

（1）慧择网 B2C 平台。该平台是面向 C 端消费者的平台，平台上拥有中国平安、中国人寿等近百家国内主流保险公司的产品，实现了旅游险、意外险、健康险、人寿险、车险等全险种的覆盖。消费者可以在网站进行价格、保障范围的比较，自由选择和组合保险产品。用户在线投保，直接下单，生成电子保单，免去中间环节，降低交易成本，让消费者买保险既高效，又省钱。目前，慧择提供近百家主流保险公司的上千款产品，服务用户超过 2 000 万名。

（2）聚米。聚米是为代理人提供的一个第三方平台，代理人可以在平台上为客户选择合适的产品，避免了代理人以前只能卖一家公司产品，不问消费者真实需求的尴尬做法，让代理人切实地为客户服务，提升服务水平和效率。“聚米模式”是独立代理人制度的全面落地，契合保险行业改革意见和发展趋势。

“聚米模式”是类 Uber 的模式，Uber 通过一个打车软件将所有闲置的私家车辆调动起来，满足了打车人和车主的需求，是共享经济的典型。聚米通过一个平台，将代理人调动起来，重新组织资源和建构游戏规则，将对保险行业产生重要影响。聚米平台经过快速发展，已拥有 20 多万名保险代理人。

（3）保运通。保运通面向 B 端用户，给企业提供货物运输保险、企业财产保险、企业责任保险、船舶保险以及企业车辆保险等产品。这一方向中，考验的是如何能触达互联网新经济企业，并根据他们的需求设计出适合他们或他们用户的保险产品。

（4）CPS/API 渠道。该渠道是开放平台给兼业代理人，比如旅游网站、户外运动组织、旅行社等。目前已累计 20 万名注册用户。在一定的场景下用户更愿意接受保险，慧择网植入场景为供应方提供接口或工具，降低他们卖保险的门槛和成本。这一块是互联网长尾经济的代表，有着广阔的长尾市场。

在多条垂直销售渠道的基础上，凭借多年的数据积累，慧择能够更加精准地把握用户的需求，进行产品的品质管理与服务的管控，从而在闭环生态里将平台的聚合价值进行最大的发挥。这种以产品运营和服务为内核，并将业务触角延伸到“保险 + 互联网”各个方面的商业模式，形成“八爪鱼”一样稳固的构架。通过产品和服务的闭环建设，慧择网也实现了从渠道和平台再到生态的进化，对保险行业的发展产生了深远影响。

慧择网创始人马存军表示：“慧择模式”带来的价值重构，使行业生态里的每一个角色都回归到自己的正确角色，享受各自的权利和义务：

从代理人的角度，这改变了他们以前单个产品的销售逻辑，增加了对他们自身学习能力和产品鉴别能力的要求。他们需要通过多家产品的比较，甄别出最适合客户需求的保险产品，最大限度地满足消费者需求。

从消费者的角度出发，他们得到了更加公正和公开的服务，有利于消费者通过产品组合获得最优化的保障服务。从保险公司的角度而言，这增加了产品研发和服务方面的压力，当消费者和独立代理人可以通过比较保险产品的条款和价格来对产品进行取舍，通过后续理赔等服务来考评的情况下，同类产品的优胜劣汰将会非常显著。

对于中介机构而言，利用平台的聚合效应，利用大数据，可实现定制化开发贴近市场需求的产品，参与风险定价，完善市场服务，形成交易闭环。保险行业生态的重塑，将有利于行业价值的回归，有利于保险市场的健康和持续发展。

（二）非车、非理财产品分析

根据保险业最新互联网财产险同业交流数据，2016 年 1—5 月互联网财产险保费收入 267.4 亿元，占财产险保费收入 7.0%，其中，车险保费收入 226.3 亿元，同比负增长 22.4%，车险下滑至占比 84.7%，非车险保费收入 41.1 亿元，同期增长 188.5%，非车占比上升至 15.3%。

对比 2015 年财产保险公司互联网业务保费收入 768.4 亿元，其中，车险 716 亿元，占比 93.2%；非车险 52.4 亿元，占比 6.8% 的情况，非车险种正在高速发展。如果说车险目前仍以标准化产品为主且占比畸高不具可讨论性，那么非车险种的动态变化才代表了互联网保险的真实进展，更具有研究价值。

而在互联网保险非车占比中，2016 年起退运险一险独大的格局正在改变，出行相关（航空意外、延误、退票等）和资金相关（账户安全、信用保证等）险种的保单量和保费规模正在迅速崛起，并且三类险种几乎占据了整个非车规模的总和。

1. 退货运费险场景正在拓展。网络购物退货运费损失保险，经过四年的不断调整，已经成为目前覆盖人数最多（超过 2 亿人）、知名度最高的互联网保险产品。2015 年 11 月 11 日一天，退货运费险在蚂蚁金服保险平台上单日保单量达到 3.08 亿单，同比增长 65%。

目前，蚂蚁金服保险平台正在对退货运费险进行场景拓展，除了淘宝和天猫平台外，还将退运险的使用场景扩展到 1688（小微 B2B）平台、跨境业务、淘系外平台。但跨境业务涉及外汇和境外物流，需要更多风险测试和定价，目前正在积极开发中。

2. 旅行意外、取消类险种兴起。随着携程、去哪儿、途牛等 OTA 对旅行保险的不断深入布局，出行相关保险的规模也在高速增长，目前成为仅次于退货运费险的第二大互联网财产险险种。

值得注意的是，除了传统的出行意外险之外，航班延误、返航、备降、取消责任险、旅程预定取消保险这类新型险种已经成为保费收入排名前 10 位的产品。

一款以解决用户痛点诞生场景保险产品典型的发展规律是：上线后（不论之前精算设计多么完备）短期内赔付率直线飙升，原因很多，例如原始数据难以完全契合精算标准、逆选择空间无处不在等。以蚂蚁金服保险为代表的第三方平台，就是要找到赔付率高的原因，不断筛选出有效数据支持精算模型，调整赔付规则，应对逆选择风险，如此反复调节直到赔付率控制到合理水平。

例如一款由蚂蚁金服与保险公司共创的机票退票险，赔付率最高到 190%，精算团队复盘了各种数据：买票时间和年龄、机场天气和管理效率、购买者消费习惯、历史退票情况等，重新调整后赔付率降到了 140%，最后跟踪出一条专门虚假退票套取差价的黑色产业链，联合公安机关打击之后，赔付率降到了 70%。直接涨价并不是解决问题的办法，第三方平台应该利用数据和技术，和保险公司一起把赔付率降低到合理水平，让场景、公司和用户共赢。

3. 账户安全险已成刚需。支付宝账户安全险源于 2014 年。通过引入保险机制，化解繁琐的安全措施与用户体验之间的矛盾，成为安全技术的有效补充。

该险种根据账户的风险程度，保费为 0. 88—2. 88 元，对应保障达 100 万元。购买门槛低，显著提升了客户的安全体验。截至 2015 年底，投保支付宝账户安全险的人数已经超过1.2亿人。

目前该险种已经支持线上自助理赔。即用户在支付宝页面内报案、申请理赔，选择自己认为被盗的交易项目，勾选被盗原因，人脸识别确认本人后完成申请。核赔时，支付宝的安全大脑会在后台对用户提交的交易进行调查，验证被盗情况是否如用户描述，并把调查结果输出给保险公司，保险公司综合判断后进行理赔决策，整个过程最快仅需几分钟。赔案金额较大的，需要用户上传公安机关的报案回执。

在此基础上，蚂蚁保险联合保险公司推出了银行卡安全险，全称为“个人银行账户资金安全保险”。产品保险责任是赔偿被保险人名下的银行卡、银行网络账户、银行手机账户被盗、被抢等资金损失，保障期间为一年，保额分为四档：1万元、2万元、5万元和50万元。

该险种未来会像支付宝账户安全险一样，接入线上理赔功能，同时搭配安全服务，如赠送“银行卡安全卫士”软件，在用户信息可能遭遇泄露时给予短信提醒，对潜在风险预警。

银行卡安全险受欢迎的主要原因为：一是找到消费者痛点，增强消费安全感。央视的《揭秘银行卡盗刷黑色产业链》调查新闻指出，市场上5分钟就能买到1 000个银行卡真实信息，包括姓名、卡号、身份证、手机号以及银行卡密码，正确率高达90%，银行卡使用环境堪忧。二是覆盖面广，可持续度高。该产品覆盖了被保险人名下所有的银行卡（包括储蓄卡和信用卡），不再按银行品牌区分，保障深度从1万—50万元可自主选择，覆盖面广，实用性高。由于银行卡盗刷是一项长期风险保障需求，续保率有较高保证。

场景保险一直是个热门概念，市场实践表明，并非有大流量的场景，就能支撑保险的销售，只有保险对场景有足够的价值，这款保险才可持续。

例如，账户安全险，给场景带来的价值在于保险主动介入了风险消化。支付宝安全部门从投保人群中筛选出安全意识最高的部分，可以免去支付时重复输入的验证码和校验环节，使这部分安全等级最高的用户获得极度便捷的体验。这样账户安全险对该场景的渗透更加深入。

（三）场景、平台运营经验总结

1. 场景：需要同时满足三方价值。场景保险，是指以提升互联网生态下买卖双方交易效率为目的，能够为消费者增加安全感、为场景提供增信、顺滑功能、为保险公司增强品牌感知和业务规模的保险产品。

前期市场实践证明，一款可持续的场景保险，必须是在可利用积累数据不断优化精算模型的基础上，满足经济补偿、资金融通、社会管理三大功能中的任意两者或以上。而场景保险的社会意义和商业价值主要有四点：

一是通过多样化的责任保险产品，用经济杠杆化解互联网时代下新兴社交方式所衍生出的潜在矛盾纠纷，符合国务院“新国十条”文件中要求发挥保险风险管理功能的定位。

二是将传统低频无感的保险产品变为高频、无处不在的服务工具，有利于培养消费者的保险意识，更成为商家提升服务能力的显性指标。

三是推动保险公司大力推进条款通俗化和服务标准化，同时为不同的场景提供个性化、定制化产品服务，减少同质低效竞争。

四是帮助保险公司积累大量的消费行为数据和理赔数据，用以改进新产品风险定价及提升服务能力。

2. 平台：定价、营销、理赔、反欺诈等各环节作用。

（1）顾问式比价服务。由于第三方销售平台可以提供多家保险公司的同类产品，用户不再只有单一的选择，因此受到青睐。

比如，慧择网配备了专业的后援团队，建立了“7×24”小时无间断电话以及网络在线客服服务。用户可以任意根据自己的需求自主挑选产品，另外还有销售人员、客服人员从用户的角度为他们量身定制保险产品，与传统的“被动”接受代理人灌输和面对单一的保险公司产品相比，消费者的体验提升了不止一个档次。慧择网 CEO 马存军认为，线上保险销售其实是一个信任和托付，加上保险产品自身的复杂性，这不仅要求服务快速全面，更重要的是专业化。在互联网讲究轻和快的风潮下，慧择网反行其道，使出的“撒手锏”

是"做好顾问式服务这一件事情，并且做到专一和极致"。

（2）根据需求"定制"产品。据互联网保险报告数据显示，2014 年，57% 的互联网保险保费通过官网实现，其余 43% 由以淘宝网和网易为代表的第三方电子商务平台贡献。其中，财产险互联网业务通过第三方平台实现的保费仅占 5%，人身险互联网业务通过第三方平台实现的保费占比高达 95%。第三方平台拥有更丰富的用户数据，这使得平台可以更快速清晰地洞察用户的需求，根据用户需求量身定制保险产品，从而为保险公司研发产品提供创新方向。

（3）解决理赔"痛点"。第三方销售平台能够站在用户的角度，公正地为用户争取相关权益，包括用户时常遇到的与保险公司因为理赔而产生纠纷的棘手问题。比如，慧择网建立了理赔 O2O 模式平台，改变了保险公司既当运动员又当裁判员的理赔难现状，该平台优势在于：用户随时上传理赔资料，即时查看赔款进度，而且还能满足所承接保险公司的理赔全流程服务需求。未来该模式还将衍生成为一个共享理赔平台，整合各地区的服务商资源，为全国用户提供落地的理赔咨询和理赔协助服务。同时，为了让用户享受极致理赔服务体验，针对简易赔案，慧择网还将与战略合作的保险公司陆续推出小额快赔服务，即 2 000 元以下，上传资料，一天赔付。

3. 第三方平台如何做好消费者教育及权益保护。总体来说，我国新兴的第三方网络保险平台要更好地服务客户，保障客户利益，就要把线上平台、线下服务结合起来，在保障支付环境安全的前提下，理顺服务流程节点。

（1）与机构合作确保服务到位。一是与现有的保险中介机构合作。当线上无法给客户提供相应服务时，可将客户信息及时转移至保险代理或者经纪机构，由保险中介机构提供线下服务。二是直接与保险公司合作。利用保险公司的网络优势，直接将客户的复杂型产品诉求信息转移至保险公司分支机构，共同分享客户服务的成果。三是逐渐建立第三方网络保险平台的线下服务平台，引进专业人才、建立服务团队，专门为复杂型保险产品需求者提供一对一的特色服务。

第三方平台要不断扩大服务范围，提供高品质的综合服务能力。第三方平台不仅要提供各种保险产品信息，还提供一些投资分析工具，保证售前服务相对完善。保险属于服务行业，第三方网络保险平台卖的就是服务，因此只有不断扩大服务范围，提升服务能力，才能健康、稳定、可持续。

（2）中介应当是客户与保险公司的“裁判”。第三方平台应该坚持利益一致的理赔服务价值。慧择网认为，一定意义上讲，保险公司与用户存在利益对立，就好比理赔这件事，保险公司既要当运动员，又要当裁判员，这对于用户其实是不公平的，而互联网保险服务平台能够站在第三方角度帮助用户实现理赔，可以大大节约用户自身的时间成本，也能够更好地帮助用户争取到自身的利益。另外，利用平台信息汇聚的价值，为保险公司和用户两端提供服务。

作为平台，可以将最大化的产品和服务汇聚整合，这样可以最大化地满足用户的需求。消费者可以根据自己的需求自主挑选产品，另外还有专业经纪顾问从他们的角度为他们量身定制专属的保险产品。消费者的痛点被解决了，形成购买保险的良好生态闭环发展。可以结合用户自身的实际情况来分析其需求，对产品给予公平的解读，用户是在完整全面获得产品信息的基础上来做出符合自身需求的购买决策。

（3）开发多种交流模式。随着互联网的迅速发展，单纯依靠在线咨询和电话服务的交流方式已远不能满足现代网络保险消费者的需求，必须及时完善，尽快创新多种交流模式。我国第三方网络保险平台要突破网络单一交流方式的限制，与消费者建立多维度的交流模型，从多角度获取消费者产品需求、服务诉求和体验评价，增强与消费者的互动。一是建立与消费者的网络语音、视频对话功能，通过生动的视频展示让消费者了解保险产品功能。二是必须在交易之外为消费者提供更多的增值服务。这些增值服务包括保险购买指导、保险信息搜集与发布、提供会员社区、电子邮件等。

（4）保障平台的网络安全。防止利用网络进行欺诈。2008 年，携程旅行网销售假保单，虚构的申邦财产保险公司网站销售意外险保单；2009 年，非法的中国恒亚迪保险公司网站销售意外险保单。对这些欺诈行为，必须加大预防与打击力度，树立和增强消费者的信心。

保护消费者个人电子信息。2012 年 12 月，全国人大颁布了《关于加强网络信息保护的决定》，对公民个人隐私的电子信息予以保护，保险公司要严格遵守，不得窃取或者以其他非法方式获取公民个人电子信息。

确保客户资金支付安全。2011 年 7 月，商业部发布《第三方电子商务交易平台服务规范》。赛迪顾问发布研究报告称，2013 年上半年我国第三方支付金额 6.91 万亿元，移动支付金额约 993.4 亿元。可见，客户资金的安全十分重要。

建立反欺诈系统，防止逆选择。比如，慧择网建立了事前、事中、事后的逆选择风险管控体系，还开发了行业的反欺诈联盟系统，开放给各家保险公司和平台使用，只要判断有逆选择的客户都加入这个系统的黑名单，这样黑名单中的客户就无法再在慧择平台上进行投保。后续在此基础上推动行业数据的共享，对保险行业有非常积极的作用。

（5）做好流程节点。网销流程设计极其重要，简单便捷的购买流程、轻松舒适的网购体验，是吸引消费者网购的动力，且顺畅高效的流程也节约成本。第三方互联网保险平台要注意以下几个方面。

一是获取电子征信。除了中国人民银行个人信用记录之外，目前我国的个人征信体系很不完善，跨界的信息共享更难实现。平安集团与中国人民银行的征信合作，开始应用于保险业务。对保险网销而言，以人身保险为例，如果可以有条件地共享到投保人和被保险人相关电子信息，对确认投保人与被保险人的身份及其彼此之间的关系、认定投保人对被保险人是否具有保险利益很便利。

二是充实、丰富第三方网络保险平台的产品组合、产品开发和产品设计能力。通过大数据应用分析消费者消费行为和习惯，精准定位客户需求，与保险机构联手设计开发符合互联网特色的创新产品，并实现更多符合市场需求的保险产品组合，把握市场销售的主动性；完善消费者售前、售中和售后服务，通过链接保险机构后台服务系统或建立售后服务对话机制、培养第三方网络保险平台理赔服务队伍等方式做好理赔和防灾防损服务。

三是开展在线问卷和满意度调查，对网站功能进行分析和评估，以便更好地实现系统升级和网站改版，提升客户的网络体验。

(6) 拓展增值服务。第三方网络平台应加大力度拓展增值服务。一是聘用综合金融理财服务人员，给高端客户制定包括保险在内的个性化、全方位的金融理财规划，让客户享受“一站式”的金融服务；二是充分利用网站捕捉到的第一手消费者信息和强大的后台需求评估系统，详细分析消费者的需求和行为，通过大数据的分析引导保险公司开发新产品，引导专业人士开展互联网保险前沿研究，不断推动保险业的创新发展。

(7) 建立与保险公司的共享机制。第三方网络保险平台还要树立“长期共赢”的观念，尽快建立与合作方的利益共享机制。一是与保险公司共享互联网渠道的成本节约，适当降低向保险公司收取的费用，以降低保险经营成本，吸引其长期合作。二是与保险公司共同分析保险消费者行为，开发出真正适合互联网保险消费者需求的保险产品。

第三方保险电子商务网站在我国刚刚起步，在发展的同时必须处理好同其他保险机构的关系。如果其发展给其他保险机构带来了不好的影响，必然会受到现有保险机构的排斥，影响客户服务。

（四） 互联网保民研究

如果把被互联网保险服务覆盖到的用户都称为“保民”的话，截止到2016 年 3 月，被互联网保险服务的用户已经超过 3.3 亿，同比增长 42.5%，互联网保民人数已经是股民人数的 3 倍、基民的 1.5 倍。

2016 年 6 月，蚂蚁金服保险和 CBNData 联合发布首份互联网保民报告——《2016 互联网保险消费行为分析》（以下简称“保民报告”），首次尝试为互联网保民这个悄然增长的庞大群体“画像”。

1. 主体及区域。年轻有活力是互联网保民的主要特征，“80 后”占保民的 47%，“90 后”占 33%，是绝对的主力人群。已经成家立业的年轻人在保民群体中最为活跃，保民报告显示，在最为活跃的 30% 互联网保民当中，48% 已经组建家庭并有了孩子。

在一个家庭中，保险理财的任务多半由男性承担，而是否有孩子对男性的影响非常巨大，有孩子的用户，投保意外险的意愿是没有孩子用户的2.6倍之多，投保健康险意向则是没有孩子用户的2.4倍，“奶爸”成为家庭保险消费的主力人群。在“二孩”政策放开的背景下，“奶爸”们对未来家庭保险消费的带动力还会体现得更为强劲。

另一个典型的互联网保民群体则是“90后”，虽然他们中的绝大多数尚未生儿育女，但“90后”保民的增速，领先于其他各年龄段。

“90后”是互联网的原住民，他们习惯在互联网上进行任何消费，包括金融类；同时，“90后”受教育程度较高、自主判断力也很强，应该说是比较优质的保险潜在用户。

观察“90后”目前的保险行为，爱尝鲜、爱理财是他们的标签。比如在儿童类保险当中，和“80后”父母更关心传统的“意外险”不同，“90后”新手父母更爱带有理财属性的“教育金”保险。在一些创新型的险种上，“90后”最愿尝试，扶老人险（一款为做公益遭遇纠纷提供法律保障的保险）的购买人群中，“90后”占比最高。

在蚂蚁金服保险平台上，保民主要集中在电商保险、账户保险、旅行保险、车险、意外险、健康险领域。保民的购买行为反映出不同的生活方式，而这些特征也为互联网保险未来的精准运营提供了参考。几个意想不到的用户行为是：

健康险的购买最高峰是23点，而车险的情况则完全相反，投保最高峰则是在工作日的上午10点和下午3点，均是上班时间。

从地区来看，健康险投保意向前10位的城市均来自长江以南，主要集中在厦门市、广州市和杭州市，显示出南方人对健康和养生的重视。

北方保民则集中在电商保险领域，其中，主动购买退货运费险用户比例最高的三个省均来自东北，依次是辽宁、吉林和黑龙江。分析师认为，这可能是跟东三省距离主流发货地江、浙、沪较远有关，消费者更愿意用保险来抵消退货的风险。

当保民出门旅行，需要购买旅行保险时，地域差别也非常显著，境外游时购买旅行保险的意向要高于境内游，其中，前往马来西亚、柬埔寨和菲律宾三个目的地的保民投保旅行保险的意向最高。

从区域分布来看，与很多互联网金融服务类似，目前，互联网保民更多来自经济发达、人口基数相对较大的区域。报告显示，广东、江苏、浙江、山东、河南、四川、河北、福建、北京和湖北，是互联网保民数量排名前 10 位的省份或直辖市。

2. 保险与消费：共生效应。大量网络消费者正在转化为新保民，在互联网平台上，保险与消费展现出互相促进的“共生效应”，保险切入消费场景，提升互联网消费活力，用户需求进一步释放；另一方面，蓬勃生长的互联网消费又反过来激发更多的保险需求，带来增量。

以退货运费险为例，被电商保险覆盖的保民，因为保险打消了其购物时的后顾之忧，其消费动力会显著增加，许多卖家都主动为买家投保，数据跟踪了一批为买家投保的中小卖家，发现投保运费险后的几个月时间，其交易增长的速度要比淘宝天猫大盘增速高出 70% 。

类似的促进作用在账户保险方面也有体现，数据显示，用户投保后近一年时间，由于对账户安全信心增长，在线理财金额增长率较淘宝天猫大盘高出 84 个百分点，移动支付活跃度增长率较淘宝天猫大盘高出 38 个百分点。

而这些增长又将反过来加深保民对保险的认知，在带动保险产品需求的同时，也激发着新场景中的保险需求。尤其在服务型网络消费快速增长的背景下，在互联网餐饮（线下消费）、航旅、教育、生活服务等年增长率在 70% 以上的领域，都蕴藏着巨大的保险潜力。

保险和消费的共生效应是互联网保民现象背后的注解。这种“互相促进”的机制蕴含着更多的市场机会，意味着 3. 3 亿互联网保民仅仅是个开端。

五、第三方平台发展的挑战

总体来看，虽然目前国内互联网第三方平台发展势头良好，但依然存在各种问题，包括保险中介资质不易取得、业务附加值低、与客户沟通模式单一、与合作方权责有待厘清等问题。

（一）牌照申请竞争加剧

根据中国保监会2015年7月22日印发的［2015］69号《互联网保险业务监管暂行办法》，第三方网络平台经营开展互联网保险业务的销售、承保、理赔、退保、投诉处理及客户服务等保险经营行为应取得保险业务经营资格。也就是说，需要取得保险代理或经纪牌照才能销售、承保业务。

其中设定了申请中介资质的要求。根据中国保监会规定，第三方网络平台申请保险中介牌照需具备5 000万元资本金，所以对于一些中小网络平台而言，这一资本金门槛相对较高。大部分第三方平台都在积极申请牌照中。

除硬性的资本金门槛之外，中国保监会还规定了第三方网络平台应具备下列条件：（1）具有互联网行业主管部门颁发的许可证或者在互联网行业主管部门完成网站备案，且网站接入地在中华人民共和国境内；（2）具有安全可靠的互联网运营系统和信息安全管理体系，实现与保险机构应用系统的有效隔离，避免信息安全风险在保险机构内外部传递与蔓延；（3）能够完整、准确、及时地向保险机构提供开展保险业务所需的投保人、被保险人、受益人的个人身份信息、联系信息、账户信息以及投保操作轨迹等信息；（4）最近两年未受到互联网行业主管部门、工商行政管理部门等政府部门的重大行政处罚，未被中国保监会列入保险行业禁止合作清单；（5）中国保监会规定的其他条件。第三方网络平台不符合上述条件的，保险机构不得与其合作开展互联网保险业务。

数据显示，2012年至今，中国保监会公布了90余家保险代理、经纪公司的互联网业务备案情况，备案网站总数多达240余家。

（二）市场运营挑战加剧

保险属于低频金融产品，更加挑战第三方平台的运营能力，帮助保险公司积累流量和用户。目前国内不少第三方平台通过融资等方式，不断补充资本实力，扩大宣传。

从国外的情况来看，以 Inswed 公司为例，2005 年运营总支出为 3 135 万美元，其中直接营销费用为 1 520 万美元，占总支出的 48.5%，销售与营销费用为 677 万美元，占总支出的 21.6%，二者合计占总运营支出的 70.1%。该公司从 2001 年到 2005 年，平均总营销支出占平均总支出的 49.97%。另一家也比较有影响力的 Quotenith 公司 2001—2005 年的平均营销支出也占到平均总支出的 34.4%。

（三） 大流量对客服形成挑战

目前，第三方销售平台都在尽力针对传统保险销售的痛点优化用户体验，包括售前咨询导购、售中条款解释提醒、售后协助理赔，这需要强大的后台智能客服或人工客服支持。目前第三方平台人力较为紧缺，第三方平台不能及时提供防灾防损指导，对消费者和保险公司而言都会产生风险防范的漏洞，保险保障风险的实际意义和现实功能会因此大打折扣。需要在实践中不断积累，强化后台系统支持。

六、第三方平台趋势展望

未来三十年，云计算、大数据、人工智能的技术应用日臻成熟，会成为各行各业发展的基本的公共服务。可预见的是，每个行业都会在技术变革下面临转型升级。实践证明，电商的发展并没有代替零售业，而是线上线下融合后，产生了覆盖面更广、渗透率更深的新型零售业。未来会有巨大的改变，更是巨大的机会。

而保险是能最快适应数字技术变革时代的行业之一，因为保险行业是最早应用大数据思想的行业；同时，互联网保险第三方平台未来也会因为技术变革而在现有形态上转型升级。主要有以下三个方面的发展趋势。

（一） 第三方平台将加速“保民”覆盖

如上分析，有一部分互联网保险第三方平台，并不是从保险销售渠道出发，而是在主业经营（各个生活消费场景）中嵌入保险服务，包括购物、出行、旅游、医美、健康、亲子、教育等领域，为场景而研发或搭售的保险产品会随之覆盖更多消费者。

小额、高频、碎片化的保险产品，虽不是“刚需”，但对通过便捷理赔来培养消费者风险意识和保障意识的心智养成有着至关重要的作用。互联网不仅是一种销售渠道，而且是了解消费者、跟消费者直接沟通的界面。在没有任何保险购买体验的情况下，一次性购买长期高额的保险产品是有较高心理门槛的，但在日常生活中体验过保险理赔的便捷和服务，再考虑长期保险配置则相对更被消费者接受。

（二）第三方平台将促进保险“简单化”

保险是专业且复杂的金融产品，但对消费者而言有较高的理解和购买门槛。保险“简单化”不是单一地把定价小额化、销售碎片化、条款通俗化，而是让消费者更安心购买，更便捷地理赔，让保险公司建立更强大的风控系统，减少欺诈所产生的费率成本。看似前端的“简单”，其实是后端强大的风控体系和数据技术在作支撑。

互联网保险平台必须具备三大要素，才能做好风控建设：一是大数据的应用和处理能力，仅仅是数据的存储和沉淀没有发挥作用，数据必须动态活用，需要平台有强大的计算能力；二是风险控制系统建设，平台是否有互联网时代所具备的高技术含量的风控系统，风控体系的建设必然用到人工智能技术；三是是否有因为数据而建立起的信用体系。简单的背后首先是信任。没有诚信体系，就做不到简单。

如果按照这三个标准去检验现在的第三方平台，还有很大的发展空间。现阶段保险业重视的是销售端，解决保险复杂难懂的问题，未来是走向确保防止风险发生的前端能力，对灾难的预防、处理，技术和服务的提升，风险的防控，才是保险业的核心能力。保险公司的核心人员未来是大数据工程师。这最终会带来组织形式的巨大变化。

只有做到了风险控制，才能真正使保险变得简单，消费者才能真正有安全感。同时，并不等于“一刀切”。消费者对保险的认知都是从产品延伸而来，所以未来让更多人理解保险，最好的办法也是让产品来教育。

工业时代，流水线生产讲究的是生产一模一样的产品；数据时代，流水线上生产的每个产品都不一样。以前，短时间内大批量生产规模化产品是技术的进步；如今要在短时间内生产不同用户需求的产品才是未来方向。保险过去是规模化的、标准化的，这是工业时代的保险；未来是每个人不一样，每个人的每个时刻每个状态都不一样。

（三）第三方平台发展有赖于与监管的互动和创新

互联网技术迅速发展的时代，政府监管部门的变革速度其实也非常迅速。互联网保险第三方平台的发展和创新，有赖于在监管的指导和合规之下完成，最后都会促进监管的创新、制度的创新。

正在到来的技术革命，很难从昨天的历史中找到解决未来问题的方案，没有过去的标准，创新没有基础；创新的目的，是为了建立更先进的标准。标准和创新，有赖于相互沟通，互相促进。

专题一：

基于大数据的财产险客户画像研究

随着移动互联网技术发展、移动终端设备普及和新型计算平台的开发，互联网开启了一个新的应用境界——“大数据时代”。大数据时代，从根本上改变了金融企业的运营模型，数据在形成海量化、多样化、传输高速化和价值化的同时，也转变了传统金融行业的市场竞争环境、营销策略和服务模式。

金融行业“以客户为中心”的经验模式背后是一场暗流涌动的数据战，大数据分析、数据挖掘、信息地图、客户画像等词汇越来越多地进入各级管理层和执行层的视野。在客户营销、客户关怀、风险监管、业务运营等方面，金融行业数据分析应用更加深入和精细，其中精准的客户画像作为基础支撑，地位愈发突出。

“客户画像”概念是由著名的交互设计之父 Alan Cooper 第一次正式提出。1999 年，在反响巨大的著作《The Inmates are Running the Asylum》（《软件创新之路——冲破高技术营造的牢笼》）中，Alan Cooper 认为，客户画像是对虚拟的、特定的、具体的目标客户的描绘，是建立在一系列真实数据（Marketing data, Usability data）之上的目标客户模型①。通过调研、数据分析了解客户，找到他们的目标、行为和爱好等方面的特征，提取出适用的标签信息，就得到一个典型的客户画像。

传统的客户画像主要是基于企业内部结构化数据对企业客户的人口轮廓、产品特征、行为特征、关系圈子、价值贡献、需求态度等信息进行描述，并据此进行产品创新设计、精准营销推广、个性化产品推荐和售后服务提升等活动。但传统的客户画像受限于企业业务特点、数据范围以及技术短板，数据量少、信息不全面的根本问题难以克服，所以虽然客户画像已经被企业重视且应用多年，却收效不大、难以突破。而大数据时代中海量的、多种类的、快速的信息恰好补充完善了传统画像的不足，并且“客户标签”的引入也更深入地描绘了客户细节，使客户面貌清晰和生动起来。

---

① Cooper, A.（1999）. The inmates are running the asylum. Morgan Kaufmann: Indianapolis. Pruitt, J and Adlin, T.（2006）. *The persona lifecycle: keeping people in mind throughout product design*, Morgan Kaufmann: San Francisco, p. 11.

下面我们具体探讨大数据环境里金融行业中的“客户画像”，尤其是财产险行业中的客户画像。

第一节 大数据客户画像一般方法

一、客户标签体系构建方法

标签随处可见，陌生的朋友在相互介绍时，除了会说自己姓名、年龄外，还会介绍自己的职业是“IT 人士”，爱好是“足球”，会形象地说自己是“处女座”、“晨型人”……这些标签性的关键词会给对方留下深刻的印象，帮助对方快速了解自己。大数据时代企业正是利用了“标签”这个特性，通过“打”标签的形式深入了解客户。

大数据环境下的“客户标签”是指基于企业内部数据、社交媒体数据、外部公共数据等多维度数据，进行深入分析、挖掘后获得潜在的客户知识，并依据业务目标对客户进行分类细化，采用类自然语言方式对客户进行描述。

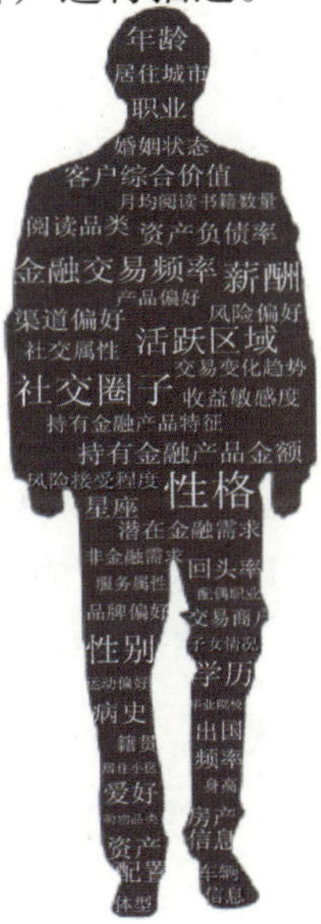

金融企业现在越来越多地利用数据分析和数据挖掘技术，深入了解客户的喜好、行为，给客户“打”上各种各样的标签，最终形成精准的客户画像。

客户标签有别于传统的数据描述，可以是一种类自然语言。在数据库中，我们常会看到客户信息被这样存储：客户年龄：40 岁；客户性别：男；客户保险险种是：航班延误险；年内购买总次数：60 次。根据这些信息进行标签化后，那么这个客户可以被定为“空中飞人”。相对于数据库中的数据，我们会发现这样的客户标签更容易被理解和使用。

（一）客户标签分类体系

构建客户标签分类体系，通过选取不同数据维度对客户标签进行划分，为客户画像的构建提供结构化分析思路，同时避免产生无用数据干扰分析过程，为业务需求的实现与战略目标的落地提供有效支撑。

客户标签体系既包括具有强概括性的宏观指标层，也包括涉及不同业务的细粒度指标层，实践中采用的指标体系层级数量不同，且分类方法多样。

从客户画像标签体系构建的操作性角度分析，宏观指标层的分类最能够代表设计者对业务需求落地的分析思路。因此，主要介绍三种宏观指标层的分类方法，并结合每种分类对细粒度指标做出举例说明，三种方法分别是：

按标签主题内容划分：指按标签所反映的信息主题进行标签归类，例如客户风险特征、客户产品特征等。

按标签加工手段划分：指根据生成标签的数据加工处理方法进行标签归类，例如事实类、统计分析类和评价预测类等。

按标签变动频率划分：指按标签在一段时期内的变化程度进行标签归类，例如静态、动态等。

下面分别来看这三种分类方法。

1. 根据标签主题内容划分。对客户标签进行主题划分，是描述出抽象商业全貌最易获得的标签分类方法。该方法采用化整为零、逐层深入的方式将客户特征进行归并，使用直观、描述式思维分解客户属性，归纳标签主题。

根据标签内容反映的主体信息，标签主题可以划分为四大主题，分别是：客户轮廓、产品持有、客户交互和客户管理。

（1）客户轮廓主题。该类标签刻画客户对象自身特征，特征标签的描述方式可结合行业属性与特定分析需求进行归纳总结。该类主题更多偏向客户人口统计学特征，因此标签准确性有赖于金融机构对客户基本信息的准确收集过程。

该主题常见的标签有：

——客户性别，例如男性、女性、中性等；

——客户年龄，例如“70 后”、“80 后”、“90 后”、“00 后”等；

——教育情况，例如本科、硕士、博士等；

——家庭经济状况，例如奢侈女、房奴、月光族等；

——工作情况，例如高级白领、IT 圈、北漂等；

——性格，例如暴躁、拖延等；

——兴趣爱好，例如旅游、电子游戏、足球等；

——资产情况，例如豪车、租房、高档社区等。

（2）产品持有主题。该类标签以金融机构提供的产品服务为核心，阐释业务特征。该类主题需要对产品服务属性进行准确描述，通过对关键产品以及重点业务阶段的识别，获得客户认知，优化产品服务的成本收益。

该主题常见的标签有：

——产品持有特征，例如财产险客户、人寿险客户、意外险客户、健康险客户等；

——产品规模特征，例如高额保险费客户、低额保险费客户等；

——业务时限特征，例如开户超过 10 年、特定产品持有不足 1 年，持有产品未来 30 天内到期、靶子产品持有到期日等；

——产品偏好特征：指客户根据自身感性意愿与理性认知对产品或产品组合的排序，例如客户针对特定产品的意愿消费程度、客户意愿消费的商品类型等。

（3）客户交互主题。该类标签关注客户与业务双要素的交互特征，识别客户与产品服务接触过程中体现出的行为特性，行为分析结果将帮助金融机构有效洞察客户心理，了解客户行为动向，进而推出对己方有利的商业策略。基于行业与企业特征差异性，该主题下标签内容具有较强的多样性。

该主题常见的标签有：

——产品黏性：指客户对产品的参与程度和脱离该产品的阻力程度，该标签内容多依赖于行业或金融机构开发的产品黏性相关指数，例如高产品换手率、低需求—价格弹性、低转向替代品概率等；

——客户响应水平：活动快速响应者、老产品拥护者等。

（4）客户管理主题。该类标签解决客户关系管理过程中所涉及的一系列问题，包括客户现状的深入分析、客户群体的准确划分、面向特定客群或指定产品服务开展的商业行为、对客户反馈结果进行评估等内容。客户管理主题标签多维度考量客户与金融机构在产品、营销、渠道方面的行为数据，相比于前三类主题，这部分主题能够更深入展现对客户行为、与企业之间关系的思考，丰富客户画像的维度。

该主题常见的标签有：

——客户生命周期管理，例如新客户、潜力客户、流失客户、睡眠客户等；

——客户风险管理，例如高风险、低风险等；

——客户综合价值管理，例如高潜在价值、高当前价值等。

此外，主题标签的表达方式需要综合考虑定量信息与定性信息的选择，定量信息数值精度高但不利于客户筛选。例如“客户持有财产险产品种类”标签值为“不持有”、“1—3”、“4—6 种”、“7—9 种”、“9—11 种”……这种标签设置方法可以很精确地描述客户实际持有产品的特征，但会出现标签维度过多的情况，不利于业务人员全面掌握客户特征，在营销等应用时不能快速筛选目标客户。因此客户画像实践领域中多使用定性信息标签，寻求标签更大的代表性，也便于业务的统一管理和筛选应用。

再例如，可以按客户资产分为“大众”、“富裕”、“高净值”、“超高净值”等。如果业务人员需要对客户资产迁移情况进行分析，那么这种资产标签设置太过粗泛，很难体现客户资产的细节变动，不能满足业务对趋势分析的要求，如果按定量标签设置为“0—5 万元”、“5 万—10 万元”、“10 万—15 万元”……则可能更适宜这个应用场景。

因此，定量标签和定性标签的选择并无一定的对错之分，应该根据业务的实际应用场景进行判断。

相对而言，按主题进行标签分类，更贴近业务术语，操作性最强，适合管理人员对客户信息进行分析总结，并从不同主题维度阐释客户特征，构建立体的客户画像标签体系。

2. 根据标签加工手段划分。客户画像标签的数据来源，一方面来源于企业内部或外部数据，这部分数据可直接用于标签内容的描述；另一方面来源于对企业内部数据或外部数据的加工与再加工过程。因此，根据客户标签的加工方式，可将客户标签划分为：客观事实类标签、统计分析类标签和评价预测类标签三类，具体说明如下。

（1）客观事实类标签。该类标签来源于客观存在的事实数据，具体包括客户与企业交互实际产生的内部业务数据和来源于其他数据源的客户外部数据。该类数据的获取依赖于金融机构完善的数据信息系统和金融行业与其他行业间数据合作项目的开展。随着数据仓库（Data Warehouse）技术的不断优化，内部数据能够实时获取与使用，与用户画像相关联的关键数据可通过应用集市等方式灵活处理。互联网金融等新兴行业的发展壮大，为行业间合作提供了前所未有的机遇，外部数据的引入是金融机构冲破行业属性、拓宽数据多样性的重要契机。

常见的客观事实类标签示例有：

——人口属性类标签，例如客户婚姻状况、教育背景、财产状况、社会地位、性格爱好、客户的生命周期等，这里的生命周期是指年龄层次和生命阶段；

——业务特征类标签，例如产品类别、使用年限、到期日期、营销活动参与类别、客户是否响应营销活动等；

——客户行为特征类标签，例如客户与金融机构交互的交易行为特征，包括渠道交互行为、产品购买特征以及客户与第三方机构交互的行为特征，还包括页面停留时间、浏览历史、搜索关键词等互联网行为数据。

（2）统计分析类标签。该类标签来源于根据基础数据分析统计等处理后的数据，主要采用 RFM（RECENCY，FREQUENCY，MONETARY）模型进行分析。其中，R 代表最近购买时间，指上次购买至现在的时间间隔；F 代表购买频率，指某一期间内购买的次数；M 代表总购买金额，指某一期间内购买商品的金额。该模型将横向业务维度与纵向时间维度有机结合，多维度描述客户与业务交互效果。除此之外，针对重点业务情境，需进行专项统计分析。

常见的统计分析类标签示例包括：

——客户交互特征标签，例如最近一次使用渠道种类、最近一次产品购买时间；

——客户行为偏好标签，例如客户上网时间偏好、客户购买产品渠道偏好；

——客户个性态度标签，例如客户购买产品态度特征（包括小心谨慎型、犹豫不决型等）。

（3）评价预测类标签。该类标签来源于通过行为推测的数据，借助有监督或无监督的数据建模与挖掘分析方法，周期滚动式训练优化数据模型，实现及时、准确的划分、预测客户所属群体特征。可包括通过分析挖掘、衍生计算及结合内外部数据及大众心理学特点探查的客户特征数据，用于客户群体划分、行为预测与价值分析等。

常见的评价预测类标签示例有：

——客户交易行为特征，例如包括客户流失风险特征、潜在客户提升概率、睡眠客户转化率等；

——营销活动响应标签，例如预测特定客群对新推出产品服务的响应程度，如客户响应概率、客户黏性等。

3. 根据标签属性状态划分。根据客户标签属性随时间推移的变动状态，可将标签划分为静态标签和动态标签。

静态标签，指属性内容几乎不随时间发生变动的标签。这里的静态并非严格意义的完全不变，而是在特定分析周期内保持较为稳定的状态，例如性别、婚姻状态、学历等基本人口轮廓类标签。借助对静态标签定性化等手段，为客户群体划分提供初步分析路径。

动态标签，指属性内容随时间经常发生变动的标签。例如购买产品的渠道偏好、持有产品数量特征等。动态标签可监控标签数据的变动情况，借助设置监控点等方式，识别客户对关键产品与交易的反馈与行为变动特征，保持客户画像新鲜度，支持其应用的有效性。

以上三种方法其实并不是完全独立的，有交叉重合。我们在制定客户标签时往往会基于某个应用场景或目的，通过某种加工手段，获得某个信息主题的动态或静态标签。因此在客户标签分类时，可能会带有此过程痕迹。但从整个企业来说，客户标签的整合和共享更有利于发挥标签的价值，降低标签的成本。因此建立一套完整的客户标签体系应结合企业现状和目的，进行全盘考虑，并从标签信息上进行完善。

理想的客户标签体系应该能满足这样几个条件：客观、独立、全面。客观指不受标签应用场景、应用目的的影响；独立指标签相互间不依赖、不重合；全面指能够覆盖企业主要的业务需求。

但现实状况下，因为工期、费用、业务范围等种种难以突破的限制，很难做到绝对的客观、独立和全面。面对操作过程中的困难，我们可以采用螺旋式的、业务和数据双驱动的建设方法，逐步完成客户标签库体系的建设。

（二）客户标签生命周期管理

在一个完整的数据标签体系中，除了对标签进行创建、发布、应用，还要定期进行维护管理，优化现有标签，更新新增标签，并评估下线不适用、不常用的标签。这是一项周期性、长时间积累的工作，需要我们制定科学合理的标签生命周期管理计划（见图1）。

1. 创建/维护。我们根据实际应用需求，基于客户业务数据现状，并结合行业最佳实践，创建或维护客户标签。创建即新建标签，建立以前不存在的标签。维护即优化标签，综合考虑标签的使用情况及业务变化情况，调整修改标签项。在此过程中，需要做好现状调研，包括数据情况和应用需求，同时相关业务人员参与研讨和确定。

2. 审批。创建或维护的标签需要经过管理层审核后才能发布应用。审核时我们着重考察标签的正确性、适用性、先进性和全面性等。

3. 发布。结合金融企业内部管理流程，制定发布流程、发布形式，将已

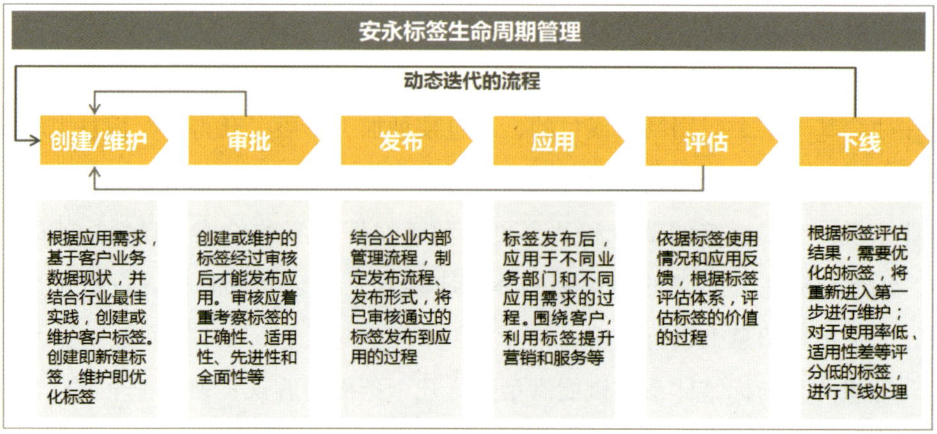

图 1　安永标签生命周期管理

审核通过的标签发布到应用的过程。

4. 应用。标签发布后就可以应用于不同业务部门和不同应用需求。围绕客户，利用标签提升营销和服务，实现业务目标。

例如，利用标签进行客户管理和营销建议。客户管理包括目标客户战略、新客户拓展、客户关怀与挽留、客户定价策略、客户体验管理等。营销活动建议方面，利用标签客户群细分进行潜在客户挖掘、产品交叉销售、产品渠道配置建议等。

5. 评估。要对标签使用情况进行反馈，根据标签评估结果，对标签体系进行更新和完善。

6. 下线。根据标签评估结果对标签进行分类处理。需要优化的标签，将重新进入第一步进行维护；对于使用率低、适用性差等评分低的标签，可以进行下线处理。

标签生命周期管理流程中的每个步骤，都是金融企业各部门参与协调和通力合作的持续过程。客户标签的正确性、全面性和价值将在标签落地应用过程中逐步得到验证和修正。

科学的生命周期管理，可以让企业拥有一个有效的、清晰的、新鲜的标签库，能防止标签库随着时间的推移越积越多，只进不出，逐渐变得臃肿不堪，最终陷入窘境。

二、客户画像层次关系

与绘画过程一样，描绘客户画像也是一个从简单轮廓到丰富细节的过程。按照细化程度的不同，我们可以把客户画像分为浅层、中层、深层画像。

（一）浅层画像

浅层画像也就是初步的客户画像，由企业内部数据库的数据直接提炼或经统计分析所构成。

大部分情况下我们只能得到浅层画像，但这样的简单画像也就可以满足应用需求，识别出具有某一类特征的客户群体，节省时间和成本。如下对比图所示，当需要判断对象是否为女士时，左边图片虽然不够清晰，但仍可以得到正确的判断，而这样的结论已经足以支持实际应用需要，那就不需要继续花费时间搜集更多数据来进一步画像了。

有时受限于当前的数据数量和质量，初期只能得到模糊的客户画像，如果需要更多细节，就需要利用一些方法、搜集更多可用数据来细化客户画像。

（二）中层画像

利用企业内部数据库以及内部大数据，得到更多数据并进行直接提取或统计分析，对浅层画像进行进一步加工细化，就得到中层客户画像。

中层画像类似于上图右侧图片所示，可以更加明确这是一位女士，且是一位年轻时尚女士。利用这样的客户画像，我们可以进行更加精准的营销设计、客户关怀、产品服务优化等活动。

（三）深层画像

大数据时代为我们获取数据提供了便利条件，除了内部数据库和大数据之外，我们还能接触到数量足够大、种类足够多的外部大数据。利用多种加工方法处理内、外数据就可以将客户画像描绘得更加完善，不仅清晰，还可以有个性鲜明的各项特征，得到客户深层画像。

构建深层画像就如绘画中点染色彩、突出明暗的过程，增加了更多细节描绘之后，深层画像可以展示客户更加生动的个性特征，使我们能够对有这样画像的客户进行更具体、更有针对性的产品和服务推荐。

从浅层、中层到深层画像逐渐细化的过程，是时间、人力、数据方面成本投入逐渐增加的过程，但不代表深层画像就比浅层画像更加有用。有些场景中，浅层画像就能满足需求，那么只要利用数据画出浅层画像即可。而有些场景可能需要针对某个特别的客户群画出详细的客户画像，则需要寻找各方面数据进行深层画像。企业需要充分分析目标需求及所能提供的投入，确定要进行哪个层次的客户画像是最合理的。

三、客户画像实现步骤

客户画像可以分五个步骤进行。从明确客户画像目标，到数据收集整理、客户标签转化，再到分析建模得到客户画像，最后应用到实际营销、产品设计中，根据应用情况完善画像，客户画像工作的每个步骤需要调动企业的各方面资源，以得到满意的画像结果，并最终落地实施。

以旅游险产品销售为例，旅游险包括国内旅游保险、国内自驾游保险、全球旅游保险、港澳台旅游保险，以及针对全球不同旅游目的地的保险等。我们的任务是找出有潜在需求的客户群，进行旅游险产品营销，提高销售量和服务质量。那么客户画像工作步骤如下。

（一）客户画像目标与预期

企业构建客户画像是为了达到不同的目标，例如了解客户需求、进行精准营销、提高产品服务质量、提升客户体验等。客户画像的构建也会由于目标不同而有所区别。

分析该旅游险销售案例，可知对旅游险产品客户做画像的目标有两个：一是寻找旅游险潜在消费者，进行产品营销；二是根据画像结果对产品进行优化，提升吸引力和竞争力。

根据客户画像目标，我们需要构建出这样的客户画像体系：

1. 客观事实类标签：如性别、年龄、工作单位、性格爱好、产品持有情况等；

2. 统计分析类标签：如产品购买频率、最近使用渠道种类、客服沟通频率等；

3. 预测评价类标签：如潜力客户提升概率、客户响应概率、客户黏性等。

据此我们就可以制定合理的工作计划，进而有针对性地开展各项工作。

（二）相关数据的整理和集中

客户画像所需数据按来源可以划分为内部数据和外部数据。

1. 内部数据：传统的结构化数据包括客户基本信息、产品信息、评价信息、信用信息等；大数据环境下，我们可以借用大数据相关技术，对企业内部文本、音频等非结构化进行转换和处理，并与传统结构化数据相融合，对客户进行深入探索和认知。

2. 外部数据：企业内部数据更专注于业务范围内的数据，外部数据可以更全面地弥补企业对客户的认知。外部数据种类丰富，需要企业明确业务需求，寻找与之相匹配的数据，将其与企业内部数据相融合，最大化挖掘数据的应用价值。例如，可以通过客户对车辆的需求、驾驶习惯、保险安全偏好以及社交圈等信息对客户画像进行补充。

针对本案例，从保险企业的内部数据库中，我们可以得到性别、年龄、工作性质、居住地点、客户价值等级、服务偏好、渠道偏好等信息。为了得到潜在旅游保险客户画像，我们还需要客户兴趣爱好、保险安全偏好、社交信息等方面的数据，可以利用企业内部大数据以及外部大数据来获取。

（三）数据分析和标签化

找到合适的数据源并完成搜集整理之后，就可以对数据进行分析、建模并生成相应的标签。

对于搜集到的内外部数据，我们可以通过身份证、手机号码、设备号等信息进行匹配。匹配完成后，得到用于提取数据标签的所有数据。初步分析这些数据会发现，数据情况和构建标签体系所需要的数据之间会存在一定的差距，主要有以下三种情况：一部分数据满足标签数据需求；一部分数据因为质量、内容等方面因素不能提取出我们所要的标签；一部分数据可以提取出我们所要标签体系之外的标签，再有就是会缺少提取标签所需的一部分数据。

搜集到的数据和标签所需数据之间的关系如图 2 所示。

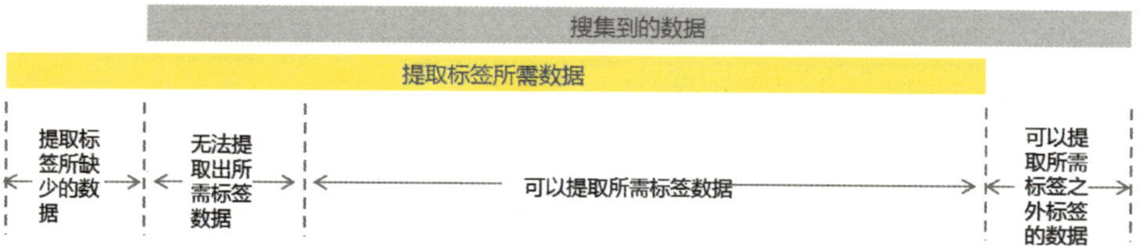

图 2　数据分析和标签化

对于提取标签所缺少和无法提取出所需标签的数据，需要想办法进行补充和完善。比如客户基本信息如果缺失较多，可以由客户经理联系客户进行补充；外部数据方面的缺失则需要继续寻找合适的外部数据源。

对于可以提取出标签体系之外的标签的数据，可以添加到标签体系中，用于分析挖掘客户的其他需求。

数据分析处理之后，进行标签化。如根据客户社交平台经常发布旅行、旅游或常见旅行目的地地名等信息，以及在电商平台经常购买旅行用品判断客户为旅游爱好者；根据客户与电话客户中心的沟通记录、说话语气以及社交平台状态的语气词使用情况，判断客户的性格；根据客户所持有的保险产品和其他金融产品，判断客户的风险偏好情况，等等。

需要注意的是，有些信息不能直接推出某些结论而得到标签。比如客户持有车险产品，名下有登记车辆，但不能推断出客户开车，因为很多人是家人开车而不是自己开车。再比如我们不能认为买过母婴类用品的客户家里就一定有小孩，因为这次购买很有可能是替别人代买或者送礼物。所以我们要判断这个用户所购买的母婴类商品是否给自己买。根据用户下单前浏览情况、收货地址、对商品的评价等多种信息建立模型，最终判断出用户家庭是否有小孩；再根据购买的商品标签，比如奶粉的段数、童书适应年龄段等信息，建立孩子成长模型，在孩子所处不同的阶段进行精准营销。

（四） 客户画像构建

得到标签之后就可以构建应用于业务场景的客户画像。

在进行客户画像应用之前，要检查得到的客户画像是否达到了预期目标。如果达到了预期目标就可以进入下一步应用环节；如果没有达到，就要分析原因所在以及相应的解决办法。

大客户画像能进行到浅层画像程度，如可以推断出客户为旅游爱好者，那么可以利用这一层次的画像做全面的产品推广。如果有渠道偏好、风险偏好等信息，则可以分渠道营销不同的旅游险产品。之后根据响应情况再进一步对客户画像以及跟进的精准营销。如果大部分浅层画像都无法得到诸如渠道偏好、风险偏好等信息，只有客户年龄、性别等基本信息，我们无法据此作出差别化营销，那么就应该回过头来检查一下是否设计的标签体系存在问题，或者分析数据的方法存在问题。

一部分客户画像到了中层画像程度，可以进行有针对性的产品营销，那么就可以制定精准营销计划，并下发客户名单执行，也是要根据客户响应情况作进一步分析并跟进。在此要强调的是，所有的客户响应情况、反馈情况都要记录到数据系统中，用于标签维护更新。

还有一部分客户的各类数据非常齐全，可以得到深层画像，可以对这些客户进行有个性化的营销设计。除了针对性地营销产品之外，还可以结合其需求推荐个性化的保险产品，提高响应率和成功率。

（五）客户画像应用及完善

假设有两位客户判断为旅游爱好者，分别为客户甲和客户乙。从搜集的数据中提炼出如下信息：

客户甲是一位 26 岁职场女士，喜欢欧洲，经常在微博等社交平台发布欧洲国家相关的状态、照片，近期频繁发布德国、法国等相关状态；喜欢网购、海淘；持有多种保险产品；语速快，与电话客服沟通较多；喜欢使用手机端保险 App 办理各种业务。

客户乙是一位 57 岁退休男士，使用手机端保险 App 不熟练，习惯于到保险营业厅办理业务，近期咨询过旅游保险、儿童保险；持有多种保险产品；语速慢，与电话客服沟通次数不多。

根据上述信息，可以进行客户画像应用（见图 3）。

具体应用方式可以设计为：

对于客户甲，在节假日前一个月，向客户甲手机端推送欧洲旅游保险产品，着重介绍三点：一是产品覆盖保险范围的全面性，可以满足客户甲的风险防范需求；二是对旅游过程中物品丢失等事项的保险保额情况，满足客户甲的购物安全需求；三是服务快捷方便，满足客户甲对服务质量的要求。假设在沟通中了解到，客户甲对价格比较敏感，目前在一个房屋较为老旧的小区租房居

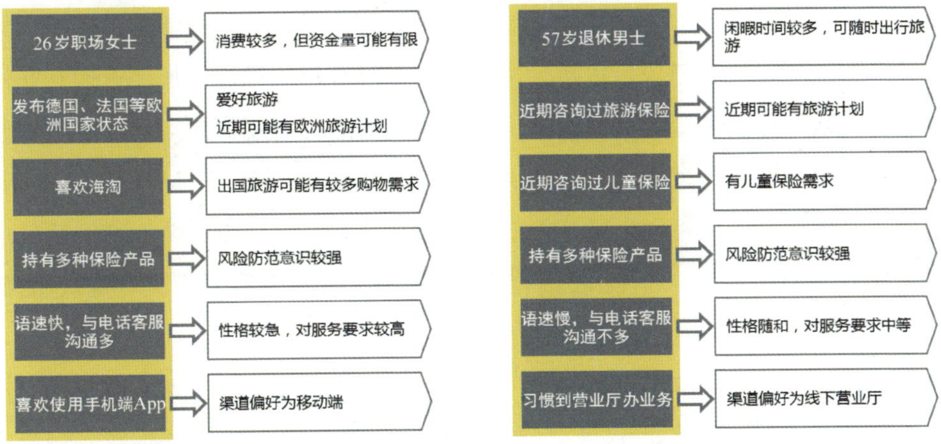

图 3　客户画像应用

住，那么根据之前分析得出的客户甲风险防范比较高，可以向客户甲推荐租房房屋保险。

对于客户乙，可以先采用电话客服营销的方式，向客户乙介绍全球旅游保险，并建议客户乙到营业厅来面对面咨询。在电话中要着重介绍两点：一是产品覆盖保险范围的全面性，可以满足客户甲的风险防范需求；二是保险期限长且灵活可调整，满足其随时出游的需求。此外，根据数据挖掘到客户乙的另一个保险需求，即儿童保险，可以在电话营销中了解其具体需求并记录客户乙感兴趣的儿童保险产品，在面对面咨询的时候重点介绍这几种产品。

在应用过程中以及结束后，要对存在的问题和响应情况进行分析和评估，根据评估情况对最初设计的标签体系以及所寻找的数据源进行补充和完善。

第二节
大数据客户画像在保险行业的应用方向

保险业作为我国新兴行业，保费收入正以 20% 的速度增长（来自中国保监会 2015 年统计数据)，市场体系日趋完善，客户对财产险的需求发生了巨大变化，为了应对这一趋势，保险公司纷纷加强对客户的管理；加之近期互联网金融的兴起、移动终端的高速发展、高新技术的广泛应用，保险企业一改传统面对面的销售模式，现在越来越难直接接触到客户，了解到客户的直接需求。而当前保险客户结构也发生了巨大变化，逐渐年轻化，“80 后”、“90 后”成为客户主力，这群客户对互联网依赖严重，消费行为和需求发生了巨大的变化。

互联网、社交网络、移动 App 等逐渐成为人们欢迎和依赖的推荐平台，不少保险企业都已在移动互联网层面将营销、销售和售后服务等打通，利用移动互联加大对客户消费者需求的挖掘，从产品制造商逐步成为针对客户需求的服务商。

企业可以借助大数据客户画像，激发客户潜在需求，挖掘潜在客户，快速生产和迭代自己的产品，提升客户体验，寻找精准化目标客户，通过企业内部和互联网等传播渠道，推广企业品牌和产品，从而达到盈利的目的。

基于大客户的财产险客户画像应用可以归结为五个场景：激发客户需求、挖掘潜在客户、定制化产品和服务、提升客户体验、精准化目标客户。

一、激发客户需求

乔布斯曾有句名言：“人们并不了解自己需要什么，直到你把产品呈现在他们面前。”(People don't know what they really want at all, until your products are in their eyes.)

在传统金融时代，金融企业一般是从自身角度出发考虑客户的需求，然后通过客户经理、官网、报纸杂志、电视广播等媒介对客户进行单方面引导，而客户受卖方市场的影响，加之产品雷同化，人们获取信息有限，客户往往只能购买企业已经制定好的产品，没有更多的选择，而同时也因受知识的限制不能提出更多的需求。

互联网时代，世界是平的，信息是低延时的，众多的品牌、同质化的商品、多渠道的选择让人眼花缭乱，客户不清楚自己更适合什么，往往因为朋友的一句话、稍微低廉的价格甚至心头一动，就更换了品牌。于是一部分敏感的企业，开始利用微信、微博等新兴社交媒体与客户互动，更与其他互联网或数据公司合作，走进客户的生活，挖掘客户的真实内心，引导开发客户的需求。

在“互联网+”时代，我们需要不断创新激发人们内心的需求。而这些并不是无依据的，是基于对客户的了解，设想、模拟应用场景，激活客户真实的需求。

现在热销的航班延误险就是一个很好的客户需求挖掘案例。某财产保险公司从航班延误纠纷中发现了这个保险商机，但保险购买和理赔的繁琐过程导致该产品销售并不理想。后来该保险公司借助随身携带的移动终端、便捷的移动支付和友好的交互 App 销售重新开发包装该产品，随走随买，坐在车上甚至到了航站楼就能购买保险，通过微信等社交媒体，口口相传，很快成为出行人士的必购保险产品之一。

场景假象是发现和激活客户需求的主要方法，可以根据客户标签圈定一个客户群，或者根据场景圈定某特征的客户群，然后模拟整个过程，通过头脑风暴，发现其中的商机。我们可以通过这样一个场景进行说明：

中高档越野车车险客户中长途自驾游客，模拟其旅途全程，发现其中的财产险需求。

出发：中长途的旅游往往需要 7 天左右，家中的财物、花花草草、宠物的安全?

途中：高速拥堵、汽车故障、人员安全、物资补给、突发天气、景区意外等?

目的地：景区限流买不到票、酒店意外涨价、路上财物丢失损坏等。

我们假想一个产品：旅途安心包，可以为客户将客户短途中可能的保险进行产品打包，为其提供一个安全安心的假期。

这样的需求假想，是需要在一个固定和了解的人群上进行的，而这个人群就要基于对现有客户的深入了解。

二、挖掘潜在客户

潜在客户营销，是通过复杂的数据分析，精准地找到客户群，获取潜在客户，促进产品的销售。比较典型的大数据营销案例是 2012 年“双十一”天猫商城发起的“购物狂欢活动”，在短短 24 小时内带来 191 亿元人民币的销售额。销售的背后，来源于天猫商城上亿用户的大数据精准营销。

“获客之痛”是每个金融企业无法避免的，互联网大数据时代为企业获客提供了很多新的可能，也加剧了企业之争。

除了深度挖掘企业客户内部数据外，客户外部数据的获取成为客户画像更丰富、更立体的重要途径之一。

财产险业务特点更有利于其对数据进行深度分析，挖掘潜在客户。通过车辆品牌可以发现客户的经济水平，性格特点，兴趣爱好（SUV 的客户更喜欢外出旅游，奥迪的某些车型更受商务人士喜好），房屋财产险种房屋所在地址可以标识客户的经济水平、家庭成员情况（例如学区房）……而这些信息的发现，可以让企业很快制定出潜在客户的获取方案。

而同样是经常外出的人士，旅游爱好者购买自助游险种的概率远远高于商旅人士，但如何识别这两种人群，则需要大量的客户标签信息来区分，例如出行时间、目的地等标签信息。

三、定制化产品和服务

不只是财产险行业，几乎在很多行业中，都存在产品雷同、容易被模仿的特点。例如上文中提到的“航班延误险”在被制定出之后，迅速被市场复制。客户在眼花缭乱的产品中找不到差异和重点，品牌转换成本低，选择决策往往受到外界甚至心情的影响。其实，这种产品雷同不只是企业之间，企业内部也存在产品差异不大的情况。

提升客户体验，提高客户对品牌的认知度，这是所有企业培养忠诚客户的前提。而“互联网 +”时代，信息的共享与交互更加透明和快速，也使得口碑变得越来越重要。

根据目标客户的风险情况、经济状况、保险认知等信息，为其制定符合其要求的产品和服务，不止能提升客户体验，还能通过“口碑”影响到客户周边的人群，提高品牌的影响范围。我们可以根据客户在以往购买产品的速度（从开始了解到最终完成合同签约的时间）标签，针对“选择困难”的客户，通过客户经理或者信息推送或者定向活动推动他们完成产品购买。如我们通过对某客户与客服（电话或者微信等渠道）的沟通情况分析，判断他是个“急性子”，而且“对服务质量非常敏感”，那么可以考虑将他的客服等级设置为“优先”，缩短其客服等待时间，并可以考虑定时进行关怀类回访。

再举个例子，有的客户因为对车险的保险条款有所研究，喜欢根据自己的特点选择险种，以减少车险的购买费用；但有的客户就懒得研究车险，会图省事购买全险或基本配置。不管是前者还是后者，这些客户都是在按自身的意愿购买产品，在当前产品雷同化的情况下，其流失可能性就会很高。针对这种情况，可以通过大数据客户画像，根据客户的居住地址、经济状况、经常开车往来的路途、车辆出险情况、对价格的敏感程度等进行分析，为客户提供定制化的车险产品包，既满足其需要，又提升了客户体验。个性化的产品和服务将成为客户流失时需要考虑的成本因素之一。

四、提升客户体验

提供精准的产品和服务自然是提升客户体验的重要环节之一，除此之外，提升客户体验还体现在很多方面。

提升客户体验与客户喜好有关。现实中我们也可以感受到，有人喜欢电话沟通，有人喜欢邮件沟通，还有人喜欢主动沟通而非被动沟通。这些形形色色的方式，没有对或错，而是是否找对了人。

举个简单的例子：客户体验——客户产品咨询体验。通过客户网络行为、兴趣话题、与客服沟通的关键词等信息的深入分析，可以获知客户是否具有财产险知识，针对具有财产险知识的客户，企业肯定希望其能在官网上完成产品信息查询或客服自助服务，减少客户等待时间的同时，可以减少人工客服的工作成本。但当发现这些客户仍然喜欢通过人工客服进行产品咨询或通过外网咨询时，可以通过对客户在官网上的停留时间、浏览途径等信息，企业就需要考虑“为什么客户不通过官网查询产品信息”？是查询途径繁琐，还是产品描述不清楚？如何通过客户与人工客服的对话信息进行产品描述和官网的完善？

良好的客户体验，不只是产品和服务购买和使用过程中的体验，还表现在渠道体验、互动体验、价值体验、关联体验等。有人说，客户体验是虚幻的、不可言传的，可能客服一句无心之语就能给客户带来不好的体验，也有可能因为家人的一句评价成为品牌的忠实拥护者。这就需要企业对客户进行深入和全面的了解，只有维系住每个客户个体，才可能占有更多的市场。

五、精准化目标客户

客户标签代表的是不同年龄、不同喜好、不同地域的客户之间的共性。现在微信中的朋友圈营销正是利用了这一点。

自从有了互联网，距离已经不是问题，整个世界扁平化。近年来，大数据频繁被提及，移动网络速度在提高而费用却在降低，免费 WiFi 遍布各个商场、饭店等公共区域，可穿戴设备大量涌入市场，微博、微信和移动 App 更成为人们生活的一个组成部分，互联网无时无刻不在。企业通过互联网用户复杂的个人特点、消费行为、网络习惯的分析，可以精准地知道客户群体的品牌喜好、购买频率、购买方式、购买行为等综合信息。最典型的案例是百度搜索的关键词竞价排名。

借助大数据，为客户“打”上标签，精准描述客户画像，用客户喜欢的语言与他们沟通，锁定目标客户，聆听他们的想法，认同他们的观点和建议，让客户参与企业的产品研发体验及推广，然后再不断地为他们提供高品质的服务……最终，这个客户就成为企业的忠实认同者和铁杆“粉丝”。

上面的五个场景虽然各有侧重，但无一不是建立在精准的大数据客户画像基础之上。如何创建财产险的客户画像，财产险客户画像的特点是什么，如何在财产险业务中进行应用，则是我们下步需要进行深入讨论和思考的。

第三节
大数据财产险客户画像实现策略

一、大数据财产险客户画像框架体系

因为业务关注点不同，财产保险公司更关注客户的车辆、家庭财产等保险标的本身的信息，对客户的基本信息和行为信息等数据的采集相对比较模糊。在这种情况下，财产保险公司的应对策略和商业模式也开始发生变化，为了更精准地了解客户需求和消费能力，寻找产品目标的潜在客户，借助企业内外的大数据，对其进行深度分析和挖掘，为客户“打”上标签，对客户进行精准描绘财产保险公司提升竞争能力的重要途径之一。

客户的价值可能无法直接得到，这就需要通过客户的属性信息或行为信息来判断。传统的财产险业务关注点主要集中在客户投保标的信息，对客户本身的静态信息收集较少。但财产险有非常详尽而丰富的客户资产类信息，可将资产类信息转换为客户层面的标签，完善客户描绘信息。例如，将车型转换为客户标签可以是：“商务人士”（奥迪商务车型）、“个体生意”（面包车车型）、“低产收入”（经济代步车型）等。并借助丰富的外部数据，对客户行为进行补充，完善客户画像。例如对车险客户来说，他的驾驶习惯、车辆行驶路线等信息对产品要求和理赔均有很大的影响；老旧的开放小区与安保严密的小区对家庭财产险的理赔率也有很大的影响。因此，内部数据完成客户的浅层画像，大数据可以协助完成客户的中层和深层画像，不同层级的客户画像可以满足不同层级的业务目标和要求。

大数据的财产险客户画像框架体系见图4。

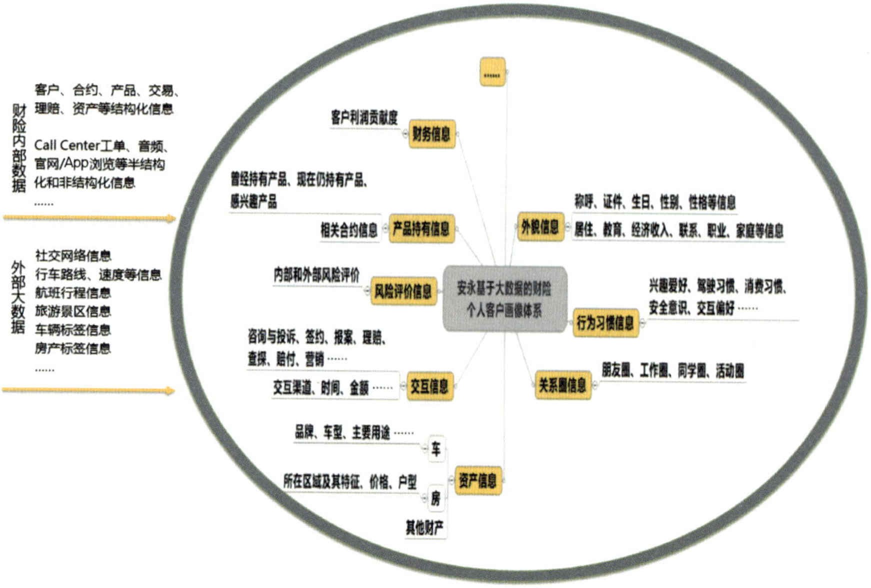

图 4　大数据财产险客户画像框架

在实际应用过程中，我们会发现各种各样的数据质量问题导致客户画像体系的不完整。其实数据缺失、不完整、不可用等数据质量问题一直存在，只是到了大数据时代，当我们借助大数据完善传统结构化数据时，发现这个问题并没有减缓，反而在被放大。大量的、多种渠道被整合在一起的数据，有的数据被张冠李戴，有的数据不知所云，有的数据似是而非……

针对这样的数据首先应该确认数据源可信程度，然后根据排列数据优先级，再可以借助相关数据相互纠正，加大容错能力。最后定位关键数据的数据质量问题，并制定相应的解决计划和解决方案，逐步解决。

如果我们认为传统数据时代的数据像一条河流，那么大数据时代的数据就是一片汪洋大海，即使有些“杂质”（数据质量问题）也会被淹没在海洋之中，并没有那么突出，这也是大数据的包容性。当然关键信息的数据质量还是需要监控和改善的。同样的，被频繁使用的数据就像流动的水，数据质量问题在使用过程中被发现被改善，数据质量会越来越高；反之，较少使用的数据随着时间推移，数据质量问题被积累，而没有被发现，质量会越来越差，形成恶性循环。通过对数据使用频率的统计，将数据分类管理，制定不同的管理政策，有利于数据质量的提升和数据的有效应用。

二、大数据财产险客户画像完善途径

在大数据已经被提升到“战略”的这个时代，大数据获取已经从数据环境层面和技术层面日渐完备，客户画像基于大数据的完善也成为可能。

基于大数据的财产险客户画像完善可以通过以下方式进行：在传统结构化数据的基础上，扩展数据获取渠道，借助大数据技术，实现非结构化向结构化数据的转换。通过数据分析和挖掘，建立多层次、立体化的客户标签体系，实现数据可视化，更直观地表达复杂的数据间关系。

（一）扩展数据获取渠道

我们先看一下如何扩展客户数据获取渠道，如图 5 所示。

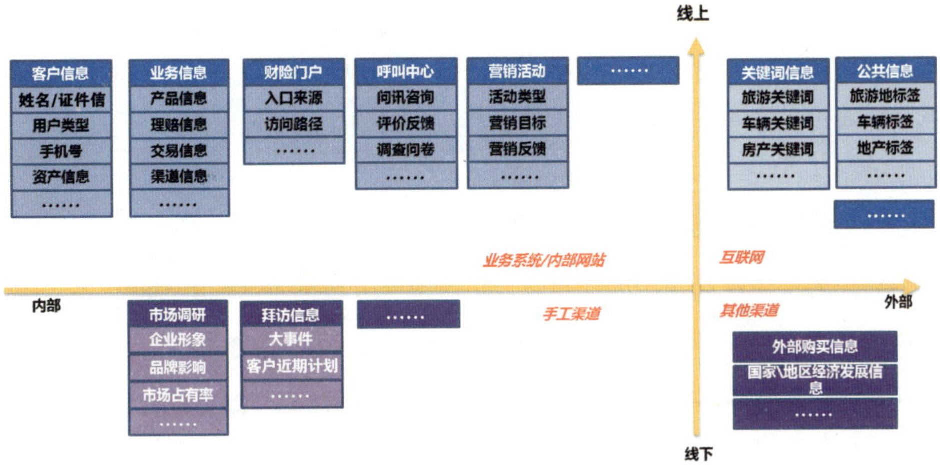

图 5　扩展客户数据获取渠道

从图 5 可以看出，线上数据主要来自企业内部和互联网，线下数据主要为企业内部的手工数据和外部发布数据。线下数据如果想提升其应用价值，则必须纳入企业内部相应系统，否则很难被使用。

线上的企业内部数据包括两部分：一部分是结构化数据。这部分数据是传统中被使用的，现在企业往往有数据仓库、数据集市等对其进行整合和处理，用于业务应用，相对比较成熟。另一部分是非结构化数据，例如客户在交易过程中填写的备注类、描述类文本数据，客户与保险公司的交往语音和文本记录等，这部分数据因为存储和加工成本，在传统数据处理中很少被加工处理应用于业务之中。现在大数据处理技术的成熟，大大减少了这部分数据的存储和加工处理成本，可以制定相应的方案，提取关键词，将其标签化。而且，企业内部非结构化数据具有获取方式简单、获取成本低、与客户的关联性强、准确率高等特点，对这部分数据的充分利用应得到企业重视。

线上的互联网数据，除了各种搜索引擎、门户网站、论坛等留下的客户痕迹外，移动终端 App 的发展更为获取客户当前位置、客户朋友圈互动情况等信息提供了可能。目前来看，线上互联网数据可以覆盖客户的层层面面，但这部分数据获取成本较高，数据使用合法性尚处于模糊地带，而且一般使用 IP、手机号码等关联客户，对财产险客户管理来说准确性相对低。

从上面的分析可以看出，如何更合理地扩展数据获取渠道，需要财产保险公司综合考虑业务发展和数据获取成本，制定相应的策略。

（二） 借助大数据技术，实现非结构化向结构化数据的转换

如何减少非结构化数据存储成本和处理成本是企业进行决策的要点。现在大数据的存储和处理技术相对比较成熟，同时还不断有新的技术产生，可以供选择。

不管是借助何种大数据技术完成大数据的存储和处理，均需将非结构化数据转换为可分析和使用的结构化数据，并与传统结构化数据相融合，然后一起用于数据分析和挖掘，支持客户画像。同理，外部互联网数据信息也应该与企业内部数据相融合，才能更好地用于企业客户管理（见图 6）。

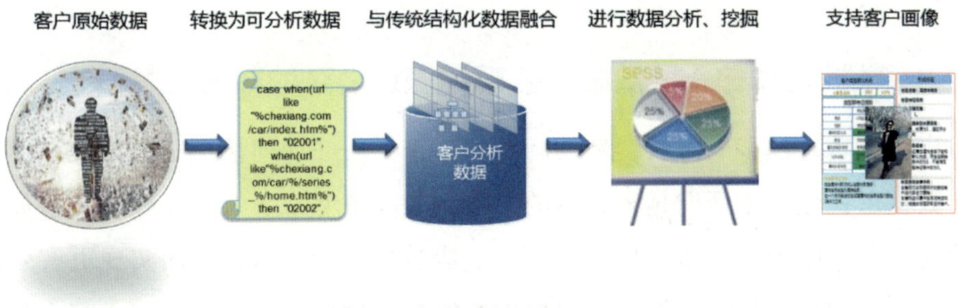

图 6　非结构化数据转换

（三）通过数据分析和挖掘，建立多层次、立体化的客户标签体系

将企业内部结构化数据、非结构化数据以及企业外部数据融合为一个整体，对客户数据进行整理梳理，结合业内经验，建立客户标签体系框架。客户标签设计一般如下：来自行业经验和业务经验；来自客户信息的事实标签；来自客户信息的统计分析；来自客户信息的评价预测（见图 7）。

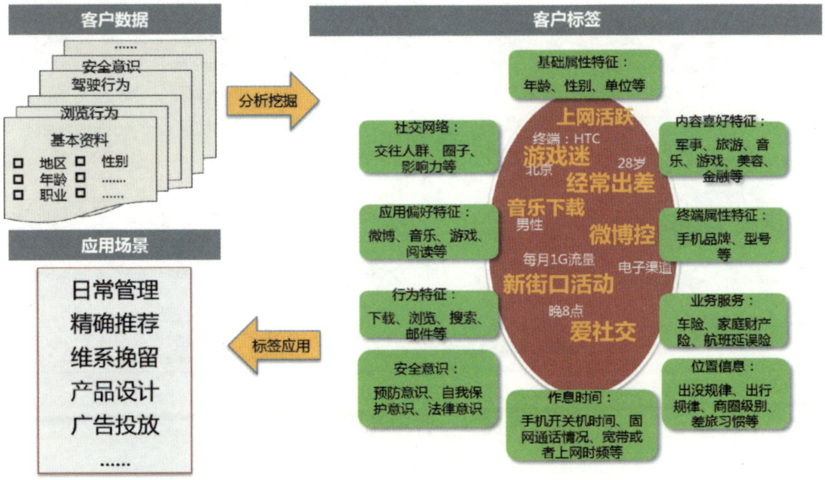

图 7　客户标签设计

当客户标签通过以上方式有所积累后，可以设置相应的规则，建立客户标签模型，实现机器自学习，构建动态的客户标签更新方法。

（四）数据可视化，更清晰、直观地表达复杂的数据间关系

当数据越来越多的时候，新的问题又带来了——如何快速定位到关键信息点？数据可视化，正帮助越来越多的决策层、业务专家、营销经理等从浩如烟海的复杂数据中理出头绪，化繁为简，变成看得见的财富，从而实现更有效的决策过程。图 8 为某财产保险公司提供给客户经理使用的客户视图，客户基本特征、性格特征、产品持有情况、活动区域等信息的可视化展示使其整体状况一目了然，为客户经理进行客户营销和服务等活动提供有力参考。

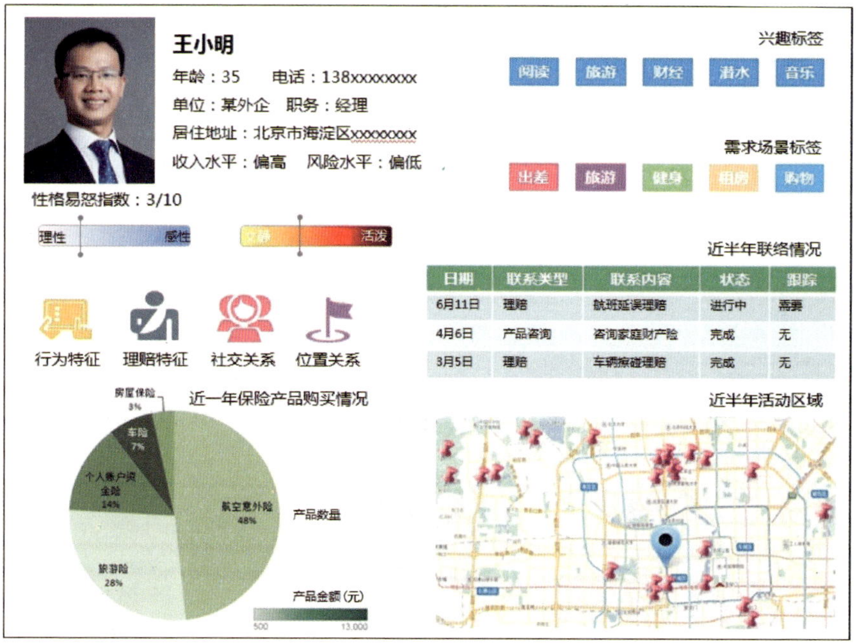

图 8　客户视图

三、大数据财产险客户画像结果应用

仅仅把用户画像创建出来，而没有让其参与到产品设计开发、推广运营等决策中去，是没有意义的。客户画像构建完成之后，业务人员即可根据应用场

景，按客户标签进行客户筛选，快速定位目标客户。

财产险客户画像的简单应用场景可以利用客户标签直接进行筛选，例如：

根据客户外貌标签 + 资产标签 + 车辆讨论（论坛或 App）活跃程度，寻找潜在的车险客户；

根据客户职业标签为商旅人群 + 移动设备位置——客户爱好标签是户外运动人群，营销航空、旅行相关险；

基于持有家庭财产险客户的熟人圈（同事关系、朋友关系、家人关系等），根据客户经济标签 + 房产标签，推荐家庭财产险。

以下利用客户浏览数据和咨询痕迹进行家庭财产险营销为例说明稍微复杂的应用场景。

活动目标：针对在财产险官网上（包括 App）浏览或咨询过家庭财产险的客户，向其营销家庭财产险。

活动方法：根据已有购买家庭财产险的客户画像特征，建立逻辑回归模型，筛选可能购买的潜在客户。

支持分析的客户标签：经济标签、位置标签、访问终端偏好标签、近三个月访问内容偏好、近三个月访问时段偏好、近三个月咨询内容偏好、活动响应偏好等。

获取潜在客户名单：在筛选了潜在客户列表后，根据业务需求获取客户关键信息，如表 1 所示。

表 1　　　　客户关键信息列表

客户名称	联系电话	E-mail	微信号	所在城市	购买可能性	……
张 × ×	……	……	……	北京	0. 82	……
李 ×	……	……	……	上海	0. 79	……
王 × ×	……	……	……	广州	0. 81	……
赵 × ×	……	……	……	武汉	0. 91	……
张 ×	……	……	……	重庆	0. 78	……
李 × ×	……	……	……	青岛	0. 67	……
王 ×	……	……	……	北京	0. 83	……
赵 ×	……	……	……	沈阳	0. 92	……

然后根据营销情况，完成营销后结果评估，并同时完善客户标签规则。

四、大数据财产险客户画像技术实现

大数据技术是指从各种各样类型的巨量数据中快速获得有价值信息的技术。相较于传统关系型数据来说，大数据主要有数据体量巨大、数据类型繁多、价值密度低、处理速度快等特征。

由于大数据多为非结构化、半结构化的数据，因此需要建立一个非结构化数据平台，着重处理从源系统采集到的非结构化、半结构化数据，依托基于大数据技术的处理手段，将非结构化数据转化为结构化数据，为应用提供数据支持（见图 9）。

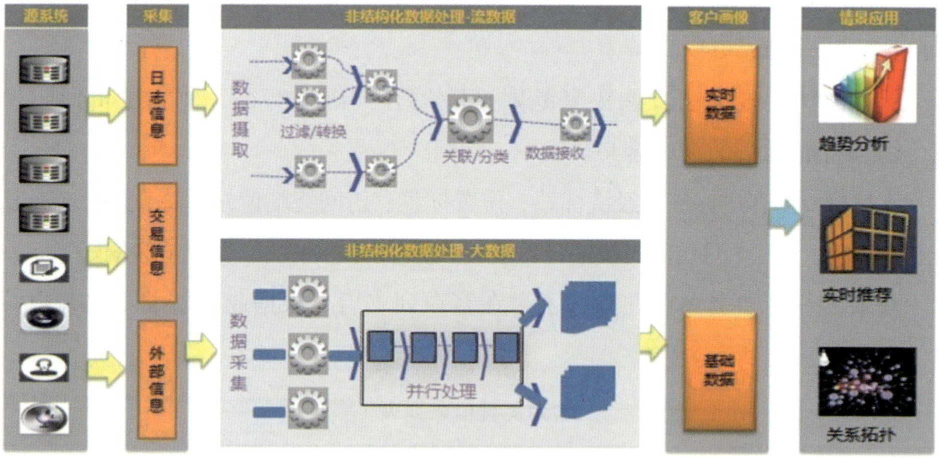

图 9　非结构化数据平台

Hadoop 分布式系统基础架构具有高可靠性、高扩展性、高效性、高容错性以及低廉的成本，是一个能够让用户轻松架构和使用的分布式计算平台，用户可以轻松地在 Hadoop 上开发和运行处理海量数据的应用程序。基于大数据的财产险客户画像的大数据平台可采用 Hadoop 分布式系统基础架构，技术架构如图 10 所示。

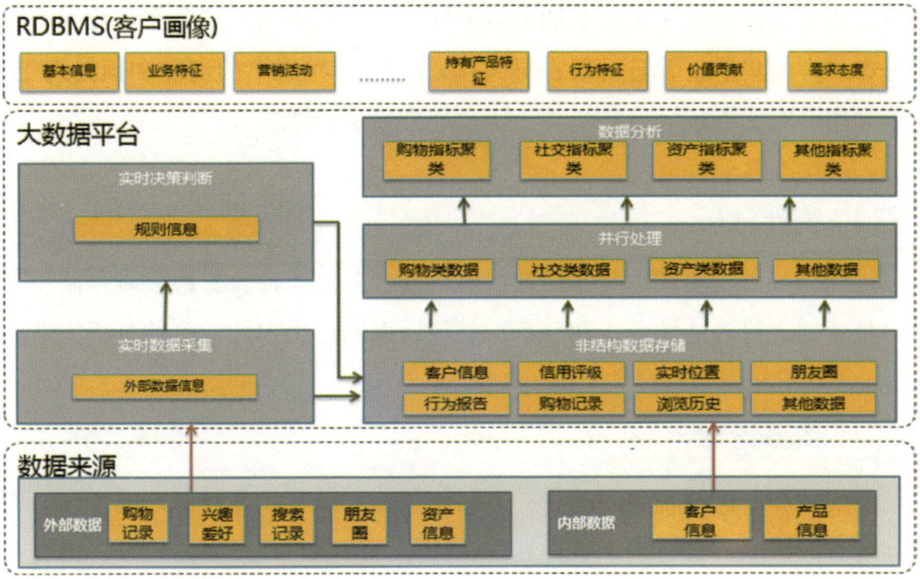

图 10　Hadoop 分布式系统基础架构

（一）数据来源

大数据的来源十分广泛，主要可分为内部数据与外部数据。数据的形式可以是结构化的数据，也可以是非结构化或半结构化数据，比如日志文件、配置文件、交易文件等。

（二）数据采集

外部数据进行实时数据采集，可以采用爬网主动抓取客户的外部信息，也可以与第三方合作获取客户的外部信息。

（三）实时决策判断

对于需要对客户实时行为进行决策的情景，实时抓取的数据流可根据预定规则进行处理，将运算结果交由决策者进行判断，比如在线推荐等场景。

（四）数据存储与并行处理

虽然采集端本身会有很多数据库，但是如果要对这些海量数据进行有效的分析，还是应该将这些来自前端的数据导入一个集中的大型分布式数据库，或者分布式存储集群，并且可以在导入基础上做一些简单的清洗和预处理工作。然后利用分布式系统的并行优势，快速处理海量数据。

（五）统计分析

统计与分析主要利用分布式数据库，或者分布式计算集群来对存储于其内的海量数据进行普通的分析和分类汇总等，以满足大多数常见的分析需求。

（六）数据挖掘

与统计和分析过程不同的是，数据挖掘一般没有预先设定好的主题，主要是在现有数据上面进行基于各种算法的计算，从而起到预测的效果。比较典型算法有用于聚类的 Kmeans、用于统计学习的 SVM 和用于分类的 NaiveBayes，主要使用的工具有 Hadoop 的 Mahout 等。

现实情况下数据量大且多样，针对不同的数据需设计不同规则，还需考虑到数据有效性、安全性、合规性、软硬件配置部署等问题。所以在具体实施时需根据具体的需求进行设计，才可以高效且准确地刻画出客户特征。

五、大数据财产险客户画像落地推广

在客户画像的使用和管理过程中，应避免“孤岛”现象。将“客户画像”嵌入日常业务制度、流程和生成系统中，将客户画像成为企业文化的一部分，自觉有效地实现客户画像的落地推广，将其转换为企业生产力。

客户画像的落地推广一般有以下三种方式：

（一）与企业内部管理体系相结合

以业务为主线，将客户画像的使用纳入业务前台、中台和后台管理流程，实现了业务流程的无缝链接，使其成为一个生成过程中的重要环节。例如产品研发、营销推广、客户接触等。

（二） 与企业生产系统相结合，实现客户画像标签信息的自由流转

在生成系统设计初期，便将客户画像功能加入系统之中，实现客户高效管理并能产生端到端精准管理的数据。例如客户营销系统、客户关系管理系统、客户全景视图等。

（三） 将客户画像的理念深入企业文化中

通过多种途径加大客户画像的宣传力度，使客户画像文化深入人心，将其与企业制度紧密结合，让“客户画像”文化渗透到全体员工工作的一点一滴中，指导员工的工作行为。同时可以建立起激励和约束机制，实现责、权、利相统一。

第四节
大数据财产险客户画像面临的挑战

是机遇必然有挑战，在大数据、信息化快速发展的大背景下，客户画像的整个构建和应用过程中，也将会面临一系列的挑战。

一、 来自企业内部的挑战

（一） 加强数据匹配准确性

为了更加全面地了解客户，需要将企业内部的客户数据与从外部采集到的客户数据进行匹配，从而做到同一客户的识别和信息关联。但是由于外部数据的隐私保护问题以及数据准确性问题，存在很多客户无法准确匹配的情况。面对此类问题，只有尽量保证企业内部客户数据的准确性，同时扩大外部数据中便于客户识别的范围，加强匹配的准确性。

（二） 持续提升数据质量

大数据时代来临之后，数据量可以达到无穷多，但是数据质量未必等量提升。各个企业都将大数据、数据库建设提上日程，但是由于种种原因，大部分数据还是在数据完整性、准确性和数据冗余等方面存在问题。要发挥大数据的应用价值，必须进行有效的数据治理。从组织架构、管理流程到技术实现，都要进行一定的优化。只有将数据治理作为一个长期的工作持续进行，才能够收获预期的效果。

（三） 加大培训与推广

市场营销机会稍纵即逝，客户的需求会随时变化，一旦得到需求信息应该快速行动：将客户画像产出的商机及时应用到日常业务运营中，这个过程，需要企业的营销团队协作配合、高效执行，才能够达到预期的效果。因此，应向企业内部相关人员定期进行培训与宣介，使得大家对客户画像以及应用价值有深刻的理解和认识。

二、 来自企业外部的挑战

（一） 保障客户信息安全

客户画像在构建过程中，势必会涉及客户的各类信息，目前个人隐私保护相关法律尚未完善，“互联网 +”时代的银行业信息安全保障机制是一个包括监管机构、银行、用户、信息安全服务机构等多方参与、共同推进的系统性工程。在现阶段，进行客户信息收集和应用的过程中，需要增加信息安全保护意识，注意风险防范。

（二） 提升外界认知度

客户画像从出现到被应用到运营决策中的时间不长，属于新鲜事物，而人们对于新鲜事物从了解到接受到能够灵活运用往往需要一定的时间周期。在这段时间内，只有尽量找到客户画像的应用点，提升其业务价值，才能够更快地得到人们的认可。

（三）应用成熟大数据技术

利用先进的大数据分析技术，传统金融业正在展开一系列的业务创新。纵观全球，大数据正在引领传统金融业的变革。目前，大数据技术虽然已经成熟，并且也逐步应用到企业不同的业务场景中，但是在金融行业的客户画像构建中的应用还不是非常广泛，将来随着大数据技术的逐渐成熟并商业化，可以更好地支撑客户画像构建中的数据采集、处理、可视化展示等方面。

三、投入产出方面的挑战

（一）增强基础设施建设

非结构化数据、庞大的数据量、实时处理需求都对企业的存储设备、网络带宽、处理性能等基础设施提出了更高的要求。保险公司需要充分分析和评估构建大数据客户画像的技术要求与实现路径，对整体的基础设施进行适当的、有计划的升级扩容，才能够为 IT 系统的搭建提供有力保障。

（二）培养更多专业人才

基于大数据的数据分析工作贯穿于整个客户画像的构建与应用过程中，因此，专业的数据分析人才是客户画像成功的重要因素。这些数据分析人员必须具备一定的专业素质，如业务领域知识、分析与建模方法、必要的 IT 技能等。

（三）提升投入产出比

客户画像构建与应用是一个逐步建立的过程，从前期的调研分析、标签体系建立、数据梳理与准备，到数据加工处理、数据可视化展示、应用场景设计与应用，整个过程需要分阶段逐步实施，每个阶段都需要业务与技术部门的全力配合，或者借助外部厂商的力量。因此，企业决策层也会根据相应的投入产出比，评估建设客户画像的整体实施计划。

综上所述，大数据时代合理准确的客户画像背后是企业对客户全方位信息的深入理解与认知，通过业务和技术的深度融合，建立了底层客户数据和上层业务之间的联系通道，从而直接服务于产品设计、产品定价和风险管理等重要业务应用。需要强调的是，在构建客户画像和客户标签过程中，不仅要充分利用企业内部数据，更需要扩展数据源，主动收集保险企业已有但尚未利用的数据以及外部数据，也可考虑通过第三方获取行业内成熟的客户标签信息，密切关注行业内的新动向、新趋势，增强与客户互动与体验的效果，加强客户特征信息的积累，让数据流动起来，从而最大限度地发挥数据的应有价值。

总之，伴随着互联网保险兴起，传统保险公司要在竞争日益激烈的保险市场继续生存发展并保持领先地位，必须主动适应客户的变化，根据客户需求、动机、收入和消费行为的多元化和差异化特征，创建个性化的客户标签，构建客户标签体系，建立全面的、立体的客户画像，深度挖掘自身海量数据的潜在价值，通过客户细分、精准营销等手段，打造差异化、个性化的产品和服务，才能在客户洞察和客户响应上抢得先机，不断增强自身的核心竞争能力。

附录

财产险客户画像标签体系示例

一级分类	二级分类	客户标签名称	客户标签业务含义或业务规则
客户轮廓	基本特征	性别	客户生理性别，可以根据需要判断客户的交易性别等，例如注册客户为女性，但因其所有的行为都由她的丈夫完成，所以这个客户的交易性别为男性
		出生年代	客户出生所处年代，例如“90 后”，“00 后”

续表

一级分类	二级分类	客户标签名称	客户标签业务含义或业务规则
客户轮廓	基本特征	学历等级	标识客户教育程度，将教育程度与客户实际学历对应，得到客户的教育程度，例如低学历、中等学历、高学历等
		身份类型	标识客户的身份类型，例如学生、在职或者退休等
		单位性质	如果客户目前在职，则描述客户工作单位的性质，例如国有、政府、外企、私企等
		车辆拥有特征	标识客户拥有车辆的特征，例如没有私家车、拥有一辆私家车、拥有多辆私家车等
	居住特征	工作区域特征	标识客户工作所属区域的特征，例如CBD、金融街、科技园区等
		居住社区特征	标识客户居住社区的经济特征，例如普通社区、中档社区、高档社区等
		居住房屋特征	标识客户居住的房屋特征，例如自由房产、租房等
	性格爱好	性格特征	标识客户的性格特征，例如慢性子、普通、急性子等，可根据客户与呼叫中心的沟通行为进行判断
		爱好阅读程度	标识客户爱好阅读的程度，例如不爱、普通、爱好等
		爱好运动程度	标识客户爱好运动的程度，例如不爱、普通、爱好等
		爱好社交程度	标识客户爱好社交的程度，例如不爱、普通、爱好等
		爱好旅游程度	标识客户爱好旅游的程度，例如不爱、普通、爱好等

续表

一级分类	二级分类	客户标签名称	客户标签业务含义或业务规则
保险产品持有及交易行为特征	产品持有特征	产品持有特征	标识客户持有财产险产品的特征，可根据持有的产品数量进行判断，例如0个、1—2个、3个及以上
		产品持有规模	标识客户所持财产险产品的保额规模，例如0—50万元、50万—100万元、100万—200万元、200万—500万元等
		财产险种类偏好	标识客户偏好的财产险产品种类，例如车险、航空险、财产险等
		转向同类替代产品概率	标识客户转向同类替代产品的概率，例如低、中、高
	沟通特征	电话咨询频度	标识客户电话咨询的频繁程度，可根据客户电话咨询的次数进行相应的转换，例如少、一般、频繁
		现场咨询频度	标识客户现场咨询的频繁程度，可根据客户现场咨询的次数进行相应的转换，例如少、一般、频繁
		沟通渠道偏好	标识客户沟通渠道的偏好，例如电话、现场、网上等
		活动响应速度	标识客户响应营销活动的反应速度，例如慢、正常、快等
客户管理	客户管理	生命周期特征	标识客户的生命周期，例如新客户、潜力客户、流失客户、睡眠客户等
		风险等级	标识客户的风险等级，例如低风险、中等风险、高风险等
	客户评价	消费等级	标识客户的消费水平，可根据外部数据进行标识，例如低消费、中等消费、高消费等
		风险偏好	标识客户对于风险的偏好程度，例如风险回避、风险中立、风险追求等
		综合价值	标识客户综合价值，例如低潜在、高潜在、高当前价值等

专题二：

车联网与 UBI

随着科技的进步，互联网、移动互联网和物联网的边界和应用范围逐步延伸和扩展，使得物品之间及人与物品之间的信息交互变得越来越顺畅，极大地改变了人们的生活方式和社会面貌，在优化着既有商业模式的同时也创造着新的商业模式。

在物联网智能化发展过程中，汽车作为人们日常出行与运输的最普遍工具，扮演着核心角色之一，车联网已成为汽车生产与相关服务的重要探索方向。从智能车载平台到智能交通，车联网技术正在不断完善驾车体验，使出行与运输更加智能、安全和便利。汽车保险作为驾车服务的重要环节，正面临一个极大的革新机遇——更加灵活化的产品形式、更为优化的客户体验，到引导改善驾驶习惯、降低车祸风险，车联网在保险行业的应用前景非常广阔。

本部分从车联网技术的概念和应用领域切入，研究车联网技术如何应用在保险行业；在介绍国内外车联网应用情况的基础上，分析车联网应用对保险行业的影响；然后选取典型的国内外保险公司的 UBI 案例，说明 UBI 产品的形态；最后，根据 UBI 实施经验，提出 UBI 在保险行业取得成功的六大成功要素。希望能够为车联网技术在保险行业的应用提供一定的借鉴意义。

第一节 车联网技术介绍

一、什么是车联网

（一）车联网技术的概念

1999 年，在美国召开的移动计算和网络国际会议首先提出物联网（Internet of Things）这个概念，当时物联网定义为基于互联网，射频识别技术（Radio Frequency Identification，简称 RFID），电子产品代码（Electric Product Code，简称 EPC）标准，无线数据通信技术构造的全球物品信息实时共享的实物互联网。车联网概念引申自物联网，根据行业背景不同，对车联网的定义也不尽相同。本文定义如下：

车联网通过无线网络将车辆接入互联网，实现对车辆的信息收集并为车主提供信息反馈。借助装载在车辆上的卫星定位、传感器及短距离通信设备，车联网收集车与人、车与车、车与道路的属性信息，综合静、动态信息数据，利用大数据处理技术，为私家车主提供安全驾驶、车辆检测、道路救援、咨询娱乐等服务；为车队管理者提供更全面精确的监管和调度工具，以实现更加安全、高效、周到的车辆管理和用户体验。

（二）车联网技术的发展

发达国家的车联网技术应用比较早，已有超过20年的研发历程，技术相对成熟。美国是最早推行车联网产业发展的国家之一，早在1995年，通用公司就已经推行了安吉星（On－Star）业务，安吉星把摩托罗拉无线通信模块、车辆定位技术及服务中心综合为一体，为汽车提供全方位的通信服务。在欧洲，为了进一步改善交通，突破陈旧交通基础设施的限制，各国政府、车厂、汽车零部件厂、电信商、科技厂商、服务商、金融保险业、研究机构等多方联合推出了e－Safety项目，目的是让汽车更智能化，进一步提升行车安全和交通效能。由于参与这一项目的欧洲国家较多，因此全面带动了欧系车辆的车联网技术应用。

随着车联网技术的快速发展，应用领域和价值将不断扩张。除了国外的诸多案例，国内的车联网产业也在迅速成型，形成以政府机构、汽车制造商、电信运营商、互联网公司、保险公司和车联网设备服务商等多方参与的产业链。其中在2010年先行一步的是交通部建立的车联网监管与服务平台，2015年已有93万辆“两客一危”商用车安装了行车记录仪，约430万辆营运货车登记入网，覆盖了31个省、市、自治区。中国的车联网技术发展得比较晚，但是在政策大力支持、汽车工业高速增长和通信技术快速发展的大背景下，车联网在国内井喷式的增长已经不难预见。

二、车联网技术应用领域

（一）交通管理

在交通管理领域，形成了智能交通系统（Intelligent Traffic System，简称ITS）。智能交通系统通过人、车、路的密切配合提高交通运输效率，缓解交通阻塞，确保路网畅通，减少交通事故，降低能源消耗。国内从 2010 年开始要求运输企业必须为“两客一危”车辆安装符合中国交通运输部发布的《道路运输车辆卫星定位系统车载终端技术要求》的卫星定位装置，并接入全国重点营运车辆联网联控系统，“两客一危”营运车辆的驾驶时间和驾驶路线得到了有效监控，是国内车联网在车队风险管理上的一个成功应用。

（二）汽车制造

在汽车制造业，智能汽车技术正在逐渐成熟。汽车制造商已经建立了车内互联网连接和车载资讯系统，用于汽车诊断和远程操控；苹果和谷歌已开始与汽车制造商合作整合智能手机应用。福特刚刚推向市场的“同步第 3 代”整合了云存储功能和 QNX 操作系统；谷歌设计的全球首款全自动无人驾驶汽车将在加利福尼亚州接受城市道路环境下的测试，同时计划将用无人驾驶汽车提供 Uber 租车服务。

（三）互联网

在互联网行业，正在推广车辆信息互通及网络媒体对接技术。例如，百度与各大汽车公司合作推出国内第一款跨平台的车联网解决方案 CarLife。在车机端，无论是 Linux 还是 QNX，CarLife 都可以进行适配。在用户端，CarLife 可以支持手机 Android 和 IOS 智能操作系统，能够覆盖到当今主要的智能手机用户。Carlife 先后在北京现代全新途胜、比亚迪宋和起亚 K5 三款车型上实现落地。

（四）汽车保险

在保险行业，形成了基于驾驶行为的车联网保险（Usage - Based Insurance，简称 UBI）。车联网保险的产品形态灵活，使用设备和功能种类多样，是车联网产业链中极为重要的产品和服务形式。车辆通过设备与网络连接，保险公司可以采集并利用驾驶行为数据开发客户体验更好的保险产品。美国从 20 世纪 90 年代末开始研究 UBI 产品，从 2010 年进入快速发展阶段。2015 年美国车联网保险已达到车险市场份额的 10%，是目前全球车联网保险推广程度最高的国家。

三、车联网技术应用形式

（一）即插即用 OBD 设备

这是美国车联网保险的主要应用形式。OBD 设备由保险公司提供、客户自行安装。客户使用一段时间后（通常是 6 个月），保险公司可以收回并安装在其他车辆上。保险公司选择 OBD 设备，是出于客户体验和费用的考虑。OBD 设备可以在车辆启动时自动开启，记录精确的驾驶行为信息和车辆地址信息。除了数据采集，还提供识别诊断故障代码、引擎健康报告、燃油效率检测和超速警报等服务。

（二）智能手机 App 应用

这是英国车联网保险的主要应用形式。智能手机有多种传感器，包括全球定位系统、加速计、陀螺仪，并且具有较大的数据存储容量或云存储空间，成为车载通讯技术的理想解决方案。保险公司为客户提供免费 App 应用下载，在购买保险前进行服务。智能手机减少了无线通信和硬件费用，但是仍面临手机电量、信号准确度等技术挑战。

（三） 汽车制造商前装设备

前装车载通讯设备在初始阶段主要用来提供远程诊断、驾驶导航和资讯娱乐等服务，现在也用来提供 UBI 服务。连接车辆发动机控制单元（Engine Control Unit，简称 ECU）的前装设备能够记录并传输大量关于车辆状态的信息数据。前装设备目前在保险应用中面临较多问题，包括较高成本、缺乏统一标准、缺乏保险应用的兼容性等。

（四） 智能车辆/无人驾驶车辆

智能车辆是一个集环境感知、规划决策、多等级辅助驾驶等功能于一体的综合系统，它集中运用了计算机、现代传感、信息融合、通讯、人工智能及自动控制等技术，是典型的高新技术综合体。业界普遍预计，真正的自动驾驶汽车将在 2020 年到来，会给车险行业带来翻天覆地的变化。无人驾驶会使目前车险中“从人”的属性失去，甚至会将汽车保险从财产保险最终转化为责任保险。

第二节
车联网保险应用

一、国内车联网保险应用

（一） 保险公司

目前中国车联网保险尚未正式推出，但是人保财险、平安财险、太保财险、阳光财险等多家公司都在用不同的方式涉足、研发基于车联网的车险产品。各家保险公司采取的商业模式大多是与第三方车联网设备供应商（TSP）进行合作推行。

人保财险利用车联网技术，在商业车队的风险管理上取得了较明显的收效，为客户提供了全方位的风险管理和安全生产的服务，并逐步发展成为基于车联网技术的车队安全行车综合管理服务模式；在私家车领域，人保财险与广联赛讯和腾讯路宝进行合作，筛选优质客户。

平安财险也完成了第一轮 OBD 设备和移动互联网应用（好车主 App）的试点。其服务包括帮助车主买车险、办理赔、查违章，同时提供保单管理和积分奖励等多方位服务。2015 年 3 月，平安产险与航天科技合作开展“航天北斗”车联网保险项目，利用航天科技提供的海量实时数据，平安产险将提升评估风险和精准报价的能力。

太平洋财险携手上海安吉星、彩虹无线于 2016 年 6 月在北京发布了三方合作的 UBI 车险创新服务，面向上海安吉星的前装车联网用户，由彩虹无线负责整体的业务运营，并通过可靠来源的用户驾驶数据分析，进行用户驾驶安全评级，以达到细分优质客户的目的。

（二） 互联网公司

腾讯在 2014 年 1 月推出路宝 App，主要用于行车安全及绿色出行。同年 5 月，腾讯又推出路宝 2.0 及路宝盒子，帮助用户对用车进行安全检查。腾讯投资的滴滴出行正在准备成立互助车险公司。阿里巴巴旗下金融平台蚂蚁金服成立保险事业部，聘请车险经验丰富的高管，将车险和健康险确定为主攻方向。2015 年 1 月，百度召开“车联天下　智慧有度”战略发布会，推出车联网解决方案 Carlife，并与平安保险和元征科技进行合作。2016 年，百度与太保产险拟联手设立互联网车险公司。

（三） 车联网设备供应商

国内有至少几十家公司可以提供车联网设备和技术，覆盖前装和后装硬件设备供应商，例如成为智能、元征科技、广联赛讯等。前装设备供应商主要与汽车制造商合作，后装设备供应商主要与保险公司合作。设备供应商一般都生产多种设备，用于不同的车辆及商业用途。

（四）电信运营商

2014 年，中国移动和德国电信签署合作协议，组建一家合资公司，在中国市场上提供一个 4G 网络平台，专门为联网汽车提供服务。中国联通、中国电信与宝马、特斯拉等多家整车厂正在开展合作。2015 年，中国电信携手上海畅星打造 RoadPal 路盼车联网云端智能互联服务平台。

二、国外车联网保险应用

（一）北美

1997 年，美国的 Progressive 保险公司最先开始研发车联网保险并推出 Autograph 产品，在这之后的十年，Progressive 陆续推出了换代产品。2004 年通用汽车旗下的保险公司 GMAC 开发了使用里程定价的简单车联网保险产品。2008—2009 年，American Family、Safeco、Travelers 等保险公司开始加入车联网保险的研发和探索。2010 年之后，车联网保险开始呈现出非常活跃的态势，更多的保险公司开始参与，包括大型保险公司（State Farm、Allstate、Nationwide）和区域型的保险公司（如 AAA、NCNU 等），以及电网销保险公司（如 Esurance、21st Century 等）。

美国保险行业的车联网业务在过去 5 年迅猛增长。美国占到整个市场份额 80% 以上的保险公司正在实施或积极计划 UBI 项目。Progressive、State Farm、Allstate 等保险公司都成功推广了车联网业务。Allstate 称，在其提供车联网保险的地区，每 3 位新客户中就有 1 位选择车联网保险。2014 年美国车联网在车险业务占比达 10%，据美国保险监督官协会（NAIC）预测，美国车联网保险的车险市场渗透率在 2018 年将达到 20%。

加拿大的 Desjardins 保险公司在 2013 年推出 Ajusto 车联网保险产品，其他保险公司已经紧随其后开展了 UBI 业务。保费水平较低导致成本敏感，所以现在保险公司开始研究以智能手机收集车联网产品所需数据。

（二）欧洲

欧洲车联网保险产品的渗透率落后于美国，但各个国家形成了多种不同的商业模式和产品形态。由于车辆 OBD 端口不一致，OBD 设备在欧洲没有得到普遍应用，一些早期的保险公司选择了前装硬件的方式。但是由于设备价格不菲，因此目标客户被选定在高保费的年轻人群，在摊薄费用和降低风险方面的效果更显著。大部分公司采用智能手机应用作为市场推广工具。在英国，“先试后买”智能手机应用越来越普遍。随着英国对性别因子的禁用，利用行车信息区分年轻驾驶者的风险变得更为重要。

（三）其他地区

日本的保险公司正在尝试与汽车厂商和商业车队合作应用 UBI 数据。泰国的曼谷保险从 2015 年 4 月开展车联网保险产品，目标客户是年轻驾驶员和商业车队。

巴西的 Porto Seguro 车联网保险产品针对年轻驾驶人，监控驾驶速度和驾驶时段，并提供驾驶辅导培训。

南非因盗窃问题泛滥，大部分车辆使用前装设备，超过半数的保险公司已经推出车联网保险产品。其中领先的技术创新型保险公司 Outsurance 由韬睿惠悦提供咨询，研发 App，采用定制的蓝牙绑定设备，解决了智能手机的定位问题。

澳洲的车联网应用也在逐渐增加，部分保险公司（QBE、All Insurance、Tower Insurance New Zealand）已经开始启动车联网保险产品。

三、车联网保险应用的影响

（一）保险消费者

韬睿惠悦根据美国和欧洲十多个国家的数千名 UBI 消费者调研结果，总结出车联网保险应用对保险消费者的主要影响有以下三点：

1. 优化保险消费。由于车联网保险的价格直接与驾驶习惯挂钩，使得保费水平会更透明、更易接受。对于驾驶习惯良好的车主，保费更便宜，鼓励购买的保障更丰富。根据布鲁金斯学会（Brookings Institution）的一份调研结果，63.5%参与基于行驶里程的 UBI 项目的家庭能够节省年均 496 美元的保费（约节省 28% 的保费）。

2. 增值服务。车联网技术为各种增值体验和服务提供平台，包括紧急救援、故障报修、卫星导航、行程记录、车况监控、防盗追踪、驾驶行为报告等多种满足消费者需求的实用服务。这些增值服务越来越受到保险消费者的欢迎，并成为消费者选择 UBI 项目的重要原因。根据韬睿惠悦的消费者调研结果，72% 对 UBI 感兴趣的人愿意为增值服务付费，61% 对 UBI 感兴趣的人愿意每月为增值服务支付 3.75 美元到 7.50 美元不等。图 1 是按照消费者兴趣程度排序的 UBI 增值服务，欧美消费者对 UBI 项目最感兴趣的增值服务是汽车被盗追踪和紧急事故自动报案。

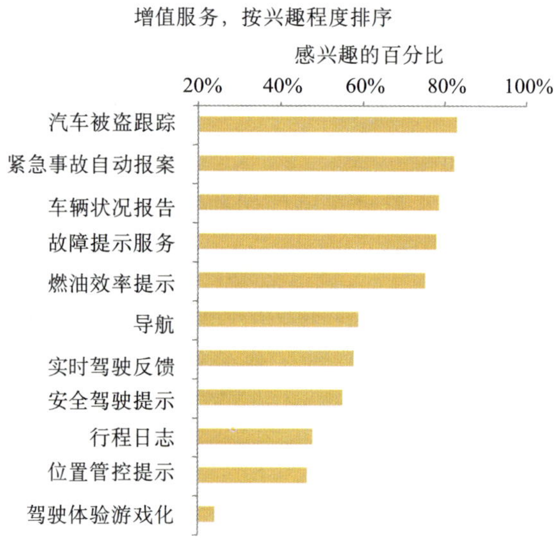

图 1　按兴趣程度排序的增值服务

3. 改善驾驶习惯。保险公司通过车载车联网终端可以及时监测到各种不良驾驶行为，向用户发出提醒和警示，督促车主改善驾驶行为，降低驾驶风险。部分 UBI 项目会提供驾驶培训辅导，这对年轻驾驶人的驾驶习惯改善有很大帮助。根据韬睿惠悦的消费者调研结果，60% 对 UBI 感兴趣的人愿意改变自己的驾驶行为，人们最愿意改变的行为是遵守限速、保持车距和驾驶更为周到。图 2 是消费者愿意改变的驾驶行为。

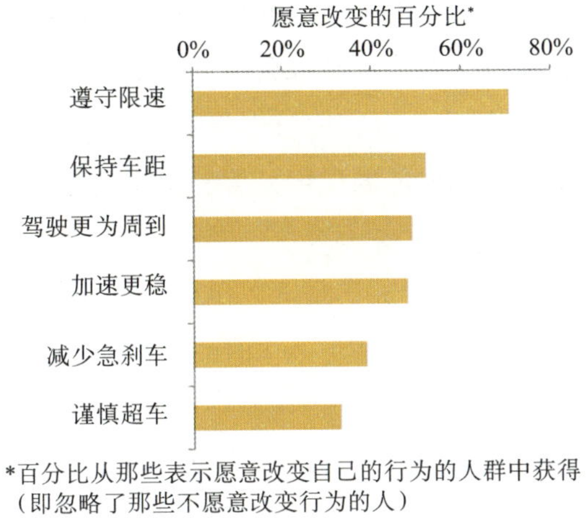

图 2　消费者愿意改变的驾驶行为

（二）保险公司

1. 利用车联网创新车险产品，丰富服务模式。车联网技术引入车险行业后，产生了很多优于传统车险产品的创新车险产品，包括定价模式创新、服务模式创新、投保模式创新和销售模式创新等。

2. 增加客户接触点、提升体验和黏度。对于传统车险产品，保险公司与客户的接触只有在承保和赔案发生时。引入车联网技术后，保险公司将可以提供日常驾驶行为反馈，在降低驾驶行为风险方面提升客户体验，提高客户黏度。

3. 更公平、科学的保险定价。车联网技术能够记录更多、更精准的驾驶行为数据，保险公司将相关数据与出险记录进行匹配，分析驾驶行为与出险事故的关联关系，能够在现有费率的基础上对个人风险特征进一步细分类别，实现更准确的风险评估，基于车联网信息的风险识别能力将高于常规因子 10 倍。

（三） 社会整体

1. 加强道路安全，减少人员伤亡。通过记录驾驶路线和驾驶时间，建立驾驶习惯和理赔记录的关系，能够有效降低道路交通出险频率，减少车辆损失和人身伤亡，缓解交通事故对经济和社会生活造成的更广泛的伤害。

2. 节能环保，鼓励理性驾车。通过引导正确的驾驶方式，鼓励驾驶员理性驾车，对于保护环境和节省能源作用显著。减少油耗的结果对车队管控成本也能起到积极的影响。

3. 降低整体风险和理赔成本。通过提供实时驾驶行为反馈，有助于改善驾驶员的驾驶行为习惯，降低出险频率，既能降低社会整体风险，又能减少保险理赔成本。

第三节
UBI 产品案例

一、国外 UBI 产品案例

在不同的市场环境下，很多保险公司通过 UBI 产品取得商业成功，本文在此选取几家国外典型的保险公司作为案例，介绍其 UBI 战略思路、UBI 产品的运营模式和如何将 UBI 转化为现实生产力。

（一） Progressive

Progressive 作为 UBI 市场的最早进入者，最先开始研发车联网保险并推出 Autograph 产品，之后又陆续推出了主要考虑行驶里程的 Tripsence pilot、能够计量急刹车和超速等风险关联事件的 MyRate、全面记录驾驶行为的 Snapshot

等产品。最新的 Snapshot 产品在市场上处于领先地位，该产品采用连接 OBD II 端口的无线设备用于记录时间、车速和急刹车。装置先对驾驶员进行 30 天的监控得到初始保费的折扣。在后续 5 个月的持续监控后，驾驶员归还设备并对折扣率进行更新。折扣率上限为 30%，无附加收费，并在显著影响保费的批改出现前保持不变。

根据 2015 年的统计数据，Progressive 有超过 140 万名的 Snapshot 客户，积累了 100 亿英里的旅程数据，数据容量大小达到 110TB，将近 30 亿美元的保费收入，其 UBI 产品的保费占 Progressive 保险公司的 15%。如果把其 UBI 产品当作一个独立保险公司来看，其保费规模在美国排名第 11 名。

Progressive 重视产品定价和风险筛选，在高风险客户的经营模式中取得商业成功。Progressive 将 UBI 的费用率控制在 2%，由于 OBD 设备在 5 个月后返还给公司，设备得以重复利用，使得 Progressive 保险公司可以有效控制成本，进而进行低成本扩张。但是，Progressive 不提供驾驶员反馈，所以改善出险的效果不显著，主要通过优惠形式吸引客户。

（二） Allstate

Allstate 投入更多成本在增值服务方面，包括提供车辆定位、每日驾驶报告、实时车辆诊断、交通事故救援等。公司在网站上通知驾驶员具体信息并鼓励驾驶员形成更好的驾驶习惯。产品的初始折扣为 10%，后续上限 30%。折扣基于总行驶里程、日行驶时间、急刹车次数以及车速超过 80 英里每小时的次数。

（三） State Farm

State Farm 开发的 Drive safe & save 产品设计重点在于为客户提供丰富的增值服务和良好的驾车体验。通过智能手机的 App 应用向客户提供车辆定位、每日驾驶报告、实时车辆诊断和交通事故救援等服务。设备的初始安装费用为 10 美元，增值服务收取每月 4.99 美元至 14.99 美元的费用。产品的初始折扣为 10%，根据里程数、转弯、加速、刹车、车速和时间段不同，最多可达到 50% 的优惠。

State Farm 为满足不同客户的特殊需求，推出三种服务套餐（In - Drive Connect、In - Drive Guardian、In - Drive Co - pilot），分别提供不同增值服务项目的组合，并分别收取不同的费用，由客户自主选择。

（四） Liberty Mutual

Liberty Mutual 针对不同的客户需求设计并同时经营多种 UBI 产品，包括针对年轻驾驶员的产品、面向大众客户的价格优惠产品、针对车队的风险管理产品等。其中有一款特殊的 UBI 产品——倒带（Rewind），可以赦免驾驶员的出险记录，即通过一定条件抵消驾驶员过去的出险记录对保费的影响。

（五） Insure the Box

英国的新兴保险公司 Insure the Box 通过创新性的投保形式吸引客户，快速抢占市场产品。其产品以年轻或开车较少的客户为目标，采用按里程投保的形式，对于驾驶行为良好的客户可以获得额外奖励里程，额外奖励里程也可换取抵用券，在“ShoppingBox”上网购。该产品采用硬装设备的形式，设备成本较高，提供事故勘测和事故救援等服务。

（六） Directline

Directline 是英国的比价网站，类似的还有 Confused. com 等网站，这些网站会通过智能手机提供“先试后买”的 App 应用，客户下载这个应用后，智能手机会记录其驾驶行为和信息，当积累到一定的驾驶行为数据后，该应用会提示客户在不同的保险公司能够获得什么样的折扣，便于客户选择保险公司的保险产品。

（七） Drive Ability

韬睿惠悦从 2010 年开始建立 Drive Ability 数据平台，至今美国有超过 15 家公司参与，其中包括 2 家排名前 10 位的公司。Drive Ability 的数据标准已成为许多保险公司和车联网技术供应商的参考标准。图 3 是平台收集到的问题数据示例，收集到的原始数据经常会存在漂移、断点等问题，分析前的清理数据十分关键，可以减少垃圾输入、垃圾输出的情况。

图 3　平台收集到的问题数据

Drive Ability 将收集到的原始行车数据清理为精密的行车数据，通过数据分析得出驾驶习惯结果，再将驾驶习惯分析结果转化为定价建模的变量，大大提高了保险公司的风险甄别能力。韬睿惠悦帮助数家保险企业技术实施，成熟应用步骤如图 4 所示。

二、国内 UBI 产品形式

目前国内还没有正式的 UBI 产品，国内保险公司试点 UBI 的目标主要是摸索 UBI 的应用特点及培养相关技术能力。市场上现有的 UBI 产品尝试主要分为以下几种形式：

（一）改善个人车主的保险体验

保险公司或车联网设备供应商通过收集驾驶行为数据，向驾驶员提供驾驶行为评测、油耗评估、实时路况、智能路线规划、省油路线推荐、免费语音导航等出行服务。在保险价格优惠的同时，全面改善个人车主的保险体验。

（二）商业车队的风险管理

车联网技术能够帮助保险公司有效降低车队业务的赔付成本。例如，百事

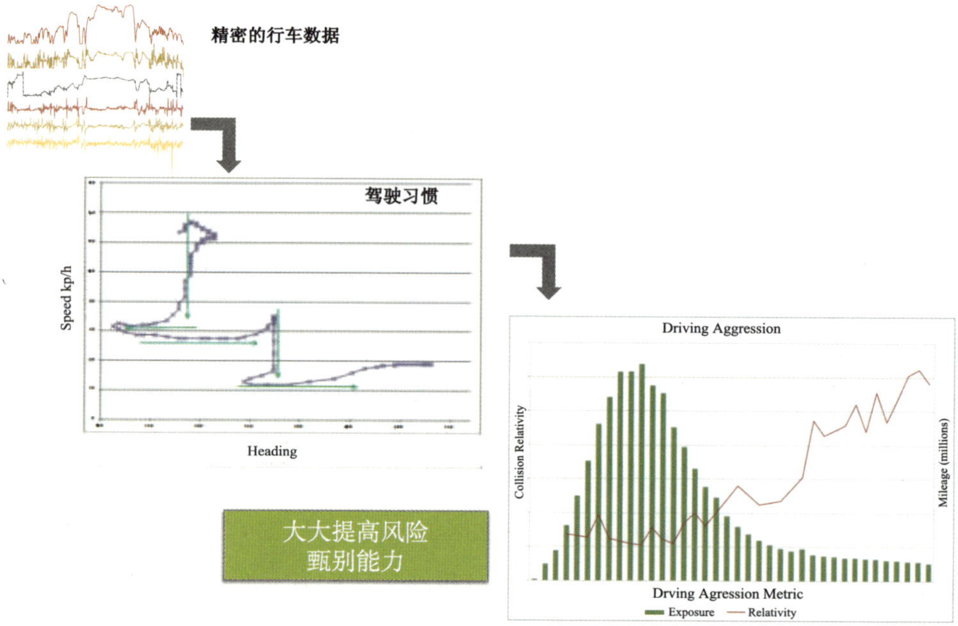

图 4　韬睿惠悦帮助数家保险企业技术实施

可乐的试点车队在使用车联网技术后，通过对驾驶时间、驾驶路线的监控和管理，定期形成油耗分析报告，帮助车队改善驾驶习惯，使得车队出险频率下降了 80%。

（三）吸引客户的营销手段

保险公司或车联网设备供应商通过向购买 UBI 产品的车主提供不同形式的优惠营销手段，以及用游戏化和积分形式的活动吸引愿意参与 UBI 项目的客户，积累 UBI 客户量，以便于进一步设计和开发 UBI 产品。

（四）提高保险公司的运营效率

UBI 产品是保险公司重要的产品创新方向，是提高承保端和理赔端运营效率的重要方式。推行 UBI 项目的保险公司充分利用互联网的优势，降低车险承保的佣金费用，扩充车险客户的来源。利用实时驾驶监控，提升道路救援和勘查理赔的速度和质量。

第四节
车联网保险成功的关键要素

一、战略

（一）差异化的战略设定

车联网保险项目战略如能支持公司的战略目标，将会更好地发挥其作用。重视维系现有客户关系的大型保险公司，可以专注于提供车联网保险的增值服务、提升消费者的保险体验。保证利润水平和稳健经营的保险公司，可以专注于车联网保险的定价分析和建模水平，保证公司获取优质客户，降低赔付成本。希望抢占市场、快速获取业务的保险公司，可以专注于车联网保险的风险筛选和分销渠道，以通过车联网保险吸引更多的客户量。

（二）战略指引项目实施

车联网保险是一个长期项目，不同的成熟市场环境决定了不同成熟产品的孕育期，从初步试点到成熟产品的大规模推广需要至少两三年的时间。在项目启动初期，需要设计整体 UBI 战略，赢得公司内部共识，确认蓝图有效性，然后将战略转化为可操作的项目。在启动试点阶段，通过试点经验来筹备正式产品的发布，在决定实施之后进行开发需求、设计、建立及批准等相关工作。在全面上线推广之前，还应该在部分区域限量发行，根据需求调整运营模式。图 5 是 UBI 战略实施步骤，坐标轴表示随着项目实施工作的进展，保险公司的 UBI 客户规模逐步增大。

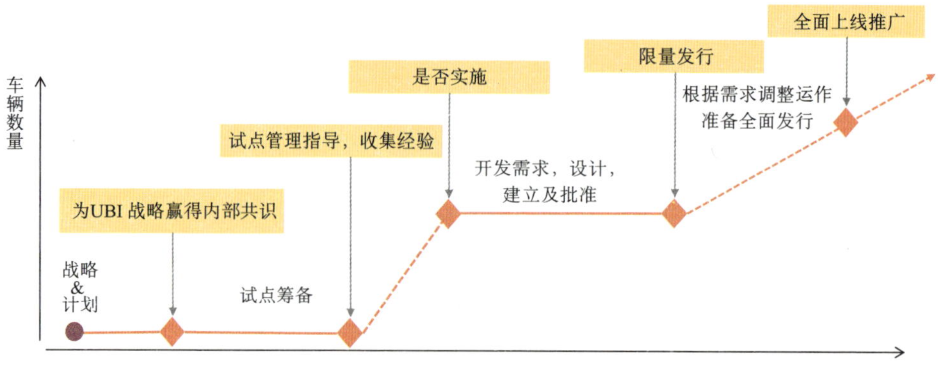

图 5　UBI 战略实施步骤

（三）战略设定需考虑产业链协同

车联网应用到保险行业后，会扩展传统的保险价值链。保险公司价值链需要与车联网产业链有机结合、相互影响，不断调整拓宽。车联网产业链各方应当充分合作，携手应对目前国内车联网发展存在的挑战，着力提高车联网带来的客户价值，共同促进车联网保险的发展。车联网的快速发展势在必行，保险行业需要抓住自身机遇，同时与车联网产业链的关键参与方默契合作。图 6 表示车联网对传统保险价值链的扩展。

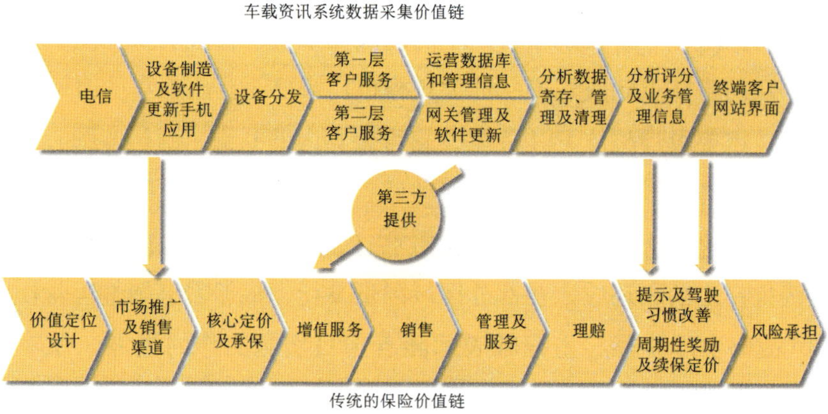

图 6　车联网对传统保险价值链的扩展

二、客户

（一） 客户应用定位

中国的车险市场规模惊人，社会和消费者希望有更安全的驾驶过程、更顺畅的出行和更良好的保险客户体验。保险公司应当深入了解客户需求，准确把握车联网应用的定位，车联网保险将会有充分的发挥空间。强有力的客户应用定位及有效的市场和分销策略将会帮助保险公司顺利启动车联网保险项目。图7是韬睿惠悦的消费者调研结果，从驾驶频率、驾驶人年龄和车龄三个维度统计UBI的兴趣程度，黄色代表感兴趣的人，灰色代表不感兴趣的人，红色代表中立态度的人，结果显示经常开车的人、年轻人和拥有较新车辆的人对UBI更感兴趣。

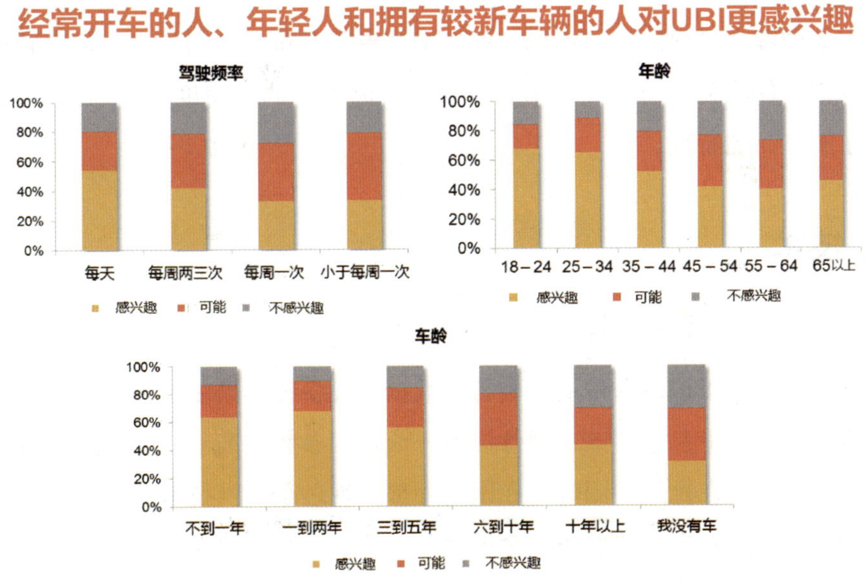

图7　消费者调研结果

（二） 客户价值提升

车联网技术能够拓宽传统车险行业价值链，在提升保险客户服务的同时革新行业风险管理能力，对消费者、保险公司以及社会带来诸多益处。短期内，保费折扣优惠和附加增值服务能够较好地吸引客户，提升被保险人及其家庭的保障，增强保险公司与被保人关系的整体价值。从长远来看，车联网行业还需要将风险管理融入服务中，将改善驾驶行为习惯作为最终落脚点实现社会管理功能。保险赔偿无法完全弥补汽车驾驶安全事故对生命与财产的吞噬，以及给肇事者自身、受害人家庭和社会带来的巨大危害。车联网保险作为一种全新的保险模式，将通过改善驾驶行为最大程度地降低车辆使用风险。

（三） 客户利益保护

客户对于车联网保险的接受程度也是影响车联网保险产品推广的重要因素。产品的透明性和数据隐私保护问题成为影响客户接受度的重要问题。保险公司通过 OBD 收集其驾驶时间和驾驶轨迹等数据，很多客户会担心数据的安全性及其使用用途，客观上降低了客户与保险公司的合作意愿。客户对车联网保险更大的顾虑是保险公司将如何使用消费者驾驶行为数据。为了切实减少客户的顾虑，保险公司需要提高车联网保险产品设计的透明度，帮助公众正确、充分了解产品的特点。

三、技术

（一） 车联网技术设备

保险公司用于记录和传输驾驶行为数据的设备种类繁多，硬件制作工艺和软件程序设计水平参差不齐，硬件设备方面技术参数标准不一，对国内各车辆品牌的适配性存在挑战。同时，在国内外都出现过车联网技术设备对车辆造成损害的现象，存在潜在的设备安全风险。因此，车联网保险项目需要通过经过实践验证的技术合作伙伴来实现，让车联网平台更灵活，适应性更强。在技术革新的同时，保证采集的数据的一致性及精细度质量。图 8 是主流的车联网技术设备，OBD 设备、智能手机和联网汽车。

图 8　主流的车联网技术设备

（二）车联网保险产品设计

产品设计应始终秉承以客户需求为中心的思想。产品应具备有吸引力的客户价值主张，使用简便，并符合公司的业务目标。车联网保险作为一种新的产品形态，应当对传统车险产品有效地补充与拓展。基于驾驶行为的定价模型中仍然保留了车辆信息、驾驶人信息等传统定价因子的使用，因此将驾驶行为评分与传统定价结合定费的做法是科学合理的。国外车险定价包含丰富的从人、从地因素，然而驾驶行为因素仍然能够大幅提高风险识别能力。鉴于国内从人、从地因子信息的匮乏，驾驶行为因子将能够很好地弥补现有缺陷，进而提高国内风险定价能力，更公平合理地反映驾驶风险。车联网保险产品可以遵循商车费改下的新车险费率框架，作为传统车险产品的有效补充及自然延伸，便于产品管理和前线宣导。

四、系统 & 流程

（一）IT 系统建设

快速向市场推出 UBI 产品非常重要，但同时不应忽略建立一个支持产品运作的强大基础设施。为了进一步降低车联网 IT 基建投入，优化车联网大数据的传输和存储成本，建议建立车联网数据云平台。相较传统车险的客户信息，一张车联网保险保单一年的驾驶数据平均可达 200MB（兆）以上，其数据传输、存储和分析需要全新的 IT 架构。另外，保险公司需要积累足够的车联网保单数据量才能够有效进行定价。车联网数据云平台在低成本管理数据的同时，加快车联网技术在产品定价和客户分析上的应用。

（二） 内部运营流程

车联网保险是对传统车险的全方位革新，对保险公司的车险销售、承保、理赔和管理等运营流程的各个环节产生影响。车联网评分体系用于保险经营，应通过创建承保及理赔信息，以达到利益最大化。建议保险公司采用车联网保险试点项目，在尽可能短的时间内梳理车联网保险运营流程，了解管理 UBI 产品带来的运营上的改变。建立并不断优化销售、运营、承保和定价的业务流程也是一个长期的过程。图 9 是 UBI 对保险公司运营流程影响的简要说明。

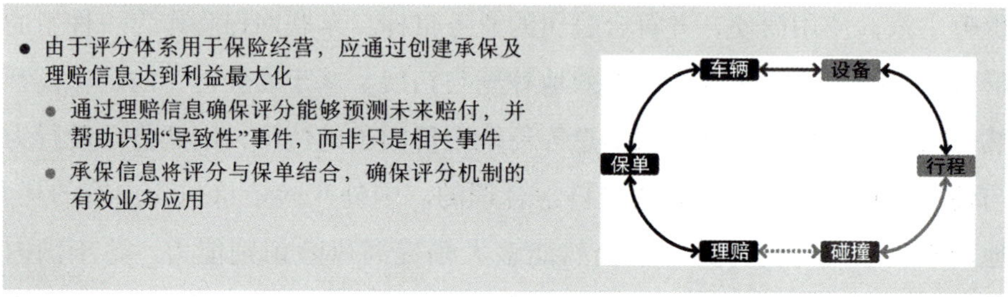

图 9　UBI 对保险公司运营流程影响的简要说明

五、数据

（一） 车联网数据收集

车联网驾驶大数据的数据规模、收集频率、信息种类与日俱增，保险公司在收集车联网数据时可以为定价提供一些有用信息，但也会丢失很多有用信息，如车辆的行驶轨迹是怎样的？哪里转弯？如何进入匝道？等等。车联网数据收集必须重视精细度和颗粒度，至少达到每秒一次的收集频率，保证数据收集字段的精确性。拥有了精细数据，可以通过执行清理程序减少错误，并为数据分析和产品定价提供恰当的结论。

（二） 数据管理和分析

车联网数据与传统保险数据截然不同，一个 20 分钟的上下班行程就会产生 1 000 多条记录，数据更新频率从每年一次变化为每秒一次，保单记录字段从几十个变化为数百万个，数据质量维护从仅在核保续保时发生变化为每日刷新，这些变化都会为数据管理和分析带来新的挑战。2011 年的 Progressive 年报曾提到："从历史上看，数据量、管理和挖掘能力一直是有效风险细分的关键，实时数据分析也是如此，但是每个环节难度不可同日而语。数据集是巨大的，需要的存储、提取和挖掘数据的能力会直接挑战那些几个月前似乎还是最先进的技术。"

六、知识和定价

基于车联网的汽车保险可为保险公司提供前所未有的多种精确数据，使保险公司更了解事故原因，更正确地洞悉不同驾驶方式所造成的事故风险，有效降低车险定价中存在的严重信息不对称程度，最终帮助保险公司和精算师更好地调整保险费率计算公式。传统的无赔款优待系统（NCD），其费率变动只与索赔事故的发生情况挂钩，费率浮动并没有反映过去事故驾驶行为的变化。基于车联网的汽车保险将有助于保险公司将车险费率浮动与驾驶员驾驶行为挂钩，从而优化未来的汽车保险费率系统，实现车险定价"从车"向"从人"定价的跨越，使得风险定价更加公平和合理。图 10 是车险定价的演变过程和保险价值的提升。

结语

"互联网 +"的国家战略规划和商业车险费率改革正在为车联网保险市场提供发展动力。在"新国十条"的政策驱动下，中国的商业车险费率市场化改革稳步开展，车险产品差异化程度逐步提高。

在上述背景下，保险公司纷纷着手借助科技的发展来进行产品创新寻求竞争优势，率先建立车联网应用模式的保险公司将会在市场中抢占先机。我们应该认识到，车联网在保险行业的应用不只是应用一项技术，而是涉及很多方面的变革，需要长期推进和优化。一般而言，从初步试点到成熟产品的大规模推广需要两到三年的时间。现有车联网保险实践成果仍属雏形，保险公司仍需不

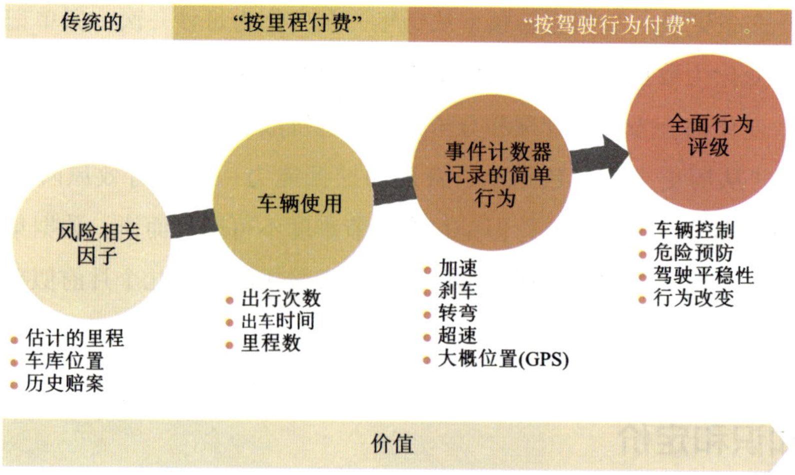

图 10　车险定价的演变过程和保险价值的提升

断探索，明确车联网战略目标，深入了解客户需求，加强车联网技术应用，完善系统和流程，深度挖掘驾驶行为数据，建立风险评价体系，最终形成车联网保险的生态圈。

专题三：

互联网人身险业务发展评价体系

行业目前缺少对互联网业务发展的评价方法，以保费规模为考核指标过于单一，难以承担行业内外、公司内外对互联网人身保险发展水平进行评价的责任。

一套科学的评价体系，既可帮助行业纵向评估互联网业务整体的发展水平，也可为保险公司科学考察内部互联网业务发展情况提供依据，评价结果既可作为开展互联网业务的公司明确自身发展水平、找准业务发展着力点的抓手，也可作为外部投资人评估投资对象内存价值的基础。

第一节
评价指标体系

根据目前各公司的评价指标体系，我们提出，一套科学的评价指标体系应该包括经营性指标和平台建设水平指标两大类。经营性指标包括规模、客户、产品、服务、营销等；平台建设水平指标包括页面、内容、功能、流量等（见图1）。

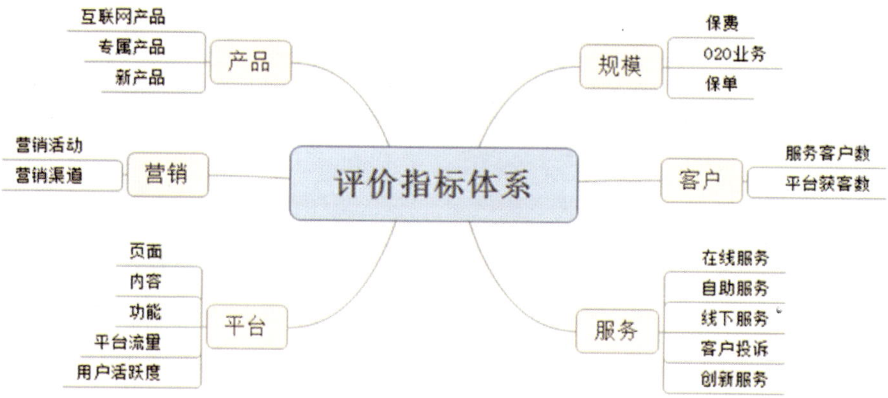

图1　评价指标体系

一、经营性评价指标

（一）规模

主要评价与互联网人身保险相关的业务规模。一是通过保费规模及同比增长率，分别从横向（保费收入、行业排名），纵向（增长情况）两个角度评价公司互联网人身保险业务发展水平，鼓励保险公司发展保障型保险产品；二是考察线上线下O2O业务规模，通过互联网与线下渠道互融的方式带来的保费规模，评价公司借助线下渠道发展互联网人身保险业务的能力。

（二）客户

从获客情况看业务规模。一是通过对服务客户数规模及同比增长率的考察，分别从横向及纵向两个角度评价公司互联网人身保险业务对互联网获客能力的贡献程度；二是通过平台获客数，分别从官网、移动App、微信三个渠道评价公司自营平台的获客能力。

（三）产品

主要评价面向用户提供的互联网人身保险产品丰富程度。一是互联网产品数量、种类，通过在售的互联网人身保险产品数量、种类，评价公司整体发展水平；二是专属产品数量、种类，仅通过互联网媒介销售的有别于其他销售渠道的人身保险产品，产品特点及流程符合互联网保险产品特点，通过对该类产品数量、类目的统计评价人身保险业务互联网化程度；三是新产品数量，通过对固定时间段内新的专属产品数量的考察，评价公司互联网专属人身保险产品开发迭代周期。

（四）服务

主要评价面向客户提供互联网人身保险产品售前、售中、售后服务的能力。一是在线服务，从在线客服数量、在线服务渠道、在线服务项目种类、平均响应时间、服务满意度等方面评价公司为客户提供互联网人身保险产品售前产品咨询、售中操作指导、售后相关服务的能力；二是自助服务，通过公司借助互联网媒介（包括官网/App/微信公众号）向客户提供自助保单查询、电子保单下载、交费、保全服务、理赔服务的种类和服务次数，评价公司互联网服务水平；三是线下服务，主要围绕基于人身保险本身的复杂性，为与线上服务形成互补可提供的服务项目种类，用来评价公司互联网人身保险客户服务的全面性，如纸质保单递送、线下退保、线下理赔等多方面服务；四是客户投诉，公司自营渠道或合作渠道是否发生过重大客户投诉事件，评价公司客户服务能力和服务意识；五是创新服务，公司是否应用了如人脸识别、智能机器人等创新服务项目，评价公司互联网服务的创新能力。

（五）营销水平

主要评价通过互联网渠道推广产品及获客的能力。一是营销活动，是对一定时间内针对互联网人身保险产品的营销活动次数、活动规模、活动获客数及转化率水平的评价；二是营销渠道，是对营销渠道及各渠道营销效果的评价，可根据各渠道特性制定具体评价指标，如微信渠道可量化的指标包括固定时间段内图文推送次数、用户转化率等。

二、技术性评价指标

主要围绕自营渠道建设水平展开评价，根据自营渠道（移动或官网渠道）用户体验评价互联网人身保险业务开展的基础水平。具体评价指标包括页面、内容、功能、流量、用户活跃度等。

（一）页面

主要是从网页设计的简洁性、文字及色彩效果、页面兼容性、重点功能明显性等诸多方面对页面的友好性进行评价。

（二） 内容

主要是从内容丰富性、实效性、更新频率、栏目联通率、可连接图文数量等方面对内容质量及数量进行评估。

（三） 功能

主要是从产品展示功能、投保功能、支付功能、注册功能、账户管理功能、搜索功能等主要功能的响应时间、可靠性、稳定性、全面性、易用性等方面对平台功能进行评估。

（四） 流量

主要是通过自营渠道（移动或官网渠道）访问规模评价互联网人身保险业务开展的基础水平，从官网总浏览量 PV、官网日均 PV、官网独立访客数 UV、官方移动应用 App 下载量、官方微信日均新增粉丝等方面对平台客户流量进行评估。

（五） 用户活跃度

主要从活跃用户、活跃用户占全部用户的比例、活跃用户使用数量、人均使用页面数等方面对自营平台（移动平台或官网平台）的用户活跃性进行评价。

第二节 评价方法体系

根据评价指标的特点，确定不同的评价方法。可采用的方法包括以下几种（见表 1）。

表 1　　评价方法体系

一级指标	二级指标	三级指标	建议评价方法
规模	保费	保费规模	区间打分
		同比增长率	区间打分
		保费收入排名	区间打分
		非理财类产品保费规模	区间打分
	O2O 业务	线上线下融合保费收入	区间打分
	保单	保单件数	区间打分
客户	服务客户数	客户数规模	区间打分
		同比增长率	区间打分
	平台获客数	官网注册用户数	区间打分
		移动端注册用户数	区间打分
		官方微信粉丝数	区间打分
产品	互联网产品	数量	区间打分
		种类	区间打分
	专属产品	数量	区间打分
		种类	区间打分
	新产品	数量	区间打分
服务	在线服务	在线客服数量	区间打分
		在线服务平台	区间打分
		在线服务内容	区间打分
		平均响应时间	区间打分
		客户满意度	用户评分
	自助服务	项目种类	区间打分
		服务次数	区间打分
	线下服务	项目种类	区间打分
	客户投诉	重大客户投诉事件	区间打分
	创新服务	创新服务手段、种类	区间打分

续表

一级指标	二级指标	三级指标	建议评价方法
营销	营销活动	活动次数	区间打分
		活动规模	专家评分
		获客数	区间打分
		转化率	区间打分
	营销渠道	渠道数量	区间打分
		渠道活跃度	区间打分
平台	页面	简洁性	用户评分
		文字、色彩效果	用户评分
		页面兼容性	专家评分
		重点功能明显性	用户评分
	内容	丰富性	用户评分
		实效性	用户评分
		更新频率	用户评分
		栏目联通率	第三方监测
		可连接图、文数量	第三方监测
	功能	产品展示功能	第三方监测
		投保功能	第三方监测
		支付功能	第三方监测
		注册功能	用户评分
		账户管理功能	用户评分
		搜索功能	用户评分
	平台流量	官网总浏览量 PV	第三方监测
		官网日均 PV	第三方监测
		官网独立访客数 UV	第三方监测
		官方移动应用 App 下载量	第三方监测
		官方微信日均新增粉丝	第三方监测
	用户活跃度	活跃用户	第三方监测
		活跃用户百分比	第三方监测
		活跃用户使用数量	第三方监测
		人均使用页面数	第三方监测

一、区间打分法

对于量化指标，设定区间，每个区间赋予固定分数，根据各公司上报的实际发生值，确定落在的区间，获得相应的评分。

二、用户评分法

以线上/线下调查问卷方式，获取用户主观评分。

三、第三方监测

聘请第三方专业机构，对网站运行各项指标进行检测，给出专业评分。

四、专家评分法

组成专家组，对指标进行评分，综合所有专家评分结果得到指标评分。

参考文献

[1] 中国保险行业协会：《2014 互联网保险行业发展报告》，北京，中国金融出版社，2015 年 8 月。

[2] 中国保险行业协会：《2015 年保险市场运行情况分析报告》，2016 年 2 月。

[3] 中国保险行业协会：《互联网和电话销售财产保险月览》，2015 年。

[4] 李耀东，李钧：《互联网金融：框架与实践》，北京，电子工业出版社，2014 年。

[5] 万建华：《金融 e 时代：数字化时代的金融变局》，北京，中信出版社，2013 年。

[6] 中国互联网络信息中心（CNNIC）：《中国互联网络发展状况统计报告》，北京，2016 年 1 月。

[7] 中国保险业协会，波士顿咨询公司：《互联网 + 时代，大数据改良与改革中国保险业》，2015 年 5 月。

[8] 波士顿咨询公司，摩根士丹利：《保险与科技：数字化世界的改良和改革》，"Insurance and technology：evolution and revolution in a digital world"，2014 年 9 月。

[9] 波士顿咨询公司：《互联网金融生态系统 2020：新动力、新格局》，2014 年 9 月。

[10] 安永咨询：《通过分析与体验建立信任关系》，2016 年 6 月。

[11] 艾瑞咨询：《中国网络经济年度监测报告 2015》，2015 年。

[12] 韦莱韬悦咨询：《2015 年 UBI 用户调研报告》，2016 年。

[13] 韦莱韬悦咨询：《2016 年中国财险业以客户为中心的转型》，2016 年。

[14]《2016 年国务院政府工作报告》，2016 年 3 月。